D1672728

Argo

Argo-Verlag
Ingrid Schlotterbeck
Sternstraße 3, D-87616 Marktoberdorf
Telefon: 0 83 49/92 04 40
Fax: 0 83 49/92 04 449
email: mail@magazin2000plus.de
Internet: www.magazin2000plus.de

1. Auflage 2009
Satz, Layout, grafische Gestaltung: Argo-Verlag
Umschlaggestaltung: Argo-Verlag

ISBN: 978-3-937987-85-9

Gedruckt in Deutschland auf chlor- und säurefreiem Papier.

Conrad E. Terburg

Geosophie

Mensch und Erde
in kosmischen Kraftfeldern

Inhalt

Ein Ausschnitt aus dem berühmten Gemälde „Die Schule von Athen", das der
Eingeweihte Raffael zu Anfang des 16. Jahrhunderts schuf. Im Mittelpunkt des
Bildes schreiten Platon (links) und Aristoteles (rechts) auf den Betrachter zu.
Platon trägt unter dem Arm den Timaios, jenes Buch, in dem die Geschichte
von Atlantis aufgezeichnet ist. Er zeigt zum Himmel hinauf und weist darauf hin,
daß der Mensch die Verbindung zu den Götterwelten nicht vergessen soll.
Aristoteles dagegen deutet auf die Erde. Was die Götter dem Menschen an
höheren Einsichten zukommen lassen, muß er auf die Erde hinunter bringen.
Die Verwandlung seiner selbst und der Erde ist seine Aufgabe, doch in den
letzten Jahrhunderten haben die Menschen die Erde nur beschmuzt, besudelt
und ausgebeutet.

Geomantie – Versuch einer Begriffsbestimmung

Das Wort Geomantie ist in aller Munde, doch was heute darunter verstanden wird, ist eine Erfindung des 20. Jahrhunderts. Dies mag erstaunen, haben wir es hier doch angeblich mit einer uralten Weisheitslehre zu tun.

Schauen wir auf die alten europäischen Traditionen und Kulturen, so ist es leicht, Ergebnisse ihrer – bewußten oder unbewußten – sogenannten „geomantischen" Kenntnisse zu finden. Über die geomantische Theorie erfahren wir jedoch so gut wie nichts. Der Grund dafür ist, daß der Begriff Geomantie zwar in der Renaissance existierte, aber mit einer ganz anderen Bedeutung belegt war.

Man verstand darunter eine Art Wahrsagekunst aus Sand oder Erde, und der große Paracelsus sprach von ihr als der *Philosophie des Elementes Erde*[1], auch *Punktierkunst* genannt:

„Geomantie, d.h. die Punktierkunst, 16 Zeichen und Figuren in einer Art und Weise aufgestellt, als ob's so von der Natur wäre. Und dabei die Übertragungen, die Striche, die Form und dergleichen, die ganze Figur in ihrem Haus verstanden und erkannt werden solle mit entsprechender Auslegung gelehrt.

Nun ist ihre Absicht die, daß sie die Hand führen und so viel Punkt machen, daß sich ein Urteil über den Gegenstand gewinnen läßt, um den es sich handelt. Die Geister wissen auswendig, wieviel Punkte sein müssen, um eine bestimmte Figur zustande kommen zu lassen, die das betreffende anzeigt. Drum, führen sie die Hand recht, so ist auch die Figur recht. Z.B. ich spreche: Es steht einer vor der Türe; sag mir, was für einen Rock er anhat ! Nun setze ich die sieben Farben und zu jeder ein geomantisches Zeichen und wie dir dies fällt, soll es die richtige Farbe angeben. Nun kannte ich aber die betreffende Farbe, du jedoch nicht, und führte deine Hand, so daß du in einer Linie so viel Punkte machtest, daß beim Auswischen so viel übrigbleiben, daß rot herauskäme, und jener hätte einen roten Rock an. Ich aber habe es gewußt und deine Hand absichtlich auf diesen Punkt geführt.

Ebenso machen es die Geister bei allen Figuren. Sie wissen alle Dinge, drum haben sie es leicht, die Figuren zu setzen und deine Hand zu führen. Denn auf die Handführung kommt alles an. So ist die Geomantie entstanden."[2]

Heinrich Cornelius Agrippa von Nettesheim, kaiserlicher Ritter, Arzt, Gründer einer Geheimgesellschaft und Prototyp des Renaissancemagiers, schrieb in seiner berühmten *„De occulta philosophia"*:
„Die Geomantie ist eine Kunst, welche vermittelst des Loses auf jede Frage, was es auch betreffen mag, uns Antwort erteilt. Das Los besteht hier in Punkten, aus denen man gewisse Figuren nach der Gleichheit und Ungleichheit ableitet. Diese Figuren werden sodann auf himmlische Figuren zurückgeführt, deren Natur und Eigenschaften sie nach den Verhältnissen der Himmelszeichen und Planeten annehmen. Ein solches Losen kann übrigens, wie gleich von vornherein erinnert werden muß, nur in dem Fall uns die Wahrheit anzeigen, wenn es auf eine höhere Kraft sich stützt. (...) Die ganze Kunst besteht in der Vergleichung der Figuren und ihrer Natur, und wer dieses recht versteht, der wird selbst in sehr speziellen Dingen immer die Wahrheit treffen."[3]

Die zeitgenössische Geomantie will sich dagegen als Teil des Versuches, Natur und Kultur in Einklang zu bringen verstehen. Sie beruft sich auf ein holistisches Weltverständnis und ist das Wissen um verschiedenste Energiemuster der Erde, die in die Natur, in die Psyche des Menschen und dadurch in seine Kultur hineinwirken. In diesem Sinne will sie heute einer verantwortungsvollen „ethischen" Ökologie die Richtung weisen. Doch seit wann ist Ökologie unethisch? Sie basiert auf den Naturgesetzen, und die sind Gottgegeben und kommen zum Ausdruck in den Gedanken der Engel.
Ein besonderes Gewicht legt die Geomantie auf das Einbeziehen des Unfaßbaren, das Erkennen der unsichtbaren Wirkkräfte. Generationen von Radiästheten - einfacher ausgedrückt: Wünschelrutengängern[4] und Pendlern - haben an der Wiederentdeckung dieser Kenntnisse gearbeitet. Sie machten dabei Anleihen in der Heimatkunde,

Esoterik, Vor- und Frühgeschichte und Ökologie. Daher ist Geomantie heute ein komplexes Gebiet, das Aspekte der energetischen Raumgestaltung, der Geophysik, des Klimas, der elektromagnetischen Felder, der Astronomie und der Heilkunde umfaßt.

Dabei ist der Begriff Geomantie schon selbst Programm. Er ist eine Zusammensetzung aus zwei Worten: griechisch GEO (= Erde, von babylonisch „gaia" für Erdgöttin) und lateinisch MANTICA (= Weisheit, der Stamm MAN bedeutet in Sanskrit Mond, Weisheit, im altskandinavischen Frau, im altägyptischen Seherin, Prophetin).[5]

Geomantie ist jenseits aller Öko-Schwärmerei aber in erster Linie das Wissen um die Beeinflußbarkeit menschlichen Verhaltens durch die energetische Konstellation seiner Umgebung. Diese Konstellation ist manipulierbar und somit ist verständlich, warum Geomantie in früheren Zeiten eine Art „Geheimwissenschaft" und nur dem Eingeweihten zugänglich war. So sollte sicher gestellt werden, daß die Anwendung geomantischer Techniken nur durch Personen mit einer gewissen ethisch-moralischen Reife geschah. Im Altertum waren dies die Druiden und Priester, im Mittelalter die Baumeister der Mönchs- und Ritterorden. In Renaissance und Barock finden wir sie unter den Angehörigen esoterischer Zirkel, Hütten und Akademien – nennen wir hier ruhig die Rosenkreuzer als deren vornehmste Vertreter –, und im 18. Jahrhundert in den Freimaurerlogen. In diesen Kreisen müssen wir suchen, wenn wir die alten „Geomanten" finden wollen.

Balthasar Neumann (1687-1753), der geniale Barockbaumeister, hinterließ mehrere Dutzend Wünschelruten. Wozu mag er sie benutzt haben? Neumann erbaute unter anderem die Wallfahrtskirche Vierzehnheiligen in Franken. Sie liegt auf einer geomantischen Zone auf einem Höhenrücken. Man bemerkt das sofort, wenn man sich dem Ort über diese Höhe und nicht über die meistens benutzte Auffahrt nähert. Die Kirche schaut über das Tal hinüber zum Kloster Banz, mit dem sie energetisch verbunden ist.

Überhaupt spielt die Erforschung der räumlichen und geometrischen Beziehungen zwischen bestimmten Orten oder Bauwerken in der gegenwärtigen Geomantie eine große Rolle. Wenn es aber um rein vermessungstechnische Aspekte geht, ist der Begriff *Geodäsie* (Vermessungstechnik) – man könnte vielleicht auch von *Archäo-Geodäsie*, also vorzeitlicher Vermessungskunde sprechen – wesentlich angebrachter. Wir wollen ihn daher auch hier verwenden. Robert K. G. Temple hat das schon vor vielen Jahren bei der Postulierung seiner „Geodätische Oktave" in unserem Sinne getan.[6]

Suchen wir nun nach dem geistigen Hintergrund, dem Urgrund oder Ursprung dieser Erscheinungen, kommen wir in den Bereich der *Geosophie*. Hier geraten wir vielleicht in Kontakt mit unsichtbaren Welten und deren Bewohnern. Diese aus Angst vor esoterischem Gedankengut nur als „Energien" zu bezeichnen, geht völlig an der Sache vorbei. So wie unser dichtester Körper der physische Leib ist, so mag es andere Wesen geben, deren dichteste Zustandsform zum Beispiel die Form der Gedanken ist. Daher wollen wir in diesem Buch auch nicht auf halbem Wege stehen bleiben, sondern einen ganz esoterischen Standpunkt einnehmen. Dazu gehört, daß wir die Existenz höherer Wesenheiten (Götter und Engel, aber auch Geister und Dämonen) akzeptieren.

Doch müssen wir hier auch eine Warnung aussprechen!

Daß heute esoterisches (Teil-) Wissen für alle, die sich dafür interessieren, in großem Maße verfügbar ist, ist eine Folge jener verhängnisvollen Bewegung, die als *New Age* bekannt ist. Sie konnte sich entwickeln, weil es in den fünfziger Jahren den Asuras, den gefallenen Wesenheiten, gelungen ist, den „Hüter der Schwelle" zu beseitigen. So kann nun jeder relativ schnell *irgendwelche* spirituellen Erfahrungen machen, ohne vorher die dafür notwendige Reife erlangt zu haben, und es werden zahlreiche zumeist zweifelhafte, manchmal sogar gefährliche Übungswege angeboten. Ein ungefährlicher Weg wird dagegen von dem hocheingeweihten Rudolf Steiner in seinem Buch „*Wie erlangt man Erkenntnisse der höheren Welten?*" vorgeschlagen.[7] Doch solche Dinge brauchen ihre Zeit. Auch ein Sportler muß viele Jahre trainieren, um eines Tages eine besondere Leistung vollbringen zu können! Nach einigen Wochenendseminaren gehört man sicher noch nicht zur Elite …

Aber frohgemutes Daraufloszaubern ist heute wichtiger als mühsame und jahrzehntelange Arbeit an sich selbst, und „Erdheilung" ist zum Hobby von Hunderten von Personen geworden, die gutgläubig annehmen, in oft fragwürdiger Literatur etwas zu finden, was sie zur angestrebten Erkenntnis der höheren Welten führen kann. Sie sind Opfer jener Gruppe der Gefallenen, die als luziferische Wesenheiten bezeichnet werden und deren Wirken sich in allem Phantastischen und Schwärmerischen äußert. Daß die in der modernen Pseudo-Esoterik üblichen Engeldarstellungen sich nur graduell von den kitschigen Spielzeugpuppen unterscheiden, mit denen unsere Kinder verführt werden, ist ein offenkundiger Ausdruck dieser geistigen Verwirrung.

Auf der anderen Seite sind da die Technokraten. Wer *ley-lines*, Kraftorte oder echte Kornkreise lediglich als Produkte irgendeiner technisch fortgeschrittenen Zivilisation aus ferner Vergangenheit ansieht oder gar von Außerirdischen, die mit ihren UFOs der Erde einen Besuch abgestattet haben, ist im gegenwärtigen technisch-materialistischen Weltbild gefangen. Er ist somit in seinem Denken keineswegs „offener" oder „weiter fortgeschritten" als genau die Wissenschaftler, die ihn bei der Pflege seiner Phantasien mit ihren lästigen – und oft guten – Gegenargumenten stören. Die Denkweise der Technokraten wird in Wahrheit von einer weiteren Gruppe gefallener Wesenheiten, den ahrimanischen Wesen gesteuert, deren Wirken sich in aller kalten, menschenverachtenden Technik zeigt.

Daß die eben beschriebenen Gruppen sich bekämpfen ist eines der Ziele von Luzifer und Ahriman, die sich angesichts des in der Menschheit angerichteten Durcheinanders die Hände reiben.

Im übrigen soll dieses Buch kein geomantischer Reiseführer sein, davon gibt es schon genug. Wer eine entsprechende Exkursion unternehmen will, sollte deshalb unbedingt einen kompetenten Reiseführer zu Rate ziehen. Die am Ende angeführten Anmerkungen und Literaturhinweise können dem Leser aber als Leitlinie zur eigenen (Weiter-) Forschung dienen. Auch vieles über geomantische Konzepte und Ideen kann hier nur angedeutet werden, und die Beschreibungen der Örtlichkeiten sind knapp gehalten, abgesehen von Fakten, die zu unserem Thema gehören. Doch nun genug von diesen Dingen, diese Schrift würde sonst ein vielbändiges Opus.

Kleine Buddha-Statue (Thailand, Ayûthia-Stil, Bronzeguß um 1920) Dargestellt ist der zur Buddhawürde aufgestiegene sechste und letzte vorchristliche Boddhisatva in der „Erdheiler"-Pose. Die linke Hand empfängt himmlische Kräfte, die der Erleuchtete, kenntlich durch die Flamme des Pfingstfeuers auf seinem Scheitel, über die Fingerspitzen der rechten Hand in die Erde einströmen läßt, um diese für die Aufnahme der kommenden Christuskräfte zu bereiten.

Zur Geschichte der zeitgenössischen Geomantie

Die heutige „Geomantie" begann vielleicht im Jahr 1778, als der britische Altertumsforscher William Chapple feststellte, daß die Steinsetzungen bei Drewsteington in Devon (Großbritannien) auf einen weit entfernten Dolmen ausgerichtet sind.[8]
England, von jeher Heimat liebenswerter Exzentriker, sollte auch weiterhin tonangebend bleiben.

1864 fand Reverend Edward Duke, die prähistorischen Monumente von Stonehenge und Avebury befänden sich zusammen mit einem weiteren Steinkreis und zwei Erdwerken auf einer geraden Linie. Sie seien „Umlaufbahnen", die von Silbury Hill ausgingen – ein terrestrisches Modell der druidischen geozentrischen Vorstellungen vom Sonnensystem. Silbury steht darin für die Erde, Avebury für die Sphäre der Sonne und Stonehenge für die des Saturn.

1870 sprach William Henry Black in Hereford vor Archäologen über *Alignments*, durch natürliche Landmarken, Steinsetzungen und / oder Bauwerke markierte Flucht- oder Visurlinien in der Landschaft, die große Linien bilden und römischen Ursprungs sein sollen, und 1882 berichtete G. H. Piper vor dem Woolhope Naturalist's Field Club[9] in Herefordshire über Steinsetzungen und Erdwerke, die auf einen nahegelegenen Berggipfel ausgerichtet sind.

1883 schrieb W. T. Watkin über linear ausgerichtete Erdhügel in Lancashire, die er römischen Vermessern zuschrieb.

Joseph Houghton Spencer veröffentlichte 1889 in *„The Antiquary"* den Artikel *„Ancient Trackways in England"*. Darin beschreibt er Reste eines archaischen Signalsystems.

Um 1890 entdeckte Colonel Johnston, Direktor der englischen Vermessungsbehörde, daß Stonehenge, Old Sarum, Salisbury und Clearbury Ring auf einer Linie liegen.

1894 beschrieb Magnus Spence Alignments zwischen größeren neolithischen Stätten auf den Orkney Inseln, wie Maeshowe, dem Ring of Brodgar und den Steinen von Stenness. Er sah einen astronomischen Bezug in diesen Fluchtlinien.

1896 kam A. L. Lewis zu der Überzeugung, daß die damals bekannten Steinkreise im Bodmin Moor (Cornwall) genau auf einer Linie mit den wichtigsten Hügeln der Region liegen.

1904 schrieb F. J. Bennett über Nord-Süd Alignments zwischen Megalithen in Kent. Hilaire Belloc schrieb in seinem Buch „The Old Road" über die Verbindungslinie von Winchester nach Canterbury, die durch 13 Kirchen markiert wird.

1906 erschien das epochale Werk „Stonehenge and Other British Stone Monuments Astronomically Considered" von Sir Norman Lockyer, der damit zu einem der Erzväter der Astroarchäologie wurde.

1908 schrieb Sir Montague Sharp über ein Gitter von Alignments in Middlesex, die er für Reste römischer Vermessungsarbeiten hielt.

1909 schrieb der französische Forscher Alfred Devoir in einer deutschen Zeitschrift über die astronomischen Bezüge der Steinsetzungen von Carnac (Bretagne).

1910 stellt James G. Wood fest, daß zwischen alten Erdhügeln im walisischen Grenzland Sichtverbindungen bestehen, und daß sie mit prähistorischen Erdwerken auf einer Linie liegen.

1911 interpretierte die in Leicestershire tätige Volkskundlerin Alice Dryden die Legende von einem Tunnel zwischen den Menhiren St. John´s Stone im Park von Abbey Fields, Leicester und dem knapp fünf Kilometer entfernten Humber Stone als eine Erinnerung an eine astronomische Bedeutung der Denkmäler und Reverend Done Bushell fand Alignments zwischen Menhiren in den walisischen Preseli Hills.

1914 beschrieb R. Hippisley Cox Grabhügel, die auf die Kirche von Knowlton (Dorset) ausgerichtet sind.

1915 veröffentlichte Ludovic MacLellan Mann Berichte über geometrische Beziehungen zwischen „Cairns", das sind künstlich angelegte Steinhaufen.

Doch die große Sunde schlug erst 1921. Alfred Watkins (1855-1935), ein englischer Geschäftsmann, Photograph und Heimatforscher aus Herefordshire und seit 1888 Mitglied im Woolhope Club, „entdeckte" bei einer Geschäftsreise am 30. Juni 1921 die *„ley-lines"*, die er für vorgeschichtliche Handelsstraßen hielt und von denen er annahm, sie seien von Priestern angelegt worden. Den Namensteil *„ley"* wählte Watkins aufgrund einer häufig in der Nähe der Linien vorkommenden Ortsnamensilbe. Er hielt daraufhin einen Vortrag vor dem Woolhope Club über seine Forschungsergebnisse. 1922 veröffentlicht er *„Early British Trackways"* und 1925 *„The Old Straight Track"*. Das zweite Buch wurde ein bis heute immer wieder aufgelegter Klassiker![10]

1936 – in dem Roman *„The Goat-Food"* schrieb die Okkultistin Dion Fortune über „Kraftlinien", die alte Stätten miteinander verbinden.

1939 behauptete Arthur Lawton, Mitglied im „Straight Track Club", Leys seien Bestandteil der geometrischen Planungsgrundlage alter Stätten: sie würden sich aus einer bisher nur mit der Wünschelrute nachweisbaren Kraft ergeben.

1961 stellte Tony Wedd in seinem Buch *„Skyways and Landmarks"* eine Verbindung zwischen UFO-Flugbahnen und *ley-lines* her.

1962 kam es zur Neugründung vom „Straight Track Club", Mitglieder waren unter anderem Paul Devereaux, John Mitchell und Tony Wedd. Das Mitteilungsblatt des Vereins hieß ab 1969 *„The Ley Hunter"*.

1969 beschrieb John Mitchell in seinem Buch *„The View Over Atlantis"* die Ley-Linien als magnetische Strömungen mit spiritueller Energie; in diesem Jahr erschien auch *„Patterns Of The Past"* von Guy Underwood, der darin Ergebnisse französischer und deutscher Rutengänger beschreibt, die besagen, daß alte Kirchen auf Wasseradern errichtet wurden.

1976/78 – Tom Graves verknüpfte in seinen Klassikern *„Dowsing"* und *„Needles of Stone"* Rutengehen und Geomantie.

1979 erschien das erste Handbuch zum Thema: *„The Ley Hunter´s Companion"* von Ian Thomson.

1989 veröffentlichten Hamish und Broadhurst das Buch *„The Sun And The Serpent"*, in dem sie die „Michael und Mary-Linien" genannten Energieströme in Südengland beschreiben, die später in Deutschland als Planetenlinien bezeichnet werden.

1990 – Das „dragon project", ursprünglich 1977 begründet (unter anderem von Paul Devereaux) beginnt in England an vier Kraftorten die Wechselwirkung zwischen dem menschlichen Bewußtsein und Orten der Kraft zu erforschen.

2003 – Vorläufiges Ende des „dragon project"; Publikation der Ergebnisse im Juni-Heft von *„Dreaming"* und in *„Fortean-Times"*.

Mittlerweile ist das Thema *ley-lines* bis in die Harry Potter Romane durchgedrungen ...

Auffuchen der Gänge mit der Wünfchelrute und durch Schürfgräben.
Die Wünfchelrute A.   Ein Schürfgraben B.

Der berühmte Holzschnitt aus AGRICOLAs „De re metallica libri XII" (Zweites Buch, Seite 32) von 1556 zeigt Bergleute beim Aufsuchen der Erze mit Hilfe der Wünschelrute.

Die Entwicklung in Deutschland verlief etwas anders. Hier war mindestens seit dem Mittelalter die Wünschelrute zum Auffinden von Erzen und anderen Bodenschätzen in Gebrauch.

Stand später zunehmend die Wassersuche im Vordergrund der Bemühungen, so kam Anfang des 20. Jahrhunderts der medizinische Aspekt dazu. Man hatte herausgefunden, daß die Abstrahlung der Wasseradern offenbar mit der Entwicklung von Krankheiten, besonders mit hartnäckigen chronischen Leiden und Krebs, zusammen hing.

1932 veröffentlichte Freiherr von Pohl sein richtungsweisendes Buch *„Erdstrahlen als Krankheitserreger"*. Pohl lebte in Dachau bei München und beschäftigte sich auch mit der Veränderung und Abschirmung von Erdstrahlen. Nach eigenen Angaben konstruierte er ein Gerät, welches die Erdstrahlen im Umkreis von mehreren hundert Metern um sein Wohnhaus zum Verschwinden brachte und sogar Gewitter von der entstrahlten Zone fern hielt. Pohls Experimente blieben von der Bevölkerung nicht unbemerkt.

Im nahen München erforschte gleichzeitig der Wissenschaftler Dr. phil. Dr. med. Joseph Wüst in der Abteilung für experimentelle Biologie der Münchener Anatomie das Wünschelrutenphänomen. Ihm stand als Versuchsobjekt der wohl besonders sensitive Rutengänger Studienprofessor Josef Wimmer zur Seite. Wüsts und Wimmers Forschungen legten den Grundstein zur physikalischen Radiästhesie.[11]

Am 31. Januar 1933 kam es zur nationalsozialistischen „Machtergreifung". Bald erlaubten es „Notverordnungen", jeden Menschen ohne richterlichen Spruch für unbestimmte Zeit in polizeiliche Haft zu nehmen. Der „Reichsführer-SS" Heinrich Himmler wurde in Bayern kommissarischer Polizeipräsident, während SS-Standartenführer Reinhard Heydrich das politische Referat der Polizeidirektion übernahm. Auch hier begann nun eine Verhaftungswelle ungeahnten Ausmaßes.[12]

Doch bald ergab sich ein Problem: die Gefängnisse konnten die vielen Häftlinge nicht mehr fassen. Man sah sich nach geeigneten Gebäuden um, die bald gefunden waren.

Die deutsche Heeresleitung hatte 1916 eine Pulver- und Munitionsfabrik in eine Waldinsel im Dachauer Moos gesetzt. Das von einer Betonmauer umgebende Areal enthielt große Hallen, Fabrikations- und Lagerräume. Vor der Fabrik befand sich eine Kette von Luxusvillen für die Aufsichtsoffiziere. Innerhalb der Anlage lagen die Mannschaftsbaracken. Die Gebäude wurden ab 1920 für kurze Zeit von den metallverarbeitenden „Deutschen Werken" genutzt, standen aber seitdem leer.[13]

Warum die Wahl gerade auf diesen Ort fiel, ist nicht bekannt. Denkbar ist, daß Heinrich Himmler von dem verwaisten Werksgelände links abseits der Straße Dachau-Schleißheim gewußt hatte, denn er arbeitete 1922/23 als landwirtschaftlicher Assistent in Schleißheim.[14] Schon am 22. März 1933 eröffneten die Nationalsozialisten in den leerstehenden Fabrikgebäuden das erste offizielle Sonderlager. Diesen Ort bezeichnete Heydrich von Anfang an als „Konzentrationslager".[15] Dort richtete die SS ab 1935 einen Kräutergarten ein, in dem der Anbau von Heilkräutern und deren Wirkungsweise untersucht werden sollte. Himmler und Hitler waren Vegetarier, Himmler und Oswald Pohl, der Leiter des SS-Wirtschafts-Hauptamtes, waren außerdem Anhänger biologischer Anbaumethoden. Daß die Führungsriege der NSDAP durch esoterisches Gedankengut stark beeinflußt war, oder sich wie Himmler offen dafür interessierte, ist ohnehin bekannt.[16] Ab April 1942 wurde der Garten dann nur noch von inhaftierten Geistlichen bewirtschaftet, die aus Deutschland, den Niederlanden und Norwegen stammten.[17]
Weiterhin betrieb die SS eine Organisation mit dem Namen „Ahnenerbe", in der man sich mit allem beschäftigte, was geeignet schien, Beweise für eine glorreiche germanische Vergangenheit zu liefern. Dazu gehörten Archäologie, Volkskunde, Ahnenforschung und zum Beispiel Runenkunde.[18] Man organisierte Tibet-Expeditionen und betrieb Archäo-Geodäsie![19] So versuchte man vorzeitliche Ortungsnetze auf Helgoland aufzuspüren, die zeigen sollten, wie groß die Insel, die Himmler mit Atlantis in Verbindung brachte, einst gewesen war.[20]

Im Jahr 1929 hatte der deutsche Externsteineforscher Teudt sein Buch *„Germanische Heiligtümer"* veröffentlicht. In diesem Buch beschrieb er Ortungs- und Visurlinien in der Landschaft rund um die Externsteine. Teudt wurde 1933 Mitglied des „Ahnenerbes" und „Professor".[21]

Daß geodätische Vorstellungen auch beim ehrgeizigsten Projekt Himmlers, der SS-Ordensburg *Wewelsburg* bei Paderborn[22] eine Rolle spielten, ist ziemlich sicher. In der Burg, die Himmler bei einem Ausflug nach Westfalen kennen und lieben gelernt hatte, war zunächst eine Bibliothek untergebracht. In dieser sammelte man auch esoterische Literatur und beschränkte sich dabei durchaus nicht auf deutsche oder deutschsprachige Ausgaben. So enthielt die Bibliothek zum Beispiel das Buch *„Seers Of The Ages: Embracing Spiritualism, Past And Present"* von J. M. Peebles, verlegt 1869 in Boston.[23] In dem Buch, das seinerzeit eine Art Standartwerk war, wird ein Überblick über die spirituellen Traditionen und Praktiken vieler alten Völker und Kulturen gegeben. Der Autor beschrieb dabei Spiritualität unter dem Eindruck spiritistischer Phänomene, die er selbst erlebt hatte. Heute ist er selbst zum Opfer verschiedener Channel-Medien geworden.

Die geheimnisumwitterte Wewelsburg südwestlich von Paderborn.

Stück für Stück wurde der weitere Ausbau der Anlagen rund um die Wewelsburg geplant, die zum Zentrum des SS-Imperiums werden sollte. Die letzte Fassung des Projektes wurde 1944 nach Aussagen des Architekten Bartels von Himmler persönlich genehmigt. Das alte Dorf sollte unter kasernenartigen Gebäuden verschwinden, in deren Mitte die Burg kaum noch zu erkennen war. Einzig der vergrößerte und bis zu einer geplanten Höhe von 64 Metern aufragende Nordturm sollte hervorspringen. Er enthielt einen Kultraum, in dem geheime Weihehandlungen vollzogen werden sollten. Der Komplex war von einer Mauer mit einem Radius von 450 Metern umgeben – es ist der Radius, den wir auch in Karlsruhe finden. Aus der Vogelperspektive sehen wir ferner, daß die Burg an der Spitze einer Speerspitze liegen sollte, deren Achse von Korbach her kam. Eine solche Speerspitzen-Symbolik finden wir auch in der Karlsaue in Kassel, und hier wie dort liegt ein Fluß dicht neben der Anlage. In Kassel ist es die Fulda, unterhalb der Wewelsburg ist es die Alme.

Sicher ist, daß im Dachauer Lager auch mit der Wünschelrute experimentiert wurde, um den SS-Truppen Rutengänger an die Seite zu stellen und vielleicht auch um mögliche radiästhetische Wunderwaffen zu entwickeln. Das Versuchsgelände war der Kräutergarten. Dort wurden geeignete, das heißt sensitive, Angehörige der Waffen-SS zu Rutengängern ausgebildet. Leiter dieser Kurse war niemand anderes als Studienprofessor Dr. Josef Wimmer, mittlerweile Leiter der Abteilung für angewandte Geologie im SS-Ahnenerbe.[24] Die Ausbildung der Dachauer SS unterstand von 1933 bis 1945 übrigens einem Polizei-Oberleutnant Wimmer, möglicherweise einem Verwandten des Rutengängers.[25] Das Hauptquartier des „Ahnenerbes" befand sich in der Widenmayerstraße 35 in München und wurde geleitet von dem Indogermanisten und SS-Obersturmbannführer Professor Walther Wüst.[26] Dieser war möglicherweise ein Verwandter von Dr. Joseph Wüst.

Einen wesentlichen Beitrag zur Erforschung radiästhetischer Phänomene leistete in den Jahren zwischen 1960 und 2000 der deutsche Physiker Reinhard Schneider (1925-2001). Er war Mitbegründer des

„Forschungskreises für Geobiologie" und wurde während seines Physikstudiums durch Prof. Kratzer auf radiästhetische Fragen aufmerksam gemacht. Aufbauend auf den Forschungen von Wüst und Wimmer entwickelte er die physikalische Radiästhesie weiter, und auf deren Basis die „Grifflängentechnik" und die sogenannte „Lecherantenne". Den beiden letzteren Begriffen liegt die Auffassung zu grunde, daß die Rute eine Antenne ist, die auf die Wellenlängen der Schwingungen abgestimmt werden kann, die die zu untersuchenden Objekte aussenden.

Auf einem Vortrag auf der Jahrestagung des Geobiologischen Forschungskreises am 17. April 1999 in Eberbach am Neckar berichtete Schneider unter anderem über seine ersten Erfahrungen auf dem Gebiet der Radiästhesie. Dabei erwähnte er Geräte, die der Erlanger Oberstudienrat a.D. A. Wendler, damals einer der bekanntesten Rutengänger und Herausgeber der „Zeitschrift für Radiästhesie", kurz nach dem Krieg aus dem Besitz nationalsozialistischer Forschungsgruppen übernommen hatte, und mit denen er und Wendler dann experimentierten.

Zieht man all diese Fakten und Querverbindungen in Betracht, dann scheint es, als ob der Hintergrund der physikalische Radiästhesie enger mit einem der schwierigsten Kapitel der deutschen Geschichte verbunden ist, als manchem lieb ist.

In den 30er Jahren hatte auch Dr. jur. Joseph Heinsch über die räumliche Beziehung von Kultplätzen geforscht. Er veröffentlichte darüber mehrere Arbeiten, die aber wegen der Kriegsereignisse wenig Beachtung fanden. Darunter war 1937 „*Vorzeitliche Raumordnung als Ausdruck magischer Weltschau*". Es ist seine vielleicht wichtigste Arbeit, in der die Quadratur beziehungsweise die zugehörigen Zahlenverhältnisse eine Rolle spielen.

1940/43 schrieb Kurt Gerlach in „*Germanien*" über Linien zwischen Kirchen aus dem 10. und 11. Jahrhundert, die von Benediktinern angelegt worden sein sollen. In diesem Zusammenhang ist erwähnenswert, daß das Hauptquartier Hitlers – Tautz nennt ihn aus okkulten Gründen den „*Geführten*"[27] – in Ostpreußen, die sogenannte *Wolfsschanze*, in *ley-lines* der Umgebung eingebunden ist.[28]

Für den deutschen Sprachraum ist schließlich noch das 1983 veröffentlichte Buch „*Hauts-Lieux Cosmo-Telluriques*" (deutsch: „*Orte der Kraft*") der Schweizer Radiästhetin Blanche Merz von Bedeutung. Ebenfalls aus der Schweiz stammt Gertrud I. Hürlimann, die ein Buch mit dem Titel „*Rute und Pendel*" geschrieben hat,[29] welches zusammen mit den wichtigen Büchern von Lüdeling und Heinsch[30] einen guten Überblick über verschiedenste Aspekte der Materie bietet.

In den letzten Jahren und bis heute erschienen außerdem diverse Führer zu Orten der Kraft, die aber allzu oft ins New-Age abgleiten oder wenig wirklich brauchbare Informationen enthalten.

Verstärkt wendet man sich auch östlichen Traditionen zu wie dem chinesischen *Feng Shui*, dem indischen *Vastu* oder dem japanischen *Fudo*.[31] Das ist aber durchaus problematisch. Im Feng Shui zum Beispiel spielen die Ahnen eine große Rolle. Diese wurden in China im Garten hinter dem Wohnhaus beerdigt, was in Deutschland seit mindestens 1000 Jahren nicht mehr passiert. Dabei gibt es auch im Abendland einen reichen Wissensschatz zum Umgang mit diesen verborgenen Energien. Jedes bedeutende Bauwerk, das älter als etwa 300 Jahre ist, kann uns davon erzählen. Wir müssen nur die Lage des Gebäudes betrachten, die Beziehung zu eventuellen Bauwerken in der Nachbarschaft, die Baumaterialien, die Formen und Proportionen der einzelnen Teile des Baukörpers, auch die der Zierelemente, und die Farbgebung.

Arbeitsmittel des Archäo-Geodäten

Aus der Geschichte der modernen Archäo-Geodäsie können wir ersehen, daß die ersten Arbeitsmittel der Forscher Landkarten und Lineale gewesen sein müssen. Auch heute noch haben diese ihre unbedingte Berechtigung, gestatten sie doch die Analyse der geometrischen Beziehungen zwischen Orten auf der Erdoberfläche. Die meisten Menschen, die es einmal versucht haben, erliegen schnell der Faszination der Entdeckungen, die sich auf diese Weise – scheinbar – relativ leicht machen lassen.

Doch Vorsicht! Das mathematische Problem, die gekrümmte Oberfläche der Erdkugel auf einer ebenen Karte abzubilden, hat seine Konsequenzen. Für die geodätische Arbeit sind eigentlich nur winkeltreue Karten zu gebrauchen, die aber in entsprechenden Maßstäben kaum erhältlich sind. Die Projektion der bekannten topographischen Karten basiert dagegen auf einem modifizierten Schnittkegelentwurf. Winkel, die auf die Karte gezeichnete Linien zueinander bilden, stimmen nicht mit den tatsächlichen Verhältnissen in der Natur überein. Jedoch sind die Abweichungen bei Karten im Maßstab 1:25000 zu vernachlässigen, sofern wir das Kartenblatt nicht verlassen. Auf der Karte eingezeichnete *ley-lines* sollten wir aber in jedem Fall im Gelände überprüfen.

Zusätzlich zu Karte und Lineal mag uns ein guter Kompaß mit Peileinrichtung, ein Geodreieck, ein Fernglas und ein Photoapparat bei der Arbeit im Gelände nützlich sein.

Heute gibt es bereits eine Reihe von geomantischen Reiseführern. Man kann sie zu Rate ziehen, aber wir bevorzugen ordentliche Kunstreiseführer. Praktisch jede darin beschriebene Burg-, Kloster- oder Schloßanlage ist ein Ort der Kraft, Treffpunkt zahlreicher *ley-lines* und archäo-geodätisches und radiästhetisches Studienobjekt.

Weitere sehr brauchbare Informationen liefert die entsprechende heimatkundliche Literatur, die wir in den lokalen Bibliotheken und Buchhandlungen vorfinden. Während einer Exkursion können wir sie am Abend in Ruhe studieren. Es sollte zur Annäherung an einen Ort der Kraft gehören, sich gedanklich mit diesem auseinanderzusetzen.

Radiästhesie

Das wichtigste Arbeitsgerät der zeitgenössischen „Geomanten" ist inzwischen die *Wünschelrute* geworden. Das Aufspüren bestimmter Strahlungen mit Hilfe einer Wünschelrute, eines Pendels oder ähnlichen Geräten nennt man Radiästhesie. Die physikalische Radiästhesie versucht dabei das Wünschelrutenphänomen auf dem Hintergrund des gegenwärtigen naturwissenschaftlichen Weltbildes mit Hilfe von Mikrowellenstrahlungen zu erklären, deren objektspezifische Frequenzen mittels geeigneter Empfänger durch den Menschen registriert werden können. Die bekannteste Wünschelrute der physikalischen Radiästhesie ist die *Lecherantenne*. Dies ist die Bezeichnung für ein Instrument, dem das Prinzip der in der Physik bekannten Lecherantenne zugrunde liegt. Über einen verstellbaren Schieber können – wie bei einem Radio der Sender – objektspezifische Frequenzen eingestellt werden, die eine eindeutige Rutenreaktion provozieren sollen. Entwickelt wurde die Lecherantenne von dem Physiker Reinhard Schneider, der dabei auf die Grundlagenforschung von Wüst zurückgriff.[32] Wie bereits erwähnt, hatte Wüst in München mit dem Rutengänger Wimmer experimentiert.

Da jedes Objekt eine oder mehrere spezifische Frequenzen abstrahlt, existieren inzwischen lange Listen eben solcher, mit denen der Radiästhesist dann arbeiten kann. Diese Frequenzen werden im weiteren mit LAW = Lecherantennenwert abgekürzt. Oft werden den einzelnen Frequenzen noch bestimmte Begriffe beigegeben, die ihre besondere Energiequalität charakterisieren sollen.

Wir sind jedoch ausdrücklich nicht der Meinung, daß sich das Rutenphänomen ausschließlich durch den reduktionistischen Ansatz der physikalischen Radiästhesie erklären läßt.

Mental arbeitende Rutengänger benutzen keine abstimmbaren Empfänger, sondern meist selbst gebaute Ruten der verschiedensten Art, aus Holz, aus Kunststoff, aus Draht... Sie wollen mittels gedanklicher Konzentration auf das zu findende Objekt Fehlmutungen ausschließen.

Häufig wird auch ein Pendel benutzt, um die *Drehrichtung* einer Strahlung zu ermitteln. Dreht sich das Pendel über dem strahlenden Ort, dem Reizstreifen, der Geopathie, links herum, sprechen wir von linksdrehender Strahlung, Energie und so weiter. Dreht es sich im Uhrzeigersinn, sprechen wir von rechtsdrehender Strahlung.

Radiästhetische Energien können wir aber auch ohne Rute, nur mit dem Körper erspüren. Ja, es ist sogar möglich, diese Energien zu „sehen".

Möchten wir trotzdem etwas messen? Objektiv sein? Mit dem Bovis-meter haben wir eine Skala zur Verfügung, auf der wir mit Hilfe des Pendels abfragen können, welche Energieintensität der Reizstreifen aussendet. Die Boviseinheiten sind eine semi-subjektive Skala zur Quantifizierung radiästhetischer Signale. Die Stärke der Boviseinhei-ten (BE) schwankt parallel zum Mondzyklus.[33]

Der höchste Wert von Boviseinheiten wurde im Dom zu Aachen un-ter dem Karlsschrein gemutet, der eingerahmt wird von Kreuzungen des Globalnetzgitters und auf einer Diagonalnetzgitter-Kreuzung steht. Dort sollen es phantastische 92.000 BE(!!) sein.[34] Dagegen schrieb Blanche Mertz, daß Boviswerte über 18.000 Einheiten dem Menschen gefährlich sind, und höhere Werte fand sie bei ihren Rei-sen rund um die Welt auch gar nicht.[35]

Was verursacht den Ausschlag der Rute? Auch hierüber sind sich die Experten längst nicht einig. Diskutiert werden zum Beispiel unwill-kürliche Muskelzuckungen, ausgelöst durch Mikrowellen. Fast jeder Rutengeher hat hier seine eigene Theorie.

In diesem Zusammenhang möchten wir einen aufschlußreichen Ver-such schildern, den der Landarzt Dr. Hartmann, der Gründer des Geobiologischen Forschungskreises, einmal durchführte. Er ließ ver-schiedene Rutengänger durch einen Saal gehen und nach Wassera-dern suchen. Unter diesem Raum gab es aber keine, und es wurden auch keine gefunden. Dann schickte er die Rutengeher hinaus und konzentrierte sich mit ein oder zwei anderen Personen eine Zeit lang auf eine gewisse Stelle des Raumes. Hierbei stellten sich alle gemeinsam vor, daß sich dort eine Wasserader befände. Als die Rutengänger dann nacheinander wieder hineingerufen wurden und den Raum erneut untersuchten, fanden sie plötzliche diese „Wasserader", die jedoch rein mental erzeugt worden war!

Dieser Versuch wirft ein bedeutsames Licht auf das, was die Rutenänger immer wieder feststellen. Untersuchen wir beispielsweise Kirchen, die von ihrem ursprünglichen Standort in ein Museumsdorf versetzt wurden, so finden wir trotzdem wieder die typischen Wasseraderkreuzungen in den Kirchengebäuden!

Der große Paracelsus sagte einmal, daß der Rutenausschlag durch Geister zustande käme. Wir meinen, daß dies immer noch bedenkenswert ist. Aber um was für Geister handelt es sich da? Überhaupt scheint bei einigen Menschen die naive Vorstellung zu herrschen, wenn etwas aus der „geistigen Welt" kommt, müsse es ja gut sein. Auf die Spitze getrieben wird diese absurde Annahme beim sogenannten Channeling, bei dem sich aber fast nur Wesenheiten aus der niederen Astralwelt unter falschem Namen melden und sich im besten Fall einen Scherz mit dem Medium und seinen Zuhörern erlauben. Ähnlich sieht es bei den bekannten Rückführungen aus.

Aber wie steht es mit Meditationen an Orten der Kraft oder mit dem Gebrauch von Rute oder Pendel an solchen Plätzen? Dieses geschieht ja üblicherweise im Zustand einer gewissen „Offenheit". Was kriecht da vielleicht in den mit den besten Absichten arbeitenden „Geomanten" oder „Erdheiler" hinein? Und dann mutet er plötzlich seltsame Dinge, die es vorher nicht gab oder aber es macht sich zunächst vielleicht gar nicht bemerkbar, sondern erst in vielen Jahren und an einer Stelle, an der man es nicht vermutet.

Blanche Mertz, die schweizer Altmeisterin der Geobiolgie und Radiästhesie, berichtete einmal darüber, daß sie in Südamerika die Mumie einer Indianerin untersucht hatte und kurze Zeit später von unerklärlichen Schmerzen in der linken Schulter befallen wurde. Einige Zeit später besuchte sie aus ganz anderen Gründen einen hellsichtigen Priester, der plötzlich links hinter ihr eine Indianerin wahrnahm, die sich mit einer Hand in ihrer Schulter verkrallt hatte. Ihm gelang es dann, diese Wesenheit zu vertreiben ...

Daß die meisten Rutengänger mit der Zeit ein wenig *seltsam* werden, ist eine immer wieder zu beobachtende Tatsache und es ist schwierig, diese Seltsamkeit wieder los zu werden - der Autor spricht aus eigener leidvoller Erfahrung.

Es liegt ja in der Natur der Sache und in der Absicht dieser Wesenheiten, daß ihr Opfer sie nicht bemerkt, und eine Möglichkeit eines solchen Angriffs gar nicht erst in Erwägung zieht.

Geheimnisse der Rutengänger

Wasseradern

In der Radiästhesie steht der Begriff *Wasserader* für unterirdisch in definierten Kanälen fließendes Wasser, dessen *Ausstrahlung* als Reizstreifen an der Erdoberfläche gemutet werden kann.

Nach Ansicht mancher Geologen gibt es überhaupt keine Wasseradern. Nun kann aber jeder Bergmann aus praktischem Erleben heraus das Gegenteil berichten, sprüht und spritzt es doch oft stärker als aus einer Dusche aus einer angeschlagenen wasserführenden Kluft heraus in den Stollen.

In Kalkgebieten können Wasseradern sogar als große, wasserführende Tunnel ausgebildet sein, die gelegentlich von senkrechten Schächten unterbrochen werden. Solche senkrechten Strukturen, in die das Wasser hinunterfällt, können von Rutengehern als *Schlote* oder ähnliches gemutet werden. Ja, unter Druck kann das Wasser in senkrechten Röhren sogar aufwärts gepreßt werden. Wenn dann das Wasser vor Erreichen der Oberfläche in andere Kanäle abbiegt entstehen sogenannte *blind springs*.

In Höhlen bilden Bäche „begehbare" Wasserader und formen tief ausgespülte unterirdische Schluchten.

Schließlich gibt es auch noch kleine oberflächennahe Gerinne, die sich unter wasserdurchlässigen Schichten auf einer ziemlich glatten wasserstauenden Schicht, zum Beispiel einem Lehmhorizont, ausbilden können. Viele Häuslebauer können ein Lied davon singen, daß

Wasser eben nur an bestimmten Stellen in die Baugrube einsickert. Mit dem radiästhetischen Muten eines Reizstreifens über der Wasserader ist es aber noch lange nicht getan. Wasseradern zeigen sogenannte *Ankündigungen*, das sind Reizstreifen, die parallel zur eigentlichen Ader verlaufen.

Folgende LAW sind für das Muten von Wasseradern relevant (von außen nach innen)[36]
- 3. Ankündigung   9,2 und 15,45
- 2. Ankündigung   9,2
- 1. Ankündigung   15,45
- Hauptzone   9,2 und 15,45
- Schwerpunktzone   7,8 und 10,8
- Mittelachse   1,05, 1,55 und 3,1

Wollen wir auch die Tiefe der Wasserader bestimmen?
Als einfache Regel gilt: je breiter die Hauptzone, desto tiefer die Wasserader.
Eine weitere Regel besagt: Die Entfernung von der 3. (äußersten) Ankündigung zur Mittelachse entspricht ungefähr der Tiefe.

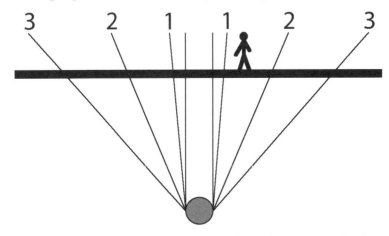

Ausstrahlung einer Wasserader im Querschnitt (Skizze); eingetragen ist die Lage der sogenannten Ankündigungen und die Lage der Hauptzone, die direkt über der Wasserader liegt.

Untersuchen wir nun die polarisierte Wasserader: die Polarisierung wird durch die Drehrichtung des Pendels angezeigt, beziehungsweise die Drehrichtung sagt aus, wie die ausgesendete Welle auf den Beobachter zukommt (also entgegengesetzt zur Hochfrequenz-Technik!).

Die *rechtsdrehend* (Yang) polarisierte Wasserader wirkt aufladend, dem Körper Energie zuführend. Sie wird auch die positive oder heilige Wasserader genannt. Steht eine Person auf einer solchen Wasserader, wird ihr Energiefeld weiter, der Reaktionsabstand größer. Rechtsdrehendes Wasser tötet Bakterien ab. Die römische Wasserversorgung von zum Beispiel Köln oder Nîmes (Südfrankreich) geschah durch viele Kilometer lange Aquädukte, in denen rechtsdrehendes Wasser aus besonderen Quellen herangeführt wurde. Die Strömung blieb dabei stets laminar.[37]

Ein inzwischen verstorbener Freund, ein alter erfahrener Rutengänger, bot uns einst ein Glas Wasser an, befüllt aus einer staubigen Flasche, die er wie einen guten alten Wein aus dem Keller geholt hatte. Das Wasser schmeckte herrlich frisch, doch hatte er es acht Jahre zuvor an einer entsprechenden Quelle abgefüllt!

Die *linksdrehend* (Yin) polarisierte Wasserader wirkt hemmend, beruhigend und abladend, das heißt, der Reaktionsabstand verkleinert sich.[38] Auch so ein Wasser brauchen wir. Nur rechts oder nur links ist zu einseitig.

Bei Wasseradern sind Mitte und ein Rand Yang, ein Rand Yin; bei rechtsdrehend polarisierten Wasseradern sind Mitte und beide Ränder Yang.[39]

Ein Kunstgriff der Alten war es, die Wasserader zu invertieren, was bedeutet, daß die Hauptzone innerhalb der Schwerpunktzone zu liegen kommt. Man findet dies häufig bei Kirchen und Kultstätten. Es entsteht eine sehr schmale, stark strahlende Wasserader, deren Manipulation am Ende des Kultplatzes wieder aufgehoben ist. Eine Invertierung geschieht durch eine Brillenspirale, durch sogenannte Multiwellensteine oder, sehr einfach, durch Schwarzen Holunder, welcher überhaupt gerne auf Wasseradern wächst. Sollte man deshalb keinen Holunder[40] unter dem Schlafzimmerfenster haben oder liegt es doch an der merkwürdigen Ausdünstung dieses Strauchs? Breite oder negativ, linksdrehend, strahlende Wasseradern wurden umpolarisiert. Aus links mach rechts. Man plazierte Spiralsysteme (keltische Muster!)[41], oder einen fischgratartigen Mauerwerksverbund, das *opus spicatum*, auf der Wasserader (sichtbar zum Beispiel an der Kirche St. Burkard in Würzburg).

Schauen wir die Zierleisten romanischer Kirchen an! Hufeisenförmige Ornamente haben als offene Schwingkreise eine feldverändernde Wirkung.[42] Auch das Yin-Yang Symbol kann, richtig auf der Wasserader plaziert, deren Schwingungsebene umpolarisieren.[43]

Umpolarisation kann überhaupt erfolgen durch Gegenstände auf der Wasserader, z. B. ein Klavier, eine Drahttrolle, bestimmte Steine[44] und so weiter. Aufgelegte Gegenstände (Entstörgeräte, ein Magnet, ein Computer etc.) modulieren immer die Schwingung der Wasserader, was sich flußabwärts nachweisen läßt.[45]

Anpflanzungen größerer Buchsbaumstauden führen zu einer dauerhaften und verträglichen Harmonisierung gestörter Plätze, die Pflanzung muß aber zentimetergenau (besser noch gefühlsmäßig!) erfolgen.[46]

Die Bedeutung des in einer *blind spring* aufsteigenden Wassers liegt in der energetischen „Aufladung" des genau darüber stehenden Druiden oder Priesters. Dies ist auch der Sinn der Wasseraderkreuzung oder der *blind spring* unter dem Altar einer Kirche. Wasserader-Kreuzungen lassen sich anpeilen mit dem LAW 7,8+k[47].

In einer Kirche quer zur Längsachse verlaufende Wasseradern können abladend, Energie entziehend und damit reinigend wirken (So zum Beispiel im Dom zu Schleswig, in der Klosterkirche in Germerode am Meißner in Nordhessen, oder im Dom zu Basel).[48]

Gitternetze

Betrachten wir die Karten in einem modernen Atlas, dann sehen wir die feinen Linien der Längen- und Breitengrade über die Blätter ziehen. Wundert es, daß die Rutengänger der letzten Jahrzehnte, in ihrer Wahrnehmung geprägt durch diese Bilder, auch radiästhetisch nachweisbare netzartige Energiestrukturen auf der Erdoberfläche entdeckten? Sie wurden von dem Physiker Reinhard Schneider in Systeme verschiedener Ordnungshöhe zusammengefaßt.[49] Jedem System kommt dabei eine bestimmte Energie und Wirkung zu:

1. Das *Global-, Hartmann- oder Nord-Süd-Gitter* (LAW 12,2). Seine Maschenweite beträgt in Deutschland circa 2 Meter mal 2,50 Meter. Sie wird nach Norden hin kleiner.[50] Die einzelnen Streifen sind etwa 20 Zentimeter breit und abwechselnd positiv und negativ gepolt, können aber auch durch aufgelegte Symbole oder mental positiviert werden. Diese Positivierung breitet sich im Gitter mit circa 10 bis 20 Kilometern pro Sekunde aus.[51] Während eines Erdbebens (oder Sonnen- bzw. Mondfinsternissen[52]) verändert sich die Breite der Streifen und / oder die Polarisation der einzelnen Felder.[53] Die Streifen verlaufen aber weder genau nach Nord-Süd noch nach Ost-West,[54] sondern ähneln eher einem „verbeulten" Gitter. Die genaue Lage der Streifen ist dabei abhängig vom Untergrund, kann aber auch durch Bauwerke beeinflußt werden. Bei genaueren Ortsanalysen muß daher jeder Streifen einzeln gemutet werden!

Das Gitter wurde besonders in antiken Herrschaftssystemen verwendet. Heilige Städte des römischen Reiches wurden unter dem Motto „quadratisch-praktisch-gut" nach diesem Gittersystem geplant und angelegt. Der Siegellack mittelalterlicher Herrscher strahlt noch heute diese Energie ab, was man in Museen an entsprechenden Stücken mit der Lecherantenne muten kann.[55]

Die Alten konnten die Linien dieses Gitters geschickt manipulieren. Am Anfang des rechteckigen Chores der Kirche des ehemaligen Zisterzienserklosters Eberbach im Rheingau stellen wir fest, daß die Gitterstreifen plötzlich um eine halbe Maschenweite versetzt erscheinen! In manchen romanischen Kirchen wurden die Streifen auch durch schmal-hohe Steine in den Wänden markiert.[56]

2.   Das *Diagonal- oder Curry Gitter*, benannt nach Dr. Manfred Curry. Seine rechtsdrehenden Streifen liefern Lebenskraft, die linksdrehenden die Information für Krebs. (LAW 2,2, 6,9)[57]

3.   Das sogenannte *Blitzgitter*, auch Zone der Beredsamkeit oder Heilig-Geist-Gitter genannt. (LAW 8,25 (induktiv bzw. magnetisch) und 8,35 re (elektrisch)), Seine Streifen finden sich in Kirchen an Kanzeln, an Kathedern und unter der Heilig-Geist-Taube, aber auch an Steinen unter einem Königsthron – wenn er noch auf der richtigen Stelle steht!

4.   Die *Zonen der kosmischen Universalkraft* (LAW 5,35 = 1/4 der Wasserstofflinie 21,5 Zentimeter! Sechs mal 5,35 ist 32,1 oder 3,21!)

5.   Sogenannte *Wittmansche Polpunkte* (LAW 5,85, „Gottes Segen"). Dies sind aufladende Felder von zwei mal zwei Meter Fläche. Eigentümlicherweise kann man hier zwei Zonen mit LAW 5,35 unterscheiden: eine in 160 Zentimetern über dem Boden, die „Schicht des Gebens", ist zu muten nur mit Blickrichtung nach Norden; eine zweite in 180 Zentimetern Höhe, die „Schicht des Nehmens", nimmt Energien mit fort. Zu muten ist sie nur mit Blickrichtung Nordwesten.[58]

6.   Ein punktförmiges Einstrahlungssystem (LAW 28,2).
Es schafft Plätze der Harmonie, Gedächtniskraft und begünstigt dort die Wahrnehmung von Erscheinungen.

7. Ein weiteres punktförmiges Einstrahlungssystem. Es schafft Plätze, die die Telepathie fördern (LAW 16)

8. Ein Hexagonales Gitter (LAW 10,7) als Mittelpunkt von Kultstätten mit astrologischen Tafeln.

Tafel 4 aus Balthasar RÖSLERs *„Speculum Metallurgiae Politissimum Oder: Hell-polierter Berg-Bau-Spiegel"* (Dresden 1700). Die Abbildung dient gelegentlich dazu, zu beweisen, daß man schon um 1700 Gitternetze gemutet habe. Rösler schreibt aber eindeutig von Erzgängen, welche die Rutengänger hier aufsuchen und markieren!

Eine Theorie besagt, daß sich Gittersysteme durch eine bestimmte Anordnung von polarisierten Steinen erzeugen lassen. Ihr Ursprungsort soll danach die Cheops-Pyramide sein, unter der sich eine solche Steinsetzung befinden soll. Die oben genannten Gitter sollen Abkömmlinge des dort entstehenden *Vermessungsgitters* (LAW 15,2 k) sein – dieses findet sich auch an vielen anderen alten Kultplätzen und hat die Maschenweite 2300 mal 2400 Metern. Die Kreuzungspunkte sind jeweils von 16 Kreisen umgeben, deren größter einen Durchmesser von 400 Metern aufweist, und es gehen 20 Radiallinien mit verschiedenen LAW von ihnen aus.[59]
Daß gelegentlich von der Entdeckung weiterer Gitter berichtet wird, soll uns hier nicht weiter interessieren, da schon die eben aufgezählten mehr oder weniger umstritten sind.

Radiästhetisch mutbare gerade Linien sollen die Landschaft durchziehen. Sie verbinden archäo-geodätisch bedeutsame Plätze miteinander, weisen 14.500 BE auf[60] und sollen sehr schmal (circa drei Zentimeter) sein. 80 Zentimeter zuvor liegt eine Ankündigung, ihre Höhe ist unbestimmt (einige Meter?). Einen komplizierteren Aufbau beschrieb neuerdings F. Bongart.[61] Man findet sie besonders in Klöstern und anderen kultischen Bauten.[62]

Vielleicht als Erster beschrieb die *ley-lines* der englische Rutengänger Arthur Lawton in seinem Buch *„Mysteries of Ancient Man"*[63], dann der Engländer A. Watkins, der sie als virtuelle Peilungs-, Ortungs- oder Visurlinien zwischen alten Plätzen (wieder) entdeckte, in seinem noch heute lesenswerten Buch *„The Old Straight Track"*[64]. Watkins kam ohne die Wünschelrute aus und prägte den Namen: Ley.

1970 veröffentlichte R. Müller sein Buch *„Der Himmel über dem Menschen der Steinzeit"*, wobei er die astronomische Orientierung vorzeitlicher Steinsetzungen nachzuweisen versuchte. Anhand von St.Severin auf Sylt beschrieb er dabei auch, wie eine christliche Kirche in ein System solcher, an astronomischen Visurlinien orientierten, Steinsetzungen eingebunden ist. Müller betonte besonders die Bedeutung der Mondortungen (Visurlinien zu den Auf- und Untergangsörtern des Mondes) für die Anlage solcher Kultstätten.[65]

Neben den scheinbar ohne erkennbare Ordnung die Landschaft durchziehenden Linien gibt es aber auch solche, die regelmäßige und großräumige Gittersysteme bilden wie zum Beispiel Teudts *Ortungslinien* im Weserbergland.[66] R. Fester beschrieb 1981 ein urzeitliches Vermessungssystem in Oberschwaben, das aus geraden Linien bestehen soll, weiträumig die Landschaft überzieht und dessen Kreuzungspunkte oft durch Steinsetzungen, Kultplätze und Kirchen gekennzeichnet sein sollen. Die Linien dieses Netzes schneiden sich rechtwinklig, sind aber, anders als bei Teudt, gegenüber den Meridianen etwas verdreht - die Nord-Süd Linien verlaufen also etwa in Nord-Nordwest zu Süd-Südost Richtung.[67]

Zuletzt wurde ein solches regelmäßiges Liniengitter von dem Bochumer Astronomen Heinz Kaminski gefunden, der anhand einer Tierkreisdarstellung in der Kirche St. Peter und Paul in *Wormbach* (Sauerland) zu der Vorstellung von *Sternenstraßen* gelangte, die wichtige heidnische Kultstätten und christliche Kirchen in ganz Westeuropa (!) entlang exakt Nord-Süd und West-Ost verlaufender Linien miteinander verbinden sollen. So liegt in seinem System der Hohe Meißner, eine Gebirge in Nordhessen, am Schnittpunkt der Nord-Süd Linie über Würzburg-Ulm-Cremona und der West-Ost Linie Stonehenge-Wormbach-Breslau. Anhand der regelmäßigen Abstände seiner Linien kam Kaminski zu dem Schluß, daß ihrer Konstruktion ein einheitliches Maß zugrunde gelegen haben muß, die *megalithische Elle* von 84 Zentimetern Länge.[68]

Die berühmte Kirche St.Peter und Paul in Wormbach. Kirche und Kirchhof stimmen in ihren Abmessungen mit dem Steinkreis von Stonehenge überein.
Die Deckengemälde im Inneren der Kirche zeigen die Tierkreissternbilder, was zu der Theorie der „Sternenstraßen" und zur Postulierung des westfälischen Sternbild-Bodenbild-Systems führte.

Eng verwandt mit den ley-lines, aber in ihrem Verlauf dem geschwungenen Geländeprofil folgend sind *geomantische Zonen* - über weite Strecken reichende radiästhetisch nachweisbare Strukturen auf der Erdoberfläche. Im Querschnitt zeigen sie ungeradzahlige (3, 5, 7 oder mehr), rechtszirkular abstrahlende Reaktionsstreifen. Sie entstehen vielleicht auf Höhenrücken oder an Gipfeln und enthalten verschiedene Frequenzen beziehungsweise LAW. Die mit der höchsten Intensität ist die kennzeichnende Arbeitswellenlänge. Natürlich oder künstlich erzeugt vernetzen sie Landschaftsräume; viele historische (Kult-) Bauwerke sind durch solche geomantischen Zonen angeregt.

Der kennzeichnende LAW zur Suche von geomantischen Zonen ist 5,3. Sie können Yin geprägt sein, dann stehen auf ihnen zum Beispiel Marienkirchen, oder Yang geprägt, dann sind es Michaels-Kirchen.

Auf den Kreuzungen repolarisierter geomantischer Zonen deponierte Gegenstände oder Salben können heilende Schwingungen aus dem Frequenzspektrum speichern.[69] Vielleicht diente dem selben Zweck auch das Sakramentshäuschen in Kirchen? Geomantische Zonen sind oft auch bestimmend für den Verlauf der Hauptstraßen in mittelalterlichen Stadtgrundrissen.

Eine Übersicht über die verschiedenen linienartigen Strukturen zeigt die folgende Tabelle:

Sternenstraßen (nach Kaminski)	geradlinig	Verlauf immer in Nord-Süd oder Ost-West Richtung
Ortungslinie (nach Teudt)	geradlinig	Verlauf fast immer in Nord-Süd oder Ost-West Richtung
Ley-line	geradlinig	Verlauf in beliebiger Richtung
Geomantische Zone	geschwungen	Verlauf über Höhenrücken
Planetenlinie	kurvig	Verlauf in Kurven und Schleifen in der Landschaft

Ein grundsätzliches Problem besteht nun darin, daß sich im dichtbesiedelten Europa *ley-lines* praktisch überall konstruieren lassen. Die englischen Forscher Devereux und Thompson versuchten aber 1987 aufgrund statistischer Berechnungen zu zeigen, daß „echte" *ley-lines* maximal 40 Kilometer lang sein dürfen und mindestens vier bis fünf Stationen enthalten müssen.[70] Die Diskussion zu dieser Frage ist noch nicht abgeschlossen ...

Viele *ley-lines* verlaufen von Südwest nach Nordost. Möglicherweise spiegeln sie damit die Richtung der Wiederbesiedlung Mitteleuropas nach der letzten Eiszeit wieder, die von der iberischen Halbinsel und Südfrankreich ausgegangen sein soll.[71]
Ausgangspunkt von *ley-lines* sollen *Sternpunkte* sein, die *ley-lines* sternförmig in verschiedene Richtungen abstrahlen, durch sie miteinander verbunden sind und mit LAW 10,7 angepeilt werden können.[72] Diese Punkte liegen entweder im Gelände oder sind von Bauwerken überwölbt, die die Strahlung bündeln, ordnen oder modulieren. Häufig sind Punkte mit fünf beziehungsweise zehn Linien. Punkte mit sehr vielen Linien sind aber selten, zum Beispiel finden wir einen regelmäßigen Zwölfstern am Nordturm der Wewelsburg und mindestens 14 Linien in Chartres (Frankreich) oder am Disibodenberg in der Nähe von Bad Kreuznach.
Erstaunlich ist, daß bildliche beziehungsweise kartographische Darstellungen von *ley-lines* aus historischer Zeit so gut wie unbekannt sind. Nur der Rosenkreuzer Michael Maier bildete 1618 auf einer Tafel seiner *„Atalanta fugiens"* vielleicht eine von einer *ley-line* durchzogenen Landschaft mit den Stationen Kathedrale – Bergspitze – Kapelle ab.[73]
Es wird nun vermutet, daß die *ley-lines* für die Initiation und den Vollzug magischer Riten verwendet wurden, um den ungestörten Fluß der Kräfte zu garantieren. Fruchtbarkeitsriten und die Feste der Tag- und Nachtgleichen, der Sonnenwenden und Heiligengedenktage dienten zur Reaktivierung des jeweiligen Ortes.[74] Wir denken, daß auch Informationen über diese Linien zu übertragen sind – ein vorgeschichtliches *Internet* also?
Ebenso korrespondieren *ley-lines* mit mittelalterlichen *Totenwegen*, auf denen Leichen zu besonderen Begräbnisorten transportiert wurden.[75] Daß es auf diesen spukt, ist im Volksaberglauben bekannt. Spukerscheinungen sollen sich auf besonders energiereichen linksdrehenden Wasseradern und Verwerfungen bewegen. Sie beziehen daraus die zur Materialisation benötigte Energie.[76] Diese kann aber auch aus dem Od, der ätherischen Kraft eines lebenden Menschen, zum Beispiel eines Mediums, oder eines kürzlich Verstorbenen, das

kann auch ein Opfer sein, stammen. Die Opferplätze unserer Vorfahren wie zum Beispiel den Opferstein im Leistruper Wald bei Detmold oder das Opfermoor von Oberdorla in Thüringen sollte man sowieso meiden.

Sind *ley-lines* nun wirklich gerade Linien? Oder schlängeln sie sich organisch durch die Landschaft? Wirklich gerade Linien und rechte Winkel gibt es nicht in der Natur. Kleine Abweichungen sind erlaubt. Das ganz Gerade ist technokratisch, menschlichen Ursprungs. Denken wir an römische Straßen oder barocke Alleen. Bei letzteren suchte man wenigstens noch den Anschluß an Orte der Kraft. Alleen zapfen die dortigen Energien an, kanalisieren sie und leiten sie weiter zu bestimmten Plätzen. Die Baumreihen schirmen gleichzeitig gegen die äußere Umgebung ab.
Das lebensfeindliche Prinzip dagegen kulminiert in den kantigen Beton-Glas-Stahl Palästen unserer Zeit. Der Mensch wird in diesen völlig erstarrten Bauwerken gefangen im Materiellen, entspiritualisiert, abgeschnitten von den Götterwelten.
Und nicht jede halbwegs gerade Linie, die wir im Wald oder sonst irgendwo in der Landschaft muten, ist eine *ley-line*. Es kann auch mal nur ein Telephonkabel sein!

Beispielhafte ley-lines

Da *ley-lines* zuerst in England beschrieben wurden, hier zunächst drei bekannte Beispiele von den britischen Inseln und dann weitere aus Deutschland.

Von Stonehenge nach Salisbury
Von Stonehenge zieht eine *ley-line* über die Ruinenstätte Old Sarum zur Kathedrale von Salisbury. Salisbury wurde 1220 gegründet, als die Stadt von Old Sarum hierher verlegt wurde. Einige Straßen der Stadt sind parallel zu dieser Linie ausgerichtet. Zu der *ley-line* gehören auch die Wallanlagen Clearbury Ring und Frankenbury. Die Linie wurde 1890 entdeckt und Anfang des 20. Jahrhunderts von Sir

Norman Lockyer beschrieben. Sie ist eine der bekanntesten überhaupt.[77]

Die Saintbury ley-line

Dies ist eine dreieinhalb Meilen lange *ley-line*, die sich durch die romantischen Cotswold Hills in Mittelengland zieht. Ausgangspunkt ist ein mittelalterliches Kreuz an der A46 bei Weston Subedge. Der *ley-line* folgt von hier aus einer alten Straße zur Kirche von Saintbury, deren Ursprünge in die sächsische Zeit reichen. Hinter dem sogar für englische Verhältnisse wirklich romantischen Dorf verläuft die Ley weiter über verschiedene prähistorische Grabhügel.
Diese *ley-line* wurde von den englischen Forschern Ian Thomson und Paul Devereux ausführlich untersucht.

Die Cannon Street in London

Eine *ley-line* zieht vom Tower entlang der Cannon Street zur St.Pauls Cathedral und St.Martin´s Ludgate.[78] In der Cannon Street, die entlang einer römischen oder noch älteren Straße verläuft, lagert der „Palladium" oder „Londoner Stein", auch „Londons Schicksal" genannt, der den Mittelpunkt der City markiert, eingelassen in die Mauer einer Bank.[79]

Die Linie durch die drei Kaiser-Dome am Rhein

Diese Linie entspringt im Hegau und führt über Berneck und Karlsruhe. Von dort zieht sie weiter über die drei großen mittelalterlichen Dome von Speyer, Worms und Mainz. Diese liegen zudem in fast exakt gleichen Abständen zueinander. Fällt man auf diesem Abschnitt das Lot über Worms Richtung Osten, trifft man auf Würzburg. Die Linie zieht weiter an Wiesbaden mit seinen Thermalquellen vorbei nach Runkel an der Lahn. Anschließend überquert sie den Westerwald und erreicht Siegen und Kreuztal. Durch das Sauerland verläuft sie über Altfinnentrop hinweg. Weiter nördlich in Westfalen verläuft sie knapp an dem bedeutenden Wallfahrtsort Werl vorbei und erreicht bald darauf Hamm. Sie tangiert Papenburg und Norden und endet schließlich auf der Insel Norderney.

Die Illertaler Burgenlinie im Allgäu

Eine relativ kurze aber markante *ley-line* führt durch das Illertal im Oberallgäu. Sie beginnt in Oberstdorf und führt nach Norden zur Schöllanger Burgkirche. Auf einem Bergrücken südwestlich vom Ort liegt diese St.Michael-Kirche an der Stelle einer vorzeitlichen Befestigung. Drei Wasseradern schneiden sich am Altar unter dem kleinen Turm. Templer-Kreuze finden sich an den Seitenaltären, eine Wasserader zieht durch die Tür der umgebenden Mauer. Eines der „Meisterzeichen" an der Kirche zeigt die Situation genau.

Blick vom Burgstall bei Hinang nach Süden. Auf dem markanten Hügel, eine typische Lage für eine St.Michaels Kirche, in der Bildmitte befindet sich die Schöllanger Burgkirche.

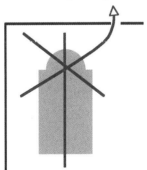

Schöllang, St.Michael mit Wasseradern (schematischer Grundriß mit einem Teil der Kirchhofsmauer)

Über die *Schöllanger Burgkirche* führt noch eine zweite Linie. Sie kommt von Reichenbach und der Gaisalpkapelle und zieht über die Schöllanger Burgkirche und die Kirche St.Verena in Fischen – auch hier finden wir die Templerkreuze – nach Bachtel.

Zurück zur Hauptlinie: Von der Schöllanger Burgkirche geht es über *Burgegg* nach Norden. Nächste Station ist der *Burgstall* westlich des kleinen Dorfes Hinang. Die Burg war Lehen der Staufer und später des Kaisers Rudolf von Habsburg, heute ist sie verfallen. Nächste Station ist etwas weiter nördlich die Höhe 850. Hier kreuzt wieder eine Linie. Sie kommt von der Kirche in Altstädten her und führt zur Kirche von Hinang.

Die Hinanger St.Martin Kirche (erbaut 1689) steht auf der Kreuzung zweier Wasseradern, die sich davor unter der Linde noch einmal kreuzen. Eine Wasserader verläuft dann unter dem Haus Nr.8 hindurch. Die Holzdecke in der Kirche stammt angeblich von der Burg, von der auch ein unterirdischer Gang zur Kirche ziehen soll. Die Linie trifft dann südöstlich von Hinang auf einer Weide über dem Ort auf den Rest einer Steinsetzung. Die Steine stehen auf einer Wasserader-Kreuzung und sind umgeben von einem etwa zehn Meter durchmessenden magisch-energetischen Kreis. Man peilt von hier auch zur „Burg" von Sonthofen. – Starke Energien entströmen auch der Felswand etwa 50 Meter südlich vom Hinanger Wasserfall.

Wieder zurück zur Hauptlinie: Nördlich der Höhe 850 trifft die Linie auf die Kapelle *„Zum gegeißelten Heiland"*. Die Kapelle liegt an der von Altstädten herauf kommenden Straße und der Einschnitt, den die Straße in dem Höhenrücken vornimmt, stört die energetische Situation des Ortes empfindlich.

Noch störender ist die nächste Station, die *Burg Sonthofen*. Es ist ein nationalsozialistischer Bau, der ursprünglich als Kaderschmiede, Kaserne und – nach einem nicht verwirklichten Ausbau – als Ordensburg dienen sollte und genau auf die *ley-line* plaziert wurde. Die erdrückende Architektur ist heute Bundeswehrkaserne.

Die Linie endet schließlich nordöstlich von Sonthofen an der *Ruine Burgberg*.

Die Illertaler Burgenlinie im Allgäu

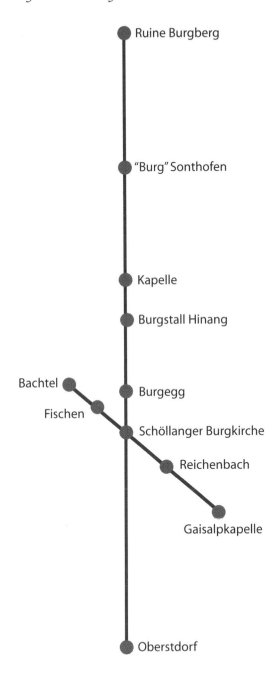

Ruine Burgberg

"Burg" Sonthofen

Kapelle

Burgstall Hinang

Bachtel

Burgegg

Fischen

Schöllanger Burgkirche

Reichenbach

Gaisalpkapelle

Oberstdorf

Heilige Linien

Wenn *ley-lines* „alte" Kultstätten miteinander verbinden, dann müssen sie selbst an deren Heiligkeit teilhaben.

Anfang des 20. Jh. machte der deutsche Amateurforscher Wilhelm Teudt, geb. 1860, mit der Entdeckung heiliger *Ortungslinien* von sich reden. Er war zunächst Pastor im Bückeburger Land und Direktor und Mitbegründer des Keplerbundes der „Förderung der Naturerkenntnis". Später legte er sein Amt nieder und zog wieder in seine Heimat Detmold, um sich der Erforschung der Externsteine zu widmen. Sein wichtigstes Werk: *„Germanische Heiligtümer Beiträge zur Aufdeckung der Vorgeschichte, ausgehend von den Externsteinen, den Lippequellen und der Teutoburg"*, 1929 (die zweite Auflage erschien bereits 1931) bei Eugen Diederichs in Jena verlegt, steht unter den Einflüssen von Reuter, Wirth und Kosinna, aber auch dem zeitgenössischen Glauben an eine glorreiche germanische Vergangenheit.

Teudt bekannte auf einem Diskussionsforum in Bielefeld, daß sich alle seine Behauptungen auf *„Indizienbeweise"* stützen und *„daß er aus der angeborenen geistigen Erbmasse seines germanischen Blutes (...) in unterbewußtem Erinnern diese ganze geistige Schau gewonnen habe."* In der Hoffnung auf Anerkennung seiner Theorien begrüßte Teudt den Nationalsozialismus, wurde, wie oben schon erwähnt, Mitglied in der SS-Organisation „Ahnenerbe" und nannte sich fortan „Professor". Er faßte die Ergebnisse seiner Forschungen wie folgt zusammen: *„Es ist in weiten Teilen Germaniens der auf astronomischer Beobachtung beruhende Brauch einer Nord- und Osteinstellung heiliger Bauten und anderer öffentlicher Stätten in ihrem Verhältnis zueinander geübt worden. Auch Einstellungen auf die Örter der Sonnenwende und andere Ortungen sind nachweisbar."* Als sich seine Ideen als schwer beweisbar herausstellten, wurde er von der SS fallen gelassen. Nachfolgende Untersuchungen durch Hopmann und Focke 1943 ließen an einem Ortungsnetz um die Externsteine zweifeln. Lediglich am Köterberg bei Höxter könnte Teudt tatsächlich ein antikes System von Ortungslinien entdeckt haben.

Teudt beschrieb in seinem oben genannten Buch noch 48 weitere „Heilige Linien" mit denen er sich Watkins Vorstellungen von *ley-lines* näherte. Teudt machte seine Entdeckungen allerdings völlig unabhängig von Watkins[80], was man auch daran sieht, daß seine Linien fast immer in Nord-Süd oder Ost-West Richtung verlaufen, während Watkins' *ley-lines* beliebige Richtungen einnehmen können.

Viele von Teudts Linien lassen sich übrigens noch eindruckvoll erweitern. Wir haben solche Ergänzungen in der folgenden Auflistung zum Teil mit angegeben.

Wilhelm Teudts Linien

1. O-W Linie: Fissenknicker Mühle (N Bad Meinberg) – Grotenburg - Stukenbrok[81]

2. N-S Linie: Hiddeser Berg – Grotenburg – Österholz – Schlangen (zwischen Schlangen und der Fissenknicker Mühle auch eine SW-NO Linie: Schlangen – Kohlstädter Ruine – Externsteine – Wilberg – Fissenknicker Mühle)

3. Hünenburg bei Bielefeld – Sparenburg in Bielefeld, östl. Fortsetzung: Friedhof Waddenhausen – Kirche Brake bei Lemgo – Saalberg S Alverdissen – Saalberg NO Sonneborn – Denkmalsplatz S Reher – Hünenschloß bei Amelgatzen

4. N-S Verlauf: Hünenschloß – 18km - Köterberg bei Höxter – 6km - Forsthaus Heiligengeisterholz – 7,5km - Heiligenberg (St.Michaelskapelle) (Anm.: nach N führt diese Linie zum Hohenstein im Süntel (germ. Heiligtum) und weiter zum Wilhelmstein im Steinhuder Meer, nach S zum Dörnberg bei Kassel!)

5. O-W: Stoppelburg – 13km – Köterberg bei Höxter – 16,5km – Hohelüchte

6. S-N: Hünenburg bei Bielefeld – 28km – Aussichtsturm Ronnenstein bei Rödinghausen

7. S-N: Sparrenburg in Bielefeld – 9,5km – Tieplatz Jöllenbeck – 15,5km – Kirche Bieren

8. N-S: Kirche Werther – 7,5km – Kirche Steinhagen – 6,5km – Kirche Isselhorst bei Gütersloh
9. W-O: Kirche Suderbruch – 6,5km – Kirche Schwarmstedt – 10km – Thören – 10km – Kirche Winsen an der Aller
10. N-S: Thören bei Schwarmstedt – 32,5km - Lister Turm/Hannover – Dörener Turm/Hannover – 2,5km – Schloß Wilkenburg – 5,5km – Kirche Pattensen – 5,5km – Aussichtsturm über der Marienburg (Anm.: Wallanlage!) – 11km – Feldberger Kirche – 8km – Lütgenholzer Friedhof – 4km – Friedhof Hohenbüchener Forsthaus – 21km – Seilzer Turm
11. S-N: Kattenturm S Bremen – 5,5 Kilometer – Dom Bremen – 11km – St.Jürgen – 6km – Osterholz Friedhof
12. S-N: Mindener Dom – 3 ? Kilometer – Wallfahrtsmühle – 1,5km – Thoren
13. W-O: Domplatz Osnabrück – 10km – Straßenkreuz am Leuchtenberg – 4km – Aussichtsturm bei Schledehausen – 8,5km – Ratinger Heerlager – 9,5km – Burgruine auf dem Limberg
14. S-N: Kirchdornberg bei Bielefeld – 16km – Hünenburg bei Riemsloh – 6km – Limburg
15. W-O: Kirche Hillentrup – 4,5km – Dörenberg bei Sternberg – 14km – Kirche Ärzen – 9km - Kirche Kirchohsen a.d.Weser (Anm.: bei Kirchohsen wird ein Römerlager vermutet !)
16. S-N: Dörenschlucht im Teutoburger Wald – 10km – Friedhof Waddenhausen – 9,5km – Steibecker Warte
17. W-O: Burg – 4,5km – Hainrot – 8km – Aussichtsturm Sackpfeife (N Biedenkopf) – 15km – Kirche Christenberg (Anm.: kelt. Wallanlage !) – 22km – Kirche Gilsenberg – 4,5km – Teufelsberg
18. W-O: Wallanlage Wittekindsburg (Porta Westfalica) – 13km – Idaturm bei Bückeburg – 30km – Annaturm / Deister
19. N-S: Idaturm bei Bückeburg – 3,5km – Punkt 187 über Burgruine Todemann – 3,5km – Stiftskirche Rinteln – 0,5km – Rottberg über Thie und Hilgenplatz – 8,5km – Kirche Almena

20. W-O: Aussichtsturm über Ahrenfeld – 6,5km – Aussichtsturm über Deinsen
21. S-N: Aussichtsturm über Ahrenfeld – 4km – Kirche von Gr. Oldendorf
22. O-W: Aussichtsturm Lauensteinberg – 2km – Bisperoder Kirche
23. N-S: Aussichtsturm Lauensteinberg – 12km – Königszinne bei Bodenwerder
24. S-N: Aussichtsturm NO Stadtoldendorf – 2km – Ruine Homburg
25. N-S: Döhrenkopf – 2,5km – Aussichtsturm Deisterwarte – 6km – Burg SO Altenhagen I
26. S-N: Aussichtsturm Beutling bei Burgholzhausen – 1,5km – Kirche Wellingholzhausen
27. W-O: Aussichtsturm Ebberg bei Hillegossen/Bielefeld – 15,5km – Johannisstein bei Lage – 2,5km – Heiden-Kirche
28. S-N: Aussichtsturm Ebberg – 12,5km – Kapelle Laar – 12km – Kirche Bünde – 8km – Wallanlage Babylonie
29. S-N: Alte Warte auf dem Dickerberg – 7? Kilometer – Galgen kuhle – 2km – Dörenberg bei Sternberg
30. O-W: Aussichtsturm Asse SO Wolfenbüttel – 39,5km – Bergkapelle bei Kloster Ottbergen – 7,5km – Galgenbergwarte bei Hildesheim – 11,5km – Konradisturm – 7,5km – Kirche Wittenburg – 4,5km – Königskanzel über der Barenburg – 18,5km – Stiftskirche Fischbeck – 19,5km – Stöckerberg Steinhügelgrab – 11 ? Kilometer – Kirche Valdorf – 20km – Opferfeld-Engern – 19,5km – Aussichtsturm Beutling (NW Burgholzhausen) (Anm.: die Linie kommt von Magdeburg her über den Kalkberg bei Eilsleben, Schöningen und den Kronigsberg bei Schöppenstedt)
31. W-O Linie: Kirche Marienfeld (NW Gütersloh) – 8km – Kirche Isselhorst – 12km – Kraks Kirche – 4,5km – Hügelgräber am Bartelskrug – 3,5km – Hünenkirche im Tönsberglager – 1,5km – Ückenpohl – 1,5km – Kirche Stapelage – Hiddentrup – 3km – Friedhof Pivitsheide – 2km – Hünengrab am Schwarzen Brink – 8km – Hohenwart bei Detmold – 3,5km –

Niederschönhagen – 1km – Flötpfeife – 2km – Mossenberger Himmel – 2,5km – Friedhof Istrup – 3km – Alt-Blomberg – 5.5km – Heimberg – 1,5km – Herlingsburg

32. W-O: Wachtberg – 10km – Kirche Dötlingen – Gerichtsstätte Aschenstedt – 9km – Ringwall Wunderburg – Seelte – 11km – Kirche Barrien

33. W-O: Kirche Goldenstedt/Osterhorn – 16km – Hünenburg bei Twistringen – Wehrenberg – Klageholz – Lichtenberg Friedhof Bücken – Horst zw. Altenburg und Donnerhorst – Klotzeburg – Kirche Kirchwalingen – 6,5km – Kirche Biede – Karlsberg

34. S-N: Wachtberg bei Droschkau – 3,5km – Wachberg SO Neudeck – 15km – Wachtberg bei Grochau

35. W-O: Wachtberg bei Eichau – 3km – Aspenwiese – 2km – Klapperkapelle

36. S-N: Klapperberg (?) - Aspenwiese – Wartberg bei Wartha – Rosenkranzkapelle N Wartha

37. S-N: Fortshaus Lichtenwalde (Glatzer Grafschaft) – Kirche Stuhlseifen – Kirche Neuweistritz

38. N-S: Schloß Schönhausen - St.Nikolai (Berlin) – Lichtenrade (es folgen weitere unsichere Punkte)

39. St.Nikolai (Berlin) – Friedhofskapelle Lichtenberg – Kirche Wuhlgarten – Kirche Fredersdorf

40. N-S: Berlin-Lichterfelde – Kirchplatz Hermsdorf – Friedhof Charlottenburg

41. S-N: Kassel-Wilhelmshöhe (Herkules) – Elfbuchen – Kirche Weimar

42. Kirche Westerkappel – 2km – Judenfriedhof Gabelin – 2,5km – Kirche Werfen – 26,5km – Aussichtsturm Sonnenbrink (SW Bad Essen)

43. O-W: Lichtenscheid (Birken) bei Barmen – 5km – Aussichtsturm Kiesberg – 8km – Wilhelmshöhe

44. S-N: Aussichtsturm Königshöhe bei Elberfeld – 1km – Aussichtsturm Kiesberg – 1km – Nützenberg – 4km – alte Kirche Langenberg (Rheinland)

45. S-N: Kirche Beienburg an der Wupper – 4km – Kirche Schwelm / O-W: Kirche Schwelm – 6km – Friedhof Klingelholl / Barmen

Eine planmäßige Anordnung alter Orakelstätten im Mittelmeergebiet, die sogenannte *Geodätische Oktave*, wurde von Robert K. G. Temple in seinem Buch *„Das Sirius Rätsel"* beschrieben. Verschiedene Kultstätten sollen dabei wie die Noten auf Notenlinien angeordnet sein. Diese Notenlinien erstrecken sich in regelmäßigen Abständen vom nördlichen Griechenland bis zum Nildelta hinunter.

Zu den betreffenden Orten zählt Temple Dodona (der Athene geweiht) an der Westküste Griechenlands, Delphi mit seinem Apollon-Heiligtum, die Insel Kythera, den Omphalos auf Kreta, einen Ort am Tritonsee in der West-Sahara, einen unbekannte Ort an der Südwestküste Zyperns und die Insel Thera (heute Santorin). Dabei liegt einen Breitengrad südlich von Delphi Kythera. Noch einen weiter südlich liegt der Omphalos auf Kreta.

Die Geodätische Oktave *(nach Temple 1977, S.174f und 340ff)*

westliches Zentrum	östliches Zentrum	Baum	Planet[82]	Vokal
Dodona	Metsamor (Ararat)	Eiche	Saturn ?	?
Delphi (Parnass)	Sardeis (Sipylos)	Lorbeer	Sonne ?	E
Delos (Kynthos)	Milet (Didyma)	Palme	Mond	?
an der Nordost-küste von Kythera oder Thera oder Rhodos	Hierapolis (Bmbyke)	?	Mars ? (oder doch Erde? siehe Anm. unten !)	?
Der Omphalos bei Knossos auf Kreta	Mons Casius bei Latakia	Weide	Jupiter	?
an der Südküste von Zypern ? (Kap Gata, Kition, Akrotiri, Paphos?)	bei Tripolis ? Palmyra ?	Zypresse	Venus	?
Tritonsee in Libyen	Sidon (Libanon)	Zeder	Merkur ?	?
El Merg (Barka) in Libyen	Babylon	?	?	?
Behdet (Nildelta)	Hebron	Wildakazie	Erde ?	?

Bemerkenswert ist, daß die Reihenfolge der Planeten, auf denen die Stationen der Menschheitsentwicklung stattfinden, laut der esoterischen Lehre Saturn, Sonne, Mond, Erde, Jupiter, Venus, und Vulkan ist.[83] Man vergleiche dies mit obiger Reihenfolge!

Temple führte dann noch weitere geometrische Operationen durch und fand folgende Beziehungen:

- Ein Kreis um Behdet (geodätisches Zentrum von Oberägypten in prädynastischer Zeit!) schneidet Aia in Kolchis am Schwarzen Meer und Mekka.
- Eine Linie von Behdet nach Dodona schneidet Thera. Die rückwärtige Verlängerung trifft Mekka.
- Die Linien, die Theben in Ägypten, Dodona in Griechenland und Metsamor am Ararat verbinden, bilden ein gleichseitiges Dreieck. Ein Kreis um Theben schneidet sowohl Dodona wie auch Metsamor.

Da nun alle Orte einer „Orakeloktave" angehört zu haben scheinen, vermutete Temple, daß sich ihnen vielleicht Vokale zuordnen lassen. Der Vokal „E" für Delphi scheint sicher belegt zu sein. Inklusive einiger Zwischenlaute ergibt sich schließlich die Vokalfolge JEHUO-VAO. Sie soll den unaussprechlichen Gottesnamen darstellen, der von ägyptischen Priestern gesungen wurde, wie es Demetrius von Phaleron überlieferte. Die Antike kannte und benutzte in der Tat bereits die gleiche heptatonische diatonische Tonleiter wie die Gegenwart. Den Gottesnamen nahm Moses mit nach Israel.

Angelegt wurde diese geodätische Oktave vielleicht von den Ägyptern oder den Argonauten, denn sie ergibt sich, wenn man versucht, daß Sternbild Argo (Schiff) auf die Erde zu projizieren!

Das Schiff, Schiffe oder Nachen, sind spätestens seit Noahs Zeit ein besonderes Symbol. Sie brachten die, die verschont wurden, die No-ach oder Naval-Völker, die Nauten oder Nautiker, deren Nachfahren in Mexiko noch Na-huatl sprechen, unter der Leitung des damaligen höchsten Eingeweihten aus dem untergehenden Atlantis heraus an die Küsten der anderen Erdteile. Das Schiff ist das heilige Boot der Mysterien, es trägt die Schüler der Einweihungswissenschaften, es trägt den Stein der Weisen. Wer kennt nicht das Lied *„Es kommt ein Schiff geladen..."*? Sein Text ist bedeutsamer als eine ganze New-Age Bibliothek.

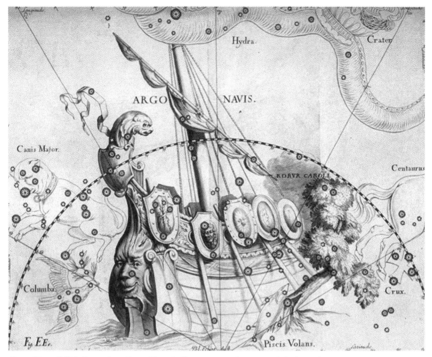

Das Sternbild Argo in einer Darstellung aus dem 17. Jahrhundert.
Rechts unten das Kreuz des Südens.

Das Schiff an den
Externsteinen.

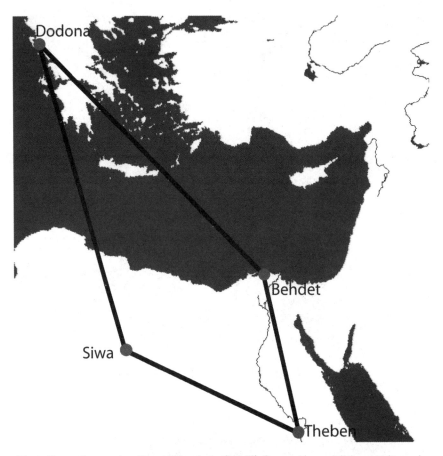

Die hellsten Sterne des Sternbildes Argo (Schiff) liegen über wichtigen Kult- und Orakelstätten, wenn man es wie abgebildet über das östliche Mittelmeer projeziert. Theben am Nil entspricht hier dem Stern Canopus, die Oase Siwa entspricht dem Stern ε Argus, Dodona in Griechenland entspricht dem Stern μ Argus und Behdet am Nildelta entspricht γ Argus. (nach TEMPLE 1977:140)

Doch zurück zur geodätischen Oktave: Ägypten ist von Behdet bis zur Südgrenze am „Großen Katarakt" des Nil sieben Breitengrade lang. Pharao Echnaton verlegte die Residenz von Theben nach Achet-Aton (heute Tel-el-Amarna), um den Ort der Residenz in das alte prädynastische System einzupassen. Achet-Aton lag genau auf der Hälfte zwischen der prädynastischen Hauptstatd Behdet und der Südgrenze Ägyptens.[84] Das Echnaton außerdem noch den Monotheismus durch die Installation des Sonnengottes Re vorweg nahm, kennzeichnet ihn als einen zumindest Teil-Eingeweihten.

Bei der Betrachtung des östlichen Mittelmeerraumes und seiner geodätischen Oktave sollten wir auch beachten, daß die matriarchale minoische Kultur, die Kreta im Zeitalter des Stieres dominierte, zugrunde ging, als Zeus in Gestalt des Stieres Europa an der Küste Phöniziens entführte und nach dem Kontinent brachte, der seitdem ihren Namen trägt. Während Minos und Gaia in Vergessenheit gerieten, erwachte auf Delos der Kult des solaren Gottes Apollon und das Zeitalter des Intellekts und der männlichen Wissenschaften begann.

Planetenlinien

Nachdem die geraden *ley-lines*, Ortungs- und Visurlinien schon lange bekannt waren, entdeckte der englische Rutengänger Hamish Miller zwei als *„Michael-"* beziehungsweise *„Mary-line"* beschriebene Energieströme, die sich um eine *ley-line* herum durch Südengland *schlängeln*.[85] Deutsche Rutengänger fanden daran anknüpfend ein weitverzweigtes Adernetz solcher Linien, die mit unter Kultstätten auftretenden heiligen Höhlen und mineralogischen Lagerstätten in Zusammenhang stehen.[86] Wir ahnen nun, warum in den esoterischen Gesellschaften der Renaissance- und Barockzeit Alchemie, Bergbau und spirituelle Geodäsie so eng miteinander verknüpft waren!

Die Planetenlinien korrespondieren mit den Ausstrahlungen der Planeten, womit sich ihr deutscher Name erklärt.

Die Planetenlinien *(nach LÜDELING 1996 und ENGELSING 2006a)*

Planetenlinie	verläuft über	Patrozinium der christlichen Kultstätten	Polarisierung	LAW (Auswahl)
Sonne	Lagerstätten	Michael, Georg	rechtsdrehend	3,30+, 5,85+, 11,70+,
Mond	Höhlen	Maria	rechtsdrehend	4,25+ Yin, 8,50+ Yin, 10,2
Merkur	Lagerstätten		linksdrehend	3,40
Venus	Höhlen	Maria-Magdalena u.a.	linksdrehend	6,90 kap, 10,6 kap
Erde	Lagerstätten	Cyriakus	linksdrehend	4,65, 8,30, 14,75,
Mars	Lagerstätten		linksdrehend	2,75, 6,00, 17,10 kap
Jupiter	Lagerstätten		linksdrehend	5,70, 9,85 kap, 19,70 kap
Saturn	Lagerstätten	männliche Patrone	linksdrehend	2,30 kap, 7,4, 27,55 kap

Weiter werden Planetenlinien auch für andere Planeten und gewisse Sterne angegeben; wir beschränken uns hier aber auf die klassischen Planeten.

Planetenlinien weisen immer den LAW 8,2kap+ auf und sind damit vielleicht identisch mit den französischen *„flux sacrés"*. Auch wechseln sie ihre Fließrichtung alle 3,5 Stunden.[87]

Sie sind weiter verbreitet, als man denkt. Joachim Jünemann fand zum Beispiel im Solling (Weserbergland) eine Sonnen-Mondlinien-Kreuzung in einem von ihm gemuteten „Kessel der Wiedergeburt" eines Kulthauses bei der Dicken Eiche am Schlarper Kreuz im Schoninger Forst; die Mondlinie fand er auch im Zentrum (Hainbuche) des Tanzkreises am Südhang des Allenberges und im Zentrum der Dingstätte Bilgerod.[88]

54

Astronomische Visurlinien

Möglicherweise dienten manche Visurlinien im Gelände, die auf bestimmte astronomische Ereignisse hin orientiert waren, dem vor- und frühgeschichtlichen Menschen zum Festlegen von Daten und damit als Hilfsmittel bei der Erstellung eines Kalenders.[89]
Ein schönes Beispiel ist die Linie, welche vom Burghasunger Berg westlich von Kassel über die Helfensteine am Dörnberg zum Punkt des Sonnenaufgangs am Tag der Sommersonnenwende weist. Hierbei handelt es sich um eine Visurlinie und um eine *ley-line*.

Astronomische Visurlinien findet man aber nicht nur in Mitteleuropa, sondern bei allen alten Kulturen.
Am bekanntesten sind die astronomischen Bezüge der drei großen ägyptischen Pyramiden auf dem Plateau von Gizeh. Nach Robert Bauval und Adrian Gilbert[90] sollen sie die Sterne des Orion-Gürtels auf der Erde widerspiegeln, wobei ein Schacht der Cheopspyramide auf den linken Gürtelstern ausgerichtet ist.
Bereits im *Corpus Hermeticum*, das dem Eingeweihten Hermes Trismegistos zugeschrieben wird, heißt es dazu sinngemäß: *„Weißt Du denn nicht, Asklepios, daß Ägypten dem Himmel nachgebildet ist? Oder, um es genauer zu sagen, daß in Ägypten alles Tun und Treiben der Mächte, die im Himmel herrschen und walten, auf die Erde hinunter übertragen wurde?"* Um 10500 v.Chr. stimmten die Positionen der Pyramiden und die Sterne des Oriongürtels am besten überein. Die löwenhafte Sphinx schaut zu dem Punkt am Horizont, an dem die Sonne zur Zeit der Tag- und Nachtgleiche aufgeht, und um 10500 v.Chr. geschah dies im Sternbild Löwe.[91] Bauval und Gilberts Theorie ist zwar faszinierend, weist aber in ihrer Beweisführung eine Reihe von Schwächen auf. Die Diskussion darüber ist auf diversen Seiten im Netz nachzulesen. Die Autoren haben sich inzwischen auf den Standpunkt einer „symbolischen" Übereinstimmung zurückgezogen. Trotzdem ist die Übereinstimmung immer noch faszinierend.[92]

In den Maya-Städten Tikal und Uaxactun in Guatemala gibt es Visurlinien zwischen den Tempeln, die die Richtung zum Sonnenaufgang bei der Tag- und Nachtgleiche, beziehungsweise bei der Sommer- und Wintersonnenwende zeigen.[93]

In Tenochtitlan, der großen Maya-Ruinenstadt in Mexiko, peilt man vom Templo Mayor aus über die Lücke zwischen den beiden Gebäuden auf der obersten Plattform des Quetzalcoatl-Tempels den Sonnenaufgangspunkt zur Tag- und Nachtgleiche an.[94]

Im Zentrum der mittelamerikanischen Indianerstadt Teotihuacán liegen drei große Pyramiden, die ebenso wie die drei großen ägyptischen Pyramiden in Gizeh wie die Sterne des Oriongürtels angeordnet sein sollen. Auch sollen sie in ihren Abmessungen den ägyptischen ähneln. Die „Pyramide der Sonne" ist ferner ausgerichtet auf den Untergangsort des Sternhaufens der Plejaden, wenn die Sonne im Zenit steht, was in dieser Gegend zweimal im Jahr der Fall ist und eine Regenzeit ankündigt. Durch die Stadt zieht ferner die fast vier Kilometer lange und 45 Meter breite „Straße der Toten". Sie war ausgerichtet auf den Untergangsort der Plejaden am 12. August 3114 vor Chr..[95]

Wir müssen uns nun fragen, was es denn eigentlich mit den Plejaden, jener auffälligen kleinen Sternenansammlung im Sternbild Stier, auf sich hat. Rudolf Steiner sagte zu den Plejaden einmal: *„Das ist der Ort, an dem unser ganzes Sonnensystem in unser Weltall hineingekommen ist."*[96] Die Astronomen haben inzwischen herausgefunden, daß die Sonne tatsächlich ein entferntes Mitglied jenes Sternenstromes ist, in dessen Mittelpunkt wir die Plejadensterne finden. Daß Teotihuacán auf diese Sternengruppe ausgerichtet war, macht auch seinen aztekischen Namen verständlicher, der etwa bedeutet „der Ort, woher die Götter kamen".

Der auf den Untergangsort der Plejaden weisende Punkt ist inzwischen aufgrund verschiedener himmelsmechanischer Bewegungen ein gutes Stück am Horizont entlang gewandert. Er läßt sich zur Zeit über zwei in Felsen eingemeißelte Kreuze anpeilen. Die Richtung der Peilung verläuft genau senkrecht zur „Straße der Toten". Dabei liegt ein Kreuz unmittelbar neben der Straße und etwas südlich der Sonnenpyramide und das zweite etwa drei Kilometer entfernt. Diese „Straße der Toten" weicht um 15° 21' von der Nordrichtung nach Osten ab. Eine solche Abweichung von der exakten Nordrichtung ist für viele mittelamerikanische Indianerstädte typisch. Der Grund dafür ist unbekannt.[97]

Maßeinheiten

Verwendeten alte Kulturen die gleichen oder ähnliche Maße? Fast scheint es so gewesen zu sein.

In Europa wurde in der Frühzeit wahrscheinlich die *megalithische Elle* verwendet. Deren Länge wird von verschiedenen Autoren unterschiedlich angegeben.

Sie lag

- nach Müller   bei 82,7 cm[98]
- nach Thom   bei 82.9 cm
- nach Seifert   bei 83.4 cm[99]
- nach Kaminski   bei 84 cm[100]

In *Ägypten* wurde verwendet: die „geringe Elle" mit 45,28 Zentimetern und die „Königselle" mit 52,8 Zentimetern. Die Grabkammer der Cheopspyramide mißt 20 mal 10 Königsellen in der Länge und Breite, die Raumdiagonale beträgt 25 Königsellen.

Im antiken *Griechenland* wurde eine Elle von 46,3296 Zentimetern verwendet, sie war in zwei Spannen à 23,1648 Zentimeter unterteilt. Später wurde die 2/3 Elle als Fuß zu 30,8864 Zentimetern eingeführt.

Irische Mönche benutzten die Maße 59,04 Zentimeter und 49,16 Zentimeter. Sie wurden von St.Virgil nach Salzburg gebracht und im ersten großen Dom nördlich der Alpen vom dortigen Baumeister angewendet.

In den *gotischen Bauhütten* wurde als allgemeines Maß eine Elle von 41,7 Zentimetern (Das ist 1/2 megalithisches Yard!) verwendet, in einigen Regionen auch 27,8 Zentimeter und 55,6 Zentimeter, außerdem 173 Zentimeter und 200,4 Zentimeter.[101]

Stonehenge wurde mit dem Grundmaß 3,168 Fuß erbaut.[102] Der mittlere Umfang des großen Sarsensteinkreises beträgt 316,8 Fuß. Die Quersumme dieser Zahl beträgt 9. Der mittlere Durchmesser beträgt 100,8 Fuß, was wiederum eine Quersumme von 9 ergibt. Hans Zürn hat sich die Mühe gemacht und die unten stehenden kosmischen Maße, ausgedrückt in englischen Fuß oder englischen Meilen, auf ihre Quersumme untersucht.[103]

mittlerer Meridianumfang der Erde	131 383 296 engl. Fuß
Radius dazu	20 901 888 engl. Fuß
Erd-Durchmesser	7920 engl. Meilen
Mond-Durchmesser	2160 engl. Meilen
Sonnen-Durchmesser	864 000 engl. Meilen
Abstand Erde-Mond	237 600 engl. Meilen
Abstand Erde-Sonne	93 312 000 engl. Meilen
Griechischer Fuß	1,008 engl. Fuß
kurze römische Elle	1,45152 engl. Fuß
lange römische Elle	1,458144 engl. Fuß
hebräische Elle	2,0736 engl. Fuß
ägyptische Elle	1,728 engl. Fuß

Man berechne einmal die Quersummen!

Nach Kaminski haben die von ihm postulierten Ost-West verlaufenden Sternenstraßen einen Abstand von circa 307 Kilometern, was der Länge des tropischen Jahres (365,242 Tage) multipliziert mit der megalithischen Elle entspricht.[104]

Nach Jauch ist die Erde in einer „kosmischen Einteilung" in 360° gegliedert. Zwölf Gittersysteme lassen sich auf der Erde finden, deren vier Achsen um jeweils 17 Grad gegeneinander versetzt sind. Außerdem gibt es Horizontalzonen im Abstand von 3,15 Metern. Seine „kosmische Grundeinheit" ergibt sich aus dem wirklichen Erddurchmesser von 40.031.604 Metern geteilt durch den Erdumfang der „zentralen Ebene" bei 760 Metern über NN[105] von 40.000.000 Metern = 1,0008 Metern. (Daraus ergibt sich bei Teilung im Goldenen Schnitt 0,62 = 2 mal 0,31!)[106]

Den Maßen kam oft eine symbolische Bedeutung zu. Zahlen selber sind geistige Wesenheiten. Teilt man beispielsweise das Megalithische Yard im Verhältnis des goldenen Schnitts, ergibt die kleinere Länge den alten Fuß zu circa 31,4 Zentimeter. Dies entspricht dem Wert der Zahl Pi![107]

Für den Fuß werden allerdings auch eine ganze Reihe von anderen Werten angegeben. Hier eine Auswahl:

- langer Megalithfuß   28,33 cm
- kurzer Megalithfuß   28,01 cm
- römischer Fuß   29,5 cm
- benediktinischer Fuß   30,0 cm
- karolingischer Fuß   33,3 cm[108]

Der Fuß war im deutschen Bergbau einheitlich auf 31,8 cm festgelegt worden.[109] Bergleute arbeiteten auch mit der Wünschelrute!

Ein Maß von etwa 32 Zentimetern spielt aber schon bei vielen vorgeschichtlichen Anlagen in England eine Rolle. So sind die Cursus, man hält diese langgestreckten Wallanlagen für Rennbahnen, an dieser Länge orientiert. Der Cursus von Stonehenge ist 3200 Meter lang, etwa ebensoviel mißt der von Heathrow. 1,6 Kilometer mißt der von Aston (Derbyshire), der Dorset-Cursus mißt circa 9,7 Kilometer (ca. 3 mal 3,2?) und der Cursus von Lechlade (Gloucestershire) ist immerhin auf die 3,2 Kilometer entfernte Kirche von Southrope ausgerichtet.[110]

Das Inka-Reich in Südamerika hatte *zufällig* eine größte Länge von 3200 Kilometern.[111]

In Mexiko verwendeten die alten Indianerkulturen als Maßeinheit vielleicht einen Bruchteil der Länge des Polarradius der Erde. Nach Messungen von John Herschel und Piazzi Smith beträgt er 6356 Kilometer. Daraus ergibt sich als Maß „Newtons sakrale Elle" von 63,56 Zentimetern.[112] Davon die Hälfte ist 31,78.

Die heute als *Teotihuacán Measurement Unit (TMU)* bezeichnete Maßeinheit lag bei etwa 82 bis 83 Zentimetern,[113] was immerhin dem megalithischen Yard entsprechen könnte.

Angemerkt sei, daß hier das selbe gilt wie für die *ley-lines*. Es geht weniger um mathematische Genauigkeit denn um den Symbolgehalt der Dimensionen. Es war wahrscheinlich wichtiger, daß ein Tempel oder eine Kirche zum Beispiel das Grundmaß zwölfmal in ihrer Länge enthielt, als daß dieses *genau* irgendeinem festgelegten Fuß entsprach. Das heißt, egal welches Maß nun genau gilt, bei unseren Forschungen in der Landschaft (oder auf der Landkarte) sollten Entfernungen *um* 3,2 oder *um* 6,4 Kilometer immer unsere Aufmerksamkeit erregen, denn gerade diese tauchen oft auf und enthalten dann meistens auch einen Hinweis auf eine okkulte Landschaftsplanung.

Hier sei noch einmal auf das 4. Gitter, die *Zonen der kosmischen Universalkraft* hingewiesen. Ihr LAW ist 5,35. Sechs mal 5,35 ist 32,1.

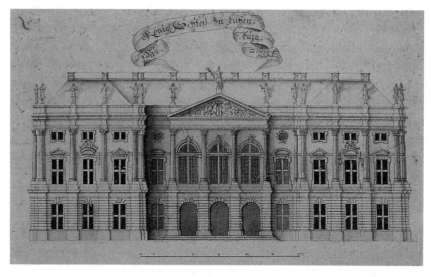

Schloß Lietzenburg (heute Charlottenburg) in Berlin um 1700. Das Schloß liegt auf einer mindestens fünfstreifigen geomantischen Zone. Hier führte Königin Sophie Charlotte mit dem Universalgenie Leibniz und anderen Gelehrten ihre berühmten philosophischen Gespräche.

Betrachten wir zum Beispiel das *Schloß Charlottenburg* in Berlin. Es wurde ab 1695 für die erste preußische Königin Sophie Charlotte auf einem bis dahin nur landwirtschaftlich genutzten Areal nahe der Spree errichtet. Die Längsachse stieß von Süden im rechten Winkel auf die große Ost-West-Achse der Schloßanlage, die als Straße *Unter den Linden* am *Berliner Stadtschloß* begann, und lief im Norden etwa neun Kilometer durch Wald und Feld fort. Die beiden Schrägachsen der Gartenanlagen weisen zum Schloß Schönhausen (9,5 Kilometer entfernt) und zur entfernten Feste Spandau (6 Kilometer).[114] Wen wundert es bei einer solchermaßen abgezirkelten Lage des Schlosses, daß bei den Ausschachtungsarbeiten zu dessen Fundamenten Urnen mit Schmuckstücken und anderen Utensilien gefunden wurden, die auf einen vor- oder frühgeschichtliche Kult- und Begräbnisplatz an dieser Stelle, also auf einen Ort der Kraft, hinweisen.[115]

Charlottenburg ist außerdem über ein geosophisches Pentagramm, dessen Mittelpunkt bei einem alten Hof der Templer liegt, mit Schloß Caputh, Königswusterhausen, Köpenik und der Spreeinsel, dem Zentrum von Berlin, verbunden.

Geosophisches Pentagramm über Berlin

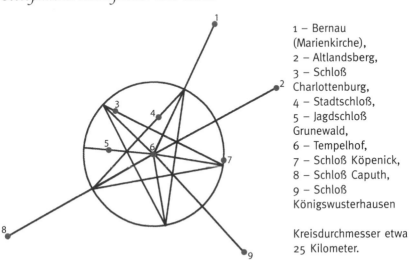

1 – Bernau (Marienkirche),
2 – Altlandsberg,
3 – Schloß Charlottenburg,
4 – Stadtschloß,
5 – Jagdschloß Grunewald,
6 – Tempelhof,
7 – Schloß Köpenick,
8 – Schloß Caputh,
9 – Schloß Königswusterhausen

Kreisdurchmesser etwa 25 Kilometer.

Etwas über okkulte Anatomie

In der esoterischen Tradition wurde seit jeher eine andere Vorstellung vom Aufbau des menschlichen Körpers gelehrt, als sie die gegenwärtig anerkannte Schulmedizin hat. Wir müssen hier einige Grundlagen erläutern, so wie sie von den Eingeweihten überliefert wurden, denn Geosophie ist nur verständlich, wenn wir diese Vorstellungen berücksichtigen, da geosophische Prinzipien sehr oft auf eben diese okkulte Anatomie abzielen.

Da sind zunächst die *Chakren*, von der Schulmedizin bisher nicht nachweisbare Energiezentren im menschlichen Körper, in denen ätherische *(feinstoffliche)* Energien empfangen und umgewandelt werden. Jedes Chakra wird dabei von Sensitiven in einer eigenen Farbe wahrgenommen. Über die Chakren existiert inzwischen eine reichhaltige Literatur. Immer noch eine der besten Einführungen in das Thema ist *„Die Chakras"* von Charles Webster Leadbeater.

Inklusive der von Leadbeater beschriebenen sieben bekannten Hauptchakren (vgl. die Übersicht auf der folgenden Seite) finden sich insgesamt 237 Chakren im menschlichen Körper und dazu 180 *Nadis* oder Energieströme, die für die Verteilung der Energie zuständig sind.[117]

An dieser Stelle möchten wir aber auch ausdrücklich vor Manipulationen an den Chakren, wie sie in der gegenwärtigen alternativen Heilkunst üblich geworden sind, warnen. Die natürliche Reinigung der Chakren erfolgt von innen heraus durch die *Kundalini*-Kraft, jene Energie im Menschen, die ihn mit seinem göttlichen Ursprung verbindet.[118]

In der gegenwärtigen Geomantie werden Chakrensysteme, das sind energetisch ausgezeichnete Punkte, die den Chakren des Körpers entsprechen, größeren Kirchen (zum Beispiel dem Ratzeburger Dom[119]), als Landschaftstempel bestimmten Landschaftsräumen (Beispiele in diesem Buch) oder auch Städten (zum Beispiel Stein am Rhein, wozu die Angaben in der Literatur aber widersprüchlich sind) zugeschrieben. Das Konzept dieser Chakrensystem geht in erster Linie auf den Engländer Peter Dawkins zurück, der annimmt,

daß heilige Ort immer an Landschaftschakren plaziert wurden. Dawkins nahm auch eine Zuordnung der Namenspatrone von Kirchen zu
den entsprechenden Chakren eines Landschaftstempels vor.[120]

Zuordnung der Titularheiligen der Kirchen zu den Chakren eines Landschaftstempels (nach P.Dawkins 1995)

Chakra	Heiliger
Sahasrara-Chakra	St.Michael, St.Margaret
Vishuddha-Chakra	St.Peter
Anahata-Chakra	St.Maria, St.Georg

Die sieben Hauptchakren,
die ihnen zugeordneten Farben, Lage, Elemente oder Qualitäten, Engel und LAW.

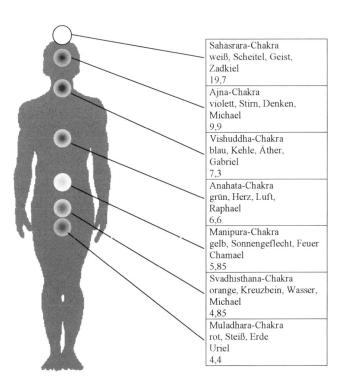

Sahasrara-Chakra
weiß, Scheitel, Geist,
Zadkiel
19,7

Ajna-Chakra
violett, Stirn, Denken,
Michael
9,9

Vishuddha-Chakra
blau, Kehle, Äther,
Gabriel
7,3

Anahata-Chakra
grün, Herz, Luft,
Raphael
6,6

Manipura-Chakra
gelb, Sonnengeflecht, Feuer
Chamael
5,85

Svadhisthana-Chakra
orange, Kreuzbein, Wasser,
Michael
4,85

Muladhara-Chakra
rot, Steiß, Erde
Uriel
4,4

Desweiteren berichten die Eingeweihten über die Existenz der höheren oder feinstofflichen Körper des Menschen, die für den nicht hellsichtigen Menschen nicht wahrnehmbar sind.

GOTTHEITEN		
Wesenheiten der Ersten Hierarchie (Gestenerlebnis) Sie führen den Menschen zur Intuition, sind das im Physischen geistig Wirksame. Die Vollstrecker des göttlichen Willens, die Schöpfer des menschlichen Leibes.	Seraphime *Brüder der Liebe*	ICH BIN
	Cherubime *Brüder der Harmonie*	
	Weisheit Throne *Brüder des Willens* Erschaffer des Erdenkörpers	
Wesenheiten der Zweiten Hierarchie (Erinnerungserleben) Das Geistig-Seelische im Äther. Sie führen den Menschen zur Inspiration und leben im Atmen und allen rhythmischen Tätigkeiten und Naturabläufen. Sie gestalten das Karma.	Kyriotetes *Herrschaften: Brüder der Intelligenz und Freude*	Atmankörper
	Dynamis *Mächte: Brüder der Bewegung und des Wachstums*	Buddhikörper
	Exusiai *Gewalten: Brüder der äußeren Form (auch der der Planeten) und der Kunst* angeführt von Jahve	Kausalkörper
Wesenheiten der Dritten Hierarchie Sie führen den Menschen zur imaginativen Erkenntnis und zeigen sich in den tiefsten Impulsen des Wollens.	Archai *Fürstentümer: Brüder der Zeit, des Verstandes und Taktes* individuelle Führer des Menschen, Geister der Persönlichkeit	Mentalkörper
	Archangeloi *Erzengel: Brüder des Feuers und der Wärme* Feuergeister	Astralkörper
	Angeloi *Engel: Träger des Lebens und der Vegetation* individuelle Begleiter des Menschen	Ätherkörper oder Bildekräfteleib
		physischer Leib

Folgende Körper werden dabei unterschieden[121]:

1. der physische Leib
2. der Ätherleib oder Ätherkörper, auch Bildekräfteleib genannt
3. der Astralkörper
4. der Mentalkörper
5. der Kausalkörper oder Geistselbst (Manas)
6. der Buddhikörper oder Lebensgeist
7. der Atmankörper oder Geistmensch

Diese Körper gehören zu den jeweiligen Ebenen der geistigen Welten, welche wiederum von den verschiedensten Wesenheiten bewohnt werden. Die Bewohner dieser Ebenen werden in der alten christlichen Tradition als die neun Chöre der Engel bezeichnet. Engel sind Boten Gottes, Mittler zwischen den Welten[122], die Engelenergie entspricht dem LAW 6,8.[123]

Wir geben hier eine Übersicht über diese neun Chöre.[124] In der äußerst rechten Spalte sind die dazugehörigen Körper des Menschen dargestellt.

Aufgabe des Menschen ist es, seine verschiedenen Körper nacheinander zu entwickeln, zu beleben, unter bewußte Kontrolle zu bringen und als freies, schöpferisch tätiges Wesen für die Arbeit am Reich Gottes einzusetzen. Dies wird wahrscheinlich noch eine sehr lange Zeit dauern. Wir müssen dieses sagen – sehr zum Leidwesen vieler „Lichtarbeiter", die glauben, gerade ihre letzte Inkarnation zu durchleben.

Der Rutengänger und Arzt Dr. med. Ernst Hartmann (der Gründer des Forschungskreises für Geobiologie in Waldbrunn-Waldkatzenbach) hat festgestellt, daß sich um den Menschen ein „biodynamisches Feld" radiästhetisch muten läßt.

Handelt es sich dabei um einen der oben genannten feinstofflichen Körper, oder ist es eine Emanation des physischen Leibes? Dieses Feld kann verändert werden und reagiert sehr schnell, praktisch unmittelbar, auf die Befindlichkeit seines Trägers.

Mit der Rute läßt es sich durch den *Reaktionsabstand* ermitteln. Es ist der Abstand, bei dem durch das Energiefeld einer Person eine Rutenreaktion auftritt, wenn der Rutler auf sie zuschreitet und das Feld der anderen Person berührt. Der Rutengänger kann auch selbst das eigene Feld muten, indem er dessen Reflex an einer glatten Wand an einem ansonsten ungestörten Ort mutet.

Dr. Hartmann hatte nach der Entdeckung des biodynamischen Feldes herausgefunden, daß sich das Feld auch bei Krankheiten verändert. Dazu entwickelte er drei von ihm als „Konstitutionsmittel" bezeichnete Mittel, die einen definierten Einfluß auf das Feld ausüben können.[125] Wenn nun auch Orte der Kraft das Feld verändern können, haben sie ebenfalls eine therapeutische Wirkung!

Der Reaktionsabstand vergrößert oder verkleinert sich also durch einwirkende geomantische Zonen und Wasseradern, aber auch durch Substanzen aller Art. Wir können so jeden Einfluß auf den menschlichen Körper sehr schnell erkennen und testen. Zum Beispiel verändert sich der Reaktionsabstand, wenn der Mensch bestimmte Steine oder Symbole in Form von Schmuckstücken trägt. Wahrscheinlich liegt hier überhaupt der Ursprung aller schmückenden Accessoires.

Schmuckstücke wie dieser Anhänger mit einem indischen Yantra können das biodynamische Feld des Menschen verändern.

Der Reaktionsabstand verändert sich aber auch sofort, wenn man zum Beispiel ätherische Öle *trägt*, etwa Zitronenöl oder japanisches Heilpflanzenöl.[126] Er verringert sich fast bis zum Verschwinden bei der Benutzung von Weihrauch. Ist der Mensch dann besonders suggestibel? Wird darum in katholischen Kirchen geräuchert? Durch Räucherungen werden auch Elementarwesen angelockt, also jene astralen Wesenheiten, die als die bekann-

ten Zwerge, Nixen, Wassermänner und so weiter in den alten Märchen und Volkssagen auftauchen und heute nur für den Hellseher
sichtbar sind. Im Gegesatz dazu erscheinen die Wesen, die sich an
moderne Betonbauwerke klammern, besonders die unter Brücken
und änlichen Konstruktionen, wie eine Mischung aus Gibbons und
großen schwarzen Schleimpilzen und bewegen sich auch so.

Letzte Erinnerungen an die Elementarwesen tauchten in Form der grotesken
Zwerge und Putten in den Park- und Gartenanlagen des Barock auf.

Zu den Räucherungen und deren Einfluß auf die Elementarwesen
bemerkte Rudolf Steiner: *„Wir bevölkern den Astralplan fortwährend mit Wesenheiten, indem wir dieses oder jenes tun. Darin liegt
aber auch der Sinn der kirchlichen Zeremonien, nämlich Dinge vorzunehmen auf dem physischen Plan, die sinnvoll sind, wodurch*

sinnvolle Wesenheiten auf dem Astralplan entstehen. Zum Beispiel wenn man mit Weihrauch räuchert, macht man etwas Planvolles, man verbrennt bestimmte Stoffe und schafft in der Astralwelt Wesenheiten von einer ganz bestimmten Sorte. Wenn man ein Schwert nach vier Seiten durch die Luft führt, schafft man ein ganz bestimmtes Wesen. Ebenso der Priester, wenn er bestimmte Handbewegungen macht bei bestimmten Lauten, zum Beispiel bei o, i, u, verstärkt durch die Wiederholung: dominus vobiscum. Die Luft wird in bestimmte Erschütterungen gebracht und es wird eine Sylphe hervorgerufen, die nur noch verstärkt wird dadurch, daß man bestimmte Handbewegungen macht."[127]

Deshalb ist Räuchern auch im Hause nützlich! In Berchtesgaden verwendet man gegen böse Geister eine Mischung aus Johanniskraut, Wohlmut, Beifuß, Benediktenkraut, Baldrian, Tausendguldenkraut, Meisterwurz, Asank, Balmus, Segenbaum sowie ein Stückchen Osterbrot, ein geweihte Kerze und etwas Weihrauch.[128] Läßt man die katholischen Zutaten fort, kann's nur besser sein. Ein gutes indisches Räucherstäbchen, zum Beispiel aus dem Sri Aurobindo Ashram, tut es aber auch. Damit können wir auch uns und unsere Kleidung abräuchern!

Betrachten wir *Schmucksteine*. Sie sind auch Bestandteil vieler Zeremonialgewänder.

Aufladend (der Reaktionsabstand des Trägers wird größer) wirken Aquamarin, Bergkristall, Hämatit, Jaspis, Karneol, Rosenquarz, Abladend (der Reaktionsabstand des Trägers wird kleiner) wirken Achat, Amethyst, Aventurin, Bernstein, Lapis Lazuli, Malachit und schwarzer Turmalin.

Bergkristall, Rosenquarz und Amethyst können die Wirkung von Reizstreifen *vorübergehend* sogar neutralisieren.[129]

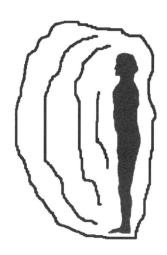

Mensch mit kleinem und
großem biodynamischen Feld
(schematisch).

Eine weitere Entdeckung Dr. Hartmanns war das *Georhythmogramm*, eine einfache Methode zur Messung des Hautwiderstandes. Dieser ändert sich je nach der energetischen Situation des Untergrundes, reagiert aber ebenso auf die meisten der Faktoren, die auch das biodynamische Feld verändern.[130]

Rudolf Steiner äußerte sich, als er die Grundlagen der Waldorfpädagogik darlegte, auch zu den Sinnen des Menschen. Er formulierte eine erweiterte Reihe von insgesamt 12 Sinnen.

- der Tastsinn,
- der Bewegungssinn,
- der Gleichgewichtssinn
- der Geschmackssinn
- der Sehsinn
- der Hörsinn
- der Sprachsinn
- der Wärmesinn
- der Lebenssinn
- der Gedankensinn und
- der Ichsinn

Je vielfältiger der Mensch diese Sinne entwickeln kann, um so reicher wird sein Leben und der Erfahrungsschatz sein, mit dem er von dieser Welt gehen wird.[131] Positiv gestaltete Räume (umbaute und nicht umbaute) fördern die Ausbildung dieser Sinne. Griechische Tempel sind eben nicht im rechten Winkel erstarrte Klötze, sondern ihre auf den ersten Blick gerade erscheinenden Flächen und Kanten sind in Wirklichkeit gewölbt und erlauben dadurch eine ganz bestimmte Wechselwirkung mit den feinstofflichen Energien des Ortes.

Müssen wir an dieser Stelle über Karma und Reinkarnation sprechen? Zur Abschaffung der Reinkarnationslehre im Abendland kam es im sechsten Jahrhundert durch ein politisches Manöver des Kaisers Justinian im Vorfeld des Konzils von Konstantinopel im Jahr 553. Vielleicht stiftete ihn seine Gattin dazu an. Jedoch hat nie ein Papst das entsprechende Dokument tatsächlich unterzeichnet![132]
Die Kenntnis von der Möglichkeit (oder Tatsache) wiederholter Erdenleben ist in der heutigen Esoterik allgemein verbreitet. Was Karma ist und welche Gesetzmäßigkeiten da herrschen, darüber besteht aber eine relative Verwirrung, obgleich zum Beispiel Rudolf Steiner schon zu Anfang des 20. Jahrhunderts ausführlich darüber gesprochen hat.[133]

Der Mensch ist mit bestimmten Orten der physischen Erde auf zweierlei Art verbunden. Zum Einen durch seinen Ahnenstrom. Die Verbindunung zu den Ahnen ist bis zurück in die 42. Generation wirksam. Zur vertieften Selbsterkenntnis kann daher auch die Ahnenforschung beitragen. Zum Anderen ist die Individualität des Menschen, jener sich immer wieder neu inkarnierende innerste Wesenskern, mit bestimmten Orten karmisch verbunden. Nun werden bei jeder neuen Verkörperung bereits durchgemachte Zustände kurz wiederbelebt. Je nachdem, wie wichtig die jeweiligen karmischen Bande für die aktuelle Inkarnation sind, tauchen dabei bestimmte Orte am Lebensweg auf.
Mittels ihres Lebensweges schreiben die Menschen auch bestimmte Muster oder Symbole in die geistigen Sphären des Erdenkörpers

ein! Man achte deshalb einmal darauf, wo es einen „hinzieht" oder wo man „zufällig" vorbei kommt!

Wieviele Geomanten, die sich heutzutage für Kirchen- und Kloster-anlagen interessieren, waren in früheren Leben Mitglieder bestimmter Orden?

Wir wollen hier einmal darauf hinweisen, daß Menschen nach ihrem leiblichen Tode keineswegs von ihren Glaubenssätzen und Verpflichtungen, in die sie sich aufgrund von geleisteten Schwüren oder Gelübden begeben haben, erlöst sind. Hinter allen Organisationen stehen Wesenheiten in der geistigen Welt, die bei der wieder inkarnierten Individualität aufgrund eines einmal geleisteten Gelübdes ihre Ansprüche anmelden und den Menschen in eine bestimmte Richtung drängen. Schwüre oder Gelübde sind in der nächsten Inkarnation im Unbewußten noch voll wirksam und müssen erkannt und gegebenenfalls aufgelöst werden, damit der Mensch eine freie Individualität werden kann!

Was heute an archäo-geodätischem Wissen erforscht wird – und was ein Schwerpunkt dieses Buches ist –, sind zumeist Konzepte aus einer vergangenen Zeit, in der die Beschaffenheit des Menschen eine andere war – besonders im geistig-seelischen Bereich. Diese „Geomantie" darf nicht einfach übernommen werden.

In früheren Zeiten war der Mensch mit einer natürlichen Art des Hellsehens begabt. Die alten Griechen sahen ihre Götter tatsächlich fast so, wie wir heute im Alltag unsere Mitmenschen sehen. Diese Fähigkeit ging aber nach und nach verloren. Im Mittelalter und bis in die Neuzeit hinein gab es noch einzelne Menschen, die, durch bestimmte Übungen oder natürliche Begabung, hellsehend in die geistigen Welten schauen konnten. Der ganz überwiegende Teil der Menschheit hatte diese Fähigkeit aber verloren und mußte durch das tiefe dumpfe Tal der materialistischen Weltanschauung gehen. Das ist auch ein Grund dafür, daß moderne Musik wenig inspirierend sondern meistens sogar destruktiv wirkt. Die Komponisten können nicht mehr den Sphärenklängen lauschen!

Erst langsam öffnet sich der Mensch wieder der bewußten Wahrnehmung der höheren Welten. Was in den letzten Jahrhunderten an Veränderungen in der Organisation des menschlichen Körpers vor sich gegangen ist – Evolution findet in jeder Generation statt – , erlaubt dem heutigen Menschen, sich wieder in die geistigen Welten zu erheben. Daß dabei die meisten in die von bestimmten Wesenheiten bereitgestellten Fallen tappen, ist leider Faktum. Die Unsitte des *Channeling* zeugt nur von unentwickelten Medien, die den Trugbildern astraler Wesenheiten zum Opfer gefallen sind.

Landschaft

„Die Liebe zur Natur ist eine wirkliche, dieselbe erfüllende Elemen-
tarkraft, die sich nicht lehren läßt und auf „Hebeln und Schrauben"
nicht reagiert."

Peryt Shou

Der moderne Mensch hält sich normalerweise zu über 90 Prozent
seiner Zeit in einer künstlichen, gebauten, verbauten, Umgebung
auf. Diese Entfremdung von der Natur hinterläßt ihre Spuren. Sie begann mit der Renaissance, als der Wald immer weiter vor den Dör-
fern zurückwich und die geheimnisvollen Wesen, die die Natur bewohnen, langsam aus dem Bewußtsein der Menschen
herausgedrängt wurden. Peuckert merkte dazu an: *„Was ist denn*
das Geheimnis eines trächtigen Feldes? Das Land liegt offen da vor
eines jeden Blick. (...) Die Gründe und Schlünde des tiefen Waldes
aber und was der grüne Samen birgt, das ist ohne weiteres nicht so
zu begreifen. Das Schweigen des Waldes, das Rauschen der Bäche,
der Mittagswind in den erstarrt stehenden Wipfeln, das seltsame
Regen neben uns, - das alles muß wohl ein Ahnen erwecken, hier
seien verborgene Wesen am Werk."[134] Und die Beziehung der Altvorderen zu den Wesen des Waldes, besonders den weiblichen, hatte manchmal durchaus eine erotische Qualität, wie es in den alten
Sagen des öfteren anklingt, denn: *„... sie gelten von den Frauen im*
Wald, deren Schönheit die Schönheit der irdischen Frauen weit
übertrifft und die im leuchtenden Schein von uns gehen. Der Blitz
leuchtet loh, wenn sie sich wenden. Der Wald rauscht laut aus den
hintersten Gründen, und ihre Liebe zum Mann ist jach, ungezähmt,
hat einen Geruch von Wildheit und Blut. Dämonische Wesen berük-
ken den Mann und zwingen ihn, daß er die Liebe sucht, von der er
doch weiß, wie nahe sie dem Tod und daß das Verderben ihre
Nachbarin ist. Die schaurige Schönheit des tiefen, wilden Waldes
leuchtet aus all diesen Waldfrauensagen hervor.
Die schaurige Schönheit des alten Waldes — "[135]

Durch die Liebesbeziehungen zu den Nymphen des Waldes entwik-
kelten manche Menschen ein immer umfassenderes Bewußtsein,
dem sich vielerlei Naturgeheimnisse Schritt für Schritt erschlossen.
Der Zauberer Merlin ging diesen Weg prototypisch.[136] Die hellsichtigen Naturphilosophen des Mittelalters haben uns in ihren Schriften
das hinterlassen, was auch in der Volkssage durchscheint. Paracelsus hat uns in seinem „Liber de nymphis" von den Elementarwesen
berichtet[137] und sein mutmaßlicher Schüler Heinrich Agrippa Cornelius von Nettesheim hat im dritten Band seiner „De occulta Philosophia" über die dämonischen Naturwesen abgehandelt. Doch mehr
und mehr erlosch das alte Hellsehen beim Menschen.

Die Art und Weise, wie von einer Epoche oder einer Zivilisation die
sie umgebende Landschaft gedeutet wird, spiegelt viel von ihrem
geistigen Zustand wieder.[138] Die Romantiker bewahrten noch eine
traumhafte Erinnerung an die Zeit, als Landschaft, das geschaffene
Land, als Ausdruck intelligenter Geistwesen erlebt wurde.
Heute wird die Landschaft sowohl von Ökologie wie auch von Land-
schaftsplanern (was für ein Wort!), Straßen- und Städtebauern als
ein geistloses Konstrukt betrachtet und das, was eine schöne Landschaft ausmacht, ist zum Gegenstand der Naturpsychologie geworden. Sie sagt uns das, was wir eigentlich wissen aber durch eigenes
Erleben kaum noch bestätigt finden: Die als „schön" empfundene
Landschaft besteht aus viel Natur und wenig Zivilisation. Sie bietet
eine offene, abwechslungsreiche Szenerie, ein sanftes Relief, wei-
chen Boden, klare, geschwungene Konturen, große Räume mit schönen Aussichten, dazu schmale, gewundene Wege und natürliche Ge-
wässer. Schließlich eine sanfte Stille und frische Luft.
Es sind dies die Kriterien, die die über Jahrtausende gewachsene
Kulturlandschaft kennzeichnen, jene Landschaft, die von den keltischen Völkern durch das geduldige, Jahrhunderte während Beobachten einer echten Natur-Wissen-schaft erfaßt und in langen Zei-
träumen vorsichtig – nach Zwiesprache mit den Göttern – verändert
wurde. Hier wurde ein Hang etwas flacher gegraben, dort wurde
eine Bachschleife verändert, oder ein Wald gepflanzt. Erst in den

letzten einhundert Jahren wurde diese Landschaft durch die über-
schießende Industrialisierung zu großen Teilen wirklich zerstört.
Die wohltuende Wirkung einer intakten Landschaft auf den Menschen erläutert uns die Wissenschaft nun wie folgt:

Wirkung auf den Körper
- Absenkung von Puls und Blutdruck
- Verstärkung ruhiger Hirn-Wellen
- Beschleunigung der Rekonvaleszenz
- verringertes Suchtverhalten
- Senkung des Stresshormonspiegels
- Erhöhung des Stimmungshormonspiegels

Wirkung einer schönen Landschaft auf die Psyche
- Lösung von Verspannungen und Ängsten
- Milderung von Depressionen
- Verminderung spontaner Aggressivität

Wirkung auf den Geist
- Verlangsamung der Ermüdung
- Erhöhung der Aufmerksamkeit
- Vermehrung der Einfälle[139]

Eine schöne Landschaft als Therapeutikum... Doch wie entsteht sie?
Jede Landschaft besitzt ja ihr eigenes Profil, ihren eigenen Rhythmus, mit dem sich Höhen und Senken miteinander abwechseln. Wie
steil sind die Hänge, wie weit spannen sich die Täler? Sind die Kup-
pen und Gipfel eher konvex oder konkav?
Jede Landschaft hat ihren eigenen Untergrund, mit seiner ganz eigenen Mischung der Gesteine, ihren eigenen Boden, ihre eigene Pflan-
zen- und Tierwelt, ihren eigenen Geruch.
Das Erleben dieser Landschaftsqualitäten ist nicht an erlebnispäda-
gogische Events gebunden. Es kann am besten durch so einfache
Dinge wie *Wandern* geschehen. Dann spüren wir, daß jede Landschaft ihr ganz eigenes *Wesen* hat. Dann erkennen wir, daß es Land-

schaften, Gegenden, gibt, in denen eine besondere, manchmal sogar heilige Atmosphäre mitschwingt. Das schottische Hochland zum Beispiel, oder die Landschaft südwestlich von Kassel, oder das Land um die hochbedeutsame Rigi in der Schweiz, oder die sieben Seen im Rila-Gebirge.

Das Weserbergland ist eine Mittelgebirgslandschaft rechts und links der Oberweser zwischen Hannoversch-*Münden* und *Minden* mit zahlreichen vor- und frühgeschichtlichen („germanischen") Kultplätzen. Nach Johann Wolfgang von Goethe ist es eine Landschaft mit gefährlichem Zauber, denn: *„Hier ist noch die Umwallung eines Berges sichtbar, dort eine Reihe von Hügeln und Tälern, wo gewisse Heereszüge und Schlachten sich hätten ereignen können. Da ist ein Gebirgs-, ein Ortsname, der dorthin Winke zu geben scheint, herkömmliche Gebräuche sogar deuten auf die frühesten, rohesten Zeiten, und man mag sich wehren und wenden wie man will, man mag noch so viel Abneigung beweisen vor solchen aus dem Ungewissen ins Ungewisse verleitende Bemühungen, man findet sich wie in einem magischen Kreise gefangen..."*[140]
Diese Landschaft war tatsächlich Schauplatz der weltgeschichtlich bedeutsamen Kriege zwischen Römern und Germanen, und der Platz, an dem sich Varus in sein Schwert stürzte, wird gefunden werden, nachdem uns die Archäologen mit Kalkriese die falsche Schlacht am falschen Ort verkaufen wollten. Jeder, der sich nur ein wenig mit den Ereignissen beschäftigt hat, kann das leicht erkennen. Aber auch, wenn wir hier den Eindruck bekommen, daß die Archäologen ihr Gewissen verkauften, um in den Genuß staatlicher Fördermittel zu gelangen, dann müssen wir trotzdem bedenken, daß ein solcher Vorgang nur Ausdruck anderer Konflikte ist, die sich in der geistigen Welt abspielen. Warum also soll nicht bekannt werden, wo und wie sich der Untergang von Varus' Armee zutrug?
750 Jahre später sah das Weserbergland die Sachsenkriege Karls des Großen, und in der frühen Neuzeit war es Ort einer eigenständigen Kultur, der *„Weserrenaissance"*.

Werner Osterauer hat in seiner leider viel zu wenig beachteten Schrift „*Das Wesen der Schwäbischen Alb*" im Rahmen einer phänomenologischen Landschaftsbetrachtung darauf hingewiesen, daß man in der gleichnamigen geologischen Formation durchaus ein *Wesen* erkennen kann, dessen Kopf das Nördlinger Ries darstellt, dessen Rückgrat die Wasserscheide auf der Höhe der Alb ist, deren Verdauungsbereich das vulkanisch beeinflußte Gebiet um Bad Urach und dessen Nervensystem die Flüsse Neckar und Donau und deren von der Alb herabkommenden Zuflüsse sind. Die Nabelschnur sieht er in dem Flüßchen Ezach, welches aus dem Vulkangebiet zum Neckar abfließt.[141]

Skizze des Schwäbischen-Alb-Wesens zwischen Neckar im Norden und Donau im Süden. (nach W.Osterauer 2001, verändert)
1 – das Nördlinger Ries,
2 – Stuttgart am Neckar,
3 – Tübingen,
4 – Ulm an der Donau.

Die europäische Wasserscheide kann als Rückenmark aufgefaßt werden, von dem die Flußläufe wie Spinalnerven abzweigen. Das Nördlinger Ries oben rechts entspricht dem Kopf der Wesenheit. Punktiert ist das Vulkangebiet um Urach angedeutet.

Hier sollten wir in Betracht ziehen, daß der den Kopf des Alb-Wesens darstellende Ries-Krater durch einen Meteoriteneinschlag entstand; im Gegensatz zum Kalkstein-Körper der Alb. Auch das menschliche Haupt gehört einer anderen Sphäre an als der restliche Körper!
Osterauer erwähnt aber noch einen anderen Umstand, nämlich den, daß Landschaften durchaus ihren eigentümlichen Klang haben. Der Wind erfährt Schwingungsimpulse aus der Landschaftsform bei seinem Streichen, Wehen, Brausen über die Hügel, Berge, Mulden und Täler. Diese Schwingungen lassen sich als eine Art *Landschaftssym-*

phonie denken und teilen sich auch dem Wasserelement mit, das sie wiederum auf andere Art weiter verteilt. Lauschen wir also dem Rauschen der Landschaft, der Musik der Landschaft. Wie sagte der hohe Eingeweihte, der Meister Rudolf Steiner doch: *„ (Es) sind die Töne nicht die Musik, denn die Musik liegt zwischen den Tönen. Das, was Sie nicht hörend erleben zwischen den Tönen, das ist die Musik in Wirklichkeit, denn das ist das Geistige in der Sache; während das andere der sinnliche Ausdruck davon ist.“*[142]
Auf der Schwäbischen Alb gibt es einen Berg mit dem Namen „Baßgeige"! Betrachten wir den Albtrauf oder eine andere Berg- oder Hügelkette mit ihren sich rhythmisch wiederholenden Gipfeln und Tälern, so liegt hier schon fast so etwas wie ein Frequenzspektrum oder ein Notenbild vor uns. Man muß es nur einmal abspielen!

Rudolf Steiner sprach auch davon, daß jede Landschaft eine charakteristische Äther-Aura besitzt, die hellseherisch in Form einer Wolke über der Landschaft wahrgenommen wird. Sie ist nicht nur vom geologischen Untergrund sondern auch von dem Volk, das dort lebt, abhängig.
Der *Weltenäther* ist die geistige Atmosphäre, die die ganze Erde umgibt. Er ist ganz allgemein als die geistige Substanz des Kosmos anzusehen. Dazu führte Steiner aus *„(...) es ist gut festzuhalten, daß es im Grunde genommen im Weltall nichts anderes letzten Endes gibt als Bewußtseine (...) Also die wirklichen Realitäten der Welt sind Wesen in den verschiedenen Bewußtseinszuständen.“*
Die ätherischen Kräfte sind demnach keine Kräfte, die wir uns im abstrakt-physikalischen Sinne denken dürfen. Noch einmal Rudolf Steiner: *„Womit erreichen die geistig-göttlichen Wesenheiten, die um uns herum sind, daß ein Festes entsteht, wie es auf unserem Planeten ist, daß ein Flüssiges, ein Luftförmiges entsteht? Sie schikken die Elementargeister hinunter, sie sperren sie ein in Luft, Wasser und Erde. (...) Diese Wesenheiten, denen wir verdanken alles, was um uns ist (...) sie sind in den Dingen verzaubert.“*
Nur durch die Elementarwesen kann das schöpferische Weltenwort irdische Erscheinungsform bekommen.[143]

Betrachteten wir die Erde als großen Organismus, worauf Rudolf Steiner ja lange vor irgendwelchen Gaia-Theorien wiederholt hingewiesen hatte, dann bewegen sich die Elementarwesen im Bereich des Ätherleibes der Erde in großen jahreszeitlichen Rhythmen, ja, die Summe der vier Elementarwesengruppen ist der Ätherkörper der Erde.[144]

Die jahreszeitlichen Rhythmen können als Ein- und Ausatmungsprozesse angesehen werden und die Atmungszentren der Erde lassen sich mit Hilfe meteorologischer Karten identifizieren. Tiefdruckgebiete entsprechen dabei dem Ausatmungsprozeß und Hochdruckgebiete dem Einatmungsprozeß. Diese Atmungszentren haben üblicherweise zwei Pole. (siehe Tabelle[145])

Lage	ein Pol	der andere Pol
Asien	Wüste Gobi	Indischer Ozean
Atlantik	Island	Azoren
Nordpazifik	Gebiet um den 40. Breitengrad	Aleuten
Südpazifik	nur ein Einatmungszentrum bei den Osterinseln	

Fragen wir uns ruhig auch einmal, warum es überhaupt Wolken gibt und sich der Wasserdampf nicht gleichmäßig verteilt?

Viele Landschaften sind durch Kalkstein im Untergrund gekennzeichnet. Wie wirkt dieser auf die Bewohner? Hierzu wieder ein Zitat von Rudolf Steiner:

„Wenn man sich geistig (wahrnehmend) im Verlauf der Kalkbildungen bewegt, nimmt man überall während der Winterzeit Befriedigung wahr, die sich auslebt in inneren Durchlebungen, Durchdringungen dieses Winterkalkes mit sich lebendig verwandelnden Gebilden geistiger Art. Wenn es aber gegen den Frühling zu geht, namentlich wenn der März kommt, dann wird der Kalk in bezug auf seine geistigen Eigenschaften, wir dürfen sagen, dumpf. Er hat nicht mehr diese geistigen Eigenschaften, weil die Elementarwesen durch eine Art geistig-kosmischer Atmung ihren Weg hinaus in das Weltenall nehmen. Er wird dumpf in bezug auf seine denkerisch-geistigen Eigenschaften. Aber das Merkwürdige ist, er wird jetzt begierdenhaft. Er entwickelt eine Art von innerer Lebendigkeit. Es ist

immer mehr und mehr ein feines Leben vorhanden in dem Kalk, und dieses Leben in dem Kalk wird um so innerlich bewegter gegen den Frühling, und dann weiter auch gegen den Sommer zu, je mehr die Pflanzen herausprießen. Diese Vorgänge spielen sich im Feinen ab. Die Pflanzen, die herauswachsen, entziehen nämlich dem Kalk etwas vom Wasser und etwas von Kohlensäure, namentlich dem in der Erde verteilten Kalk, und das entbehrt er. Und das bedeutet für ihn ein innerliches Lebendigwerden, dadurch aber erlangt er eine ungeheure Anziehungskraft für die ahrimanischen Wesen. Diese ahrimanischen Wesen bekommen jedesmal, wenn es gegen den Frühling zu geht, Hoffnungen. Sie haben eigentlich gegenüber der Natur keine besonderen Hoffnungen sonst, weil sie eigentlich ihr Wesen nur innerhalb des Menschen treiben können. In der animalischen Natur des Menschen können diese ahrimanischen Wesen sonst wirken. Aber wenn es gegen den Frühling zu geht, dann gibt ihnen der Eindruck, den der Frühlingskalk auf sie macht, die Meinung, daß sie in die allgemeine Natur hinaus ihre Drachennatur entfalten können, und daß sie dadurch, daß sie den Frühlingskalk lebendig finden, auch die Möglichkeit gewinnen können, Astralisches aus dem Weltenall anzuziehen, um diesen lebendigen Kalk zu beseelen, mit Seele zu durchdringen. So daß also, wenn es gegen den März zu geht, für den wirklichen seherischen Naturbetrachter sich dieses merkwürdige Schauspiel ergibt: Man sieht überall, wie die Hoffnungen der ahrimanischen Wesen in Imaginationen über die Erde hinüberspielen, ich möchte sagen, wie ein geistiger Wind, der alles überweht, und man sieht, wie sich nun die ahrimanischen Wesen anstrengen, von oben herunter gewissermaßen einen Regen des Astralischen hervorzurufen. Dieser Regen des Astralischen würde, wenn sie es könnten – sie streben es immer mit allen möglichen Kräften an –, die Erde während der Sommerzeit wenigstens teilweise, soweit sie Kalk ist, in ein beseeltes lebendiges Wesen verwandeln."[146]

In einem weiteren Vortrag sprach Rudolf Steiner über den Einfluß bestimmter Gesteine, wie wir sie eben in den unterschiedlichen

Landschaften finden, auf den Menschen: *„Die mehr kalkhaltigen Menschen sind in der Regel die Klügeren, diejenigen, die feine Begriffe zusammenhalten können und wieder auseinanderschälen können. (...) Wir sind dagegen mehr angewiesen auf die Ablagerung des Tonigen, dessen, was zum Beispiel in der Formation Schiefer, Ton lebt, wenn wir mehr den Willen entwickeln wollen.“*[147]

Schwerer Stoff. Aber auch der Basalt ist nicht ohne: er soll „fromm" machen[148] - oder eher frömmelnd?

Aber schauen wir noch einmal hinaus in das Land.
Ein wesentlicher Bestandteil vieler grandioser Naturlandschaften sind Berge. Schneebedeckte Gipfel am Horizont wirken auf den Betrachter erhebend und inspirieren ihn zu hohen Gedanken.
Oben auf den Gipfeln wohnen die guten Geister. SHIVA thront auf dem Kailash, dem heiligen Berg des Himalaya.
Die Bergspitzen sind oft auch Ursprungsort von *ley-lines*, wie zum Beispiel Deutschlands höchster Berg, die Zugspitze. Die Linie verläuft fast genau nach Norden Richtung Starnberger See. Hier die Stationen:

- Zugspitze (2962m)
- Kramerspitze (1985m) über Garmisch
- Ettaler Mandl (1634m) über Kloster Ettal.
  Dieser Berg übt auch eine Wächterfunktion über die Region aus!
- Murnau, die Stadt des Drachenkampfes
- Das Meßnerhaus auf der Aidlinger Höhe,
  knapp westlich von Aidling am Riegsee.
- Der Rochusberg (ca. 660m) bei Steinbach mit seiner Kapelle.
- Der Ostersee mit der Marieninsel, vielleicht ursprünglich ein der -Ostara, der Göttin der Morgensonne, geweihter See.
- Der Starnberger See.

Das Meßnerhaus auf der Aidlingr Höhe am Riegsee. Nördlich des Hauses bei dem kleinen Baum stand bis ins 17. Jahrhundert die Aidlinger Kirche, bevor man sie abbrach und aus ihren Steinen die neue Kirche mitten im Dorf errichtete.

Zu den Bergen sagte uns Meister Omraam Mikhael Aïvanhov:
„Berge gleichen riesigen Antennen, mit deren Hilfe die Erde mit dem Himmel in Verbindung tritt. (...) Eine große Weisheit hat über ihre Gestaltung gewacht und über ihren Standort entschieden, der niemals zufällig ist. Jeder Berg hat eine bestimmte Funktion. Deshalb unterscheiden sie sich alle durch Form, Ausmaß und Höhe voneinander. Ihre Gipfel ragen empor wie Antennen, die zur Ausstrahlung oder Aufnahme unterschiedlicher Wellenlängen bestimmt sind. So schafft jeder dieser Gipfel die günstigsten Verhältnisse für eine bestimmte Aktivität. (...) Die Berge sind von sehr lichtvollen, mächtigen Wesen bewohnt. Die Reinheit, die auf den Gipfeln herrscht, zieht sie an. Um mit ihnen in Kontakt zu kommen, muß man sich bis in diese Höhen hinauf begeben. Dazu benötigt man ein besonderes Wissen, und dieses Wissen wird nur denjenigen offenbart, die sich mit ganzem Herzen und ganzer Seele auf den Weg des Lichtes eingelassen haben. Nur sehr wenige Menschen wissen, wie sie von den günstigen Verhältnissen, die das Gebirge ihnen für ihre spirituelle Entwicklung bietet, profitieren können. Die meisten besteigen die Berge, um sich zu unterhalten und zu lärmen, ohne

jegliche Achtung für die Wesen, die dort wohnen. Und der Berg, der eine Intelligenz besitzt, verschließt sich ihnen. Es besteht sogar die Gefahr, daß diese Wesen eines Tages die Berge einfach verlassen, so belästigt werden sie von diesen „Tieren", die alles besudeln: den Menschen! (...) Das Streben nach dem Gipfel ist das wichtigste, bedeutungsvollste Vorhaben, das der Mensch je zu unternehmen vermag. Das bedeutet, daß er sich dessen bewußt ist, daß die Kräfte und Tugenden, die der Schöpfer in ihm angehäuft hat, ihn über alle irdischen Verwirklichungen hinausführen können. In der Kabbala kann der Lebensbaum mit einem Berg gleichgesetzt werden, dessen Gipfel die Sephira Kether ist, also die Allmacht, die Allwissenheit, die göttliche Liebe. Um diesen Gipfel zu erreichen, sind grundlegende Eigenschaften nötig, wie Ausdauer, Willenskraft, Beständigkeit, Intelligenz, Kühnheit und hauptsächlich eine unwiderstehliche Sehnsucht nach Licht und Reinheit, alles Eigenschaften, die von den anderen Sephiroth repräsentiert werden. (...) Wenn ihr vor einem Gipfel steht – selbst in einer großen Entfernung -, dann konzentriert euch auf ihn, erhebt die Hand in seine Richtung und grüßt die Wesen, die dort wohnen. Bittet sie um Hilfe und schickt ihnen dafür euren Beitrag zu ihrer Arbeit. Auf diese Weise lernt ihr, mit den Gipfeln der höchsten Berge Verbindung herzustellen und Kraft und Inspiration von ihnen aufzunehmen. (...) Gewöhnt euch daran, die Berge mit einem heiligen Gefühl zu betrachten. Die Gipfel stellen den Kausalkörper der Länder dar, in denen sie sich befinden oder in deren Nähe sie sind. Der Montblanc zum Beispiel ist der Kausalkörper Frankreichs, Italiens und der Schweiz, der Mount Everest der von Indien, Tibet usw. und der Moussala der Kausalkörper der Balkanländer. Die auf den Gipfeln herrschenden physischen und spirituellen Bedingungen sind für bestimmte Arbeiten günstig. Man sollte dort hinaufsteigen, um seine innigsten Wünsche und Vorhaben zu formulieren. Wenn der Schüler bewußt den Gipfel besteigt, weiß er, daß er sich seinem eigenen Kausalkörper nähert. Das erleichtert die gedankliche Arbeit, erhöht ihre Aktivität. (...) Ihr könnt euch einmal auf diesen, einmal auf jenen Gipfel konzentrieren. Auf diese Weise bereitet ihr die Bedingungen vor, um mit den erhabensten Geistwesen in Kontakt zu treten, die auf die Erde heruntergekommen sind. Denn es gibt eine Verbindung zwischen allen Berggipfeln und allen großen Geistern, die im Laufe der Zeitalter gekommen sind, um den Menschen das Licht zu bringen. Mit Hilfe der Gipfel stellen wir die Verbindung zu ihnen her."[149]

Daß der in High-Tech und Kunstfaser daherkommende Alpinismus die Berge zu Müllhalden oder bestenfalls Sportgeräten degradiert, ist nach diesen Worten des Meisters noch tragischer, als wir es ohnehin schon ahnten.

Natürliche Landschaftsformen bilden also ganz sicher gewisse sinnvolle Strukturen, die wir, wenn schon im Hinblick auf ihre Funktion nicht vollständig entschlüsseln, so doch erkennen können. Bei einigen der weiter unten geschilderten Örtlichkeiten haben wir entsprechende Hinweise gegeben, besonders in dem Abschnitt über Berchtesgaden.

Meditieren wir über diese Zusammenhänge, dann werden wir erkennen, daß Landschaft Götterwerk ist.

Dem Menschen wurde in Form der Erde eine wunderbare Schule zugeteilt, in der er lernen und sich entwickeln kann. Doch wie ein Kleinkind, das sein Spielzeug unsanft behandelt, ist er dabei, diese Schule zu zerstören.

Werden die Götter das zulassen?

Orte der Kraft

Orte der Kraft, Kraftorte, sind zum geflügelten Wort geworden. Die Radiästheten sehen in ihnen Plätze mit besonderen geophysikalischen Energien und erhöhter Bovis-Strahlung, zum Beispiel auf der Kreuzung von Wasseradern und / oder *ley-lines*. Sie werden beherrscht vom *Genius loci*, dem einem Ort innewohnenden Geist im übertragenen wie im wörtlichen Sinne.

Auch dieser ist keine Entdeckung des New Age, denn schon Hans Blüher (1888-1955) schrieb: *„Es gibt Orte auf der Erde, die ein einmaliges bestimmtes Schicksal haben; an dem einen werden die Kranken gesund, an dem anderen verwesen die Leichname nicht."* Ausführlicher noch nimmt dazu Jörg Lanz von Liebenfels (1873-1954) Stellung: *„Es ist eine feststehende, empirisch konstatierte Tatsache, daß die Erde verschiedener Gegenden verschiedene Ausstrahlungen hat. Die sogenannte Mundan-Astrologie baut sich darauf auf. Die alten Religionen und auch das mittelalterliche Christentum wußten von dieser Tatsache und stellten daher jeden Ort unter einen besonderen Genius loci (Ortsgeist), an dessen Stelle in christlicher Zeit die Orts- und Landespatronate der Heiligen traten. Jeder Heiliggeist ist die Hieroglyphe oder der Repräsentant einer besonderen Schwingungsart, die ins Astrologische übersetzt werden kann."*[150] Carl Huter (1861-1912) will nachgewiesen haben, daß selbst tote Materie, Gestein und Metall, ein „Empfindungsvermögen" besitzt, nämlich die Fähigkeit, Eindrücke zu speichern und wieder abzugeben. Steine können erzählen. Sie haben ein dumpfes Bewußtsein. Sie bewahren, was sie „erlebt" haben. Daher die Unheimlichkeit mancher Stätten und die Geweihtheit anderer, die beide von sensitiven Menschen sehr wohl wahrgenommen werden.[151] Daß die Atmosphäre eines besonderen Ortes bei nebeliger Witterung noch mystischer, noch unheimlicher werden kann, rührt daher, daß es für die Wesen aus dem Astral- und Ätherreich „relativ" einfach ist, die feinst verteilten Wassertropfen in der Luft zu ergreifen und zur Manifestation zu nutzen.

Natürliche Orte der Kraft sind Berggipfel – auf den Bergen wohnen die guten Geister –, Höhlen, besonders deren Eingänge, oder Wasserfälle. Hier findet sich besonders stark ionisierte Luft, die bei Säugetieren die Konzentration bestimmter Hormone beeinflußt. Es sind aber auch Orte des Übergangs, ebenso wie Quellen, die Augen der Erde.

Auch Pässe sind Orte des Übergangs. Der Steinkreis auf dem kleinen St. Bernhardpaß ist das älteste erhaltene Paßheiligtum der Alpen.

Und schließlich sind auch Felsgruppen, die bekanntesten sind die Externsteine, als kleine Berge Orte der Kraft.

Manche Esoteriker meinen, daß es bestimmte Orte auf der Erde gibt, die wie die sieben Hauptchakren des menschlichen Körpers für den Gesamtorganismus Erde zuständig sind. Robert Coon will 1967 – in typischer New-Age Manier – durch Elias zu der Vorstellung inspiriert worden sein, daß sieben Erdchakren und zwölf Haupt-Kraftorte auf der Erde die dort empfangenen Energien auf 144 kleinere Kraftorte übertragen.[152] Diese Orte sollen sein:

1 – Glastonbury in England (4. Chakra)
2 – der Titticaccasee in Peru (2. Chakra)
3 – der Uluru oder Ayers Rock in Australien (3. Chakra)
4 – der Vulkan Gunung Agung auf Bali
5 – der Kailash in Tibet (7. Chakra)
6 – der Mt. Shasta in den USA (1. Chakra)
7 – die Ruinen von Palenque in Mexiko
8 – der Fujijama in Japan
9 – der Vulkan Haleakal auf Hawaii
10 – der Tauposee auf Neuseeland
11 – die Cheopspyramide, die Sphinx und der Ölberg (5. Chakra)
12 – der Tafelberg in Kapstadt / Südafrika

Das sechste Chakra soll beweglich und mit Shamballah, dem Wohnort der Eingeweihten, identisch sein.

Was hat es nun überhaupt mit der Erde auf sich, jener „*Mutter Erde*", die unsere winzige und zerbrechliche Heimat in einem unendlichen Kosmos ist? Rudolf Steiner hat bereits vor etwa hundert Jahren festgestellt, daß: „*...die Erde ein Wesen ist, wie wir selbst, nur auf einer anderen Stufe der Hierarchien. Die ganze Erde, wenn wir sie so physisch betrachten, wie sie um uns ist, ist nur der Leib der Erde; und so wie wir in uns unser Geistig-Seelisches tragen, so hat auch die Erde ihr Geistig-Seelisches.*"[153]

Mit der Mutter Erde, in der katholischen Kirche als Mutter Maria personifiziert, hat es in der Geheimlehre noch eine besondere Bewandtnis. Dort wird gesagt, daß, wenn wir die Erdenleben der Maria bis in die fernste Vergangenheit verfolgen, wir insgesamt zwölf weibliche Inkarnationen finden. In diesen verband sie sich als durch die verschiedenen Erdenleben aufsteigende Priesterin mit allen zwölf Mysterienströmungen und wurde dadurch zu dem Tor, durch das der vollkommene Mensch für Christus in die Erdenwelt eintrat. Bei ihrem physischen Tod verband sich Maria dann mit ihrem ganzen Wesen mit der Erde, wurde im Erdenwesen vollkommen aufgelöst. Ihre Weisheit ging an die Erde über. Das Wesen Erde, die „Große Urmutter" und Maria sind tatsächlich eins. Sie wartet auf die Menschen, die ihr in Verehrung dienen möchten![154]

Der mütterliche Anteil der Erde trägt uns über dem feurigen Abgrund, doch ist er so dünn wie die Schale eines Apfels. Der Duft des Apfels umgibt ihn wie eine rosagoldene Hülle. Diese Hülle wird, bezogen auf die ganze Erde, *Avalon* genannt, das Apfelland der Kelten.

Bernhard von Clairvaux (1090-1153), der große Zisterzienserabt, hinterließ uns folgenden Ausspruch: „*Du wirst mehr in den Wäldern finden als in den Büchern. Die Bäume und die Steine werden dich Dinge lehren, die dir kein Mensch sagen wird.*"

Gehen wir also in die Natur, gehen wir in den Wald!
Wir können das auf jenen natürlichen Wegen tun, die immer schon da waren und sich heute noch in manchen naturnahen Wäldern als

Schneisen anbieten. Dort ist der Boden relativ frei von Bewuchs und die Bäume sind etwas weiter auseinander gerückt. Das Gehen in solchen Schneisen fällt leichter als auf Asphalt.

In den alten Märchen und Legenden symbolisierte der Wald das Unbewußte. Aber finden wir noch richtige Wälder, oder sind es nur noch Holzplantagen, das heißt im schlimmsten Fall die eng gepflanzten düsteren Fichtenmonokulturen, deren zuerst von preußischen Förstern erdachte Reihen die geistlose Ordnung des Militarismus widerspiegeln? Die unterschiedliche energetische Qualität verschiedener Forste ist jedenfalls eklatant. Die Buchenwälder der Mittelgebirge kommen dabei der potentiellen natürlichen Vegetation noch am nächsten.

Doch bereits der einzelne Baum ist von Bedeutung. Sein Bild ist für den Psychologen C. G. Jung ein Symbol des Selbst im Prozeß des Wachstums, der Individuation.[155]

Ist es ferner nicht denkwürdig, daß sich das Blau des Himmels und das gelblich-braune des Erdbodens im Grün der Blätter vermischen? Bäume sind nicht nur aufrechte Wasseradern, sondern sie verbinden Himmel und Erde auf eine ganz besondere Art und betreiben dabei eine kosmische Alchemie.[156] Die Energie, die Eigenschwingung des Baumes können wir auf Wasser übertragen, wenn wir eine gefüllte Flasche über Nacht gegen den Stamm lehnen.

Überhaupt sind Bäume zweifacher Natur. Aus dem Kosmos heraus erhalten sie durch plastisch-bildende Kräfte ihre Form. Dazu kommt eine zweite, mehr rhythmisierende Kraft mit musikalischem Charakter, die aus der Erde heraus in den Stamm strömt. Für ein geistiges Hörvermögen erklingt im Stamm der Grundton, in den ersten Hauptästen die Sekunde, auf der nächsten Stufe der Verzweigung die Terz und so weiter. Bei den meisten Bäumen macht der Verzweigungsprozeß schließlich bei der Quint halt,[157] doch in ihrer musikalischen Gliederung ähneln die Bäume den gotischen Kathedralen.

Die unter natürlichen Bedingungen in den höheren Lagen, dort, wo sie der kosmischen Sphärenmusik ein Stück näher sind, wachsenden Kiefern, Fichten und Bergahorne liefern nicht nur das für Streichinstrumente am besten geeignete Holz, sie liefern auch das

Colophonium, mit dem die Saite des Bogens bestrichen wird.[158]
Die Eibe dagegen, der tödlich giftige Baum der Friedhöfe, bringt das
Holz hervor, das als einziges für den über weite Entfernung todbrin-
genden englischen Langbogen der spätmittelalterlichen Bogen-
schützen brauchbar ist.

Die Eiche ist ein Baum, der unter der Herrschaft des Mars steht und
seine Pfahlwurzel bis zu einer Wasserader im Untergrund ab-
senkt.[159] Eichen sind besonders für alte Menschen wichtig. Sie nehmen viel von deren Astralität auf und können sie so entlasten. Noch
besser ist es, wenn Schweine unter den Eichen gehalten werden.

Unter ihrem Blätterdach können Bäume die Atmosphäre eines Kraftortes entstehen lassen, und in den besonders großen alten Bäumen
wohnen starke Wesenheiten, die ein ganzes Gebiet beeinflussen
können.

An anderen Bäumen finden wir Gesichter – meistens an geschwüri-
gen Auswüchsen. Welche Wesen verbergen sich hinter diesen?

Ein melancholisch
wirkendes
Baumgesicht
an einem alten
Zwetschgenbaum.

Vielleicht begegnen uns auch die Baumkreise, die man in manchen Wäldern, meistens erst auf den zweiten Blick, findet. Sie stehen auf magischen Kreisen, die man gut mit der Rute aufspüren kann. Diese Kreise laufen bei gezwieselten Bäumen, die auf dem Kreis stehen, sogar zwischen den beiden Stämmen hindurch. Dies gilt übrigens auch für richtig angelegte künstliche Baumkreise, zum Beispiel das Lindenrondell bei Schloß Wilhelmsthal nahe Kassel oder das Lindenrondell zwischen Heyerode und Oberdorla in Thüringen.

Jedes Zeitalter hatte ja seine besonderen (Mysterien-) Pflanzen, die mit dem Kultus jener Zeit verbunden waren. Das deutsche Hauptkloster des Antoniterordens befand sich in Isenheim, und dort, auf dem von Meister Grünewald geschaffenen Isenheimer Altar finden wir die Heilpflanzen dargestellt, die zur Behandlung des Antoniusfeuers benutzt wurden.[160]

Erhöhte natürliche Radioaktivität, wie man sie über geologischen Verwerfungen im Untergrund von Kraftorten findet, kann bei bestimmten Menschen eine spontane oder vorübergehende bewußtseinsverändernde Wirkung haben. So senden die Granitmegalithe mancher Steinkreise, besonders wenn sie auf solchen Verwerfungen stehen, kontinuierliche Gammastrahlung aus. Eine ähnliche Wirkung können Magnetfelder haben, die von quarzhaltigen Steinen abgestrahlt werden. Die Schamanen, antike und mittelalterliche Priester, Zauberer, Heiler und Magier nutzten diese besonderen geophysikalischen Umweltbedingungen, um durch bestimmte Techniken (Trommeln, Tanzen, Singen, soziale und sensorische Deprivation und Rituale) in einen ekstatischen Bewußtseinszustand zu gelangen.[161] Was ist eine katholische Messe anderes als ein okkult-magisches Ritual?

Der Zisterziensermönch Cäsarius von Heisterberg schrieb einmal: *„Mögen die Brüder nicht schlafen, wenn sie für die Verstorbenen singen, denn wie die Ritter zum Turnier, so kommen in Scharen die Seelen der Toten zum Totenofficium."* – was durchaus wörtlich zu nehmen ist!

Herausragende Erfahrungen, Einsichten und Visionen bleiben aber immer dem vorbereiteten und entsprechend geschulten Esoteriker vorbehalten. Ein Beispiel dafür sind die Erlebnisse, die der russische Schriftsteller Boris Bugajew in der Kultstätte des Swantevit am Kap Arkona auf Rügen hatte. Im Juli 1914 sah er dort in einer Vision, daß sich die Karte Europas verändern würde.[162]

Der vielleicht älteste bekannte Kultplatz ist nicht in Ägypten oder Indien, sondern – in Thüringen! Er befindet sich bei dem kleinen Ort *Bilzingsleben*, wo man seit Jahrzehnten einen rund 370.000 Jahre alten Siedlungsplatz untersucht. Am südöstlichen Rande dieser Siedlung stießen die Archäologen auf einen fast runden Platz von etwa neun Metern Durchmesser. Er ist dicht mit Steinen und flachen Knochenstücken gepflastert. Im westlichen Teil des Platzes ragte ein Quarzitblock aus dem Pflaster, der zwischen den Hornenden eines in das Pflaster eingelassenen Wisentschädels steckte. Von Westen her führte zum Platz eine gerade, fünf Meter lange Steinreihe aus großen Brocken. An deren Anfang grub man zwei je einen Meter achtzig lange Elefantenstoßzähne aus, die wahrscheinlich einst aufrecht standen.[163] Dieser Platz erfüllt nun alle Kriterien, die man an einen Kultplatz stellen kann: außerhalb des profanen Bereichs, mit einem speziellen Zugang in Form eines Prozessionsweges, besonders hergerichtet und mit Altarstein. Daß Quarz Informationen speichern kann, ist bekannt. Hörner fungieren als Antennen, mit denen die Tiere in die höheren Welten lauschen. Was hier also aufgebaut wurde, war eine Art Empfänger, Speicher und Verstärker von Botschaften, die zu den Menschen aus den himmlischen Welten kamen.
Der Astralkörper des Menschen weist ebenfalls Hörner auf.[164] Ein Grund mehr, einmal darüber nachzudenken, warum die Schamanen der Vorzeit gehörnte Helme oder ähnliches trugen und welche Auswirkungen es haben mag, wenn Kühe auf grausame Art und Weise enthornt werden, um den Versicherungbeitrag noch etwas zu senken und die Milch im Discounter noch etwas billiger anbieten zu können. Es gibt schon viele Kinderbücher, in denen Kühe ohne Hörner dargestellt werden!

Wie fanden Schamanen ihre Kraftorte? Benutzten sie Wünschelru-ten? Wohl kaum. Wer in einer relativ ursprünglichen Natur, frei von technischen Strahlungen und von chemisch-synthetischen Stoffen in Nahrung, Kleidung, Kosmetik und Baustoffen und in einer nicht neu-rotisierten Gesellschaft aufwuchs, konnte solche Orte *fühlen* und *se-hen*. Einige Menschen konnten das sogar noch um die Mitte des zweiten Jahrtausends. So kommt es, daß sie manchmal noch auf al-ten Landkarten als Punkte markiert sind, an denen zahlreiche quer über die Karte verlaufende Linien entspringen.

Diese Punkte sind eine Art Akupunkturpunkte oder Chakren im Ge-samtorganismus Erde. Heute gelten auch die echten Kornkreise als solche Akupunkturpunkte.

Als *Kornkreise* werden jene faszinierenden, geometrischen, oft run-den, symetrischen und teilweise auch sehr komplexen Strukturen (Spiralen, Fraktale und so weiter) bezeichnet, die allsommerlich in Kornfeldern entstehen. Dabei wird das Korn an den betreffenden Stellen niedergelegt. Dafür gibt es verschiedene Ursachen.

Meistens sind es Menschen, die mehr oder weniger geschickt das Korn niedergetrampelt haben. Wer solchermaßen Nahrungsmittel zerstört, seine Mitmenschen betrügt und ein spirituelles Phänomen in die Lächerlichkeit hinabzieht, muß sich die Frage gefallen lassen, warum er das tut und wird eines Tages die Konsequenzen dieser Ta-ten tragen müssen. Aus welchen geistigen Sphären erhalten die Kornkreisfälscher eigentlich ihre Inspirationen? Daß die Wesenhei-ten, die hinter den Fälschern stehen, durchaus über gewisse okkul-te Erkenntnisse verfügen, zeigt sich zum Beispiel darin, daß auch gefälschte Kornkreise bestimmte radiästhetische Qualitäten haben.

Das echte Phänomen besteht darin, daß Kornkreise ohne erkennba-res menschliches Zutun entstehen. Bei diesen sind die Halme oft ein oder zwei Handbreit über dem Boden in den sogenannten Knoten gebogen. Diese Stellen zeigen zudem Spuren von Hitzeeinwirkung. Manchmal sind sogar Insekten in die Substanz der Halme „einge-schmolzen", so als ob das Pflanzenmaterial kurzzeitig verflüssigt worden wäre. Es ist erstaunlich, daß diese Phänomene in vielen Kornkreisbüchern verschwiegen werden!

Drei Halme aus einem echten Kornkreis. Die Halme sind ein Stück weit über dem Boden im Knoten gebogen. An dieser Stelle befinden sich dunkle Verfärbungen. Das Stroh wirkt wie angebrannt.

Bemerkenswert ist ferner, daß in der Nähe der Kornkreisformationen oder im Zusammenhang mit ihrer Entstehung bereits häufiger kleine, sich schnell bewegende Lichter beobachtet wurden. Zu deren Erklärung müssen wir jedoch keine Außerirdischen bemühen!
In den 8oer Jahren des 20. Jahrhunderts haben Untersuchungen über steinzeitliche Felsmalereien und Gravierungen die damals allgegenwärtige Kraft der Trance eindrücklich belegt. Gleichzeitig wurde eine Brücke zu den Erkenntnissen der Neurophysiologie geschlagen, die zeigen, daß bestimmtes Bildmaterial und innere Empfindungen, unabhängig von der durch die jeweilige Kultur geprägte Wahrnehmungsstrategie, universale Produkte unseres Zentralnervensystems sind. So tauchen bei veränderten Bewußtseinszuständen, die durch halluzinogene Drogen ausgelöst werden, regelmäßig vier grundlegende Bildtypen auf:

- Gitter (Bienenwabe, Raster, Gitterrost, Filigran usw.)
- Netz
- Tunnel oder Trichter (Allee, Kegel)
- Spirale

Weitere Möglichkeiten zum Hervorrufen eines veränderten Bewußtseinszustandes sind Meditation, permanentes Wiederholen stereotyper Bewegungen oder Laute (ritueller Tanz, Gesänge), sensorische Deprivation und extremer Streß (z.B. durch Schmerz, Hunger, Kälte, Schlafentzug)[165], alles Techniken, die im Schamanismus zu finden sind.

Bei der halluzinierten Tunnelform entsteht oft der Eindruck von einem Flug durch diesen Tunnel - auch ein wichtiges Motiv in vielen Nahtod- und außerkörperlichen Erfahrungen. Interessanterweise verändert eine Nahtoderfahrung bei den meisten Menschen das Leben und die Weltanschauung: sie haben weniger Angst vor dem Tod, und das Leben wird weniger materialistisch. Einige berichten über das plötzliche Auftreten „übersinnlicher" Fähigkeiten.[166]

Sogenannte luzide Träume können ebenfalls durch das Tunnelerlebnis eingeleitet werden. Der Träumende kann in eine als real erlebte Welt eintauchen und sich darin aktiv bewegen. Der Unterschied zu der im Wachbewußtsein erlebten physischen Welt verschwimmt. In diesem Zusammenhang sei auf den in früheren Kulturen praktizierten Tempelschlaf hingewiesen. Das Tunnelerlebnis führte auch dort zwangsläufig zur Vorstellung des Fluges in eine andere Welt. Im deutschen Kulturraum gehört der Flug der Hexen zum Blocksberg in diesen Vorstellungskreis.

Immer durch die Gitter- und Tunnelphase eingeleitet werden komplexere Wahrnehmungen mit geometrischen Trancebildern, die mit den Strukturen der Umgebung verschmelzen (sog. *entoptische Wahrnehmungen*). Der Schamane sah sich nun in die geistige Version der irdischen Umgebung – die elysischen Gefilde, den Garten Eden, das Paradies, Platons „wahre Erde", Arkadien, Avalon oder die Anderwelt der Kelten – entrückt.[167]

Zeitgenössische Indianer-Schamanen beschreiben ihren während des Fluges in die Geisterwelt vom Körper gelösten Geist entweder als exakte Nachbildung des physischen Körpers, als Flugtier oder als „kleines" bis fußballgroßes Licht und Sylvan Maldoon, der in den ersten Jahrzehnten des 20. Jahrhunderts „Astralreisen" (außerkörperliche Erfahrungen bei verändertem Bewußtseinszustand) durchführte, berichtete, daß der sich mit mittlerer Geschwindigkeit bewegende Astralleib Licht abstrahle.[168] Was einem Schamanen möglich ist, sollte ein höherer Eingeweihter wohl auch beherrschen ...

Wir wollen uns an dieser Stelle nun noch kurz fragen, warum es eigentlich das Korn ist, in dem das Phänomen auftritt? Vielleicht kommen wir dem Mysterium näher, wenn wir 2000 Jahre zurück gehen und an das Ereignis von Golgatha denken. Damals verband sich der Christus mit dem Astralleib der Erde, er ist seitdem sozusagen der planetarische Geist der Erde. Rudolf Steiner wies darauf hin, daß das kostbarste aus der physischen Erde das Mehl ist, welches sich in den ausgereiften Getreidekörnern gesammelt hat.[169] – *„Dies ist mein Leib."*

Die ersten Kornkreise entstanden in den achtziger Jahren in der südenglischen Grafschaft Wiltshire. In Deutschland gibt es sie seit 1991 besonders in Nordhessen und verstreut auch in anderen Landschaften. Zumindest einige Kornkreise stehen vermutlich in Zusammenhang mit *ley-lines* und dadurch auch mit prähistorischen Monumenten. In Nordhessen konnte 2001 der unmittelbare Zusammenhang zwischen zwei Kornkreisen und einer *ley-line* gezeigt werden.[170]

In der Umgebung von Zierenberg bei Kassel postulierte der Kornkreisforscher Eckhard Weber ein Sechseck, welches sechs Berge miteinander verbindet und keltische Anlagen sowie die Entstehungsorte verschiedener Kornkreise einschließt.[171] In diesem Gebiet wird der Forscher allerdings eher fündig werden, wenn er ein Pentagramm über der Landschaft zeichnet, dessen Mittelpunkt der Dörnberg ist.

Über die Bauwerke, die an den Orten der Kraft errichtet wurden, wollen wir im Folgenden kurz abhandeln.

Kirchen, Klöster, Kathedralen

Was ist eine Kirche? Ein Tempel – die Wurzel des Wortes kommt aus dem Griechischen und kann auch Kreuzung bedeuten. Was kreuzt sich da? Die Welt der Götter mit der der Menschen? Oder die Wasseradern?

Viele Kirchen stehen über sichtbaren Wasserläufen oder wenigstens dicht bei einer Quelle – beispielsweise die Wallfahrtskirche Arnoldstein in Kärnten, das Klüschen Hagis bei Mühlhausen in Thüringen, der Dom zu Hildesheim oder der Dom von Paderborn. Dort liegt der Quellbereich der Pader nicht nur unmittelbar neben dem Bauwerk, an der westlichen Ecke des nördlichen Querschiffs vermittelt eine eisenbeschlagenen Tür auch den Zugang zu einer Brunnenstube. Der Dom von Paderborn ist außerdem zusammen mit der benachbarten ottonischen Pfalz an den Linien eines Pentagramms orientiert, dessen Mittelpunkt in der Bartholomäuskapelle liegt. Linien dieser geosophischen Struktur tangieren auch das Grabmal des Dietrich von Fürstenberg im Dom und das sogenannte Hasenfenster im Kreuzgang.

Das Wasser der heiligen Quelle im Kloster Wessobrunn (Pfaffenwinkel, Oberbayern) sammelt sich in mehreren Teichen. Im Hintergrund der älteste Turm der Klosteranlagen.

Nun, praktisch alle(!) alten Kirchen stehen auf zumindest radiästhetisch nachweisbaren Wasseraderkreuzungen. Heute ist (wieder) bekannt, daß sich die wirklich alten Kirchen auch fast immer an Plätzen alter vorchristlicher Heiligtümer befinden. Diese *Kultplatzkontinuität* geht auf das Gebot von Papst Gregor dem Großen an den Abt in Franken vom 18. Juli 601 zurück: „... *idolarum fana ne destruat, sed in eclesias mutet.*" (... daß er die Verehrungsbildnisse der Heiligtümer nicht zerstöre, sondern in Kirchen umwandle.) An Abt Mellitus in England schrieb Gregor drei Jahre später: „*Nach reiflicher Überlegung der Angelegenheiten in England bin ich zu dem Entschluß gekommen, die Plätze ihrer Götzenverehrung keineswegs zu zerstören. Man sollte lieber die Götzen in ihnen selbst vernichten, also tauft das Wasser in ihren Tempeln und laßt es fließen, richtet die Altäre wieder auf und belaßt die Religionen. Vorausgesetzt, die Tempel sind gut gebaut, strebt danach sie von Orten der Teufelsanbetung zu Orten der Verehrung des einen, wahren Gottes zu machen.*"[173]

Diese Maßnahmen hatten aus heutiger Sicht auch einen positiven Effekt. Die alten heiligen Stätten wurden markiert und so für die heutige Forschung bewahrt. Nun warten sie auf das Erwachen der Menschen.

Ein herausragendes Beispiel für die Kultplatzkontinuität ist die St.Nicolai-Kirche in Kirchhorst zwischen Hannover und Celle. Sie wurde Anfang der 80er Jahre von Rutengängern ausführlich untersucht. Ihre Breite wird bestimmt durch eine fünfstreifige geomantische Zone. Um den Mittelpunkt des heutigen Turmes wurde eine heidnische Kultstätte gemutet, begrenzt durch einen Steinkreis (!) von etwa 17m Länge und 14m Breite. Am Platz des Turmes stand in frühchristlicher Zeit eine Kapelle, an deren Altar sich vier Ley-lines schnitten. Später baute man eine romanische Kapelle im westlichen Teil des heutigen Kirchenschiffes, deren Altar wiederum von mehreren Ley-lines geschnitten wurde. Auch am heutigen Altar, hinter dem noch mehrere Grabkammern gemutet wurden, schneiden sich verschiedene Ley-lines. Auf einem eisernen Beschlagband einer wohl noch von der romanischen Kapelle stammenden Tür im Inneren der Kirche befindet sich ein mit der Spitze nach unten zeigendes Pentagramm.[174]

Die St.Nikolai-Kirche
in Kirchhorst

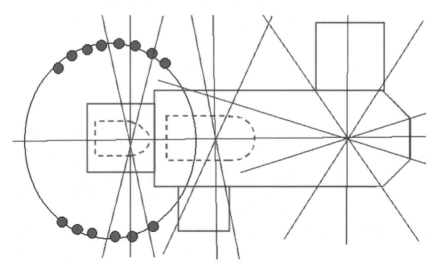

Grundriß der St.Nicolai Kirche in Kirchhorst mit dem gemuteten Steinkreis
(einige Steine sind als Punkte markiert), den Umrissen der älteren Kapellen
(strichliert) und Ley-lines und geomantischen Zonen.

An vorchristlichen Kultplätzen finden wir manchmal Vertiefungen,
die als Kessel der (geistig-spirituellen) Wiedergeburt angesprochen

98

werden. Es ist der mythische Kessel der keltischen[175] und nordischen Mythologie (Fundstück „Kessel von Gundestrup"), der an Kultplätzen als in den gewachsenen Fels gemeißelte Schale nachgebildet wurde. Er steht mythologisch im Zusammenhang mit dem „Heiligen Gral" und den christlichen Taufbecken, deren achteckige Form die „Wiedergeburt" symbolisiert. In einer Grotte der Externsteine ist er durch spezielle Energien ausgezeichnet.[176] Maßgeblich ist vermutlich eine Kreuzung der Planetenlinien „Sonne" und „Mond".

Ein solcher „Kessel" findet sich auch
- in der Heidenhöhle bei Überlingen am Bodensee,
- im Schulerloch im Altmühltal,
- in der Felsenkapelle „Klösterl" am Michelsberg bei Kehlheim,
- in der Felsenkapelle „St.Quirin" im Petrustal bei Luxemburg,
- in der St.Peterskirche auf der Hohensyburg bei Dortmund,
- in der Hünenkapelle auf dem Tönsberg bei Oerlinghausen,
- in der Steinkirche bei Scharzfeld am Harz und
- beim Heidenloch auf der Burg Regenstein bei Blankenburg am Harz.[177]

Einen weiteren Kessel fand Joachim Jünemann mit LAW 5,00+Ind und einer Kreuzung der Planetenlinien „Sonne" und „Mond" bei einem ehemaligen „Kulthaus" beim Schlarper Kreuz im Wald nahe Schoningen im Solling.[178]

Andere künstliche Gebilde aus vor- oder frühchristlicher Zeit sind *Sargsteine* – Felsen, in die eine Hohlform mit den Umrissen des menschlichen Körpers so weit hineingearbeitet wurde, daß sich ein Erwachsener mit über der Brust verschränkten Armen in diese hineinlegen kann. Allgemein werden sie als Nachbildung des Heiligen Grabes gedeutet. Nach einer esoterischen Deutung sollen sie der „Julinitiation", dem „Gang zu den Müttern" dienen. Der Initiant schlief drei Tage und Nächte in der Hohlform, wobei seine Seele den Körper verließ, um Erfahrungen in der geistigen Welt zu sammeln. Er wurde eins mit dem Erdenorganismus und erwachte in der geistigen Welt, wo ihn in den niederen Sphären der Astralwelt eine Reihe von Prüfungen erwarteten.[179] Bei diesem Einweihungsschlaf – Lazarus war ein solcher Schläfer – mußten ihm Helfer zur Seite stehen, die den Schlaf überwachten und den Körper schützten.

Sargsteine finden sich zum Beispiel an den Externsteinen, auf dem Odilienberg im Elsaß und in der Höhlenkultstätte am Hertenstein bei Bad Zabern.[180] Auch auf dem Burgberg von Quedlinburg, dicht neben dem Ausgang aus der Krypta der Stiftskirche liegt ein solcher Stein.

Zwei der Sargsteine auf dem Odilienberg im Elsaß.

Kirchen sind die überbauten oder nach-gebauten heiligen Haine; ihre Säulen sind die versteinerten Stämme der Bäume. Die ersten Kirchen waren einräumige kleine Türme, die in diesen heiligen Hainen standen.

Die meisten Kirchen weisen mit dem Chor nach Osten - aber selten genau. Bevorzugt wird die Richtung zum Sonnenaufgang am Ostertag oder am Tag der Tag- und Nachtgleichen, am Geburtstag des Titularheiligen und so weiter.

Heidnische Tempel in Deutschland sollen nach Kestermann meist einen sechseckigen oder achteckigen Grundriß gehabt haben. Anhand von 701 vermessenen Kirchen konnte er zeigen, daß die Hälfte von ihnen mit ihrer Längsachse nach heidnischen Ost-West Polygonen mit 60° (bei einem Sechseck, siehe Skizze), 67,5° (bei einem Achteck), 72°, 75°, 78,8°, 81°, 99°, 101°, 105°, 108°, 112,5°, und 120° ausgerichtet ist. 25% haben die exakte christliche 90° Ostung oder die ungenaue zwischen 83° bis 97°. Nur vereinzelte Kirchenachsen sind nach der Sommer-(2%) oder Wintersonnenwende (2%) oder nach Nord-Süd (1%) ausgerichtet. Der Rest ist nicht feststellbar, aber wohl zum Teil durch Nachfolgebauten zu erklären, die nicht genau in der Achse des Vorgängers errichtet wurden.[181]

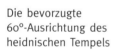
Die bevorzugte 60°-Ausrichtung des heidnischen Tempels

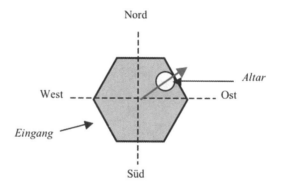

Betrachten wir nun als weiteres Beispiel für die vorchristliche Tradition die drei Bethen Ambeth, Borbeth und Wilbeth. Sie waren vorchristliche Göttinnen, Muttergottheiten, deren Kultstätten oft von Maria, Margaretha und anderen übernommen wurden[182]; zum Beispiel auch von Anna-Selbdritt. Sie sind das lange verdrängte weibliche Gegenstück zur männlichen Trinität. Ihre Aspekte sehen wir in der folgenden Tabelle.[183]

	Ambeth	*Wilbeth*	*Borbeth*
Farbe	rot	weiß und hellblauer Mantel	schwarz
Bedeutung	die Gebärende	das junge Mädchen	die Greisin, Tod
christl. Namen	Margarethe, Magdalena	Katharina	Barbara, schwarze Madonna, evtl. Walpurga
Symbol	Drachen, Schlange, Kröte	ein vier- oder zwölf-speichiges Rad, der Mond	Turm und Kelch
Tag	Samstag (S'Ambeths Tag)	Sonntag	Mon(d)tag
Kultstätten	Bergspitzen, evt. St.Peter-Kirchen	Maria-Schnee Kirchen	Höhlen und Krypten, Holle-Orte

Kennzeichnender LAW für die Kultstätten der drei Bethen ist 3,80, wie für die Bachblüte Nr.29 „Star of *Bethlehem"*. Eine schöne Darstellung der Bethen befindet sich im Dom von Worms (ein Borbeth-Ort wie Wormbach), eine andere in der Kirche St.Margarethen bei Brannenburg im Inntal und, und, und. Eine besondere Situation finden wir im Raum Imst/Tirol mit den Orten Dormitz (Ambet), Barwies (Borbet) und Wildermiening (Wilbet) sowie der Darstellung der Dreiheit in Obsaurs.[184]

In der Kirche St.Margarethen bei Brannenburg im Inntal finden wir am Hauptaltar diese verchristlichte Darstellung der drei Bethen.

Im Pfaffenwinkel soll es eine ganze *Margaretenlinie* geben, die als *ley-line* mehrere Orte der drei Bethen verbindet. Sie verläuft über folgende Orte:

- St.Margarethen auf der Halbinsel Zwergern am Walchensee
- Kloster Schlehdorf am Walchensee.
  Hier hat sich ein Stiftungsbrief aus dem Jahr 1382 erhalten, der die Abhaltung einer Wochenmesse zu Ehren der heiligen drei Jungfrauen St. Gewerpet, St. Ampet und St. Gaupet fordert. Schlehdorf ist damit eine typische Bethen-Stätte!
- Maria Himmelfahrt in Frauenrain. Deren Fassade ist durch bemerkenswerte gemalte Zierbänder in schwarz, gelb, weiß und rot gegliedert. Der Hauptaltar zeigt neben Maria in der Mitte die Heiligen Barbara und Katharina und läßt damit ebenfalls eine Erinnerung an die drei Bethen anklingen!
- St.Peter und Paul in Antdorf
- der bereits erwähnte Ostersee – Oster-Orte sind vielleicht auch alte Bethen-Orte – mit der Marieninsel und
- St.Martin und Maria in Bernried am Starnberger See[185]

Die Kirche von Frauenrain mit ihren schwarzen, roten und gelben, archaisch wirkenden Verzierungen, zu denen das barocke Innenleben in merkwürdigem Kontrast steht.

In den drei Bethen sehen wir auch den weiblichen Gegenpart zur männlich-göttlichen Trinität mit Vater, Sohn und Heiligem Geist. Um die Aspekte Gottes zu verdeutlichen, sei hier auf die Symbolik der Zeichen zurückgegriffen:

Das männliche Dreieck,

das weibliche Dreieck,

und deren Kombination!

Über die sonstigen Hintergründe der Vernichtung heidnischer Kultstätten eine Bemerkung von Rudolf Steiner: *„Geradeso wie man dazumal im breitesten Umfange darangegangen ist, die alten Tempel zu zerstören, die alten Altäre auszumerzen, zu vernichten, was vom alten Heidentum übriggeblieben war, so ging man in einer gewissen Weise geistig daran, alles, was die Auffindungsprinzipien der höheren Welt waren, auszulöschen. Und so setzte man, um ein Beispiel herauszugreifen, an die Stelle dessen, was man noch von Jamblichos und Ammonius Sakkas gewußt hatte: daß der einzelne Mensch sich hinaufentwickeln kann, um zu begreifen, wie der Christus im Leibe des Jesus Platz nimmt –, an die Stelle dessen setzte man das Dogma von der einen göttlichen Natur oder den zwei Naturen in der Persönlichkeit des Christus. Das Dogma sollte voll bewahrt werden, und die Einsicht, die Einsichtsmöglichkeit sollte verschüttet werden. So wie all die Altäre gestürzt worden sind, wie all die Tempel ausgerottet, bis auf den Boden verbrannt worden sind, so ist auch die alte Weisheit ausgetilgt worden, so daß die Menschen heute nicht einmal ahnen, was in den ersten vier Jahrhunderten nach dem Mysterium von Golgatha noch im Süden Europas an Weisheit gelebt hat."*[186]

Doch schauen wir die Kirchen noch genauer an. Der Altar als deren wichtigster Bestandteil ist der ehemalige Opferstein (der *Omphalos*, OM-Phallus), Mittelpunkt christlicher Kirchen, und wurde in allen alten Kirchen auf oder unmittelbar an einer Kreuzung von Wasseradern oder anderen Kraftzonen errichtet. Manchmal wurde er direkt aus dem heidnischen Kultstein hergestellt, aus dem Dolmen oder Menhir.

Freistehend gibt es nur noch wenige Menhire in Deutschland, zum Beispiel in der Eifel oder südlich von Kassel. In England und Frankreich gibt es sie noch zu Hunderten und einige stehen in den Alpenländern, wie der dramatisch wirkende aber kaum bekannte Menhir auf dem Passo Mezzaluna auf ca. 1400 m Seehöhe an der alten Hirten- und Salzstraße zwischen Frankreich und Italien.

In Altären wurden die Reliquien-Knochen der Schutzpatrone eingemauert.[187] Die Altarplatte ist geweiht. Symbol sind die vier Weihekreuze an den Ecken und das fünfte in der Mitte. Bei manchen Altären finden wir kein mittleres Kreuz, und bei noch wenigeren erscheint es als Lichtkreuz am Ostertag, projiziert durch das gebündelte Licht eines entsprechend geformten Fensters (zum Beispiel in Bursfelde an der Weser).

Innozenz III, Lothar Graf von Segni (um 1160 – 1216), Papst seit dem 8. Januar 1198, veränderte die Gottesdienstordnung dahingehend, daß der Priester fortan mit dem Rücken zur Gemeinde vor dem Altar zelebrierte. Die Teilnahme am Mysterium, einzig vom begnadeten Priester vollzogen, wurde den Laien fortan verstellt – ein Schritt zur Entspiritualisierung der Menschheit. Außerdem bewirkte dieser Papst auf dem Laterankonzil von 1215 die Bestätigung der Lehre von der „Transsubstantiation", der sakramentalen Wesensverwandlung von Brot und Wein (zum Dogma erhoben 1551/52).[188]

In Kirchen am Altar oder an dicht beieinander liegenden Punkten in seiner Nähe findet man meistens folgende LAW:

- 6,75+ (kabbalistisch betrachtet die Zahl 9) hoher Intensität. Die Zahl 9 ist (auch) als ein Hinweis auf ein neunfaches Kreuzungssystem von Wasseradern unter Kirchen zu verstehen.[189] Ortsnamen wie Negenborn oder Neunkirchen könnten damit zusammenhängen.

- 4,35 kap + „Hohe Verkündigung"
- 9,80+ „Gedankentiefe"
- 11,30+ „Rückbesinnung"
- 4,25 kap + „Orakel"

In den mittelalterlichen Kirchenbau flossen des öfteren aber auch Traditionen ein, die nicht der offiziellen Doktrin der katholischen Kirche entsprachen. In einigen Kirchen des südöstlichen Österreich finden wir zum Beispiel Hinweise auf den Mithras Kult oder auf die gnostische Sekte der Orphiten.[190] Und was hat eine Nixe mit einem doppelten Fischschwanz in der spätgotischen St.Valentinus-Kirche in Kiedrich im Rheingau zu suchen? Auch soll sich dort eine Figur befinden, die eine yogaähnliche Haltung zur Aufnahme von Sonnen-Prana oder Od zeigt.[191]
Manche Figuren, die sich an den Portalen oder an anderen Stellen der gotischen Kathedralen befinden, zeigen ganz bestimmte Körperhaltungen, die aus den Körperübungen oder Tänzen stammen, wie sie in den Einweihungsschulen vermittelt wurden. Zusammen mit einem bestimmten Gesichtsausdruck lassen sie erkennen, bis zu welchem Grad die dargestellte Person eingeweiht war.

Die legendenumrankte gotische Kapelle von Rosslyn am Rosenfluß nahe Edingburgh in Schottland steht an der Stelle einer heilkräftigen Quelle, die angeblich aus dem Blut der heiligen Katharina entsprang. Es vermischte sich mit der Erde, als an dieser Stelle Margaret, die Braut von König Malcolm III, die in Begleitung von William of Sinclair hier vorbeizog, einen Behälter mit dem Blut der Heiligen fallen ließ.[192] Da die Familie Sinclair immer im Besitz des umliegenden Geländes war und außerdem enge Verbindungen zum Templerorden hatte, entstanden allerlei Gerüchte. So sollen Nachfahren der nach Schottland geflüchteten Tempelritter die Kapelle zwischen 1440 und 1490 als Nachbau des Tempel des Herodes zu Jerusalem (inklusive einer als Ruine(!) erbauten Westwand) errichtet haben, und später soll sie für freimaurerische Rituale genutzt worden sein.[193] Manche vermuten in ihr verborgene Dokumente, die die ersten Tempelritter unter dem salomonischen Tempel in Jerusalem gefunden haben sollen. Andere glauben, hier das einbalsamierte Haupt Jesu, die Bundeslade oder gleich den Heiligen Gral finden zu können.

Die Kapelle steht sicher an einem ausgezeichneten Ort. Auf den Wiesen in ihrer Nähe wird alle zwei Jahre der König der schottischen Sinti und Roma gewählt und nebenan befindet sich das Labor, in dem das Klon-Schaf Dolly hergestellt wurde.

Zahlreiche bemerkenswerte Steinmetzarbeiten finden wir im Inneren der Kapelle. Dazu zählen nicht nur 110(!) Darstellungen des „Grünen Mannes", sondern auch Pflanzen, die schon als Maiskolben gedeutet wurden. Waren die Templer nach Amerika gesegelt?

Außerdem finden sich hier Steinplatten mit Mustern, die den chladnischen Klangfiguren ähneln und eine verschlüsselte Melodie darstellen sollen.

Besondere Aufmerksamkeit hat seit jeher aber eine außergewöhnlich aufwendig verzierte Säule erregt, die man die *Apprentice Pillar*, die „Säule des Lehrlings"

nennt. Ihr Gegenstück findet sich in Cintra in Portugal. Bemerkenswert ist auch, daß die Kapelle nicht mit dem üblichen Mörtel gebaut wurde. Ihre Steine halten zerriebene Jakobsmuscheln zusammen, welche die Pilger von Santiago de Compostella mitbrachten. Die geistige Macht liegt wie die Perle in einer Muschel.[194]

Auch die hervorragend restaurierte Kapelle in der Burg von Kobern-Gondorf an der Mosel wird mit den Templern in Verbindung gebracht.

Die physikalische Radiästhesie sagt: Kirchen sind *Resonatoren* für positive Energie. Sie werden durch natürliche (aber oft manipulierte) elektromagnetische Feldstrukturen angeregt. Unter vielen Kirchtürmen lassen sich unterirdische Grundwasserströme muten. Am östlichen Chorende befinden sich Apsiden, die mit ihrer konkaven fokussierenden Form Scheinwerfern gleichen. Zwischen den senkrecht stehenden Resonanzgebilden der *Türme* und diesen Reflektoren entwickelt sich durch Rückwurf ein im biophysikalischen Sinn verstärkt wirkendes positives Feld. Türme lassen sich anregen und strahlen ihre Energie in den umgebenden Siedlungsraum ab. Schmale Fenster wirken dabei wie Schlitzantennen, die die im Turminneren auftretenden Schwingungserscheinungen verstärkt abstrahlen. Das Kreuzgratgewölbe leitet die Energie in die Säulen, die so ebenfalls zum Schwingen angeregt werden. Zur weiteren Erhöhung der Schwingungsintensität werden Kirchen auf geomantischen Zonen gebaut. Ein Band hufeisenförmiger Steinbögen um den Trauf vieler romanischer Kirchen bewirkt gleichzeitig eine Dämpfung störender Einflüsse.[195]
Verweilen wir noch etwas bei den Türmen.   Solche auf geomantischen Zonen oder Wasseradern sind Dipole und angeregten Musikinstrumenten vergleichbar. Rundtürme sind biologisch wirksame Schwingkreise. Kreuze auf den Türmen sind angeregten Antennen, die positive Energie in das Land strahlen, vergleichbar. Auch die Kirchglocken klingen lauter und erzeugen mehr Oberwellen, wenn der Turm entsprechend angeregt ist. Manche Glockenstubenfenster wirken dabei wie abgestimmte Stufenhörner. Ecktürmchen (*Zwerchhäuser*) werden durch das 4. Gitter (LAW 5,3+) aus dem Kosmos angeregt.
Die unterschiedlichen Kirchtürme[196] sind anpeilbar mit:

LAW	Turmform	diesem LAW auch zugeordnet
6,1	stumpfer Turmhelm	1.Gitter, Eibe, Opferplatz, Fettsucht
6,7	mittelspitzer Helm	Kraft, angstfrei, Orakel, Uran, Lonicera
9,7	spitzer Turmhelm	Gefühlswärme, Aufrichtigkeit
8,8	Zwiebelturm	Gottes Friede, Maria, Michael, Erinnern, Rotorange

Über die Bedeutung der Turmformen hatte bereits Runenforscher F. B. Marby um 1920 gearbeitet. Er ordnete die einzelnen Turmformen verschiedenen Planeten zu.[197]

Planet	Bekrönung	Turmknauf	Bedachung	Kontur	Beispiel
Sonnen-Türme	Goldener Hahn, bei zwei Türmen meist auf dem Nordturm	rund-oval, golden	meist Kupfer	S-förmig, evt. mit Laterne offen oder geschlossen	
Mond-Türme	Drachenkopf	spindelförmig	Zink, Ziegel oder Schindeln, weiß oder silber	Andeutung der Mondsichel, Rund oder viereckig im Grundriß	
Venus-Türme	Fahne	rund, grün	meist Kupfer	oft Halbkugel oder Kuppel, oder spitz mit Laterne, Grundriß rund, vier-, sechs- oder achteckig	
Mars-Türme	Hahn, Fahne oder Pfeil	rundlich-flach	Rot oder dunkel	sehr hoch und spitz, oft mit Rundgang unter der Haube, Grundriß rund oder eckig	Hess.-Lichtenau
Jupiter-Türme	goldener Hahn oder Pfeil	Rundlich-flach, purpur, hellblau oder grün	Zinkblech	Pyramide bei viereckigem Grundriß, niedrig bei Rundtürmen	
Saturn-Türme	oft Kreuz	Rund, schwarz oder grün	Schiefer, Zink Grüne Ziegel, Schindeln	meist viereckig mit Kugel, spitz und oft sehr hoch	Hünsborn

Werfen wir nun einen Blick auf die gotischen Kathedralen. Die Gotik ist ein eigenständiger (west-) europäischer Kunststil des Spätmittelalters. Eines der markantesten Stilelemente ist der Rippenbogen oder Spitzbogen, der durch Kreuzfahrer zwischen 1130 und 1140 ins Abendland gebracht wurde.[198]

Die Gotik äußert sich am klarsten in den Kathedralen. Die Kathedralenbauer tauchten im Frankreich des 11. Jahrhunderts auf. In den anschließenden drei Jahrhunderten verbreitete sich die Gotik in ganz Europa, dann verschwand, was sie inspiriert haben mag, abrupt; vermutlich wegen der Vernichtung der Tempelritter, deren „Brüder vom Handwerk", eine Art Nebenorden, eine einflußreiche Handwerkerzunft waren.[199] In der gotischen Templer-Kirche in London wurden Ende des 12.Jh. die ersten liegenden Grabsteineffigien in Europa errichtet. Sie zeigen Tempelritter.

Die frühen Kathedralenbauer müssen auch profunde Kenntnisse über die Harmonien der Welt und ihre rhythmischen Gesetze und Proportionen gehabt haben, und sie hatten genaue und weitreichende Kenntnisse davon, wie man diese Gesetze einsetzt, um eine spezielle Wirkung zu erzielen.[200]

Hans Sterneder schrieb: *„...schweigend senkten sie ihr geheimes Wissen mit der hohen Kraft ihrer Symbolkunst in die erhabenen Dome. Und so wissen die Menschen bis heute nicht, welch einen ungeheuren Schatz die unsterblichen Bauhüttenmeister des romanisch-gotischen Mittelalters in den Domen bargen.(...) Ich habe dir ein Beispiel gegeben an den meisterlich geschnittenen, prachtvollen Maßwerken der sogenannten „Himmlischen Rose" über den Eingangsportalen der christlichen Dome, deren „Rosen", wie du jetzt weißt, nichts anderes sind als die vollendeten Aufreißungen des Tierkreises."*[201]

Rudolf Steiner stellte fest: *„Der griechische Tempel ist ein Ganzes ohne die Menschen, der gotische Dom nur, wenn er die Gemeinde in sich birgt und wenn zu den Spitzbogen die gefalteten Hände dazu kommen, wenn die Gedanken und die Gefühle sich vereinigen mit den architektonischen Formen. Er ist ein anderer architektonischer Gedanke, herausgeboren aus dem geistigen Raum in grandioser Weise, aber ohne Menschen ist er kein Ganzes. Wenn er angefüllt ist mit der gläubigen Gemeinde, so können sich geistige Wesenheiten, die den Ätherleib zum untersten Gliede haben, sich hinuntersenken."*[202]

Die spät- und nachgotischen Kathedralen haben einen ganz anderen spirituellen Effekt. Wir bemerken dies bereits an dem auf Effekthascherei ausgerichteten *Flamboyant-Stil* der Spätgotik und auch große moderne Gebäude haben nicht die gleiche Wirkung.

In vielen Kathedralen finden sich *Labyrinthe*, die in den alten Einweihungsriten tanzend und singend durchschritten werden mußten.[203] Die gotischen Kathedralen gelten ferner als steinerne Bücher der Alchemie. Überhaupt sollte sich der Archäo-Geodät oder Geosoph einmal mit Alchemie befassen. Das *Große* Werk der Alchemie, die Transmutation der Metalle zu Gold, ist im übertragenen Sinne zu verstehen als die spirituelle Umwandlung beziehungsweise Höherentwicklung des Menschen, seine Farben in der alchemistisch beeinflußten Kunst sind schwarz, rot, gelb und weiß.[204]

Viktor Stracke schrieb dazu und mit Bezug auf die okkulte Geschichte unseres Planeten: *„schwartz, gelb, weis und roth (...) damit ist hier kein irdisches Feuer gemeint. So können wir im Sinne des (...) Entwicklungsweges der Erde die farbigen Feuer wohl so auffassen: Die Wärmestufe des Saturnhaften als noch dunkel, die der Sonne als bereits durchlichtet gelb, die dritte als zum Silberschein des Mondes führend weiß, unsere eigentliche Erdenstufe als uns mit der Wärme des roten Blutes, mit dem Ichträger begabend, rot."*[205]

Viele Kirchen sind in diesen Farben gestaltet; früher die Elisabeth-Kirche in Marburg[206], die erste hochgotische Kathedrale auf deutschem Boden, aber nach verschiedenen Renovierungen sind ihre Farben verschwunden. Heute sind es zum Beispiel noch der Dom St.Georg zu Limburg sowie die Kirchen St.Klemens in Schwarzrheindorf und die in Morsbach, um nur einige zu nennen, und die Malereien in der Kirche von Zierenberg bei Kassel. Die genannten Kirchen (bis auf die in Zierenberg) zeigen außen überwiegend weiße, rot umrandete Fassadenflächen. Helle Wandflächen, die von dunkleren Farbrändern eingefaßt sind, strahlen rechtsdrehend polarisierte Schwingungen ab. Das gleiche gilt für rechteckige oder quadratische Bodenflächen, deren Ränder nach den Himmelsrichtungen ausgerichtet sind und deren nördliche Kante dunkel gefärbt ist.

Die grundlegende Maßeinheit einer Kirche wird als *Modul* bezeichnet. Es ist die Strecke, aus der alle anderen Maße des Baus abgeleitet und so ein resonanzfähiger Körper geschaffen wurde.

Goethe nannte die gotische Baukunst daher eine „erstarrte Musik".

So sind manche Kathedralen nach musikalischen Proportionen angelegt, wie zum Beispiel die Kathedrale von Chartres[207], der Kölner Dom und der Stephans-Dom in Wien. Hier sei auch auf den Dom von Münster hingewiesen, in dessen Paradies sich eine Johannes-Statue befindet, die derjenigen von Chartres nachgebildet ist und so eine

Verbindung zu deren Bauhütte andeutet, und noch in der barocken Wallfahrtskirche Vierzehnheiligen sind Harmonien verschiedener Stücke des Wohltemperierten Klaviers von dem Pythagoräer Johann Sebastian Bach zu finden.[208] Diese Bauwerke sind Musikinstrumente! Doch wer bringt sie heute noch zum klingen, am richtigen Tag, zur richtigen Stunde, mit den passenden Gesängen?

Die Figur des Evangelisten Johannes im Paradies des Domes zu Münster.

In den gotischen Kathedralen finden sich ähnliche Symmetrien wie in ägyptischen Tempeln - die komplizierte Ausrichtung, die vielfältigen Asymmetrien lassen sie um ihre Achse „oszillieren": das Bauwerk „lebt".[209] Man erfährt es nicht bei einem kurzen Besuch, aber wenn man Tage oder Wochen in und neben der Kathedrale zubringt. Es kann hilfreich sein, einmal barfuß durch eine solche Kirche zu gehen... Ist das Bauwerk noch einigermaßen intakt, beginnt es irgendwann zu sprechen, zu singen...

Die sakrale Architektur der Gotik versuchte das für jene Zeit typische Endzeitdenken bildhaft darzustellen. Die Skulpturen über dem Portal haben zumeist die Wiederkunft Christi zum Thema. Christus ist hier der thronende, von Engeln umgebene siegreiche Christus Pantokrator, der Weltenrichter der Offenbarung. So wird der Eingang der Kathedrale zum Sieb, in dem das alte Schlechte – das Materielle, die Gewalt, die Habgier, der Hochmut – zurückbleiben.[210] Deshalb wohl auch die „abladenden" Energiepunkte im vorderen Teil der Kirchen – nicht nur in den gotischen!

Was ist eine Kathedrale ohne ihre Fenster, deren farbensprühende Scheiben im Innenraum ein mystisches Dämmerlicht entstehen lassen?
Farbiges Glas wurde im Kirchenbau seit dem 8. Jahrhundert eingesetzt. Einen ersten Höhepunkt erreichte die Verwendung von Glas um 1100 (Über die Glasherstellung in den Klöstern berichtete der Mönch Roger von Helmarshausen.[211]) und einen zweiten in der Gotik. Die verwendeten Farben waren oft rot und blau, dadurch entstand im Kirchenraum ein *violettes Licht*, welches zur Erhöhung der Raumschwingung beitrug.
Violettes Glas empfahl 1851 auch der österreichische Mystiker Jakob Lorber in seinem Werk *„Die Heilkraft des Sonnenlichtes"*[212], um das Od aus dem Sonnenlicht zu extrahieren und an einen Träger (Globuli oder Wasser) zu binden. In dem von Rudolf Steiner geplanten ersten Goetheanum in Dornach (Schweiz) befand sich an der Südseite des großen Kuppelraumes ein violettes Fenster, in dessen Fläche zusätzlich noch verschiedene Figuren eingraviert waren.
Oh ja, man hat viele Kirchen ihrer alten Fenster beraubt. Licht mußte hinein! Noch mehr Fenster wurden im Lauf der Jahrhunderte zerschlagen, aber die originalen mittelalterlichen Glasfenster sind mit modernen Methoden nicht mehr herzustellen. Die Kunst ist verloren, wie die der Alchemisten, welche *weiches* Glas herstellen oder gläserne Gefäße auf kaltem Wege mit gläsernen Stopfen *verschweißen* konnten.

Im Mittelalter wurden die meisten Kirchen auf dem Grundriß des Kreuzes errichtet. Das Kreuz ist der entfaltete Würfel, ein gleichmäßiger Sechsflächner, der wiederum die Materie symbolisiert.[213]

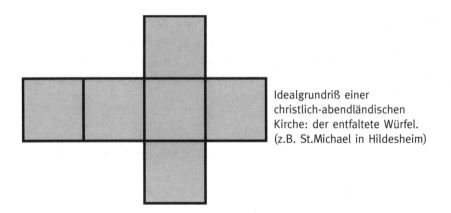

Idealgrundriß einer christlich-abendländischen Kirche: der entfaltete Würfel. (z.B. St.Michael in Hildesheim)

Es ist das Kreuz der Materie, an das der Mensch geschlagen wurde. Kathedralen repräsentieren somit dieses Kreuz und auch den menschlichen Körper und sein Energiesystem. Sie lassen sich in die sieben Chakren einteilen, wobei das Kronenchakra im Bereich des Altars in der Apsis liegt.[214] Nahe der mittelenglischen Stadt Leicester finden wir auf einem Hügel im Bradgate Park eine *virtuelle* Kathedrale. Wasseraderkreuzungen und Chakrensystem sind vorhanden, aber statt der steinernen Wände und Böden nur Bäume und Gras. Waren die durch Chakren gegliederten Kirchenräume im Ätherischen vorhanden und wurden von den hellsichtigen Baumeistern des Mittelalters erkannt und umbaut?

In der Welt der Renaissance-Hermetik, in der die Architektur einen „geheiligten" Stammbaum besaß, der noch weit vor die Malerei oder Bildhauerei zurückreichte, änderte sich das Prinzip des Kreuzes. 1450 schrieb Leon Battista Alberti, der vollkommene Plan einer Kirche müsse auf dem Kreis als dem Symbol der Einheit Gottes beruhen. Ein solches Gotteshaus beschwor die Zirkulation des göttlichen Atems und verband Oben und Unten, Mikrokosmos und Makrokosmos in hermetischer Einheit miteinander.[215] Man hörte jedoch kaum auf ihn und in gewisser Weise ziehen runde Gebäude den Menschen auch in sich hinein, um ihn dann darinnen gefangen zu halten.

In vielen alten Kirchen gibt es heilige *Brunnen*, die hochangeregtes Wasser für liturgische Zwecke liefern und wohl ursprünglich heilige Quellen an vorchristlichen Kultplätzen waren. Wir finden sie zum Beispiel in Paderborn, in Neuenheerse, im Würzburger Dom, in Frankreich in der Kathedrale von Chartres und in Dänemark in den Domen von Roskilde und Lund.

Die *Krypta* ist die geheimnisvolle „Unterkirche", der Raum unter dem Hochchor. Dort befindet sich meist auch die Grablege der Stifter und von deren Familien. Die Krypta wie auch andere unterirdische Gemächer, die Chöre und Labyrinthe waren ursprünglich dazu bestimmt, den heiligen Stein des Ortes (den Men-Hir, Obelisk, Omphalos, Om-Phallus) einzuschließen.[216] Sie sind weibliche Räume, Höhlen, in denen sich nun die Heilige Hochzeit vollziehen kann. Sie sind Resonanzverstärker[217] wie der hohle Körper eines Musikinstruments oder gewissen Hohlräume im menschlichen Körper, die beim Intonieren von Mantren in Funktion treten.

Überhaupt gibt es mehr unterirdische Gänge, als gemeinhin angenommen wird. Diese finden sich nicht nur unter dem Plateau von Gizeh, wo man sie inzwischen als Hinterlassenschaften einer uralten Zivilisation deutet, die hier weit vor den Ägyptern lebte[218], sondern auch in Deutschland. Erfurt, die Stadt von Hirsch und Einhorn, ist bekannt dafür, aber sie finden sich auch anderswo. Unter der achteckigen Kapelle in Oberwittighausen gibt es ein geheimnisvolles Gewölbe und unter zahlreichen anderen Kirchen auch. Gänge untertunneln die Landschaft, aber ihre Zugänge sind durch Bannsprüche gesichert, die den unerwünschten Besucher das Schaudern lehren.

Die *Kanzel* liegt in alten Kirchen auf einer Linie oder Kreuzung des 3. Gitters – die Linie der Beredsamkeit! Probiert es aus, zum Beispiel in der Klosterkirche in Willebadessen!

An zahlreichen Kirchenportalen und gelegentlich an Burgen (zum Beispiel am Eingang zur Wartburg bei Eisenach) lassen sich an bestimmten Stellen senkrecht herausgekratzte Riefen in einzelnen Mauersteinen finden. Sie sollen durch das Anlehnen von Waffen, die vor der Kirche abgelegt werden mußten, entstanden sein. Wer glaubt das? Welcher Krieger lehnte seine scharf geschliffenen Waffen ungeschützt gegen steinerne Mauern? Nein, dies sind Phantasien von Historikern, die niemals ihren Schreibtisch verlassen haben! An heiligen Orten herausgekratzter Steinstaub galt als Heilmittel.[219] Solche *Kratzspuren* finden sich zum Beispiel an der Kirche in Gehrden bei Hannover, an der Liebfrauenkirche in Neustadt a.rbg. und an der alten Kapelle in Hannover-Laatzen[220], an der Kirche von Zierenberg, am Südportal der Kirche von Horn, auch am Nordeingang der Kirche von Helden (Sauerland) und an der Kirche in Felsberg (Schwalm-Ederkreis), dort sind die Kratzspuren in großer Anzahl im Süden an beiden Seiten der Portale.

Alte *Kirchhöfe* sind oft von einer Mauer umgeben. Es sind schöne Mauern, aus verwitterten Steinen, mit Zymbelkraut und Streifenfarn bewachsen. Der von ihnen umschlossene Raum wird durch geomantische Zonen und Wasseradern angeregt. Mutungen auf der Mauer ergeben, schaut man gegen den Uhrzeigersinn, linkszirkulare Schwingungen, jedoch rechtszirkulare, schaut man im Uhrzeigersinn, und man findet in den Toreingängen alle Schwingungen mit ihren Polarisationen, die auf das Grundstück einwirken.[221]

Sind Kirchen schon an die geodätischtisch-energetische Situation des Ortes angepaßt, so gilt das für *Klöster* noch vielmehr. Nicht nur die Klosterkirche, auch viele andere Gebäude richteten sich nach den entsprechenden Gegebenheiten.

Über die bei der Gründung beziehungsweise Grundsteinlegung eines Klosters notwendigen Vermessungsarbeiten ist fast nichts bekannt. Dies waren Bauhütten-Geheimnisse! Sie wurden von einem Priester durchgeführt, der den Platz des Altars festlegte, so in Corvey: *„Sed primum petierunt episcopum, ut veniret et sanctificaret locum vexillumque sanctae crucis in loco altaris poneret."* („Aber zuerst haben sie einen Bischof gebeten, daß er käme und die Örtlichkeit weihe und das Fähnlein des heiligen Kreuzes auf den Platz des Altars stecken möge.") und in Zwiefalten heißt es über den Hirsauer Mönch Wilhelm: *„Willehelmus ... quia in tali negotio peretissimus erat, caput Monasterium metiri..."* („Wilhelm begann, weil er in solchen Arbeiten sehr erfahren war, das Kloster abzustecken.").[222]

Die Weihung des Ortes erfolgte mit Weihwasser, welches mit dem zauberischen Eschenzweig, dem Zweig vom Baum des Lebens, Ygdrasil, verteilt wurde.

Bei vielen Anlagen sieht man heute auch die Bäche, die unter dem Kloster und der Kirche hindurch geleitet wurden – künstlich angelegte Wasseradern! Sie sind nicht nur Abwasserkanäle, denn warum führen sie so oft unter dem Altar hindurch? In der teilweise in den Boden eingesenkten Scheune des ehemaligen Klosters Gronau im Taunus verschwindet ein Wasserlauf in einer Ecke in einem schmalen unterirdischen Kanal. Dieser läßt sich mit der Rute bis zum Standort des ehemaligen Altares der Kirche verfolgen. Der in den Fels geschlagene Kanal ist eng, zu eng für Erwachsene. Wer hat ihn gebaut?

Gräber – fast hätten wir sie vergessen. Die ältesten Gräber, die wir normalerweise finden können, sind bronzezeitliche oder keltische Grabhügel. Sie sind von magischen Kreisen umschlossen. Keltische Grabhügel verursachen zudem ein „elektrisches" Kribbeln in den Händen, wenn man sich ihnen mit der Wünschelrute nähert, besonders bei feuchtem, nebeligem Wetter.

In und unter Kirchen finden wir viele Gräber, auch der Kirchhof ist voll davon. Es kann interessant sein, einmal die Symbole der Grabsteine zu untersuchen. Bekannt sind ja die Templergräber auf dem Friedhof von Kilmartin im „Tal der Schatten" in Schottland. In vielen Kirchen gibt es auch größere Grüfte die manchmal Mumien enthalten. Zur, im Gegensatz zu den ägyptischen Mumien, natürlichen Mumifizierung soll es auf Plätzen mit der Energie LAW 4,1- und 9,5-kommen.[223] Solche Mumien findet man zum Beispiel im Bleikeller unter dem Dom zu Bremen, im Dorf Arnim bei Bremen, in einem Kloster auf dem Venusberg bei Bonn, im Kirchenkeller von Hapsal (Estland), in den Katakomben von Kiew, im Kloster Frauental bei Creglingen, im Schloß Herzberg am Harz (die Mumie befindet sich heute allerdings im Gerichtsmedizinischen Institut der Uni Göttingen) und im Kloster Fischbeck an der Weser.

Es gibt manchmal aber noch andere, tiefere Gewölbe unter Kirchen. Es lohnt sich also, in alten Kirchen mit der Lecherantenne oder mit anderen radiästhetischen Instrumenten nach Höhlen zu suchen... Der Templerorden wurde tatsächlich im Jahr 1111 in einer Höhle unter einem keltischen Kultplatz in der Champagne gegründet.[224]

Heute ist die Funktion von Kirchen und Klöstern eine sehr pragmatische. Wie von einem Stein, der kreisförmige Wellen um die Stelle erzeugt, an der er in einen ruhigen See gefallen ist, so erzeugen die Priester in den Kirchen durch die dort zelebrierten Rituale Gedankenwellen, die sich um sie herum im Land ausbreiten. Unterstützt werden sie dabei durch die Gedankentätigkeit der Gottesdienstteilnehmer. Das „Arme-Sünder-Gefühl" wird so in das Bewußtsein der Bewohner in der Umgebung implantiert und eine unbewußte Bindung an die *Organisation* Kirche erzielt. Mit einer freiheitlichen Entwicklung des Menschen und der Hinführung zur göttlichen Welt hat das nichts zu tun, wie auch der ursprüngliche Sinn der Kirchen ein anderer war.

Im Mittelalter waren zumindest einige der großen Kirchen, Klosteranlagen und Kathedralen *Einweihungsstätten*, in denen die Novizen Grundlagen einer mystisch-hermetischen Weltauffassung und -wahrnehmung lernten und auch praktizieren konnten.

Der französische Adept Fulcanelli[225] brachte um 1925 zwei Bücher heraus, in denen er tiefe Einsichten in die Alchemie offenbarte. In *„Le Mystère des Cathédrales ..."* beschrieb er die Symbolik dieser Bauwerke und zur Alchemie sagte er später: *„Dies aber ist das Geheimnis der Alchemie: es besteht eine Möglichkeit, mit der Materie und der Energie so zu verfahren, daß sich das bildet, was die heutigen Wissenschaftler als ein Kraftfeld bezeichnen würden. Dieses Kraftfeld wirkt auf den Beobachter ein und versetzt ihn dem Universum gegenüber in eine bevorzugte Lage. Von diesem privilegierten Punkt aus hat er den Zugang zu Realitäten, die uns gewöhnlich durch Raum und Zeit, Materie und Energie verborgen sind. Die Erreichung dieses Zustandes ist das, was wir das „Große Werk" nennen."*[226] – Genau dies ist auch der Zweck der Kathedralen gewesen.

Nachdem bis zum 13. Jahrhundert eine bestimmte Menge Menschen durch diese Einweihungsschulen gegangen waren, die *mystische Einweihung* erlebt hatten, änderte sich dies. Wir erkennen das am Verfall der Orden – selbst mit den Zisterziensern, dem letzten großen esoterischen Orden, ging es schnell bergab. Eine neue Form der Einweihung wurde der sich verändernden Menschheit gegeben: die *Chymische Einweihung*.[227] Erster Kandidat war jener Christian Rosencreutz, der, in einem Kloster in den Niederlanden erzogen und in der Alchemie ausgebildet, später im Orient zu mystischem Wissen gelangte, im Jahre 1459 die Chymische *Hochzeit* erlebte und danach bis zu seinem Tode eine Reihe von Personen unterrichtete, die als die ersten Rosenkreuzer gelten. Von nun an stand das gleichnishafte Experimentieren im (al-)chemischen Labor im Mittelpunkt esoterischen Bemühens und die Stätten der Einweihung verlagerten sich aus den Klöstern in die Burgen und Schlösser jener Adeligen, die ihre Bauwerke mit entsprechenden Anlagen ausgestattet hatten.

Kastelle, Burgen, Schlösser

Neben Steinsetzungen und Hügelgräbern sind die keltischen Viereckschanzen die ältesten, offen sichtbaren, archäologischen Denkmäler in Deutschland. Bei ihnen handelt es sich um rechteckige, von einem Wall-Graben System eingeschlossene Areale, deren Kantenlänge über einhundert Meter betragen kann. Ihre Funktion ist bisher unbekannt; Kultplatz, Militärlager oder befestigter Gutshof werden diskutiert.[228] Ursprünglich kannte man sie nur in Süddeutschland, aber seit der Wiedervereinigung, wodurch die Luftbildarchäologie auch in den neuen Bundesländern möglich wurde, wurden sie auch dort in großer Stückzahl entdeckt. Wahrscheinlich gibt es sie zumindest bis zum Rand der Mittelgebirge in ganz Deutschland.
Der Verein EFODON vermutet, daß Viereckschanzen keltische „Ludrenplätze" waren, wo ein „Lohmann" oder „Hellmann" ein Signalfeuer betreute, dazu eine Schmiede unterhielt und auch Tote ver-

brannte (Sagengestalt des Teufels!).[229] Trotzdem müssen wir aufgrund des radiästhetischen Befundes davon ausgehen, daß in Viereckschanzen auch eine psychoaktive Energie erzeugt und genutzt wurde.

Die Begrenzung einer Viereckschanze findet man mit LAW 5,80- (Tabu-Zone), 4,55+ (Eiche), 5,60- (fossiles Holz) und 15,5+ (Wasser). Im Inneren mutet man zwei *blind springs*: eine mit LAW 12,20+ und mit neun Wasserankündigungsringen als Tanzplatz des Druiden und eine mit LAW 12,20-, der sogenannte Kult-, Opfer- oder Ritualschacht. In den Ecken der Viereckschanzen sollen Resonanzkörper vergraben sein. Dabei liegen sich jeweils ein rechtszirkular und ein linkszirkular abstrahlender Resonanzkörper gegenüber, wobei der erste ein rundes und der zweite ein quadratisches Resonanzfeld erzeugen soll. In Verbindung mit dem irdischen Magnetgittersystem soll so ein pyramidenförmiges Kraftfeld über der Schanze entstehen. Nach Jünemann lassen sich in den Ecken der Viereckschanzen linksdrehende Silber-Resonanzen (LAW 1,60-, 1,80-, 3,20-, 3,30- und 3,65-) feststellen.[230]

Der Boden der Viereckschanzen bestand aus verschiedenen Schichten, so daß er als Kondensator gewirkt haben könnte. Die Kelten sollen sich in diesen Viereckschanzen „energetisch aufgeladen" haben. Die Schanzen dienten angeblich auch der Wetterbeeinflussung. Mit einem System aus neun intakten Viereckschanzen soll das Ablenken eines Unwetters möglich gewesen sein.[231]

In der Nähe der Viereckschanze soll es auch immer eine Thermalwasserader geben – wie übrigens auch unter Zisterzienserkirchen –, welche mit LAW 8,90- und 12,40- gemutet werden kann.[232]

Die ältesten deutlichen Ruinen steinerner Bauten in Deutschland gehen auf die Römer zurück.

Über Städte waren bei den alten Römern, wie bei den anderen alten Völkern auch, Schutzgeister gesetzt. Bei Belagerungen versuchten sie deshalb, den Namen der Schutzgottheit zu erfahren und riefen sie durch eine magische Formel aus der Stadt heraus. Der Feldherr war gleichzeitig oberster Priester im Heer! Nach der alten Engelkunde müssen Menschen, Häuser, Städte und Reiche zugrunde gehen, wenn sie von den einwohnenden Engeln verlassen werden. Bei der Eroberung von Jerusalem durch die Römer 71 n.Chr. verließen die Engel kurz vor dem Fall der Stadt den Tempel.[233]

Bei römischen Stadtgründungen wurde das Prinzip sich kreuzender Wegesysteme angewandt. Straßen wurden auf positiven Orten geplant. Das Auffinden solcher Zonen im Rahmen der Limitation (Vermessung) wurde von sensitiven Personen, den *Auguren*, vollzogen. Sie ermittelten die Kreuzungsbereiche der Feldstrukturen und legten dabei die Stadttore fest.[234] Römische Bauten enthalten praktisch immer die LAW 5,1, 7,4, 7,5 und 7,6.

Die Konstruktion der meist rechteckigen römischen Legionslager basiert, was zunächst erstaunen mag, auf einem Pentagramm. Es legte die Lage der Tore und der Kommandantur fest.

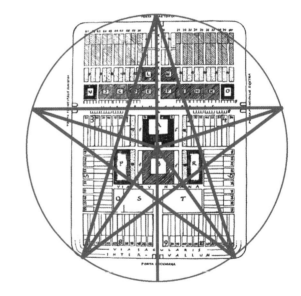

Pentagramm über dem römischen Legionslager Neuss

Die römischen Militärlager waren immer nach dem gleichen Muster angelegt. Alle Straßen kreuzten sich im rechten Winkel. Bei der Anlage eines neuen Lagers vermaß man zunächst die beiden breiten Hauptstraßen. Ihr Kreuzungspunkt hieß *locus gromae*, weil hier die groma, das Visierinstrument der Lagervermesser aufgestellt wurde.

Wo sich die Straßen kreuzten, wurde das *forum* angelegt und an dieses grenzten das *praetorium* und die *principia*, die die Wohn- und Stabsgebäude des Kommandanten darstellten. Sie waren aber nicht nur administrativer Mittelpunkt des Lagers, sondern stellten auch das religiöse Zentrum dar. Hier wurden die geweihten Feldzeichen aufbewahrt, und hier befanden sich die Bildnisse und Statuen der verschiedenen Genien und Gottheiten und ein Standbild des Kaisers.

Die Außenseite der Kastellmauern zeigt LAW 5,1-, die Innenseite LAW 5,1+; außen linksdrehend, innen rechtsdrehend.

Diese Werte finden wir auch bei Wall- und Ritterburgen.[235] Der berühmte Odilienberg im Elsaß ist von einer über 10 Kilometer langen Mauer umgeben, zu der ebenfalls ein energetischer Ring parallel läuft.[236] Auch Kirchhofsmauern zeigen dieses Phänomen. Es wird oft behauptet, dadurch sollten etwaige Angreifer geschwächt und die Verteidiger gestärkt werden. Viel eher sind diese ringförmigen Zonen allerdings dafür benutzt worden, bestimmte Wesenheiten draußen zu halten. Da die Zonen auch durch die Tore dieser Mauern verlaufen, also völlig geschlossene Ringe sind, werden dem Besucher sogar bestimmte Dinge abgestreift, die er sonst ins Innere der Anlage tragen würde. Selbst der barocke Park von Kassel-Wilhelmshöhe zeigt an seiner nur stellenweise vorhandenen Umfassungsmauer so eine energetische Schutzzone. Solche Grenzen werden von Elementarwesen bewacht, die auch Jahrhunderte nach dem Verfall der im Physischen vorhandenen Mauer noch aktiv sind.

Aber machen wir uns nichts vor: Mit ihrer materialistisch orientierten Kultur, mit auf den rechten Winkel abgestimmten Stadtplanungen und Bauwerken, haben die Römer eine Unterdrückung des „Ich" betrieben. Der Mensch sollte nicht frei sein und zu seiner Individualität heranreifen dürfen, sondern er sollte ein gut funktionierendes Rädchen in der Administrations- und Militärmaschinerie des Reiches sein. Hier ist auch zu fragen, warum die antike römische Kultur von manchen Historikern und Lehrern immer noch als etwas besonders Bewundernswürdiges dargestellt wird, denn die herrschende Elite Roms finanzierte ihre dekadenten Vergnügungen durch ein Heer von

Sklaven und durch unterjochte und ausgebeutete Völker, die beim geringsten Anzeichen von Auflehnung Vertreibung, Umsiedlung und „ethnische Säuberungen" über sich ergehen lassen mußten.

Die merkwürdigen *Trojaburgen* in den Skandinavischen Ländern sind frühmittelalterliche Ringwälle, die ein Steinlabyrinth von sieben oder mehr Umgängen mit 10 bis 20 m Durchmesser enthalten; in Schweden gibt es ca. 300, in Norwegen 22, in Finnland 141, in Dänemark 31 davon.[237] Sie liegen zumindest teilweise auf *ley-lines*.
Die *Mounds* auf den britischen Inseln sind künstlich angelegte Hügel, meist kegelförmig, mit einer abgeplatteten Spitze und oft mit zentraler Körperbestattung. Sie wurden im Mittelalter oft als Basis für Burgen oder Kirchtürme benutzt und spielen im *ley-line* System eine Rolle.[238] Watkins untersuchte besonders die Mounds im Radnor-Vale an der Grenze zu Wales. Der bekannteste Mound ist Silbury Hill in Wiltshire, nahe Avebury, in dem es sogar Hohlräume gibt. Er stammt allerdings aus einer sehr fernen Vergangenheit. Mittelalterliche Turmhügelburgen in Deutschland werden als *Motte* bezeichnet. Vielleicht sind deren Hügel auch älter, als von den Archäologen angenommen wird?

Papst Urban II. rief am 27. November 1095 die christlichen Ritter zum Kreuzzug auf. Fast zweihundert Jahre dauerten die Kämpfe im Heiligen Land. Für die Entwicklung der Militärtechnologie des Abendlandes waren sie überaus fruchtbar. Es entstanden nicht nur die Ritterorden (Tempelritter, Johanniter und Deutscher Orden), sondern auch die Befestigungsweisen der Burgen erreichten ein bisher nicht gekanntes Niveau.
Die Burgen der Templer im Heiligen Land waren oft an vorherigen Kultplätzen nach hermetischen Gesichtspunkten erbaut und trugen Namen, die sie mit Aspekten der Alchemie in Zusammenhang bringen: „Furt Jakobs", „Rote Erde", „Königlicher Stein", „Weiße Garde", „Salzburg", „Burg zum Ei", „Bohnenburg", „Feenburg" oder „Feuerburg".[239]

Montfort war der Name einer weiteren Ritterburg im Heiligen Land und später auch verschiedener Burgen im Abendland, so einer Burg bei Bad Kreuznach, die von dem Pfalzgrafen und dem Erzbischof von Mainz 1450 erobert wurde. Simon de Monfort, der Anführer des schrecklichen Kreuzzuges gegen die Katharer stammte aus Mittelengland.

Andere Burgen und Berge im Abendland wurden nach der im Heiligen Land gelegenen Burg Montreal benannt.

Die Mühle von Quanthof. Der unscheinbare kleine Ort zwischen Hameln und Hildesheim war im Mittelalter Verwaltungsmittelpunkt der Besitzungen des Ordens der Tempelherren in dieser Gegend.

In die Epoche der Kreuzzüge, deren Einfluß auf die weitere kulturelle Entwicklung Westeuropas wohl kaum zu überschätzen ist, fällt die Entstehung der klassischen Adelsburg im Abendland. Es war eine Zeit der ausgedehnten Rodungen, der Entwicklung des Städtewesens sowie einer kulturellen Blüte, die besonders gekennzeichnet wurde durch den Kathedralenbau. Die ebenfalls expandierende Landwirtschaft und das Anwachsen der Bevölkerung beruhte auf einer Periode günstigeren Klimas, die vom Ende des 10. Jahrhunderts bis etwa in die Zeit um 1300 reichte.[240] Drei Faktoren heben die ab

etwa der zweiten Hälfte des 12. Jahrhunderts entstehenden klassischen Adelsburgen von ihren Vorgängertypen ab:
- das Nebeneinander von Einzelbauten jeweils eng definierter Funktion
- die formal, beziehungsweise technisch anspruchsvolle Ausstattung im Detail
- die Gestaltung der Gesamtanlage als ästhetisch wirkungsvolle Einheit

Burgenforscher Biller stellt fest: *„Die deutsche Adelsburg ist mit ihrer bis heute eindrucksvollen, klassischen Architektur weit mehr als ein militärischer Funktionsbau und mehr auch als das Produkt einer einzelnen Herrscherdynastie. Sie ist vielmehr die formal ausgereifte Schöpfung und das Symbol eines Adels, der die Gesellschaft für eine begrenzte, aber historisch bedeutungsvolle Zeit nicht nur machtpolitisch, sondern auch durch seine kulturelle Kraft prägte. Kein Bautypus, auch nicht der in seinen Traditionen weit stärker gebundene Kirchenbau, spiegelt diesen Höhepunkt des deutschen Mittelalters so spezifisch wider, wie die in der Epoche selbst geschaffene und zur klassischen Form gereifte Burg des am ritterlichen Ideal orientierten Adels."*

Die heute romantisierend verklärte Burgenlandschaft am Rhein ist etwa im 13. und 14. Jahrhunderts entstanden. Ihre Ursache liegt in dem hier anzutreffenden optimalen Standort, wobei die Burgen oft auf geomantischen Zonen liegen.

Oft sind Burgen energetisch mit Kirchen verbunden. Wir zeigen hier als Beispiel die Burg in Nordenau im Sauerland.

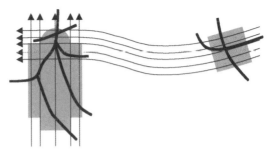

Nordenau: links die Kirche und rechts die Burg. Beide Gebäude werden durch Wasseraderkreuzungssysteme angeregt und sind durch eine fünfstreifige geomantische Zone verbunden. Eine zweite solche Zone unterquert die Kirche in Längsrichtung.

Burgen zeigen an ihren Mauern die linkszirkularen LAW 8,5- und 8,2-, manchmal auch wie römische Bauten 7,4-.[241] Die *Türme* sind meistens rund oder viereckig und stehen oft (besonders der Bergfried als der mächtigste Turm der Burg) auf linkszirkular abstrahlenden Wasseraderkreuzungen (zum Beispiel Burg Scharfenstein über Kiedrich im Rheingau) oder geomantischen Zonen.[242] Gelegentlich trifft man auch dreieckige, fünfeckige (z.b. Burg Stolzenfels am Rhein, die Pfalz bei Kaub, die Schönburg bei Oberwesel, weiter Burg Lahneck, die Saarburg, Burg Hohenstein bei Bad Schwalbach, Burg Runkel, Altenwied, Laurenburg, Hohlenfels bei Hahnstätten, Coppenstein, Neckarbischofsheim und viele andere) oder achteckige Türme an. Hier zeigt sich nichts Okkultes, sondern militärischer Pragmatismus. Schräge Flächen lassen feindliche Geschosse besser abprallen.

Der Grundriß von Burgen ist allerdings des öfteren nicht allein nach militärischen, sondern auch nach anderen Erwägungen gestaltet. So unterscheiden sich die Burgen der Rheingrafen und die des Erzbistums Mainz grundsätzlich in ihrem Grundriß – die Burgen der Rheingrafen sind oval, die des Erzbistums quadratisch.[243] Auch dreieckige Burgen gibt es, zum Beispiel das Château du Clain im Poitiers (Frankreich).

Zumindest bei manchen Burgen lassen sich auch okkulte Signaturen im Grundriß erkennen. Die berühmte *Burg Elz* auf einem Felsen über dem Elzbach in einem Seitental der Mosel gelegen, wurde wahrscheinlich über einem Pentagramm errichtet.

Geomantische Prinzipien spielten auch bei der Anlage mittelalterlicher Warten eine Rolle. Diese Wachttürme im Vorfeld der Städte lagen praktisch immer auf *ley-lines* und/oder Wasseraderkreuzungen und auch Gerichtsstätten lagen auf energetisch ausgezeichneten Plätzen und waren aus Gründen der Abschirmung oft von einem Ring von Bäumen umgeben.

Anfang des 17. Jahrhunderts ließ der Paderborner Fürstbischof Dietrich von Fürstenberg (1546-1618) *Schloß Neuhaus* zu einer repräsentativen Residenz ausbauen. Bereits als junger Mann war Dietrich einige Zeit Inhaber einer Pfarrei an einem geosophisch herausragenden Ort gewesen: Wormbach! Später hatte er zeitweilig die Probstei Meschede inne. In Paderborn gründete er eine Akademie, die er den Jesuiten übergab und förderte die Hexenverfolgung in seinem Land. Die viereckige Schloßanlage von Neuhaus, deren Park weitgehend verschwunden ist, ist geodätisch verbunden mit der dreieckigen *Wewelsburg*, die Dietrich auf den Resten eines Vorgängerbaus errichten ließ. Seine „Burg" war aber nicht wirklich als solche konzipiert. Die Zeit der Burgen war vorbei, und eine mittelalterliche Burg an dieser Stelle hätte ihren Hauptturm gegen die empfindliche Südseite gerichtet. Seine Schloßbauten ließ der offenbar recht unbescheidene Kirchenfunktionär auf seinem protzigen Grabmal darstellen, das sich im nördlichen Seitenschiff des Domes von Paderborn befindet und dessen ganze Höhe einnimmt. Dem Grabmal gegenüber sieht man ein umgekehrtes Pentagramm. Was bezweckte man wohl mit dieser Installation?

Detailansicht des Grabmals Dietrich von Fürstenbergs im Dom zu Paderborn. Rechts von der Figur Dietrichs die Wewelsburg, links Schloß Neuhaus.

Das umgekehrte Pentagramm
gegenüber dem Grabmal.

Die Wewelsburg liegt nicht auf einem Berggipfel sondern eher in einer von der Alme durchschnittenen flachen Schale, die die Landschaft hier bildet. Was mag diese Schale empfangen?
Vom dominierenden Nordturm der Burg gehen zwölf geodätische Linien aus:

1. Über Schloß Neuhaus, in dessen Nähe römische Kastelle
vermutet werden[244], über den Haustenturm in der Senne,
die Pivitsheide, und Vlotho zur Porta Westfalica,
wo unter dem Ort Barkhausen ebenfalls Reste eines
römischen Kastells liegen.[245]

2. Über Bad Pyrmont mit seinen Heilquellen nach Kirchohsen
an der Weser. Hier, nahe dem Atomkraftwerk Grohnde
werden ebenfalls römische Kastelle vermutet.[246]

3. Über Etteln und Grundsteinheim mit seiner Höhle und
dem nahen Herbram, wo ein römischer Wachtposten

vermutet wird[247], führt diese Linie über die Burg Dringenberg nach Fürstenberg an der Weser.

4. Über das ehemalige Zisterzienserkloster Hardehausen nach Hannoversch Münden, wo die Reste eines römischen Kastells entdeckt wurden.
5. Nach Arolsen mit seinem Barockschloß.
6. Über Wünneberg und Bleiwäsche mit der Höhle „Malachitdom" zum Eisenberg bei Korbach.
7. Über Brilon zu den Bruchhäuser Steinen, die ein vor- und frühgeschichtliches Heiligtum waren.
8. Über Büren vorbei an Kneblinghausen mit seinem Römerlager[248], weiter zum Schloß Körtinghausen beim bemerkenswerten Ort Kallenhardt mit seinem „Hohlen Stein" und bis nach Meschede.
9. Nach Steinhausen.
10. Nach Lippstadt.
11. Nach Rheda-Wiedenbrück.
12. Über das römische Lager Anreppen[249] zur Hünenburg bei Bielefeld.

Mit ihrer Ausstrahlung nach Hannoversch Münden und zur Porta Westfalica kontrolliert die Burg das gesamte westliche Weserbergland.
Durch die Verbindung mit zahlreichen ehemaligen römischen Heerlagern knüpft die Wewelsburg außerdem an die imperiale Machtstruktur jenes Reiches an, an dessen Südostperipherie seine Legionäre den Christus kreuzigten – ROMA gegen AMOR. Diese imperialen Strukturen waren es, in die die SS-Chefideologen den schwarzen Orden trotz allem „germanischen" Getue einbanden und dadurch anzeigten, woher sie wirklich kamen. Bleibt zu klären, welche Individualität sich hinter Dietrich von Fürstenberg verbirgt...

Betrachten wir noch einige Details der Innenausstattung von Burgen!

In mittelalterlichen Burgen, aber auch in Schlössern und Herrenhäusern können wir vor den Kaminen Wasseraderkreuzungen antreffen. Sollten hier die Elemente Feuer und Wasser zusammengebracht werden? Luft und Erde sind sowieso vorhanden, womit wir dann alle klassischen vier Elemente an diesem Platz vereint hätten. Auf die okkulte Technik der Meditation durch andauerndes Blicken ins Feuer wollen wir hier nicht weiter eingehen. Wir erwähnten aber schon, daß Burgen und Schlösser zum Schauplatz der *chymischen Einweihung* wurden.

Die Burg Lockenhaus im österreichischen Burgenland enthält einen unterirdischen rechteckigen Kultraum der Templer.[250] Der Anthroposoph Walter Johannes Stein entdeckte 1925 deren Spuren in der Burg und in der Nähe ein Bergwerk, in dem das von den Alchemisten hoch geschätzte Antimon gefunden wurde. In der nahen Burg Bernstein fand er alchemistische Geräte und Belege für das Wirken der Rosenkreuzer. Nach Hinweisen von Rudolf Steiner und den Forschungen seiner Schüler W. J. Stein, Ita Wegmann und anderer befindet sich außerdem bei der Burg Bernstein auf einer kegelförmigen Bergspitze eine Stätte der hybernischen Mysterien, zu der schon der urzeitliche Held Gilgamesch gewandert ist.[251]

Was bei Kirchen der Altar ist in Burgen gewissermaßen der Thron des Herrschers und demgemäß wurden diese Sitze entsprechend energetisch positioniert. Man betrachte aber auch einmal den unter freiem Himmel stehenden Herzogsstuhl auf dem Kärntner Zollfeld!

Die *Throne* der Könige waren zuerst heilige Steine, auf denen der König seinen Sitz nahm. Im Schloß von Edinburgh wird seit 1996 wieder der schottische Krönungsstein aufbewahrt, nachdem er sich seit 1296, als Edward II. Schottland erobert hatte, im englischen Krönungsstuhl in Westminster Abbey (London) befunden hatte. Dabei soll es sich aber nur um eine Kopie handeln, die die Schotten kurz vor der Eroberung durch die Engländer angefertigt hatten! Der wirkliche Stein kam 1809 in Dunsinane (Macbeths Burg!) zum Vorschein, verschwand aber bald darauf wieder und wird seitdem irgendwo in Schottland versteckt. Dieser echte Stein soll aus meteoritischem Material bestehen, aus Ägypten stammen und ursprünglich Echnatons Thron gewesen sein.[252]

Der König auf seinem Thron hielt ein *Szepter* in der Hand. Das Szepter, der Bischofsstab, aber auch Kommandostäbe und Redestäbe alter Völker und Kulturen waren radiästhetische Antennen, die ihrem Träger zum Empfang höherer Einsichten dienen sollten. Selbst die hinter das Ohr geklemmte Gänsefeder des Schreiberlings war so ein Empfänger.

Wenn wir die hermetische Tradition im Spätmittelalter erforschen wollen, müssen wir unser Augenmerk auch auf die *Wappen* der Burgherren richten. Diese enthalten oft gewissen Hinweise, die wir entziffern können, wenn wir uns mit der Symbolsprache der Alchemie näher befassen.

Menschen, die sich auf den alchemischen Einweihungsweg begeben hatten, nahmen Pflanzennamen an, wie „Flos" und „Blancheflur", oder man wählte eine Pflanze als Symbol, zum Beispiel die Rose oder die Lilie.

Schauen wir uns einmal die englische Tudor-Rose an. Sie besteht aus einer roten und einer weißen Rose, wobei die weiße im Zentrum der Roten liegt. Die Schöpfer dieses Symbols wußten, daß diese Anordnung die richtige ist.

Betrachten wir nun die Farben, hier weiß und rot, noch etwas näher. In einem alten alchemistischen Text heißt es:

Ein Stein wird funden ist nicht teuer
Aus dem zieht man ein flüchtig Feuer
Davon der Stein selbst ist gemacht
Aus weiß und rot zusammenbracht.

Ein Ritter, der diese Farben in seinem Wappen führte, war vielleicht, meditierend in seiner Burg, also an einem Ort der Kraft, so weit in die Alchemie eingedrungen, daß er in der Lage war, zumindest zu erkennen, was man damals als „rot" und „weiß" bezeichnete.[253]

Das Wappen der Tempelritter zeigte auf weißem Grund ein rotes Kreuz. Im Jahre 1212 hatten vier Gruppen von Angehörigen des Templerordens bestimmte Kräfte in den Erdenäther eingeprägt. Diese

Gruppen wurden fortan als Schwanenritter, Taubenritter, Pelikanritter und Adlerritter bezeichnet.[254] Suchen wir deren Spuren – wir beschränken uns auf die Schwanenritter –, so finden wir zum Beispiel die Insel Schwanau im Lauerzer See im Schweizer Kanton Schwyz, Schloß Neu-Schwanstein, die Schwanenkirche in der Eifel, das Grabmal des Friedrich von Sachsenhausen in der Kirche St.Kastor in Koblenz und die Schwanenkapelle in Ansbach, in der Kaspar Hauser getauft wurde.

Harnisch Kaiser Maximilians, Nürnberger Arbeit um 1475.

Die *Rüstungen* der Ritter zeigen uns wieder auf eine andere Art, wie die Alten ihr hermetisches Wissen praktisch anwandten.

Ihren Höhepunkt erlebte die Körperpanzerung um 1470. Weder vorher noch nachher wurden die Anforderungen an Schönheit und eine geschmackvolle Ausführung so voll erreicht wie zu dieser Zeit. Bei einem gut angepaßten Harnisch schoben sich die einzelnen Teile so genau zusammen, daß selbst eine dünne Klinge nicht durch die Spalten dringen konnte und in der Bewegung war nichts von dem Klirren und Scheppern zu vernehmen, das moderne Rekonstruktionen so häufig kennzeichnet. Der Harnisch war in seiner ganzen Erscheinung ein Muster von Ebenmaß und Eleganz und der Anblick seines Trägers flößte dem Gegner Respekt und Furcht, den eigenen Männern aber Mut, Zuversicht und Vertrauen ein. Bereits wenige Jahre später trat die Körperpanzerung in ihre Dekadenzphase ein. Eine Rüstung des 16. Jahrhunderts wirkt dann auch völlig anders.[255]

Untersuchen wir nur einmal einen gotischen Harnisch und im Vergleich dazu eine Rüstung, die hundert Jahre später angefertigt wurde. Der Unterschied in der Ausstrahlung ist eklatant. Wenn man eine Lecherantenne für solche Forschungen benutzt, sollte man aber eine der wenigen Originale untersuchen, denn die damaligen Schmiede benutzten nicht nur ein heute kaum zu bekommendes Eisen, sondern auch gewisse Kunst-Griffe, die uns verloren gegangen sind.

Stadtplanung

Viele Städte entstanden an oder bei Kultplätzen. Deshalb wundert es nicht, daß sie auch durch *ley-lines* verbunden sein können. Städte wuchsen aber nicht zufällig. Es gab die von grundauf geplante Stadt. Wir nennen als Beispiel die Städte, welche die hessischen Landgrafen anlegten, und hier besonders Zierenberg und Wolfhagen, die sich vom grundsätzlichen Aufbau her sehr ähneln. Auch der radiästhetische Befund in den Kirchen der beiden Städte ist fast gleich.

Innerhalb der Stadt versuchte man im Mittelalter demnach bestimmte Gestaltungsprinzipien umzusetzen. So gab es in manchen Städten sogenannte *Kirchenkreuze*. Um einen Dom waren vier weitere Kirchen kreuzförmig angeordnet. Beispiele sind Speyer, Utrecht, Goslar, Paderborn Minden und Trier. Worms scheint sogar ein System aus sieben Kirchen zu besitzen.[256]

Aber auch an Pentagrammen orientieren sich ganze Stadtanlagen. Die Altstadt von Herborn mit dem Schloß ist hier zu nennen, oder Würzburg oder Fellin (heute Viljandi) in Estland. Ab 1224 wurde diese Stadt mit ihrer Burg von Kreuzrittern des Schwertbrüderordens zur zeitweise größten Befestigung des Baltikums ausgebaut.

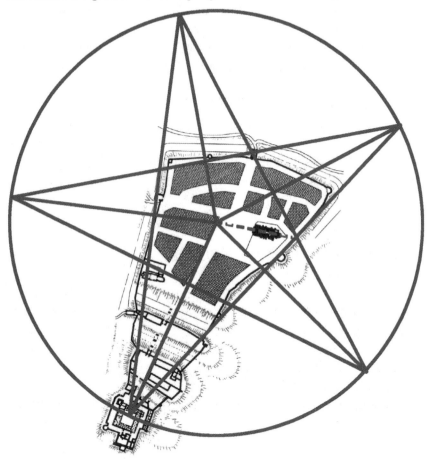

Burg und Stadt Fellin, Kreisdurchmesser 1000m
(man beachte die Lage der Kirche!)

Auffällig ist, daß sich der Bereich der Stadt im zentralen Fünfeck des Pentagramms befindet, während die eigentliche Burg in einer der

Spitzen liegt. Außerdem scheint es so zu sein, als ob die Kirche mit ihrer Mittelachse auf den Mittelpunkt des Pentagramms ausgerichtet ist. Eine solche räumliche Beziehung zwischen Landschaftspentagramm und Kirche finden wir beispielsweise auch in Breitscheid im Westerwald.

Die meisten Häuser in den alten deutschen Städten waren in *Fachwerkbauweise* ausgeführt worden. Der Fachwerkbau erreichte in Deutschland, und hier besonders im Raum von Südniedersachsen, Kurhessen und Thüringen seine höchste Vollendung. Das Fachwerk in England oder Frankreich wirkt verglichen damit relativ „simpel". Das deutsche Fachwerk soll seine Formen aber nicht nur statischen Erfordernissen verdanken. Teile des Balkenwerks sollen bestimmte Runen darstellen, deren Energien auf die Hausbewohner und die Menschen in den Gassen abstrahlen sollte. Auch waren oft an den Eckbalken der Häuser spiralige Darstellungen eingeschnitten, die schädliche Strahlungen neutralisieren sollten.

Das kunstvolle deutsche Fachwerk soll Runen zeigen – hier verbunden mit Kundalini-Symbolen –, deren Abstrahlung Hausbewohner und Passanten positiv beeinflussen sollte.

In der italienischen Renaissance entdeckte Fillipo Brunelleschi die Perspektive. Sie war Ausdruck des Willens, die sichtbare Welt zu beherrschen. Die Umgebung wurde nun mathematisch erfaßbar und ließ sich in ein berechenbares Koordinatensystem pressen. Die Theorie der Perspektive wurde in einem zweiten Schritt mit einem Rückgriff auf die Formen der griechisch-römischen Antike kombiniert. Es entstand der bis ins zwanzigste Jahrhundert vorherrschende Stil.[257] In der der Renaissance folgenden Barockzeit wurden Stadt- und Schloßanlagen durch offen sichtbare geometrische Konstruktionen bestimmt, die manchmal mit langen *ley-lines* korrespondieren, und auch in der klassizistischen Ära berücksichtigte man solche Gegebenheiten noch.

Diese Strukturen waren auf das Schloß, den Wohnsitz des Herrschers, bezogen. Die dortige Energiekonzentration diente der Aufwertung des Selbstbewußtseins des Schloßherren, dessen Ich-Stärkung und der Kontrolle der Umgebung. Seit der Renaissance begann der Mensch ja, sich ganz bewußt als eigenständiges „Ich", als Individuum zu begreifen. Die Herausbildung der Individualität war ein Entwicklungsschritt, der in dieser Epoche vollzogen werden mußte. Wer über das Ziel hinaus geschossen ist, ist zum Egoisten geworden.

Durch die Zerstörungen, die in den deutschen Städten im zweiten Weltkrieg angerichtet wurden, wurde viel von den alten energetischen Strukturen vernichtet. Noch mehr wurde in der Nachkriegszeit durch den Wiederaufbau zerstört, der sich nicht um alte Traditionen und Gegebenheiten kümmerte, sondern großzügige Straßendurchbrüche und eine „zeitgemäße" Architektur favorisierte. Eine rühmliche Ausnahme ist Münster. Die angenehme Atmosphäre der Stadt rührt sicherlich auch daher, daß man sich beim Wiederaufbau streng an die in Jahrhunderten gewachsenen Straßenverläufe hielt. Ein wichtiger energetischer Punkt der Stadt liegt übrigens an der Brücke zwischen Dom und Überwasser-Kirche.

Die Berücksichtigung okkulter Gesichtspunkte bei der Stadtplanung spielte aber nicht nur in Europa ein Rolle. Betrachten wir dazu die von Kreuzrittern errichteten Stadt- und Festungsanlagen von Akkon (heute Haifa) im Heiligen Land, die ebenfalls von einem Pentagramm abhängen. Die Eckpunkte der Befestigung (einige Türme, die Hafenbefestigung und die Templer-Burg im Südwesten) korrespondieren dabei mit den Spitzen des Pentagramms, während die Johanniter-Burg fast im Mittelpunkt liegt.

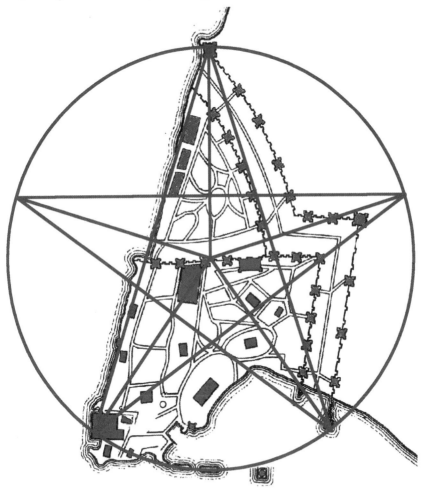

Plan von Akkon im Mittelalter mit dem die Konstruktion bestimmenden Pentagramm. Die Burgen der Templer und Johanniter liegen auf dem nach links unten führenden Strahl.

Wenden wir uns schließlich einem anderen Erdteil und einer anderen Kultur zu. Die bereits erwähnte, schon einige Jahrhunderte vor Christus und bis um 750 nach Christus besiedelte mittelamerikanische Indianerstadt *Teotihuacán* imponiert durch ihre Pyramiden und die „Straße der Toten". Wahrscheinlich war sie sogar größer als die später von den Azteken als Hauptstadt errichtete Stadt Tenochtitlan. Als die Azteken die Monumentalbauten Teotihuacáns das erste Mal sahen, lag die Stadt bereits in Ruinen. Sie gaben der Sonnen- und Mondpyramide und der „Straße der Toten" ihre heute verwendeten Namen, die deshalb vielleicht auch völlig unzutreffend sind. Die Eingeweihten berichten davon, daß die Azteken – im Unterschied zu den älteren roten Tolteken-Indianern – ein von Norden eingewanderter Zweig der Urturanier waren. Ihre grausigen Riten erinnerten noch im 16. Jahrhundert an die schwarze Magie, welche von den Turaniern bereits in atlantischer Zeit betrieben wurde.[258] Überhaupt war Amerika ein Experimentierfeld der gefallenen Wesenheiten, die dort eine von Gott entfremdete Menschheit heranzüchten wollten.

Die Kulte im ursprünglichen Teotihuacán hatten wahrscheinlich viel eher etwas mit Fruchtbarkeit, der Erdmutter und Wasser zu tun als mit Toten. Man nimmt inzwischen an, daß die Stadt geplant und rasch angelegt wurde, denn es gibt keine Anzeichen für ein schrittweises Wachstum. Hier wurde nichts dem Zufall überlassen. Selbst der Rio San Juan wurde in das Raster der Stadtplaner gepreßt. Es muß ein geschultes Team von ihnen gegeben haben, man weiß aber nicht, wer diese Leute waren und welchen Status sie in der Gesellschaft von Teotihuacán genossen. Vermutet wird, daß es Schreiber waren, die im Auftrag des Hohenpriesters handelten, da der Großteil der Stadt nach Sternbildern ausgerichtet ist, die verschiedenen Gottheiten zugeordnet waren.[259]

Im Grundriß der Stadt finden wir, wenn auch sehr verborgen, ein Pentagramm, welches die Lage der beiden großen Pyramiden und die Länge der „Straße der Toten" bestimmt. Die Ähnlichkeit mit Fellin ist überraschend, denn hier wie dort scheint die Länge der zentralen Achse aus der Länge einer Pentagrammspitze und dem Durchmesser des zentralen Pentagons zu bestehen!

Unter der Sonnenpyramide befindet sich eine kleeblattförmige Höhle mit einem See, die über einen gewundenen, etwa 90 Meter langen Tunnel zu erreichen ist. Morton und Thomas nehmen an, daß hier die berühmten *Kristallschädel* aufbewahrt wurden.[260] Die einzelnen Kleeblattsegmente haben einen Umfang von jeweils 18 Metern. Damit entspricht der Grundriß der Höhle ziemlich genau der Größe der viele Jahrhunderte, eher Jahrtausende, später errichteten Konkordienkirche in der *Sonnenstadt* Karlsruhe, die später durch eine *Pyramide* ersetzt wurde!

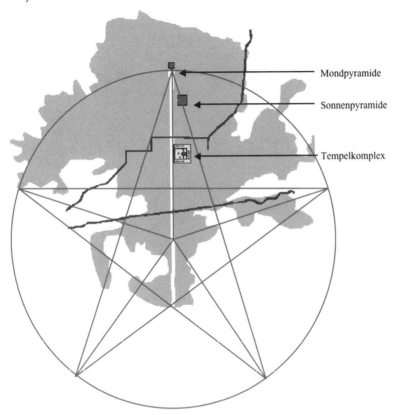

Übersichtsplan von Teotihuacán mit der senkrecht durch die Mitte verlaufenden Straße der Toten und zwei Flußläufen. Ganz oben die Mondpyramide, rechts darunter die Pyramide der Sonne. Im Tempelbezirk über der Mitte die Pyramide der gefiederten Schlange. Die Länge der Straße und die Lage der beiden oberen Pyramiden wird durch das Pentagramm bestimmt.

Symbole und geheime Figuren

Es ist hier nicht der Raum, um eine detaillierte Abhandlung über Symbole zu liefern. Aber schauen wir doch die Grundformen näher an, die zu unserem Thema gehören.

Das Pentagramm

Auch Pflanzen, hier die Blüte des Nachtschattens, arbeiten mit den Kräften des Pentagramms.

Der fünfzackige Stern ist das Symbol für die Gestalt des Menschen, in einem Kreis eingeschrieben steht er für Macht und Vollkommenheit; er bindet böse Mächte, symbolisiert die fünf Wunden Christi, ist Wahrzeichen des Ritters Gawain. Auf der Spitze stehend ist er der Drudenfuß, der bocksfüßige Teufel.[262] Er ist das heilige Zeichen des kultischen Gottesdienstes keltischer Druiden. Mit der Spitze nach oben in blau ist er Zeichen der Verbindung von Mensch und Erde im kosmogonischen Eros, in rot des Erdgeistes, der Zeugung, der *Quinta essentia.*[263]

Das Pentagramm ist der *Dämonenriegel* in alten Kirchen und an Fausts Schwelle.[264] Mit der Spitze nach oben und in magischer Linksrichtung gezeichnet entfaltet es die Kräfte aller Symbole die man hineinzeichnet oder imaginativ hineindenkt und besitzt starke Abwehr- und Bannkräfte. Mit der Spitze nach unten in Linksrichtung gezeichnet zieht es astrale Wesenheiten an.[265]

Das Pentagramm enthält zahlreiche Längenverhältnisse im *Goldenen Schnitt*[266] und ist daher oft verborgen, wenn auch meist nicht als Ganzes, so doch in wesentlichen Teilen, im Grundriß alter Burg-, Kloster- oder Stadtanlagen. Der Goldene Schnitt, die „proportio divina" gilt als göttliches Größenverhältnis. Er entsteht bei der Teilung einer Strecke AC im Punkt B in der Weise, daß die Gesamtstrecke AC im selben Verhältnis länger ist als der erste Teilabschnitt AB, so wie dieser länger ist als der Rest BC. Das bedeutet: AC/AB = AB/BC = 1,6180339...[267]

Die Proportionen des Goldenen Schnitts sind mit LAW 5,35 abgreifbar. Er dient als Grundraster der Logarithmischen Spirale[268], das heißt, auch der Spiralgalaxien.[269]

Zahlenverhältnisse, die dem Goldenen Schnitt entsprechen, spielen eine Rolle bei vielen wichtigen Parametern des Erdorganismus. So verhält sich die Gesamtoberfläche der Erde, die vom Sonnenlicht direkt bestahlt wird oder in den angrenzenden Dämmerungszonen liegt, zu dem Teil, der sich in dunkler Nacht befindet, im Goldenen Schnitt. Ebenso verhält sich die vom Wasser bedeckte Fläche der Erdkugel zu der vom Festland bedeckten im Goldenen Schnitt.

Eine weitere erstaunliche Tatsache (sie ist wirklich erstaunlich!) ist folgende: Die Erde wirft auf ihrer von der Sonne abgewandten Seite einen Schattenkegel in den Weltenraum. Zeichnen wir auf Höhe der Mondbahn in diesen hinein ein Pentagramm, dessen Eckpunkte auf den Außenrand des Schattens fallen. Die scheinbare Größe der Mondscheibe bei einer Mondfinsternis entspricht nun der Größe eines das innere Fünfeck dieses Pentagramms umschließenden Kreises! Ergänzend führt Bühler dazu aus: „... *darf es (...) wohl kaum als Zufall angesehen werden, daß die Entfernungsverhältnisse des riesengroßen Sonnenballs und der sehr kleinen Mondkugel so aufeinander abgestimmt sind, daß beide für unsere Anschauung gleich groß erscheinen.*"[270]

Selbst der Regenbogen ist abhängig von einem Pentagramm, dessen eine Linie den Horizont darstellt.[271]

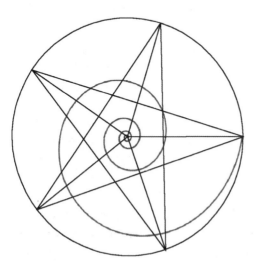

Pentagramm und logarithmische Spirale. Schnittpunkte zwischen Spirale und Pentagramm sind die bevorzugte Lage von „Orten der Kraft" in nach geosophischen Prinzipien geschaffenen Landschaften.

Das Pentagramm ist das Skelett des Ätherleibes.[272] Es gibt Wesenheiten, deren dichtester Körper der Ätherleib ist, so wie unser dichtester Körper der physische Leib ist. Orte oder Landschaftsgebiete, die auf Pentagrammen aufgebaut sind, zeigen dadurch an, daß sie von einer bestimmten Wesenheit bewohnt werden. Dabei muß der Mittelpunkt des Pentagramms nicht mit dem scheinbaren Mittelpunkt des Ortes oder der Landschaft übereinstimmen! Weiterhin ist der Mittelpunkt des Pentagramms meistens durch keine offensichtliche landschaftliche Besonderheit hervorgehoben!

Die Orte der Kraft, die auf solchen *geosophischen Pentagrammen* liegen, verteilen sich oft scheinbar regellos auf die einzelnen Linien, ohne zum Beispiel die Spitzen der Figur zu bevorzugen. (Wir werden weiter unten einige Beispiele zeigen.) Das Pentagramm ist aber in gewisser Weise mit der logarithmischen *Spirale* verbunden. Die

Kreuzungspunkte der Spirallinie mit den Linien des Pentagramms bestimmen häufig die Lage eines Kraftortes! Dabei kann die Spirale sowohl linksdrehend als auch rechtsdrehend sein und vom Mittelpunkt des Pentagramms können *mehrere* Spiralen ausgehen! Hier haben wir ein wichtiges Prinzip okkulter Landschaftsgestaltung, welches sich aber zum Beispiel auch in der Konstruktion von Pflanzen wiederfindet! Jeder kann hier selber weiterforschen und wird erstaunliche Entdeckungen machen ...

Das Pentagramm symbolisiert auch die Verbundenheit des Menschen mit den Tugenden.[273] Hier lassen sich folgende Beziehungen aufstellen:

Tugend	Bedeutung für das Leben	verbunden mit	gehört zu	Element
Güte	Grundlage	Beine	Herz	Wasser
Gerechtigkeit	Maßstab	Hände	Willen	Erde
Weisheit	Schranke	Ohren	Intellekt	Luft
Liebe	Ergötzung	Mund	Seele	Feuer
Wahrheit	Licht	Augen	Geist	Äther

Vielleicht deshalb bilden die Orte, an denen Rudolf Steiner seine wesentlichen Vortragszyklen hielt, ein Pentagramm mit dem Mittelpunkt Nürnberg (Nornen-Burg) und dem oberen Eckpunkt Hannover. Die weiteren wesentlichen Orte seines Wirkens stehen zu diesem Pentagramm in unmittelbarer geometrischer Beziehung.[274]

Wirklich fünfeckige Gebäude sind selten. Das bekannteste ist das Pentagon, das amerikanische Verteidigungsministerium. In Haigerloch besitzt die auf einer geomantischen Zone errichtete Schloßgalerie einen fünfeckigen Grundriß.[275]
Die *Abteikirche Königsmünster in Meschede* wurde 1961 bis 64 erbaut. Ihr liegt ganz offensichtlich ein Fünfeck zugrunde. Fünfeckige Räume erzeugen ein radiästhetisch nachweisbares Pentagramm in ihrem Inneren. Das Energiefeld eines solchen Raumes ist in der Mitte und an seiner Nordspitze besonders hoch, sofern das Fünfeck mit

einer Spitze nach Norden ausgerichtet ist. Das Energiefeld des Raumes reagiert dann auch sehr stark auf die Anwesenheit von Personen.[276]

In Meschede sind auch die Türme fünfeckig. In der Kirche befinden sich unter den zwölf Apostelleuchtern Salbsteine, die von heiligen Plätzen, aber auch von zahlreichen gequälten Orten der Erde (Jerusalem, Dachau, Coventry und dem Kolosseum in Rom) stammen. Der Neubau von Meschede war bereits auf die Liturgiereform des Zweiten Vatikanischen Konzils von 1962 zugeschnitten. Am 25. Jahrestag des deutschen Angriffs auf Polen, dem 1. September 1964, wurde die Kirche eingeweiht. Das Hochamt wurde in der Form der Konzelebration gefeiert, bei der mehrere Priester gemeinsam die Messe feiern. In Königsmünster sollte diese neue Form erprobt werden, um darüber nach Rom zu berichten. Daher war es die erste Konzelebration in ganz Norddeutschland. Wahrlich ein wichtiger Ort... Bleibt die Frage, warum man sich hier so bewußt auch mit negativen Ereignissen verbindet?

Werner Schäfer fand durch die Analyse der Geometrie der Kornkreisformation in Grasdorf ein Pentagramm über Europa: Die Spitze liegt dicht vor Norwegens Küste, eine in der Ukraine, eine im Ionischen Meer, eine an der Nordküste Afrikas, südöstlich von Gibraltar und eine im Atlantik westlich von Irland. Auf den Linien dieses Europasterns und zum Teil gar auf deren Kreuzungen liegen *genau* die sechs Vorkommen des therapeutisch wichtigen Metalls Antimon.[277] Hier müssen wir auf die Schrift „Triumphwagen des Antimon" des Alchemisten Basilius Valentinus verweisen.

Auch der Geomant S. Prumbach meint, daß die Erde von einem fünfeckigen Reizstreifenmuster überzogen sei. Sein europäisches Fünfeck hat eine enorme Größe: seine Eckpunkte liegen in der schottischen See, bei Kaliningrad in der Ostsee, an der Stiefelspitze Italiens, im Atlasgebirge Marokkos und im Atlantik im westeuropäischen Meeresbecken. Verlängert man die Kanten dieses Fünfecks, so entsteht ein Pentagramm, dessen Spitzen die Ecken eines neuen Fünfecks bilden. Dessen Ecken liegen in der polaren Barentssee, im

Kaspischen Meer, im Tschad-See, im Kapverdischen Becken vor der afrikanischen Westküste und vor der Küste Labradors in Kanada. Ein Fünfeck dieser Größe paßt genau zwölfmal auf den Globus. Ausgangspunkt von Prumbachs Untersuchung war seine „Cosmic Line" über Leyden-Aachen-Kornelimünster-Reichenau-Ravenna und die von Peter Dawkins beschriebene „grail line" über Schottland-Bourges-Golf de Lyon. „Cosmic Line" und „grail line" treffen sich nördlich von Schottland in einem Winkel von 18 Grad (Teilwinkel des Pentagramms).

Eine ähnliche Struktur der Erde fanden bereits 1974 russische Forscher und schon Plato soll in seinem Dialog *„Timaios" geschrieben haben: „Sähe man von oben her auf die Erde, würde sie einem zwölfteiligen Lederball gleichen."*[278]

Interessanterweise wurden auch die ersten Globen in Fünfecke eingeteilt. Auf ihnen wurde die Erde mit den Kanten eines Pentagondodekaeders überzogen. Die Pentagone wurden dann weiter unterteilt in je fünf Dreiecke mit gemeinsamer Spitze in jedem Pentagonmittelpunkt.[279]

Die Vesica Piscis

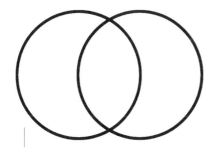

Als Vesica Piscis bezeichnet man die Schnittfläche zweier gleich großer Kreise, deren Mittelpunkte auf dem jeweils anderen Kreisbogen liegen. Sie ist Symbol für die Vulva der Ur-Göttin, enthält aber auch das Symbol des frühen Christentums (Fische!). Die Vesica Piscis ist als Grundlage zur Konstruktion der geometrischen Flächen Dreieck, Quadrat, Fünf-, Sechs- und Achteck geeignet. Daher ist sie auch mit dem Pentagramm verwandt. Der echte gotische Spitzbogen läßt sich aus der oberen Hälfte der Schnittfläche der Vesica Piscis konstruieren. Auch in dem echten Templerkreuz taucht diese Form auf.

Das Hexagramm

Das Hexagramm besteht aus zwei Dreiecken und wird auch Salomonssiegel genannt. Die Dreiecke symbolisieren das männliche und das weibliche Prinzip, die in jedem Menschen wirksam sind. Die Vereinigung der beiden Prinzipien in der chymischen Hochzeit schafft den sich seines Selbst voll bewußten Menschen.[280]

Das Siegel Salomons ist in manchen Vorstellungen auch eng mit dem *Tierkreis* verbunden, welchen es im Kontext gnostischer Mysterien symbolisiert.[281]

Das Hexagramm gilt ferner als Grundform des Astralleibes[282], und es ist das Symbol für ein durch eigene Kräfte geschaffenes Vehikel, einen Lichtwagen oder *Merkaba*, mit dem man die höheren Welten bereisen kann.[283]

Der Grundriß des Tempels von Stonehenge basiert auf einem Hexagramm. In der keltischen und iro-schottischen Kunst treffen wir das Hexagramm als Grundlage für ein sechsblättriges florales Muster wieder. In der keltischen Kunst war ja alles rund, geschwungen, fließend, im Gegensatz zur römischen rechten Eckigkeit. Die Kelten deuteten in ihren Flechtmustern ja überhaupt die Verbindung aller Dinge mit allem an. Die genannte florale Form, auch als *Blume des Lebens* bezeichnet, finden wir zum Beispiel im Fußbodenmosaik der Zisterzienserabtei Bayland Abbey (North Yorkshire, England).

Dieses Muster knüpft mit seiner Konstruktion an die keltische Zirkelkunst an, die über die iro-schottische Tradition Eingang in die Romanik gefunden hatte.

Das Kreuz

Es ist der Grundriß der Kirchen, aber in der Geheimlehre bedeutet es auch die Grundform des Ich.[284] Da es aus dem entfalteten Würfel besteht, haben wir hier – wie bereits beschrieben – auch einen Hinweis auf das an das Kreuz der Materie gefesselte Ich, das es zu erlösen gilt.

Über dem Kreuz von Golgatha hing eine Tafel mit der Aufschrift „INRI". Die okkulte Deutung dieser Abkürzung lautet: *„Igne Natura Renovatibur Integra".* – „Durch das Feuer des Heiligen Geistes wird der Mensch und die ganze Natur verwandelt."[285]

Wir finden das keltische Kreuz, gebildet aus sich überschneidenden Ringen, im Zierornament der Fenster der Zisterzienserabtei Fontenay in Frankreich. Dort sind die Ringe wie in dem Flechtwerk eines Kettenhemdes angeordnet. Sie bilden dadurch das Templerkreuz und deuten auf subtile Weise die innige Verbindung an, die zwischen den kämpfenden und den betenden Mönchen bestand!

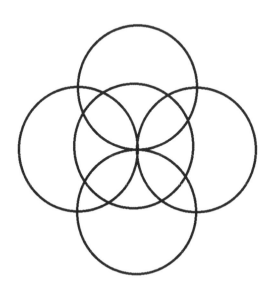

Pferde und anderes

Das (meist weiße!) Pferd, im heiligen Hain lebend, galt als heiliges Tier bei Germanen, Kelten und Slawen. Wir erinnern an das Verbot, Pferdefleisch zu essen, an das weiße Pferd im Wappen von Niedersachsen und an die gekreuzten Windbretter mit ihren geschnitzten Pferdeköpfen am Giebel niedersächsischer und westfälischer Bauernhäuser. Ursprünglich waren das echte Pferdeschädel! Auch in den rekonstruierten Pfahlbauten bei Überlingen am Bodensee begegnen uns geschnitzte Pferde. Die Verehrung der Pferde war eigentlich ein Nachklang des Wissens um die Tatsache, daß der Verstand, über den der heutige Mensch verfügt, in einer früheren Entwicklungsphase der Erde von den Pferden an die Menschen gegeben worden war.[286]

Viele vorzeitliche Pferdekultplätze wurden durch die christliche Kirche übernommen. Hinweise liefern uns die Schutzpatrone der Pferde:

- *Georg* (Frühlingspferdefest, 23. April),
- *Hippolyt, Moritz beziehungsweise Mauritius* (Herbstfest, 22. September),
- *Leonard* (6. November), und
- *Martin, Elegius und Stephan* (Winterfest, 11. November).

In Süddeutschland gibt es noch heute mehr als 300 Orte mit Pferdeumritten und Pferdesegnungen.[287]

Die antiken Pferdekultplätze stehen wohl mit dem Kult der keltischen Göttin *Epona* (Epona Mater) oder Riannon in Zusammenhang. Das mondsichelartige Hufeisen gilt als lunares, also weibliches Symbol.[288]

In manchen Klöstern findet man noch direkte Hinweise auf den Pferdekult. In der *Klosterkirche Drübeck* am Harz – sie liegt über einer Keltenschanze und *blind springs* – finden wir Pferdedarstellungen an der zentralen Säule der Krypta.[289]

Bekannt sind auch die „*White Horses"*, große Zeichnungen, deren Linien in die Kreidekalkberge von Südengland gegraben wurden:

- The White Horse of Alton Barnes von 1812
- The White Horse of Bishop Cannings, angelegt anläßlich des Milleniums im Jahr 2000
- The White Horse of Broad Hinton
- The White Horse of Cherhill von 1780
- The White Horse of Hackpen Hill, angelegt 1898 zur Erinnerung an die Krönung von Queen Victoria, vielleicht aber auch nur die Neubearbeitung einer wesentlich älteren Figur!
- The White Horse of Manton
- The White Horse of Pewsey von 1937
- The White Horse of Uffington (DAS White Horse aus keltischer oder früherer Zeit!)
- The White Horse of Westbury/Bratton (aus keltischer Zeit, 1778 nachgeschnitten) und
- The Red Horse of Tysoe (Warwickshire)[290]

Einige Figuren werden gelegentlich beleuchtet, zum Beispiel Westbury 1900 und 1950. Die meisten der Pferdeabbildungen sind außerdem durch *ley-lines* miteinander verbunden[291] und unter den Augen der älteren Darstellungen sollen *blind springs* liegen.

Je tiefer wir in die Geheimnisse der bildenden Kunst eindringen, um so weiter wird das Feld, das sich eröffnet. Unsere Kirchen und Schlösser sind ja angefüllt mit Kunstwerken, die sich oft einer befriedigenden Deutung entziehen und es ist schon amüsant zu hören, zu welch gedanklichen Verrenkungen mancher Reiseführer fähig ist, nur um eine mehr oder weniger skurrile Erklärung für ein solches Kunstwerk hervorzubringen.
In Quedlinburg erlebten wir, wie die Führerin einer Touristengruppe auf die seltsamen Muster am umlaufenden Sims der Stiftskirche wies und erklärte, da hätten die Bauleute ihrer Phantasie einmal freien Lauf gelassen. Nun, die Erbauerin der Kirche war, nach der

Kaiserin, die zweitmächtigste Frau im Reich und sie war sich sicher auch der okkulten Bedeutung von Quedlinburg bewußt. Undenkbar, daß sie den Bauleuten freie Hand gelassen haben soll... Nein, jeder Stein hat hier seine bestimmte Bedeutung!

Die Besitzer und Bauherren all der Kirchen, Kathedralen, Burgen und Schlösser werden sicher genau darauf geachtet haben, was da gebaut wurde und sie werden auch bei der weiteren Ausgestaltung ihrer Gebäude den Künstlern entsprechende Vorgaben gemacht haben. So können wir an den Bauplastiken dieser Gebäude und an den weiteren in ihnen angesammelten Kunstwerken erkennen, ob und welcher esoterischen Strömung sich ein Bauherr und seine Künstler verbunden fühlten.

Wird eine Figur an einem sakralen Ort aufgestellt, so können wir einen weiteren Effekt beobachten. Die vom Künstler durch seine Tätigkeit erschaffenen, besser freigesetzten Elementarwesen werden ernährt und gestärkt durch die Zuwendung der Betenden. So bekommen manche Figuren im Laufe der Zeit eine immer stärkere Ausstrahlung durch die Menschen, die sich ihnen in Verehrung nähern – die Statue wird „hochgebetet". Dabei soll man nicht die Figur an sich verehren, sondern das darin dargestellte höhere Prinzip, doch viele Menschen brauchen eben konkrete Figuren, an die sie sich klammern können.

Das Einhorn im Kloster Ettal verneigt sich vor der Madonna und dem Jesuskind.

Verwandt mit den Pferden ist das *Einhorn*. Stätten des Einhorns sind Kloster Ettal in Oberbayern oder der Dom zu Erfurt. In der unmittelbar neben dem Erfurter Dom errichteten Severi-kirche befindet sich außerdem ein seltsames Gemälde, das eine ver-schlüsselte „Bedienungsanleitung" für diesen Ort der Kraft darstellt. Ein okkultes Gemälde höchster Güte ist der bekannte *Isenheimer Al-tar*, ebenso die *Kabbalistische Lehrtafel* der Prinzessin Antonia von Württemberg in der Kirche in Teinach im Schwarzwald. Beide dienen der Illustration rosenkreuzerischer Lehren.

In Gent befindet sich in der St.Bavo-Kathedrale der berühmte *Genter Altar*, um den sich manche mysteriöse Geschichte rankt. Doch wer kennt den Altar in einer Seitenkapelle mit dem von Frans Pourbus geschaffenen Bild, das die zwei Jesusknaben im Tempel zeigt? Die-ser Künstler war wohl einer der letzten Maler, der noch die geheime Überlieferung von den zwei Jesusknaben kannte.[292]

Darstellungen der *zwei Jesusknaben* sind gar nicht so selten, denn wenn man die Geschichte kennt, so findet man sie öfter als es zuerst scheinen mag. Der eine Jesusknabe wird ja von Lukas be-schrieben und zu diesem kamen die Hirten, der andere ist der, von dem Matthäus berichtet und zu dem die Weisen aus dem Morgen-land zogen.

Der sogenannte *„Altar des Nelkenmeisters"* – er hat seinen Namen nach den wohl zwei Künstlern, von denen einer mit einer roten und einer mit einer weißen Nelke unterzeichnete – in der Franziskaner-kirche zu Fribourg in der Schweiz zeigt die zwei Szenen, in denen die Knaben anhand ihrer Attribute unterschieden werden können. In den Umkreis dieser okkulten Überlieferung gehören auch die Bilder mit der Madonna, der mehrere Knaben zugesellt sind und Darstel-lungen der beiden Marien.[293]

In Erfurt finden wir auch die Firgur der *Hirsch-Madonna*. Bis ins Mittelalter hinein erschien das Göttliche den Menschen in unseren Breiten in der Gestalt eines Hirsches. Einige der letzten, die dieses Erlebnis hatten, waren der Heilige Hubertus und der Heilige Meinolf, aber auch kleinere Tiere sind oft von symbolträchtiger Bedeutung.

Drei *Hasen* finden wir im Kreuzgang des Domes zu Paderborn. Das dortigen Hasenfenster soll von Christian Rosencreutz inspiriert wor-den sein.

Das berühmte
Hasenfenster im
Kreuzgang des
Paderborner Domes.

In der Landschaft finden wir die drei Hasen westlich von Kassel in Form der Orte Burghasungen, Altenhasungen und Wenigenhasungen.

Der Hase gehörte in den antiken Mysterien zur Venus, die ihn in ihrem Heiligtum hegte, doch im Mittelalter war er das Symbol der Alchemie. Genauer gesagt symbolisiert der flüchtige Hase die dahinhuschenden Bilder der Imagination, in denen der Initiant, der Schüler des alchemistischen Meisters, von dem Aufbauprozeß der eigenen leiblichen Organisation träumt. Ostern ist das Fest der Imagination, wie Weihnachten das Fest der Inspiration ist.²⁹⁴

Was soll eine *Eiche* in einer christlichen Kirche, fragen wir uns, wenn wir in der Kirche von Frankenberg an der Eder (Hessen) die Darstellung dieses Baumes über einer Tür im Chor sehen. Bei Geismar fällte Bonifatius die Donareiche. Die Silbe „Geis" stammt aus dem keltischen und bedeutet weniger „Ziege", als vielmehr „Tabuplatz, heiliger Platz".

Von den heiligen Eichen gab es einstmals mehrere im alten Hessenland. Die, an die Bonifatius Hand anlegte, stand auf dem Ziegenberg zwischen Züschen und Wellen bei Fritzlar. Eine andere stand aber wohl bei Frankenberg, einer der eigenartigsten und schönsten Städte Hessens. Auch hier befindet sich in der Nähe ein Ort Namens Geismar. Im spätgotischen Rathaus von Frankenberg tragen runenartige Säulen das Dach der Halle im Erdgeschoß. Auch die Darstellung des Christopherus an der Außenseite der Halle ist in diesem Zusammenhang erwähnenswert. Der Christusträger stützt sich auf einen ungewöhnlich mächtigen Stab, auf einen Eichenstamm.[295] Die keltischen Eichengötter helfen, das Christusmysterium in die Zukunft der Menschheit hineinzutragen.

Die Darstellung der heiligen Eiche in der Kirche von Frankenberg.

Die Christopherusfigur am Rathaus von Frankenberg.

Der Himmel auf Erden

„Gott der Herr hat große Buchstaben und Zeichen dem Himmelgebäude und der Erde eingeschrieben. "

Confessio Fraternitatis

Einzelne Sternbilder wurden von den alten Kulturen auf dem Erdboden „verankert", zum Beispiel eingeschlagen in die Flächen größerer Steine, wie das Sternbild Großer Wagen in den Schalenstein auf der Tschötscherheide (Südtirol)[296], oder es wurden Kultgegenstände angefertigt, wie die Himmelsscheibe von Nebra. Der Ort ist auch sonst nicht uninteressant. Um 1610 lebte hier der mutmaßliche Alchemist und Rosenkreuzer Pastor David Meder.[297]
Sternbilder wurden in noch viel größerem Maßstab nachgebaut durch die Wahl verschiedenerer heiliger Plätze, die die jeweiligen Sterne symbolisierten.
Graham Hancock hat in seinem Buch *„Spiegel des Himmels"* beschrieben, daß die Tempelanlagen von Angkor in Kambodscha die Sternbilder Drache, nördliche Krone und (teilweise) Schwan nachzeichnen.[298]

... in Westfalen

Doch soweit müssen wir nicht reisen. Die westfälischen Heimatforscher Thiele und Knorr fanden, daß sich einige Sternbilder in der räumlichen Anordnung der ältesten Kirchen des Sauerlandes widerzuspiegeln scheinen.
Ausgehend von der Kirche in Wormbach entdeckten sie eine riesige Sternenkarte auf der Erdoberfläche, die den Anblick des Himmels zu der Zeit um etwa 2800 v.Chr. und von einem Standort bei +30° zeigt, das ist zum Beispiel Ägypten! Diese Sternenkarte wurde auf den im gebirgigen Sauerland äußerst unebenen westfälischen Bo-

den übertragen. – Wie?

Wir möchten hier darauf hinweisen, daß zur betreffenden Zeit auch das Buch *Sepher Jesira* der Kabbala entstanden sein soll, welches Bezug nimmt auf das Sternbild Draco (Drache)[299], in welchem sich damals der Himmelspol befand.

In der westfälischen Sternkarte werden die Sterne der einzelnen Sternbilder durch die Kirchen der folgenden Orte markiert:

Sternbild	Orte
Großer Wagen	Wenholthausen, Meschede, Velmede, Bigge, Thülen, Bontkirchen, Assinghausen
Jagdhunde	Kirchrarbach, Brabecke
Haar der Berenike	Dorlar, Kirchilpe, Bödefeld
Löwe	Neger, Grönebach, Küstelberg, Glindfeld, Deifeld, Düdinghausen, Eppe, Medebach, Münden, Winterberg, Züschen, Hallenberg
Jungfrau	Attendorn, Dünschede, Burbecke, Wormbach, Berghausen, Schmallenberg, Grafschaft, Oberkirchen, Lenne, Oberhundem
Waage	Drolshagen, Olpe, Wenden, Römershagen
Bärenhüter	Herscheid, Plettenberg, Affeln, Balve, Enkhausen, Hachen, Sundern, Allendorf, Schönholthausen
Schlange	Rönsahl, Kierspe, Lüdenscheid, Hülscheid, Dahl, Wiblingwerde
Nördl. Krone	Berchum, Elsey, Letmathe, Oestrich, Iserlohn, Hemer
Herkules	Hagen, Boele, Westhofen, Schwerte, Dellwig, Unna, Kurl, Dortmund, Methler, Lünen, Brechten, Lünern, Flierich, Hemmerde, Werl, Fröndenberg, Voßwinkl, Neheim, Hüsten
Schlangenträger	Westerholt, Horst, Schloß Borbeck, Werden, Steele, Herne, Mengede, Eichlinghofen, Schwelm
Schild	Osterfeld, Bottrop, Gladbeck
Adler	Polsum, Marl, Bossendorf, Flaesheim, Ahsen
Leier	Pelkum, Herringen, Hamm, Berge, Rhynern
Drache	Westönnen, Bergstraße, Schwefe, Osttönnen, Bennighausen, Hellinghausen, Soest, Meinigsen, Körbecke
Kleiner Wagen	Altengesecke, Horn, Erwitte, Anröchte, Bökenförde, Störmede, Geseke

Zahlreiche weitere Sterne, die nicht Bestandteile der eigentlichen Sternbildfiguren sind, sind ebenfalls durch Kirchenorte vertreten.

Ferner wird die Nord-Süd Achse der Karte markiert durch die Linie Allagen (Himmelspol), Wormbach (Zenit), Steinringsberg bei Herborn, Weilburg und Mainz.

Die Ost-West Achse verläuft durch Hemeln an der Weser, Allagen und Osterfeld.

Der gesamten Konstruktion liegt die megalithische Elle (circa 83 Zentimeter) und die megalithische Rute (3,125 Meter) zugrunde.

Nun, etwas ähnliches gibt es auch in Frankreich: Die gotischen Kathedralen der Île de France sind in etwa so angeordnet wie die Sterne des Sternbildes *Jungfrau*.[300] Dieses Bild ist neben dem der Fische, das ihm am Himmel gegenüber liegt, für die Erden- und Menschheitsentwicklung von besonderer Bedeutung. Aus dem Bereich der Fische wirkt etwas, was wir als Sonnen- oder Morgenkraft beschreiben können, während von der Jungfrau her eine Monden- oder Abendkraft einströmt. Eine zukünftige Aufgabe soll es sein, zu entdecken, wie diese Kräfte in den Dienst der Menscheit gestellt werden können.[301]

Sternenspiegel

Es ist klar ersichtlich, aber trotzdem eine Sache, die uns in Erstaunen versetzt: Die Pyramiden von Gizeh spiegeln scheinbar die Sternenkonfiguration des Sternbildes Orion auf der Erdoberfläche wider.[302]

An diese Entdeckung anknüpfend entdeckte der Engländer Mark Vidler, daß sich alle helleren Sterne in bedeutenden Punkten auf der Erdoberfläche widerzuspiegeln scheinen.[303] Dabei korrespondiert die Deklination des Sterns, die Breite des Sterns, die er im Koordinatensystem des Himmels einnimmt, mit der geographischen Breite

Stern	Deklination	Berg / Ort	geogr. Breite
1. Sirius	-16° 43'	Mt Illimani /	-16° 38'
		Tiahuanaco	-16° 32'
2. Canopus	-52° 42'	Tierra del Fuego	
3. Rigel Kentaurus (Toliman)	-60° 50'	nördlichster Punkt der Antarktis	
4. Arcturus	+19° 11'	Mt Ixtraccihuautl	+19° 11'
5. Vega	+38° 47'	Antero Peak	+38° 40'
		Cahokia	+38° 40'
6. Capella	+46° 00'	Mt St.Helens	+46° 11'
		Mt Adams	+46° 11'
7. Rigel	-8° 12'	Recife (östl. Punkt von Amerika)	-8° 11'

des Ortes, wie die folgende Tabelle zeigt.
Weiter fand Vidler Korrespondenzen zwischen einzelnen Sternbildern und Ländern.

Sterne des Bildes *Drache* – wir erwähnten es bereits – zeichnen sich auf England ab. Der Stern Ettanin +51° 29′ entspricht Silbury Hill in Wiltshire bei +51° 25′, Juza +56° 52′ entspricht Ben Nevis +56° 48′ und Alwaid +52 18′ entspricht Mt Brandon +52° 14′.

Ferner korrespondieren Sterne des Bildes *Waage* mit Südamerika. Der Stern Alpha in der Waage bei einer Deklination von −16° 02′ entspricht Mt Ancohuma −15° 54′ und Beta −9° 23′ entspricht Mt Hauscaran −9° 08′.

Wichtig ist natürlich auch das vielleicht beeindruckenste Sternbild, der *Orion*, das sich über den vorderen Orient erstreckt. Die Konfiguration ist wie folgt:

- des Auge des Orion entspricht dem Berg Ararat,
- der Stern Bellatrix entspricht dem Mt Bukadaban und Ulug Muztagh,
- der Stern Beteigeuze entspricht dem Cilo Dag (Türkei),
- Mintaka entspricht dem Mt Kun-Ka-Shan,
- Alnilam entspricht dem Daulaghiri,
- Alnitak dem Mt Everest,
- das Schwert des Orion dem Mt Nezzi und Philae und Elephantine,
- Saiph entspricht dem Mt Tarso Ahon,
- Rigel schließlich entspricht der Ganges-Mündung.

Und ist es nicht erstaunlich, daß die Sternenformation, die heutzutage verschämt als *das Schwert des Orion* bezeichnet wird, tatsächlich aber die Genitalien des mythologischen Helden markiert, ein Ort ist, an dem neue Sterne entstehen, also ein Art kosmische Zeugung stattfindet? Dieser Ort wird als *Großer Orionnebel* bezeichnet und ist in klaren Winternächten als verwaschenes Fleckchen mit bloßem Auge sichtbar.

Unsere hellsichtigen Vorfahren konnten die Wesen wahrnehmen, die hinter dem sichtbaren Sternenhimmel sind und so entstanden die Sternbilder. In dem Sternenatlas des Helvetius aus dem 17. Jahrhundert ist der Orion tatsächlich noch als der große Jäger der Sage zu sehen. Außerdem ist oben rechts gerade noch der Kopf des Stieres zu erkennen und links das Einhorn.

Vidler führt in seinem Buch noch weitere Koinzidenzen zwischen Sternen und Orten auf...

Haben die Engel auf die Erde geschrieben?

Doch selbst unterirdische Minerallager sind nicht rein zufällig verteilt. In Frankreich sollen die *Salzlagerstätten* – schon durch die Kelten erforscht und abgebaut – ein Sternbild abbilden.[304] Was zu überprüfen wäre...

Astrologische Tafeln

Im Untergrund mancher Kultstätten kann man radiästhetisch eine sogenannte „Astrologische Tafel" nachweisen. Sie weist Felder mit den Lecherantennenwerten der zwölf Tierkreiszeichen, verschiedenen Sternen, den vier Elementen und der *Quinta essentia* auf.[305] Die komplette (!) Astrologische Tafel kann mittels gepolter Steine, die in einer bestimmten Anordnung aufgestellt (oder vergraben) werden, künstlich erzeugt werden und es scheint, als ob diese Astrologische Tafel ein Naturphänomen, eine Gegebenheit der Natur ist, die bei der Steinsetzung spontan entsteht.

Die Lecherantennenwerte der einzelnen Bestandteile der Astrologischen Tafel sind:

Nr.	Tierkreiszeichen	LAW	LAW der drei Dekane
1	Widder	11,8	13,9 / 14,2 / 14,5
2	Stier	11,4	13,8 / 12,5 / 12,1
3	Zwillinge	10,7	11,9 / 11,6 / 11,4
4	Krebs	7,7	11,2 / 10,7 / 10,3
5	Löwe	6,6	9,9 / 9,4 / 9,1
6	Jungfrau	4,7	5,7 / 6,2 / 6,5
7	Waage	5,8	6,8 / 7,3 / 7,4
8	Skorpion	6,7	7,7 / 7,9 / 8,2
9	Schütze	7,8	8,6 / 8,8 / 9,2
10	Steinbock	8,1	10,6 / 11,3 / 11,7
11	Wassermann	10,2	12,3 / 12,7 / 12,9
12	Fische	11,2	13,1 / 13,3 / 13,6

Mundanastrologie

Die Erforschung und Erläuterung der Gestirnswirkungen auf Erde und Mensch ist eigentlich das Arbeitsgebiet der Astrologie.
Über die Beziehungen der Planeten und Sternbilder zu einzelnen Ländern, die sogenannte Mundanastrologie, schrieb Agrippa von Nettesheim, wobei er sich auf Ptolemäus bezog. Seine Angaben sind wie folgt:

- Mond und Krebs: Afrika
- Sonne und Löwe: Italien, Sizilien
- Merkur und Zwillinge: Cyrenaika, Unterägypten
- Merkur und Jungfrau: Griechenland, Kreta, Mesopotamien
- Venus und Stier: Kykladen, Küsten im östl. Mittelmeer, Persien
- Venus mit Waage: Seen
- Mars und Widder: England, Frankreich, Deutschland, Judäa
- Mars und Skorpion: Syrien, Mauretanien
- Jupiter und Schütze: Land der Kelten, Spanien
- Jupiter und Fische: Lydien u.a.
- Saturn und Steinbock: Mazedonien, Thrakien, Illyrien, Indien, Kleinasien
- Saturn und Wassermann : Arabien, Äthiopien, Innerasien

Agrippa merkt weiter an: *„Wer nun diese Einteilung der Länder nach den Gestirnen mit den Ämtern der regierenden Intelligenzen, den Segnungen der israelitischen Stämme, den Losen der Apostel und den Sinnbildern der Heiligen Schrift zu vergleichen weiß, der wird imstande sein, für eine jede Gegend höchst wichtige Weissagungen zu machen."*[306]

Untersuchen wir die Sternenkonstellationen in den Jahren um die Zeitenwende, dann stellen wir fest, daß sich im Jahre 7 v.Chr. die beiden größten Planeten des Sonnensystems, Jupiter und Saturn, im Sternbild Fische innerhalb weniger Monate *dreimal* relativ nahe kamen. Dieses Ereignis, die sogenannte *Große Konjunktion*, wird gelegentlich als der „Stern von Bethlehem" gedeutet.[307] Die drei in die Mysterien des Zarathustra und in die alte chaldäische Sternenweisheit eingeweihten Magier deuteten dieses Zeichen richtiger als Vorankündigung der Geburt Christi und machten sich einige Jahre später auf nach Bethlehem.

Enge Begegnungen – Konjunktionen – zwischen den Planeten Jupiter und Saturn kommen jedoch öfter vor, wenn auch nicht die dreifachen. Die Konjunktionen wiederholen sich alle 19,86 Jahre, dann aber in einem jeweils anderen Sternbild im Tierkreis. Erst die vierte Konjunktion findet nach knapp 60 Jahren wieder fast an derselben Stelle wie die erste statt. Dazwischen, um 10 Jahre versetzt, liegen die Gegenüberstellungen – Oppositionen – der beiden Planeten. Zeichnet man die Örter der im Laufe von 60 Jahren stattfindenden Konjunktionen und Oppositionen in den Tierkreis ein, entsteht, phänomenologisch betrachtet, ein beinahe perfektes Hexagramm mit der Erde in seiner Mitte. Beinahe, weil die Örter tatsächlich nicht identisch sind, sondern der neue Ort um etwa 8° gegenüber dem alten verschoben ist. So wandern die Örter der Großen Konjunktion im Laufe von 854 Jahren durch den Tierkreis, bis sie fast genau ihre Ausgangsstellung erreicht haben. Dabei berühren sie abwechselnd je ein Feuer-, Erd-, Luft- und Wasserzeichen. Drei Sternbilder gleicher Qualität sind also im Winkelabstand von je 120° angeordnet und bilden dabei jeweils ein Trigon. (Dies ist auch mit dem „feurigen Triangel" gemeint, das Johannes Kepler anläßlich der Konjunktionen von 1604 und 1623 beschrieb.) Bei den erwähnten Qualitäten der Sternbilder handelt sich um die ätherischen Aspekte der Tierkreisbilder, die jeweils einer bestimmten Ätherart (Wärme-, Lebens-, Licht- und Klangäther) zugeordnet sind.

2621 Jahre dauert es schließlich, bis sich die Begegnung von Jupiter und Saturn wieder an der völlig gleichen Stelle abspielt. Der Tierkreis wird damit zum Ausgangspunkt eines wundersamen Sternengeflechts, in das unsere Erde eingebettet ist. Dieses Geflecht, die Harmonie der Sphären, die durch den Zusammenklang der Begegnungsrhythmen von Jupiter und Saturn entsteht, können wir als Ausdruck des Waltens der Cherubim ansehen.

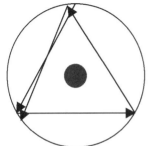

Das Wandern der Örter der Großen Konjunktionen zwischen Jupiter und Saturn durch den Tierkreis. (schematisch, im Zentrum die Erde)

Bleiben wir noch etwas bei der phänomenologischen, geozentrischen Betrachtungsweise dieser Planetenbewegungen und einer anderen damit verbundenen, nun völlig erstaunlichen Tatsache. Das 60jährige Zusammenspiel von Staturn und Jupiter stellt sich vor dem Tierkreis als pentagrammatisches Sternengeschehen dar, wenn die jeweiligen wechselnden Stellungen Saturns auf die gleichen Konjunktions- und Oppositionsörter Jupiters bezogen werden. Die Umlaufzeiten von Saturn und Jupiter verhalten sich zueinander im Goldenen Schnitt. Die beiden Riesenplaneten prägen als Ausdruck der durch diese göttliche Proportion geregelten Umlaufzeiten nun fortlaufend ein Pentagramm in den kosmischen Umkreis ein, innerhalb dessen sich die Erde bewegt. So wird die Zahl Zehn, die mit dem Wesen von Zehn- und Fünfeck verbunden ist, in die Begegnungen von Jupiter und Saturn einbezogen. Es bildet sich gleichsam ein

Schutz gegen die negativen, ahrimanischen Kräfte des reinen Dezimalsystems.

Nun zum 33jährigen Sonnenrhythmus: Allgemein bekannt ist ja, daß die Stellung der Sonne im Geburtshoroskop eine große Rolle spielt. Aber erst nach 33 Jahren steht die Sonne tatsächlich wieder exakt am selben Punkt des Himmels, wie zur Geburt des Menschen. Das Zusammenspiel von Sonne und Erde ist also durch einen 33jährigen Rhythmus geprägt. Ist es hier nicht bemerkenswert, daß das Erdenwirken des herabgestiegenen Sonnengeistes, des Christus, der in der Folge des Mysteriums von Golgatha die ganze Erde verwandelte, tatsächlich 33 Jahre währte?

Eigentümlich mutet dagegen die Tatsache an, daß sich die Zeitspanne von 666 Jahren, die sich durch das Eingreifen des Tieres im Jahre 666 n.Chr. manifestierte, eine wiederkehrende Periode des Bösen anzeigt. Diesem steht aber ein anderer Zyklus gegenüber. Der Zyklus der oben bereits erwähnten dreifachen Großen Konjunktion, die „königliche Gestirnung", führt dazu, daß sich diese Konstellation nach 7 mal 7 Großen Konjunktionen oder 973 Jahren wieder im selben Sternbild abspielt. Die Sonne selbst, die sich dadurch nach jeweils 973 Jahren mit dem im gegenüberliegenden Sternbild konjugierenden Planetenpaar Jupiter und Saturn verbindet, stellt dem Sonnendämon die Siebenheit entgegen. Sieben ist die Ur-Zahl der im Sinne der guten Mächte fortschreitenden Evolution. So gesehen ist die „königliche Gestirnung" ein Siegeszeichen im Kampf gegen die Widersachermächte.

Sollten wir nicht einmal genauer untersuchen, wie Gitternetze und Planetenlinien auf solche Konstellationen reagieren?

Kraftvolle Orte

Den Rhein entlang

Vater Rhein – er muß wohl eine besondere Bedeutung für die Menschen in Europa haben. Überhaupt hat Wasser es „in sich". Dazu ein Beitrag von dem großen spirituellen Lehrer Omraam Mikhael Aïvanhov: *„Das Wasser ist für die Erde ein Fluidum von vitaler Bedeutung. Die Ströme und Flüsse stellen die Arterien und Venen dar, und die Seen die verschiedenen Nervenzentren und so fort. Das Wasser ist, wie das Blut, ein sehr kostbares und unentbehrliches Element, das Leben mit sich bringt und alle Geschöpfe – ob Steine, Pflanzen, Tiere oder Menschen – ernährt. Sogar Kristalle brauchen für ihre Entwicklung Wasser. Edelsteine existieren nur dank einiger Partikel Wasser, sonst würden sie einfach zerfallen. Das Wasser bewirkt, daß der Stein haltbar, farbig und lichtdurchlässig ist. Die Vegetation dagegen, deren Wurzeln tief in die Erde reichen, bilden den ätherischen Körper der Erde. Ja, die Bäume bilden den ätherischen Körper der Erde, und das Wasser ist das Fluidum, das diesen Körper erhält. Dank des Wassers gestalten und beleben Blumen, Bäume und alle Pflanzen die Erde."*[308]

Über die drei Kaiserdome am Rhein haben wir bereits kurz abgehandelt. Untersuchen wir nun weitere bedeutsame Orte an diesem Strom und folgen wir dabei dem Rhein vom Bodensee aus stromabwärts. Ein bedeutsamer Punkt ist der Rheinfall bei *Schaffhausen*. Hier liegt die Wiege der Aluminium-Industrie, jenem Metall, ohne das die moderne High-Tech Industrie nicht vorstellbar wäre. Der Ort liegt übrigens auch zusammen mit Trier und Würzburg auf einem Kreisbogen, den man um den Mittelpunkt Karlsruhe schlagen kann. Weiter führt uns der Strom an den Vogesen vorbei. Dort, an deren nordöstlichstem Punkt, liegt der berühmte *Odilienberg* mit der Odilienquelle. Radiästhetisch ist er sehr gut untersucht. Reduzierendes Wasser, wie es die dortige Quelle liefert, wurde von den Kelten zur

Herstellung von Stahl genutzt und für Augenwaschungen – daher die verschiedenen Odilienquellen in Deutschland. Quellen sind eigentlich die Augen der Erde, wie Rudolf Steiner anmerkte.[309] Zur Radiästhesie des Odilienberges verweisen wir weiter auf die Schriften von Jünemann und Landspurg.[310]

Die Ergebnisse der radiästhetischen Messungen sind aber nur der geringere Teil der Bedeutung dieses Berges. Er ist auf besondere Weise mit der Geschichte des Heiligen Gral verbunden. Hier ist jedoch nicht der Raum, darauf weiter einzugehen. Dem Leser sei daher an erster Stelle das ungemein wichtige Buch *„Weltgeschichte im Lichte des Heiligen Gral – Das neunte Jahrhundert"* von Walter Johannes Stein empfohlen.[311]

Und trotz all der inzwischen vergangenen Jahrhunderte – der Berg hat es immer noch in sich. Nachdem Odilie selbst kürzlich eine neue Stufe ihrer Entwicklung erreicht hat, ist der Odilienberg zur Zeit einer der stärksten Orte der Kraft in Europa.

Die Stadt der Atlantiden

Viele haben während ihrer Schulzeit sicher irgendwann staunend den Plan von Karlsruhe im Jahr 1742 betrachtet, wie er in Putzgers Historischem Weltatlas zu finden ist.[312] Eindrucksvoll erkennt man hier die bis ins Detail geplante Anlage, die mit ihren vom Schloß

ausgehenden 32 Straßen die strahlende Sonne widerspiegelt. Die eigentliche historische Planstadt liegt dabei in dem Fächer der neun nach Süden orientierten Straßen.

Ansicht des barocken Karlsruhe. Im Zentrum Schloß, Schloßturm und Zirkelhäuschen; unten die Konkordienkirche. Stich von Christian Thran aus dem Jahr 1739

Der eigentliche Schloßbezirk liegt innerhalb eines Kreises um den zentralen Turm. Dieser Kreis berührt die quer verlaufende Hauptstraße jedoch nicht – der innere Kreis um den Wohnsitz des Herrschers von Gottes Gnaden kommt nicht mit der profanen Welt in Berührung.

Die Rodungsarbeiten für das Zentrum der Anlage, den ursprünglich frei stehenden oktogonalen Schloßturm, begannen am 28.1.1715, dem Namenstag Karls des Großen. Die feierliche Grundsteinlegung von „Carolsruhe" geschah am 17.6.1715 – vier Tage vor der Sonnenwende.[313]

Nach den Forschungen von Jens Martin Möller sollen die Konstrukteure der barocken Sonnenstadt Eingeweihte gewesen sein. Er vermutete, daß der Hauptberater von Markgraf Karl Wilhelm der Kammerprokurator, Mitglied des kaiserlichen „Cherubim-Ordens" und Alchemist Johann Georg Förderer von Richtenfels gewesen war, welcher aber schon im Mai 1717 nach einer gegen ihn gerichteten Intrige der Hofbeamten entlassen wurde.

Es dauerte jedoch nicht lange, bis sich ein weiterer Eingeweihter in Karlsruhe einfand, nämlich der Bergbaufachmann, Alchemist, Kabbalist und Theosoph rosenkreuzerischer Prägung Georg von Welling.[314] Ab Februar 1721 war Welling markgräflicher Berghauptmann und leitender Alchemist am Hof. Er hatte die Experimente zu leiten und jeden Morgen dem Markgrafen, der meistens vor dem Beginn der Staatsgeschäfte im Laboratorium vorbeischaute, die neuesten Ergebnisse zu berichten. Ab Ende März 1721 war Welling auch Leiter des Bauamtes und kurzzeitig Bauleiter beim Bau der Konkordienkirche. Genau wie Richtenfels fiel Welling aber bald in Ungnade. 1723 wurde er entlassen, weil er auf einer Reise nach Dresden einen nicht genehmigten Aufenthalt in Ansbach einschob.

1725 wandte er sich in einem Brief noch einmal an den Markgrafen, in dem er unter anderem bemerkte, daß ihm seine Feinde immer noch keine Ruhe ließen. Auch Richtenfels wurde weiterhin von Karlsruher Spitzeln beschattet und in Verruf gebracht. Gab es eine Gruppierung am Karlsruher Hof, die die esoterischen Leidenschaften ihres Herrschers und seiner Berater nicht mittragen wollte?

Sowohl Richtenfels als auch Welling waren Rutengänger und hatten diese Kunst wahrscheinlich bei ihrer Tätigkeit im Bergbau erlernt. Sie sind es, denen die Karlsruher Anlagen ihr Aussehen verdanken. Am 12. Mai 1738 stirbt Karl Wilhelm. Herz und Organe werden in der Pforzheimer Schloßkirche beigesetzt. In der Nacht zum 20. Mai wird der einbalsamierte Leib des Stadtgründers in der engen Gruft unter dem Mittelpunkt der Konkordienkirche bestattet. Nur zwei Hofbeamte sind anwesend. Bei der offiziellen Trauerfeier am 6. Juli bewegt sich dann ein großer Trauerzug mit einem *leeren* Sarg zur Kirche. Ganz genau kennen wir das ursprüngliche Schloß nicht mehr. Ab etwa 1750 wurden die hölzernen (!) Gebäude - bis auf den Turm - abgerissen und durch steinerne Bauten ersetzt.

Auch die Konkordienkirche, deren Grundriß auf vier Kreisen beruhte, ist lange verschwunden. An ihrer Stelle wurde eine *Pyramide* errichtet, unter der sich immer noch die Gruft mit dem Sarg Karl Wilhelms befindet. Die Nordseite der Pyramide wird an nur einem Tag des Jahres, dem Tag der Sommersonnenwende, zur Mittagszeit von der Sonne beschienen und nur zwei spätere Öffnungen sind bekannt geworden: In der Nacht zum 13. Juli 1889 und in der Nacht zum 18. September 1998.[315] Warum die städtischen Angestellten eine teure Nachtschicht einlegen mußten, sei einmal dahin gestellt...

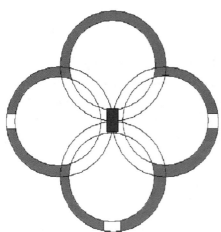

Schematischer Grundriß der ehemaligen Karlsruher Konkordienkirche mit der Position des Sarkophages von Stadtgründer Markgraf Karl Wilhelm im Zentrum.

Betrachten wir nun weitere uns interessierende Details. Dabei halten wir uns hauptsächlich an das Buch *„Mythos einer Sonnenstadt"* von Möller, der seinerseits wieder bei verschiedenen Esoterikern und Heimatforschern abgeschrieben hat.[316]

Der achteckige Schloßturm, ursprünglich mit sieben Stockwerken und 60 Meter hoch, ist Mittelpunkt der Anlage. Er stand zuerst auch völlig frei hinter dem Schloß. Welchen Sinn hatte das? Wer benutzte den Turm und wofür? Wir denken hier sogleich an gewisse Einweihungsrituale, die der Anregung der Chakren dienten.

Hinter dem Schloß befanden sich in einem Halbkreis die 22 sogenannten Zirkelhäuschen. Hier hatte der Markgraf drei alchemistische Laboratorien angelegt. Von Westen her gesehen waren das zehnte Haus das „Große Laboratorium", das zwölfte Haus das „Alte Laboratorium" und das fünfzehnte Haus das „Laboratorium".

Möller will in dem Großen Staatswappen, das das Porträt von Karl Wilhelm im Mittelpunkt enthält, freimaurerische Symbole und einen „Geomanten" erkannt haben. Auf einer guten Reproduktion dieses Wappens[317] entpuppt sich der Geomant freilich als rutengehender Bergmann, der auf dem Weg zum Stollenmundloch am Bildrand gegenüber ist und die freimaurerischen Symbole reduzieren sich zu Schlägel und Eisen, Wünschelrute und Kompaß, gruppiert zwischen verschiedenen Erzbrocken, welche durch ihre metallurgisch-alchemistischen Symbole gekennzeichnet sind. Das Wappen nimmt somit Bezug auf die von Markgraf Karl Wilhelm und seinen Kammerprokurator Förderer von Richtenfels beabsichtigte Förderung der Wirtschaft – im Herbst 1721 unternahm Welling eine Inspektionsreise zu den oberländischen Bergwerken – oder, mit viel gutem Willen, auf die alchemistische Suche nach dem Stein der Weisen, deren Grundlage manche in der Schmelzung der verschiedenen Erze sahen.

Im Grundriß der Park- und Straßenanlagen lassen sich nach Möller nicht nur die Sonne, sondern auch Symbole der Freimaurerei erkennen: Zirkel und Dreieck, auch das Senkblei, welches durch die Konkordienkirche (die heutige Pyramide) dargestellt wurde. Freimaurerlogen gab es zur Zeit der Gründung von Karlsruhe allerdings noch nicht in Deutschland. Wir müssen hier viel mehr gewisse Alchemisten- und Rosenkreuzerzirkel in Betracht ziehen!

Möller behauptet nun weiter, ein durch die Gartenstrukturen um den Schloßturm angedeutetes Quadrat weise die Abmessungen der Basis der Cheopspyramide (Kantenlänge 230 Meter) auf. Weiter sollen vier geodätische Punkte (Kirche Waldstadt, Killsfeld, St.-Thomas-Morus Kirche, Neureut / Lange Richtstatt) ein Quadrat von 5650 Metern Kantenlänge bilden (das soll die fünfundzwanzigfache Seitenkante der Cheopspyramide sein), dessen Diagonalen durch die äußeren Grenzen des Fächers vorgegeben werden. Darin befindet sich ein diagonal hineingelegtes Rechteck von der zehntausendfachen Seitenlänge der Königskammer (5,24 Kilometer). Auch die Quadratwurzel von 32 – so viele Strahlen gehen vom Schloß aus – ist übrigens 5,65.

Die Kantenlänge an der Basis der Pyramide ist, soweit man das bei dem bröckeligen Bau noch rekonstruieren kann, allerdings um etwa einen Drittelmeter größer.[318] Somit stimmen Möllers Berechnungen nicht ganz. Auch ist 230 mal 25 nicht 5650 sondern 5750. Die von Möller angefertigte Zeichnung ist trotzdem in sich richtig und enthält interessante Details. Allerdings kann die Zahlensymbolik aufgrund der oben genannten Fehler nicht stimmen.

Eine von Möllers Linien führt über Schloßturm und Pyramide (am Platz der ehemaligen Konkordienkirche) zum Rondellplatz mit seinem Obelisken. Eine weitere Linie vom Schloßturm über das Bundsverwaltungsgericht trifft den Obelisk an der Hauptpost. Rondellplatz, Bundesverwaltungsgericht und Bundsverfassungsgericht bilden zudem ein exaktes pythagoräisches Dreieck.

32 Straßen oder Strahlen, die 32 Striche der barocken Kompaßrose, gehen vom Schloßturm aus. In 32 Kilometern Entfernung liegt Malsch bei Heidelberg und 16 Kilometer entfernt trifft man auf Malsch bei Rastatt, wo nach Rudolf Steiner in atlantischer Zeit eine Initiations- und Orakelstätte gewesen sein soll. An deren Stelle, hinter einem Bach in einem romantisch-verwilderten Parkgelände voller Elementarwesen, wurde von Schülern Steiners im Jahr 1908 ein kleiner Bau errichtet, der in der mondhellen Nacht des 5. April 1909 von Rudolf Steiner persönlich eingeweiht wurde und als „Modellbau von Malsch" in die Geschichte einging.[319] Das kleine Gebäude mit seinen die Konstruktion bestimmenden sich durchdringenden Ellipsen hätte eigentlich der Ausgangspunkt einer neuen organischen Archi-

tektur für das 20. Jahrhundert sein können,[320] doch wäre es statt dessen zweimal beinahe zerstört woren. Einmal durch SA-Leute und dann durch campierende Soldaten.

Möller will nun weiter einen Hinweis auf einen ägyptischen Totenkult darin sehen, daß die Herzen der badischen Großherzöge in Urnen aus Rheingold in der Wallfahrtskirche „Maria Bickesheim" in Durmersheim beigesetzt wurden. (Heute befinden sie sich im Kloster Lichtenthal bei Baden-Baden.)

Bickesheim liegt zwischen Malsch (Sonnenorakel) und Büchelberg (ehemaliges Mondheiligtum). Von der Verbindungslinie dieser Orte jeweils in einem Winkel von 51,5°, dem Böschungswinkel der Cheopspyramide, gezogene Linien treffen sich im Schloßturm von Karlsruhe. Das Schloß bildet demnach die Spitze einer Pyramide, die über Bruchsal, Zeuten und Hermannsberg zum Sonnenaufgang am Tag der Sommersonnenwende ausgerichtet ist.

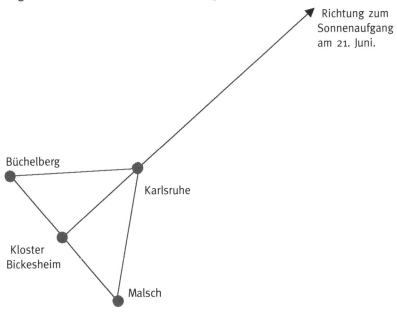

Richtung zum Sonnenaufgang am 21. Juni.

Büchelberg

Karlsruhe

Kloster Bickesheim

Malsch

So klar, wie Möllers Zeichnung die Verhältnisse andeutet, sind sie tatsächlichen aber nicht. Der Winkel bei Malsch beträgt mehr als 52° und Bickesheim liegt auch deutlich näher bei Malsch als bei Büchelberg.

Zwischen Kandel, Eggenstein, Büchelberg und dem Schloßturm konstruierte Möller nun ein Andreaskreuz (angeblich auch ein geheimes Symbol der Freimaurer), in dessen Schnittpunkt das Daimler Werk Wörtheim liegt.

Schließlich sieht Möller Karlsruhe in ein System „geomantischer Großraumlinien"[321] eingebunden, um deren Zentrum in Stein-Königsbach (zwischen Karlsruhe und Pforzheim) ein Dreieck mit den Ecken Aachen-Walhalla-Basel liegt. Die Ecken bei Aachen und bei der Walhalla bilden jeweils einen Winkel von $51,5°$. Es handelt sich bei dem Dreieck damit um eine fast auf dem Kopf stehende (warum?) Cheopspyramide. Im Schnittpunkt der Linien Frankfurt-Würzburg und Basel-Fulda liegt übrigens Schloß Mespelbrunn.

Mathematische Analysen haben inzwischen ergeben, daß die Möllerschen Großraumlinien wohl *keine* Ansammlung zufälliger Objekte sind, sondern sie sind Teile eines umfassenderen geometrischen Systems mit einer bestimmten Ordnungsstruktur.[322]

Geomantische Großraumlinien nach Jens Martin Möller:

Name (nach MÖLLER)	Orte auf der Linie
Externsteinpyramide	
Ostlinie	Externsteine (Horn), Kassel, Regenstauf, Zagreb, Delphi, (Cheopspyramide?)
Meridian	Externsteine, Marsberg, Marburg, Neckargmünd, Kloster Maulbronn, Haigerloch, Hohentwiel (Singen), Genua, Cagliari
Westlinie	Externsteine, Bitburg, Luxemburg (Lichtburg), Lourdes, Gibraltar, Kanarische Inseln (Atlantis?)
Atlantis-Linie	Nordspitze Portugal, Chartres, Paris, Aachen, Soest, Externsteine
Keltenlinie	Cancarneau, Quimperle, Rennes, Chartres, Karlsruhe, Regenstauf (Walhalla)
Michaels-Linie	Mont St.Michel, Paris, Châlons-sur-Marne, St.Mihiel, Karlsruhe, Straubing, Deggendorf, Odessa
Drei-Kaiserdom-Linie	Norderney, Hamm, Werl, Kreuztal, Siegen, Mainz, Worms, Speyer, Karlsruhe, Berneck, Hohentwiel (Singen)
Siegfried-Linie	Rennes, Paris, Burg Esch, Worms, Lorsch, Michelstadt, Würzburg, Bayreuth, Prag
Normandie-Linie	Le Havre, Rouen, Compiègne, Reims, Verdun, Metz,

	Karlsruhe, Landshut, Linz, Budapest (Kriegs- und Blutgürtel Europas)
Deutschland-Linie	Aix-en-Provence, Fribourg (Belchen-Schweiz), Basel, Belchen (Freiburg), Herrenalb, Karlsruhe, Neckargmünd, Schloss Mespelbrunn, Fulda, Brocken, (Eisenach?), Helmstedt
Logen-Linie	Perth, Den Haag, Aachen, Kirn, Kalmit, Karlsruhe, Bebenhausen, Lichtenstein, Zwiefalten, Bussen, Stein (Allgäu), Nebelhorn, Leuca
Bonifazius-Linie	Southampton, Brüssel, Aachen, Fulda, Prag, Sternberk
Artus-Linie	Belfast, Winchester, Le Havre, Chartres, Orleans, Toulon, Cagliari
Grals-Linie	Nantes, Orleans, Troyes, Nancy, Eschbach, Eschbourg, Fleville, Pfaffenhofen, Durmersheim, Karlsruhe, Kloster Maulbronn, Schwäbisch Hall, Wolframseschenbach, Sternberk (CSSR), L'Vov (Lemberg/Ukraine)
Kaiserlinie	Aachen, Karlsruhe (Eggenstein), Habichegg (Teil der Logenlinie)
Königs-Linie	Hochkönigsbourg (Elsaß), Königsbach/Stein, Baden-Baden, Karlsruhe, Bretten, Königsberg (Bayern), Haßfurt (Bayern), Veste Coburg, Gera, Königsberg (Preußen-Kaliningrad)
Keltenfürsten-L.	Saarluis, Blieskastel, Burg Esch, Karlsruhe, Hochdorf, Hohenstaufen, Dillingen, Scherneck, St.Wolfgang
Kaspar-Hauser-L.	Karlsruhe, Burg Zähringen, Kaiseraugst (Basel/Dornach)
Hohenzollern-L.	Burg Riehen (Basel), Burg Hohenzollern, Hoheneuffen, Burg Teck, Hohenstaufen, Ellwangen, Dinkelsbühl, Nürnberg
Nornen-Linie	Regenstauf (Walhalla), Nürnberg, Würzburg, Frankfurt (Main), Königstein (Taunus), Aachen
	Basel, Hochkönigsburg, Trier, Aachen
	Basel, Beuron, Zwiefalten, Ulm, Dillingen, Regenstauf (Walhalla)
	Basel, Homburg (Saar), Idar-Oberstein, Bonn, Essen, Enschede
	Luxemburg, Dahn, Bergzabern, Karlsruhe, Stuttgart, Esslingen, Augsburg, Königsbrunn, Marquartstein
	Stuttgart, Frankfurt, Wetzlar, Soest, Beckum, Norderney
	Gera, Weissenfels, Berleburg, Magdeburg, Oldenburg (Holstein)
	Enschede, Bremen, Hamburg, Lübeck

Zusammenfassend können wir sagen, daß Möllers These in der Annahme besteht, daß Karlsruhe durch die Symbolik seiner geodätischen Stadtplanung an altägyptische Kulte und das esoterisches Wissen aus Atlantis anknüpft und gleichzeitig darstellt, daß seine Planer über zumindest einen Teil dieses Wissens verfügten. Karlsruhe ist deshalb für ihn die Stadt der Atlantiden.

1803 bis 1817 lebte ein weiterer Eingeweihter in Baden, unter dem Markgrafen Carl Friedrich (1728-1811) von 1806 bis 1811 sogar im Karlsruher Schloß: Johann Heinrich Jung-Stilling, Arzt, Wirtschaftswissenschaftler, Freimaurer, Goethefreund und christlicher Mystiker. 1812, kurz nach dem Ableben des alten Markgrafen und dem Auszug seines guten Geistes, soll im Schloß ein Junge geboren worden sein, der später als „Kind von Europa" von sich reden machte.

Die Straßen des nach Süden weisenden Fächers sind auf einem alten Stich mit 1, 3, 5, 7, und 9 (von der Mitte nach rechts) und mit 2, 4, 6 und 8 (auf der linken Seite) numeriert. Hieraus konnte Möller eine Art esoterischen Kalender ableiten, der bestimmte Ereignisse der letzten Jahrhunderte markiert.[323] Schlüssel dazu ist die Lebensgeschichte eben jenes Kindes, dem der Name *Kaspar Hauser* gegeben wurde. Manche halten Kaspar Hauser schlichtweg für einen Betrüger, nach Meinung anderer soll er der eigentliche badische Erbprinz gewesen sein.

einige geomantische Großraumlinien
(nach Möller 1995, verändert; hervorgehoben ist die Drei-Kaiserdom-Linie)

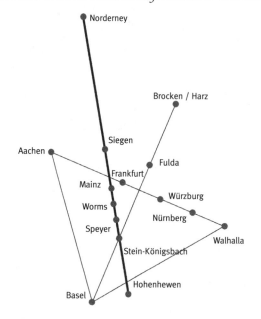

Die Sonnenstadt Karlsruhe ist über eine weitere geodätische Linie mit einer anderen nach okkulten Gesichtspunkten geplanten Stadt verbunden: der Mond- und Wasserstadt Mannheim. Diese Linie verläuft über den Kaiserdom von Speyer. Er teilt die Strecke fast genau im Verhältnis des Goldenen Schnitts.

Mannheims Hauptachse ist zum Königsstuhl orientiert, jenem Berg, der Heidelberg überragt und zu dem einst eine Treppe vom Rosenkreuzergarten am Heidelberger Schloß aus hinauf führte.

Zum Königsstuhl weist auch die Achse des Schwetzinger Schlosses. Deren rückwärtige Verlängerung führt zum Kalmit, dem höchsten Berg der Pfalz. Die Schloßachse verbindet als eine über 50 Kilometer lange Linie die beiden höchsten Berg der Kurpfalz.

Die Strecke Speyer-Karlsruhe führt, nach Süden verlängert, zur Donauquelle. Dort trifft sie sich mit einer weiteren, die über Konstanz, die drei Kirchen auf der Insel Reichenau im Bodensee, Radolfzell und die Hegau-Vulkane verläuft.

Die Donauquelle wird außerdem von einer Linie getroffen, die von Basel über den Feldberg im Schwarzwald führt.

Schließlich verläuft eine Linie von Colmar über Straßburg nach Speyer und eine weitere von Speyer über Koblenz nach Köln, womit auch das Mittelrheintal und die Kölner Bucht mit dem Bodensee energetisch verbunden sind.

Betrachten wir die drei Kaiserdome noch einmal genauer. Nördlich von ihnen an der Lahn, wo sich eine wichtige Äthergrenze befindet, liegt ein weiterer bedeutender Dom: der von Limburg. Er ist dem Heiligen Georg geweiht, der mit seinem Speer das Böse im Zaum hält. Die Speersymbolik könnte aber auch auf den ICH-Strahl hinweisen, der den Menschen mit den höchsten Welten verbindet und am Scheitel in den Körper eintritt. Wenn Limburg in einem nach Süden weisenden Landschaftstempel dem Scheitel-Chakra entspricht, so käme nach den Chakren Mainz, Worms und Speyer das Solarplaxus-Chakra mit der Sonnenstadt Karlsruhe. Das Kreuzbein-Chakra würde wohl in Baden-Baden liegen und das Basis-Chakra am Mummelsee im Schwarzwald.

Disibodenberg

Nahe Staudernheim an der Glan, ein Stück westlich von Bad Kreuznach, befindet sich in einem Talkessel am Zusammenfluß von Glan
und Nahe der Disibodenberg. Kommt man von Osten, präsentiert er
sich als nicht sehr hoher aber markanter Bergkegel. Es ist einer dieser Berge, die „etwas besonderes haben".
Auf seiner von Bäumen bedeckten Kuppe befinden sich die Ruinen
eines ehemals bedeutenden Klosters.[324]
Um das Jahr 600 soll hier der aus Irland vertriebene Bischof Disibod
am Osthang des Berges bei einer Quelle eine Einsiedelei gegründet
haben. Um die Wende zum zweiten Jahrtausend hat dann der Mainzer Erzbischof Willigis ein Kloster auf dem Berg gründen lassen.
1108 wurde ein Benediktiner-Doppelkloster eingerichtet, welches
1259 an den Zisterzienser-Orden fiel. 1559 wurde das Kloster aufgelöst.
Die malerisch zwischen Bäumen und Sträuchern verteilten, von Efeu
überwachsenen Mauerreste bieten heute eine perfekte Kulisse. Ro-
mantisch an hellen Frühlings- und Sommertagen, beinahe unheim-
lich im nebligen Herbst und Winter. An solchen Tagen, besonders,
wenn wir nicht am Wochenende hier sind, haben wir den Berg für
uns alleine.
Der Berg ist aber nicht deshalb zu einer Art moderner Pilgerstätten
geworden, sondern weil hier die heilige Hildegard von Bingen lebte,
die neben der heiligen Elisabeth, weiland Landgräfin von Hessen,
die wohl bekannteste Heilige des Mittelalters in Deutschland überhaupt ist. Sie kam als Kind hierher, legte 1112 als 14 jährige zusammen mit Jutta von Sponheim und anderen Novizinnen ihre Profeß ab
und blieb bis mindestens 1147. Dann zog sie mit etwa 20 Schwestern nach Bingen, wo sie 1150 auf dem Rupertsberg an der Mün-
dung der Nahe in den Rhein ihr eigenes Kloster gründete.[325]

Der Disibodenberg ist natürlich ein „Kraftort" und eignet sich für Rutengänger hervorragend als Übungsobjekt, da fast alle Teile der Klo-
sterruine frei zugänglich sind. Über den Berg und durch die Kloster-

kirche verläuft eine geomantische Zone.[326] Im Bereich der Klosterkirche befinden sich drei Kraftpunkte: einer am Laienaltar (dem Solarplexus-Chakra zugeordnet), einer vor dem Hauptaltar und einer
hinter dem Hauptaltar.

Drei Kirchen des Klosters, die Hauptkirche, die Friedhofskapelle auf
dem Mönchsfriedhof und die Laienkapelle werden entlang ihrer
Längsachse von Wasseradern durchzogen. In der Klosterkirche und
in der Friedhofskapelle kreuzen sich am Altar jeweils drei Wasseradern; in der Laienkirche zwei in deren Mitte (die quer verlaufende
Wasserader kommt die Treppe hinunter). Nur die Marienkapelle wird
lediglich durch eine Wasserader, die vom Laienaltar der Klosterkirche her kommt, auf Höhe des Altars diagonal geschnitten. Hier entspringen jedoch noch zwei weitere Wasseradern, so daß drei die Kirche an der Rückseite des Chores verlassen.

Die Hauptkirche der Anlage ist im Kern die zur Zeit Hildegards errichtete benediktinische Klosterkirche. Durch die Zisterzienser wurde
sie umgebaut. Auf Höhe des vorletzten Säulenpaares vor der Vierung wurde ein Lettner eingezogen. Von dessen Mittelpunkt, dem
Laienaltar, heute kenntlich als steinernes Rechteck im grasigen Boden, ziehen Wasseradern zu vier quadratischen Flächen in den Sei-
tenschiffen – drei links, eine rechts. Dies sind die Standorte der
Beichtstühle. Sie waren somit unmittelbar an das energetische System der Kirche angeschlossen. Um den Priestern Energie zuzufüh-
ren – oder um sie den Beichtenden zu nehmen?

Durch die Klosteranlage lassen sich auch Planetenlinien verfolgen.
Die Mondlinie verläuft über Kreuzgang, Marienkapelle und alte Kirche auf dem Mönchsfriedhof. In dieser Kirche erscheint sie verbrei-
tert! Auch ist die Linie aufgespalten – der andere Arm verläuft durch
die große Kirche.

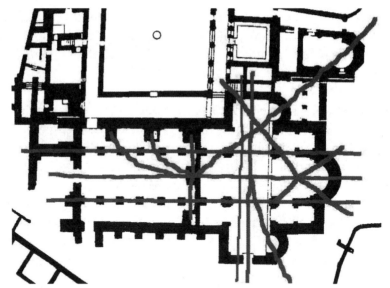

Kloster Disibodenberg. Grundriß der Klosterkirche mit einigen der radiästhetisch nachweisbaren energetischen Strukturen.

Kloster Disibodenberg. Grundriß mit dem Verlauf der sich durch die Ruine schlängelnden Planetenlinie „Mond".

Wir hörten auch, daß sich auf dem Gelände „Laserpunkte" befinden, Orte mit sehr hoher punktförmig einstrahlender Energie, die schmerzhaft wirken könnten, und unter der Kirche im Berg soll sich gar ein „Tempel der Atlanter" befinden. Wer mag, kann danach suchen ...

Welche Beziehungen bestehen nun zwischen dem Disibodenberg und anderen in dem obigen Abriß seiner Geschichte erwähnten Orten?

Der Berg ist Ausstrahlungspunkt eines Sterns von 14 *ley-lines*. Wir zählen sie hier im Uhrzeigersinn auf und beginnen mit dem fast genau nach Norden zeigenden Strahl.

Nr.	Richtung
1	Sponheim, Burg Dalberg
2	Bingen
3	Mainz
4	Lemberg 422m, Burg Altenbamberg, Galgenberg 271m
5	Burg Monfort
6	Donnersberg , Bad Dürkheim
7	Lettweiler (Berg!)
8	?
9	Potzberg bei Kusel
10	Berg Judenkirche 391m
11	Naumburg
12	Monzingen
13	Jagdschloß bei Bad Sobernheim, Schinderhanneshöhle, Altenburg 621m
14	?

Aus *Sponheim* kam Hildegards spirituelle Lehrerin; Bingen: dorthin zog Hildegard; *Mainz*: daher kam Erzbischof Willigis, um das Kloster zu begründen; über die Burg *Montfort* verläuft eine *ley-line* nach *Bermersheim*, dort wurde Hildegard geboren.

Die genannten Linien wären weiter zu untersuchen ...

Wir nehmen nur den ersten Punkt, Sponheim.

Über dem kleinen Ort finden wir völlig unerwartet die wuchtige Kirche eines ehemaligen Benediktinerklosters. Hier wirkte der als Magier berüchtigte Abt Trithemius, das ist Johannes Zeller von Heidenberg, geboren am 1.2.1462 in Trittenheim an der Mosel, gestorben am 13.12.1516 in Würzburg. Er studierte in Trier, den Niederlanden und Heidelberg. Dort machte er die Bekanntschaft der Humanisten Johannes Reuchlin und Jakob Wimpfeling. 1482 trat er in das Kloster Sponheim ein, wurde neun Monate später Abt und leitete das Kloster bis 1505. Dann wurde er Abt im Schottenkloster Würzburg. Er war ein großer Büchersammler (seine Bibliothek umfaßte 1642 Bände) und seit 1490 einer der wichtigsten Mitarbeiter der Bursfelder Kongregation, für die er jeden Sommer Klöster in ganz Deutschland visitierte. Außerdem war er Mitglied der „Sodalitas Litteraria Rhenana" und verfaßte zahlreiche Schriften, auch über die Verschlüsselung von Geheimschriften und über die Magie. Er war Lehrer von Heinrich Agrippa von Nettesheim und (angeblich) auch von Paracelsus. Trithemius besaß einen astralen Dienstgeist, der ihm mittags den gesottenen Hecht zum offenen Fenster hineinreichte - so überliefert von keinem geringeren als Lutherfreund Melanchthon.

Die Lebensstationen des Trithemius (Trittenheim, Sponheim und Würzburg) liegen fast exakt auf dem selben Breitengrad. Sicher war er ein höherer Eingeweihter.

Das Sakramentshäuschen im Chor der Kirche, erbaut unter Abt Trithemius, steht auf einer Wasserader. Der Brunnen auf der Wiese östlich der Kirche, an ihm treffen sich sechs Wasseradern, ist durch eine davon mit dem alten Brunnenhaus im Norden der Kirche verbunden.

Sponheim ist weiterhin über eine *ley-line* mit der Schinderhanneshöhle verbunden – ebenso wie der Disibodenberg...

Das Siebengebirge

Die letzten rechtsrheinischen Berge vor der Kölner Bucht sind die spitzen Erhebungen des Siebengebirges. Sie unterscheiden sich deutlich von den rundlichen Buckeln der anderen Mittelgebirge, die der Rhein passiert hat. Die Berge des Siebengebirges sind vulkanischen Ursprungs und nicht allzu alt, weshalb sie noch nicht rund geschliffen sind. Die Römer legten hier Steinbrüche und Erzbergwerke an, und der Unterbau des Kölner Domes soll aus Steinen des Siebengebirges errichtet worden sein.

Der Name Siebengebirge wird oft von Siefen abgeleitet, daß sind kleine steile Bachtäler. Diese findet man tatsächlich in großer Zahl zwischen den Bergen, aber die Sieben Berge haben auch eine andere Bedeutung. Denken wir an das Märchen von Schneewittchen, welches bei den sieben Zwergen hinter den sieben Bergen wohnte. Das von den Trojanern gegründete Rom wurde auf sieben Hügeln erbaut, ebenso wie Bamberg oder Siegen. Die Sieben als magische Zahl spielt hier also eine Rolle... Ein siebeneckiges Zeichen ist das Symbol für den guten Sonnengeist, auch *das Lamm* genannt. Es ist das Wesen, das die Menschen dazu befähigt, sich so zu vergeistigen, daß sie sich mit der Sonne wieder vereinigen können. Auch hier bezeichnen die sieben Ecken symbolisch die sieben Planeten.[327]

Handelt es sich nun bei dem Siebengebirge um die sieben Planetengötter, denen die Berge in heidnischer Vorzeit geweiht waren? Der Petersberg könnte dem Mars, die Wolkenburg dem Merkur, die Löwenburg der Sonne und der Ölberg dem Jupiter geweiht gewesen sein.[328] Die Löwenburg, eine 455 Meter hoch gelegene Burgruine, hält für den Besucher den Drei-Seen-Blick bereit. Von hier aus ist an drei Stellen der Rhein sichtbar, was bereits im Zeitalter der Romantik durch ein Gedicht von Simrock verewigt wurde.

Ein bedeutender archäo-geodätischer Punkt ist der Große Ölberg (460 Meter) im Norden des Siebengebirges immerhin. Er ist auch seine höchste Erhebung. Der Berg ist über eine *ley-line* mit dem Ruhrgebiet verbunden. Beschreiben wir deren wichtigste Stationen von Norden nach Süden:

- wir beginnen beim römischen *Kastel Holsterhausen* bei Dorsten an der Lippe
- es folgt *Haus Wittringen* bei Bottrop,
- der *Dom zu Essen*,
- die *Burgruine* vor dem Ufer der Ruhr in Essen-Stadtwald,
- *Schloß Aprath* bei Wuppertal-Elberfeld,
- der Altenberger oder *Bergische Dom* bei Odenthal,
- *Schloß Bensberg*, dieses ist geomantisch mit dem Kölner Dom verbunden,

- *Kloster Michaelsberg* in Siegburg,
- und der *Große Ölberg*

Der Ölberg. Sein Name soll sich von Aulberg, Eulenberg, ableiten, aber er wurde im Mittelalter auch Mahlberg genannt. Ein *denk-mal* also! – Nordwestlich des Ölberges liegt das alte und berühmte Zisterzienserkloster Heisterbach (Sankt Peterstal), gegründet 1189. Hier wirkte der Mönch Cesarius von Heisterberg, der Bücher über „Wunder" und historische Werke verfaßte. Unter anderem schrieb er eine Lebensgeschichte der Heiligen Elisabeth von Thüringen, die während ihres Wirkens stark mit Jesus verbunden war. Von der großen Klosterkirche ist heute nur noch die Ruine der Chor-Ostwand erhalten. Sie allein überstand den Abbruch der Anlage nach der Säkularisation 1803. Ungewöhnlich auch die Form der Fensternischen und der Chorumgang. Die Energie des Ortes ist aber noch spürbar ab dem letzten Paar der Säulenstümpfe vor dem Chor. Gibt es von hier aus eine geosophische Verbindung zum Ölberg?
Ja, es gibt eine, aber sie macht gewissermaßen einen Umweg über den benachbarten Petersberg, jenen Berg, der durch die hier stattgefundenen politischen Konferenzen weltweit bekannt wurde.
Von besonderem Interesse ist, daß diese Berge von Sechsecken umgeben sind. Von ihnen entspringen jeweils sechs, oder auch zwölf, *ley-lines*, die zu Orten der Umgebung führen.

Die geosophischen Sechsecke im Siebengebirge

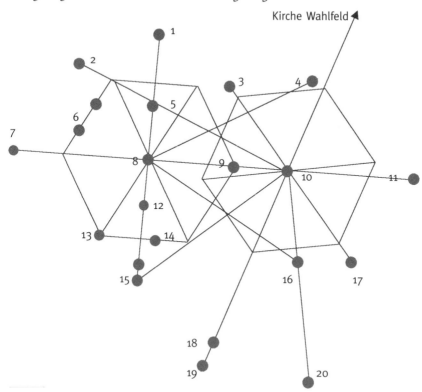

1 – Bildstock auf der Kasseler Heide, 2 – Kirche Oberdollendorf, 3 und
4 – Kirchen in Thomasberg, 5 – Kloster Heisterbach,
6 – zwei Bildstöcke in Oberdollendorf, 7 – Panoramaplatz in Bad Godesberg,
8 – Petersberg, 9 – Ruine Rosenau, 10 – Großer Ölberg,
11 – Soldatenfriedhof Ittenbach, 12 – Wintermühlenhof,
13 – Siebengebirgsmuseum Königswinter, 14 – Ruine Hirschburg,
15 – Drachenburg und Drachenfels, 16 – Ruine Löwenburg, 17 – Frühmeßeiche,
18 – Schaffhausen Kanzel, 19 – Feuerschlößchen, 20 – Wallanlage Kitzenhardt

Oh du schöner Westerwald

Der Westerwald ist eine Landschaft über der eine schwarze Wolke
liegt - auch an hellen Sonnentagen. Dunkel, wie der Basalt im Untergrund. Die Dörfer waren von jeher ärmlich, die Landwirtschaft spär-

181

lich, viele Bewohner erstarrt in ihrer Bindung an die verschiedenen Kirchen.

Über die gewellte Hochfläche spannt sich ein geosophisches Pentagramm aus geodätischen Linien. Zeichnen wir dieses auf der Landkarte nach und beschreiben einen Ort nach dem anderen. Wir werden dieses etwas ausführlicher tun und treffen dabei auf Adelsfamilien, deren Aufgabe es im Mittelalter war, ein bestimmtes Wissen zu tradieren. Hauptvertreter sind hier die Grafen von Nassau gewesen, aber auch andere Familien, die mit ihnen verwandt sind und zum größten Teil im sogenannten „Wetterauer Grafenverein" organisiert waren.

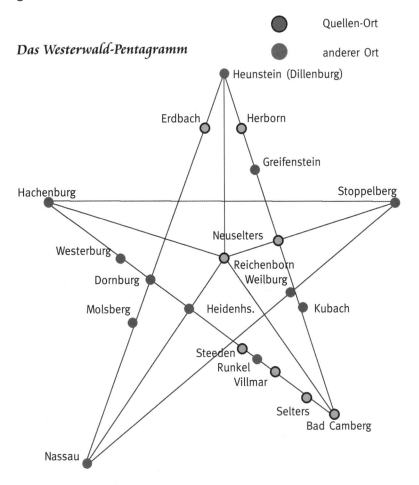

Das Westerwald-Pentagramm

Quellen-Ort

anderer Ort

Wie schon gesagt, sollen die einzelnen Orte auf dem Westerwald-Pentagramm näher beschrieben werden.
Wir beginnen mit der

Wallanlage Heunstein bei Dillenburg
Auf dem 471 Meter hohen Hünenberg über Nanzenbach befindet sich eine 650 mal 350 Meter große Wallanlage, die in die Latènezeit datiert wird.

Herborn
Lag am Anfang eine wundertätige Quelle? Ein Born des Herren? Die Siedlung, vielleicht an Stelle eines karolingischen Hofes entstanden, bekam 1251 die Stadtrechte, und anschließend begannen die Grafen von Nassau hier mit dem Bau einer Burg, dem späteren Schloß. Die mittelalterliche Stadtanlage basiert in ihrem Grundriß auf einem Pentagramm. 1584 wurde durch Johann den Älteren von Nassau-Dillenburg die Hohe Schule gegründet. Zu dieser Zeit bestand eine *Rosenkreuzer-Loge* in Herborn, wo man sich im Gasthof „Zur Rose" traf. Betrachtet einmal die Verzierungen an der Fassade der Hohen Schule! 1611 war Johann Amos Comenius, selbst Rosenkreuzer, hier Student. Am anderen Ende der Gasse lag Corvins Druckerei. Sie war eine Quelle, aus der die Weisheit sprudelte. Piscators Bibelübersetzung wurde hier gedruckt.

Greifenstein
Die große Burg wurde 1226 durch die Herren von Beilstein begonnen. 1298 wurde sie von den Nassauern zerstört. 1382 erwarb Johann von Solms-Burgsolms die Anlage und begann mit dem Wiederaufbau. Die heutige Ruine beherbergt eine sehenswerte Schloßkirche mit barocker Dekoration und ein Glockenmuseum.

Selters
Selters an der Lahn, Ortsteil der Gemeinde Löhnberg.
Zwischen 1321 und 1324 wurde das Wahrzeichen der Gemeinde Löhnberg, die Laneburg, von dem Grafen Johann von Nassau-Dillen-

burg erbaut. Es war eine Schutzburg auf dem Felsen über der Lahn. 1614 wurde Selters eigene Pfarrei, davor wurde es vom Stift Weilburg betreut.

Die wirtschaftliche Nutzung der Mineralwasserquellen begann im ausgehenden neunzehnten Jahrhundert. Im Siedlungsgebiet Selters liegen mehrere Mineral- und Heilquellen, unter anderem Neuselters. Die Quelle wird seit 1896 genutzt. Heute gehört sie zum Mineralwasserkonzern Nestlé Waters Deutschland AG.

Weilburg

Weilburg ist im westfälischen Sternbild-Bodenbild-System der südliche Himmelspol.[329]

In keltischer Zeit befand sich hier wahrscheinlich ein Kultort der Mondgöttin Will und in merowingischer Zeit ein befestigter Königshof. Die aus dem Lahngau stammenden Konradiner erwählten Weilburg zu ihrer Grablege. Konrad der Ältere erbaute auf dem Berg über der Lahn um 900 eine Burg. Hier, in einer vermuteten Martinskirche, wurde er 906 begraben. Sein Sohn Konrad wurde 911 erster deutscher König. Er gründete auf dem Berg ein Chorherrenstift mit einer St.Maria und Walburga Kirche. 1124 gelangten die Grafen von Nassau hierher und kamen bald in den Besitz der zur Stadt erhobenen Siedlung. Ab 1533 wurde die Burg zum Schloß ausgebaut. Im Innenhof finden sich an den Säulen des Nordflügels Steinmetzzeichen, die stark rechtsdrehend polarisierte Zonen anzeigen sollen.[330]

Der Innenhof des Weilburger Schlosses. An den Säulen befinden sich zahlreiche runenähnliche Steinmetzzeichen.

Eines der Steinmetzzeichen im Innenhof des Weilburger Schlosses.

Der Baumeister J. L. Roth-weil errichtete ab 1707 gegenüber der Schwanen-gasse die Orangerie und daneben die Hofkirche mit der Gruft der Nassauer Grafen. Die mittelalterlichen Martinus- und St.Maria-und-Walburga-Kirchen werden im Bereich des Chores dieser Kirche vermutet.[331] Die Achse durch Schloß und Kirche endet an dem alten Stadtturm. Hier trifft sie auf die verlängerte Linie eines Fünfecks, welches vielleicht als Hilfskonstruktion über die Landschaft gelegt wurde.

Weilburg und seine Linien

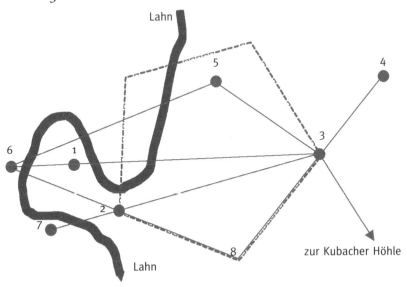

1 – Schloß und Schloßkirche, 2 – Heilig-Grab-Kapelle, 3 – Schloß Windhof, 4 – Hof Saaz, 5 – Pavillon, 6 – Denkmal, 7 – Pavillon, 8 – Kurve der Bundesstraße

An der dem Stadtzentrum nächstliegenden Ecke dieses Fünfecks treffen wir auf die *Heilig-Grab-Kapelle*, welche 1505 im romanischen Stil (!) errichtet wurde. Unter der Kapelle hindurch führt der Schiffstunnel, den man 1847 anlegte um die Weilburger Lahnschleife abzuschneiden, und ein Eisenbahntunnel. Ob man bei den Bauarbeiten das heilige Grab gefunden hat?

Unsere Pentagrammlinie läuft knapp östlich an Weilburg vorbei. Sie schneidet sich mit einer anderen Linie im Schloß Windhof, einem gräflichen Jagdschloß, errichtet von Rothweil in den Jahren 1713-1726.

Kubach

Der kleine Ort südöstlich von Weilburg ist durch die Kristallhöhle bekannt geworden. Diese fand man, als man den Berichten von Bergleuten aus dem 19. Jahrhundert nachging, die in einem ihrer Stollen eine Tropfsteinhöhle angeschlagen hatten – die sogenannte *Polsterhöhle*.[332] Unsere Linie führt über deren vermuteten Ort hinweg.

Bad Camberg

Camberg im Goldenen Grund wird am 6. Februar 1000 in einer Schenkung Kaiser Ottos III. erstmals erwähnt. Der Name der Stadt soll sich von dem Namen Garganhardt ableiten.

Von 1535 bis 1802 wurde Camberg durch das Haus Nassau und Kurtrier gemeinsamen verwaltet, und 1630 und 1659 fanden hier große Hexenprozesse statt. Seit 1927 ist Camberg Kneippkurort.

Das Wahrzeichen der Stadt ist die *Kreuzkapelle*, der südöstliche Fixpunkt unseres Pentagramms. Die achteckige Kapelle liegt auf einem Hügel über der Stadt. Sie wurde 1682 errichtet und 1725 erweitert. Im Inneren befindet sich unter dem erhöhten Chor eine Krypta.

Selters

Noch einmal Selters. Dieses Selters liegt im Goldenen Grund, gleich nordwestlich von Bad Camberg.

Im Ortsteil Niederselters befindet sich der Mineralbrunnen, der dem wohl berühmtesten aller Mineralwässer, dem Selterswasser, seinen Namen gab.

Die Quelle wurde bereits im Jahre 772 (!) erwähnt. Im Jahr 1581 beschrieb J. T. Tabernaemontanus, Stadtarzt von Worms und Autor eines bekannten Kräuterbuches, die Quelle in seinem Buch „Neuw Wasserschatz". Die Quelle wurde berühmt und der Kurbetrieb begann. Man verschickte das Wasser sogar bis nach Skandinavien, Rußland, Nordamerika, Afrika, ja bis nach Batavia.

1803 fiel Niederselters an das Herzogtum Nassau, 1866 an Preußen, später an Hessen und 2001 an die Gemeinde Selters.

Villmar

Der kleine Ort liegt im Lahntal zwischen Taunus und Westerwald. Er ist besonders bekannt geworden durch seine Bodenschätze. Hier ist an erster Stelle der Lahnmarmor zu nennen, ein polierfähiger Kalk mit schöner Struktur.

Im Hochmittelalter lag hier ein Königshof, den Heinrich III im Jahre 1053 dem Kloster St.Matthias in Trier schenkte.

Runkel

Siegfried I. von Runkel, nachgewiesen für das Jahr 1159, war vielleicht Bauherr der Burg. Sein Enkel Siegfried III. von Runkel und von Westerburg ist Ahnherr der Herren von Westerburg.

Mächtig ist die Burg von Runkel auch noch als (teilweise) Ruine.

Sie steht auf einer neunstreifigen geomantischen Zone, die sich vor dem Torgebäude muten läßt. Der mittlere Streifen der Zone führt über die Brücke und über einen Stein mit Christusmonogramm in das Hauptgebäude. Vom linken Torflügel läuft eine Wasserader zur Hausecke rechts zu einem alten Brunnen. Im inneren Hof liegt eine Wasserader- Kreuzung rechts vor der Wagnerei, eine Wasserader verläuft über den Hof zum Brunnen.

Im ältesten Teil (Ruine) finden wir eine Wasserader-Kreuzung vor dem Kamin.

Der mittlere Turm steht auf einer weiteren Kreuzung, eine Wasserader verläuft von dort über den Hof zum fünfeckigen Nordturm.
Runkel soll im Mittelalter das Zentrum der deutschen Katharer (Gottesfreunde, Gutmänner, Runkeler) gewesen sein, und die Atmosphäre der Ruine erinnert uns tatsächlich sehr an die südfranzösischen Katharerburgen. In der Burg war auch Melanchthon zu Gast.

Die Burg von Runkel. Zwischen den Toren verläuft eine energetische Zone.

Steeden

In den Felshängen des Leerbachs nördlich der Lahn befanden sich bis zum Anfang des 20. Jahrhunderts zwei durch steinzeitliche Funde bedeutsame *Höhlen*: die Wildscheuer und das Wildhaus.
Oberhalb der Höhlen befand sich eine vorgeschichtliche *Wallanlage*. Hier wurden jungsteinzeitliche und latènezeitliche Funde gemacht. Höhlen und Wallanlage sind durch industriellen Kalkabbau vernichtet worden.[334]

Heidenhäuschen

Die 398 Meter hohe Bergkuppe liegt südöstlich von Hangenmeilingen und wird von einem eisenzeitlichen Ringwall gekrönt.

Dornburg

Südlich von Wilsenroth schiebt sich vom Westerwald her das Massiv der Dornburg als trapezförmiges Basaltplateau gegen das Elbbachtal vor. Es trug eine große stadtähnliche *keltische Befestigungsanlage*. Einige Wälle sind noch zu sehen, doch wurden große Teile durch einen Basaltbruch zerstört.

Westerburg

Oben auf einer Bergnase thront das Schloß der Grafen von Leinigen-Westerburg. Im 12. Jahrhundert stand hier eine Burg. Sie wurde Anfang des 13. Jahrhunderts von Siegfried von Runkel neu gestaltet. Sehenswert sind Schloßkapelle und Pfarrkirche.
Einen Kilometer nördlich der Stadt liegt die *Wallfahrtskirche St.Marien*. Unsere Linie berührt sie fast unmittelbar.

Hachenburg

Die Stadt befindet sich auf einer massigen Bergkuppe über dem Tal der Nister. Die Grafen von Sayn erbauten hier zuerst eine Burg und dann ein Schloß. Wilhelm II., Graf zu Sayn-Wittgenstein-Hachenburg (1569-1623), war verwandt mit den Familien Nassau und Solms-Braunfels.
Die heutige Form, ein repräsentativ-machtvoller Barockbau, erhielt das Schloß durch J. L. Rothweil (er begegnet uns auch in Weilburg und Arolsen) in den Jahren 1719-32 für Graf Georg Friedrich zu Sayn-Hachenburg.
Am Marktplatz liegen zwei große Kirchen, eine evangelische und eine katholische, die ehemals zu einem Franziskanerkloster gehörte. Einen Kilometer südlich treffen wir in der Altstadt auf die Bartholomäuskirche, die wohl im 12. Jahrhundert errichtet wurde.
Etwas nördlich von Hachenburg liegt im Nistertal das Zisterzienserkloster Marienstatt.

Der Stoppelberg bei Wetzlar

Die 401m hohe Bergkuppe beherrscht das Umland. Reste von Wallanlagen und entsprechende Funde deuten auf eine Besiedlung in der Jungsteinzeit (Rössener Kultur) bis zur Hallstattzeit hin.

Nassau

Ein Städtchen an der Lahn. Hoch darüber auf steilem Fels die gleichnamige Burg, Stammburg des geschichtsreichen Geschlechts der Grafen von Nassau (Mainzer Erzbischöfe, Grafen von Siegen, Könige der Niederlande), erbaut zu Anfang des 12. Jahrhunderts.
In dem mächtigen vierkantigen Bergfried befand sich eine Kapelle, darüber das Schlafzimmer des Mainzer Erzbischofs, der in der Burg ein Wohnrecht hatte. Beide Räume haben eine sehr angenehme Atmosphäre, in der Kapelle an der linken Wand finden wir die LAW „Hohe Verkündigung", „Gottes Segen" und „Engel". Unter dem Turm mit seinen drei Kellergeschossen kreuzen sich eine Wasserader und ein *Gang*.

Molsberg

Der kleine Ort im Westerwald wurde 1030 im Zusammenhang mit den Rittern von Molsberg, die hier auf ihrer Burg am Eichenberg ansässig waren, erstmals urkundlich erwähnt. Später lebte hier die Familie von Walderdorff. Sie stammte wohl aus der Gegend um Greifenstein und Driedorf.
1760 erbauten sie an Stelle der älteren Burg das Schloß Molsberg. Es verfügt über einen Park mit mehreren bemerkenswerten alten Bäumen.

Beschließen wir unsere Betrachtung mit dem vielleicht interessantesten Ort:

Erdbach

Das kleine Dorf Erdbach liegt am Rande eines verkarsteten Kalkriffs, 10 Kilometer westlich von Herborn am Ostabhang des Westerwaldes. Das Karstgebiet ist seit langem das Zentrum der hessischen

Höhlenforschung und wurde von den mitteilungsfreudigen Höhlen-
forschern so ausführlich beschrieben[335], daß wir hier einige weiter-
führende Untersuchungen anstellen können.
Der Westerwald gehört der größeren geologischen Einheit des Rhei-
nischen Schiefergebirges an. Seine Höhen werden hauptsächlich aus
Tonschiefern und Grauwacken aufgebaut, die nach Ansicht der Geologen vor circa 380 Millionen Jahren im Zeitalter des Devon entstanden. Wie die weiter im Südosten gelegenen Höhenzüge von Vogelsberg und Rhön wurde diese Landschaft anschließend während
heftiger Vulkanausbrüche von Lava übergossen, die schließlich zu
Basalt erstarrte. Ein Verwitterungsrückstand des Basalts ist der Ton,
der sich im Tertiär (vor circa 65 bis vor 2 Millionen Jahren) über den
älteren Gesteinen ablagerte. Dieser ist heute noch südlich und westlich von Breitscheid anzutreffen. Einem besonderen Umstand ist es
nun zu verdanken, daß das Gebiet zwischen Erdbach und Breitscheid nicht vollständig vom Basalt überdeckt wurde, und daß sich
ausgerechnet hier im Devon in einem tropischen Meer ein Korallen-
riff gebildet hatte, in dem sich Kalk ablagern konnte. Dieser besitzt,
wie Bohrungen zeigten, eine Dicke von bis zu 300 Metern und reicht
westlich von Breitscheid noch unter die Basaltdecke des Hohen
Westerwaldes.
Da Kalk durch saures Regen- und Sickerwasser zerfressenen wird,
entwickelten sich hier zahlreiche Karsterscheinungen, wie Höhlen,
Dolinen, Bachschwinden und Karstquellen[336], die einen instruktiven
Überblick über das Landschaftsbild im verkarsteten Mittelgebirge
vermitteln. Wer sich hier näher umsieht, wird aber auch schnell erkennen, daß verschiedenste Interessen aufeinander stoßen. Höhlenforschung, Naturschutz, Kalkabbau und wirtschaftliche Prosperität
weisen auf so engem Raum zahlreiche Reibungspunkte auf. Unzwei-
felhaft ist jedoch, daß der Bewahrung der Schöpfung im „Ballungs-
gebiet Mitteleuropa" und der Entwicklung neuer kreativer Ideen im
Umgang mit den natürlichen Ressourcen ein immer größerer Wert
zukommt.

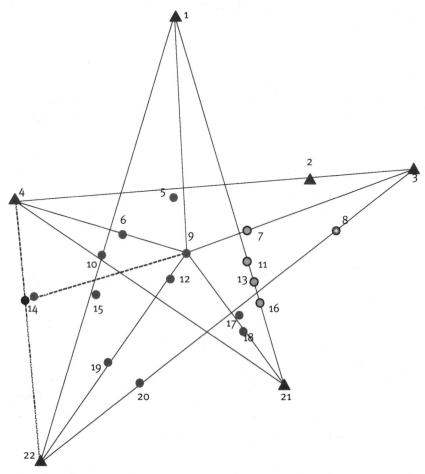

1 – eine namenlose Felsformation, 2 – Königsberg, 3 – Mühlberg, -
4 Trigonometrischer Vermessungspunkt, 5 – Bahndammdoline,
6 – Fischweiherdoline, 7 – Quelle im Hinkental, 8 – Trockenmühle,
9 – Herbstlabyrinth-Adventhöhle-Höhlensystem, 10 – Doline im Sägewerk,
11 – Hochwasseraustritt, 12 – Heuloch, 13 – Erdbachauslauf, 14 – Breitscheider
Kirche und Höhle Kolbspalte, 15 – Kleingrubenloch,
16 – Quelle im alten Steinbruch, 17 – Steinkammern, 18 – Höhle Fuchsloch,
19 – Butterfaßdoline, 20 – Maibaumdoline, 21 – Trig.-Punkt, 22 – Trig.-Punkt

Betrachten wir nun die räumliche Lage der größeren und bekannte-
ren Karsterscheinungen, so stellen wir fest, daß sie praktisch <u>alle</u>

auf den Linien eines geosophischen Pentagramms liegen, welches sich zwischen den umgebenden Höhenpunkten ausspannen läßt.

Im Mittelpunkt dieses Pentagramms liegt der höchste Teil des sogenannten *Herbstlabyrinth-Adventhöhle-Höhlensystems,* eines über fünf Kilometer langen Tropfsteinhöhlensystems, welches Mitte der 90er Jahren entdeckt und erforscht wurde.[337] Ohne die Entdeckung dieser Höhle wäre der Mittelpunkt des Pentagramms weiterhin eine unauffällige Wiese! Was ist nun ein großer Höhlenraum relativ dicht unter der Erdoberfläche? Vielleicht nichts anderes als der Resonanzkörper einer Trommel! Die dünnen Schichten darüber sind das Trommelfell. Sprechen nicht die Höhlenforscher sogar von den weit gespannten Decken der unterirdischen Räume? Kennen wir nicht aus der hinduistischen Lehre die Trommel des SHIVA?

Unter dem Mittelpunkt des geosophischen Pentagramms bei Erdbach befindet sich ein großräumiges Höhlensystem.

Das Kleingrubenloch am Rand von Breitscheid birgt unter sich das über zwei Kilometer lange Gang- und Schachtlabyrinth der *Erdbachhöhle.*[338]
In der *Butterfaßdoline* befindet sich die über 100 Meter lange Höhle *Ratz-Fatz-Loch.* Ihr Eingang wurde mit der Wünschelrute entdeckt.[339]

Wohlgemerkt, was wir hier beschreiben, sind natürliche Bildungen, keine durch Gebäude und Straßen künstlich geschaffenen Strukturen! Landschaft ist Götterwerk!

Die *Steinkammern* sind durch Funde aus der Jungsteinzeit und aus keltischer Zeit bekannt. Unterhalb von Erdbach gab es früher den „Weißen Stein", möglicherweise ein Menhir, welcher in den 70er Jahren entfernt wurde. Keltische Siedlungsspuren fanden sich am Erdbacher Friedhof und beim evangelischen Gemeindehaus.[340] Beide Orte liegen auf der Verbindungslinie zwischen *Königsberg* und Steinkammer.

Halt! Punkt 8, die *Trockenmühle* ist ein Bauwerk, eine Wassermühle. Doch erinnern wir uns an die Märchen und Sagen, welche sich um alte Mühlen ranken. Mühlen liegen immer auf einem stark linksdrehenden Punkt!

Das Wort „*Scheid*" in Breitscheid leitet sich übrigens weniger von Landesgrenze, denn von „abgeschiedenem Platz", also Kultplatz, ab. Diesen erkennen wir noch sehr gut im heutigen ovalen Kirchhof, dessen Umfassungsmauer wie üblich außen linksdrehend und innen rechtsdrehend polarisiert ist. Welche Rolle spielt also die *Kirche* von Breitscheid?

Eine geomantische Zone zieht von ihrem Turm durch den Haupteingang der Kirchhofsmauer und dann die Straße hinab. Die Richtung der Straße weist auf den zentralen Punkt des Pentagramms. Die Kirche beeinflußt oder kontrolliert sogar diese Struktur. Nahe bei der Kirche liegt eine weitere Höhle, die *Kolb-Spalte*.

Und Punkt 5, die *Doline am Bahndamm?* Sie liegt nicht auf einer Linie. Hier befindet sich aber auch keine Höhle und die Doline selbst ist nur flach und nimmt nur ein kleines Rinnsal auf!

Die Achse der oberen Pentagrammspitze führt übrigens zur Kirche von Haiger, dem ältesten Kirchenort der Region. Die Kanten der südöstlichen Spitze führen zur Kirche von Schönbach und zum Steinringsberg.

Schließlich ist bemerkenswert, daß sowohl das große Westerwaldpentagramm, als auch das kleine Erdbacher Pentagramm in ähnlicher Weise verzerrt sind.

Die verlängerten Mittelachsen der Spitzen des großen Westerwald-pentagramms führen nach:

- Laasphe – Willingen – Externsteine
- Cölbe – Büraberg – Gudensberg – Brocken im Harz
- Taufstein auf dem Vogelsberg
- Rüsselsheim – Lorsch – Heidelberg
- Köln

Es stellt damit eine überaus wichtige energetische Struktur in Westdeutschland dar!

Das Siegerland

An den Westerwald schließt sich im Nordosten das Siegerland an. Es ist ein altes keltisches Land, seit jeher bekannt durch seinen Erzbergbau, der hier schon im Altertum umging und in den letzten Jahrhunderten zu großer Blüte gelangte. Erst nach 1960 kam er zum Erliegen.

Durch die früheren Landesherren wurde das Land streng bewacht und abgeschottet. Das gesamte Siegerland war im Spätmittelalter und in der frühen Neuzeit von einer Landwehr aus Gräben und Hekken umgeben.[341]

Das Land war es wert geschützt zu werden, denn damals war es so etwas wie heute das Silicon Valley in Kalifornien. Im Siegerland hatten Bergbau und Metallverarbeitung eine kaum sonst irgendwo anzutreffende Höhe erreicht. Der erste Büchsenmacher kam vielleicht von hier, die ersten Kanonen wurden hier gegossen und Öfen aus Siegerländer Gußeisenplatten wurden weithin exportiert.[342]

Siegens Name weist auf eine uralte Individualität aus Atlantis hin, die sich auch nach dessen Untergang noch mehrfach in den Leibern fortgeschrittener Menschen inkarnierte als Siegfried, Sigurd und so weiter.[343]

Ziemlich genau in Nord-Süd-Richtung erstreckt sich durch das Siegerland ein Teil der Drei-Kaiserdom-Linie. Diese Linie bildet hier die Achse eines lokalen Landschaftstempels.

Dessen Knotenpunkte sind:

- Der Burgberg bei Burbach als Basis-Chakra.
- Der Burgberg bei Eisern als Sakral-Chakra. – Gerade dieser Berg wird aber durch die Autobahn Frankfurt-Dortmund und einen Fernmeldeturm gegenüber beeinträchtigt.
- Das Siegener Schloß als Solarplexus-Chakra – Vom Oberen Schloß aus führt eine ley-line durch die sogenannte Oberstadt hinunter nach Westen. Sie läuft über die Nikolai-Kirche, die über einer Quelle erbaut wurde, weiter über das Untere Schloß und zur Martini-Kirche. Diese steht an der Stelle einer fränkischen Burg.

Hinter der Kirche läuft die Linie noch wenige Meter weiter bis zu einem modernen Kunstwerk, welches eine Art Brunnen darstellen soll. Das Wasser reißt die Linie mit fort in den Gulli. Sie ist hinter diesem Brunnen nicht mehr zu muten. Solchermaßen energetisch abgeschnitten führt die Siegener Unterstadt ein Dasein, welches sich in der Zusammenballung von Konsumtempeln erschöpft. Ist das einfach nur Ignoranz und Fahrlässigkeit oder schon schwarze Magie?

Siegen verfügt auch über ein pyramidenartiges Gebäude. Es ist die Kapelle auf dem Lindenbergfriedhof. Ihrem Eingang entströmt nur finstere Energie.

- Das Herz-Chakra wird gebildet durch den vom ehemaligen Bergbau völlig ausgehöhlten Hardter Berg bei Weidenau mit der Universität.
- Der unscheinbare Ort Bottenbach stellt das Hals-Chakra dar. Bottenbach ist verballhornt aus BETHEN-Bach, also eine Kultstätte der drei Bethen oder zumindest der schwarzen Göttin Borbeth. Hier kommunizierte man in grauer Vorzeit mit den Göttern!
- Es folgt die Kirche von Ferndorf als Stirn-Chakra und beherrschender Punkt im Ferndorftal.
- Schließlich der Kindelsberg als Kronen-Chakra – auf ihn werden wir noch genauer eingehen.

Kronen-Chakra und Basis-Chakra sind etwa gleichweit vom Siegener Schloß entfernt, welches den zentralen Punkt des Siegerlandes darstellt. Am Schloß sind die westlich und östlich der Achse des Landschaftstempels liegenden Höhen gespiegelt. Im Westen finden wir den langen Höhenrücken, der sich von Süden nach Norden zwischen Kirchen und Friesenhagen erstreckt. Im Osten liegen in genau derselben Entfernung die Höhen, über die die sogenannte Eisenstraße führt. Genau senkrecht zur Achse des Landschaftstempels liegt dort an der Eisenstraße auf der Höhe des Siegener Schlosses die geheimnisvolle Quelle der Lahn, der schönen Schwester der Mosel. Die eigentliche Quelle befindet sich im Keller des Gasthauses Lahnhof, neben dem ein schöner runder Teich ist.

Ziemlich im Norden des Siegerlandes an der Grenze zum Sauerland erhebt sich der 614 Meter hohe *Kindelsberg*. Mit den Resten einer Wallanlage, einer Gaststätte, der Kaiserlinde und seinem Aussichtsturm, vom dem aus der Blick bei klarem Wetter bis zum Siebengebirge reicht, beherrscht er die Umgebung. Er ist das Wahrzeichen der Stadt Kreuztal und der bekannten Krombacher Brauerei, die zu seinen Füßen liegen.[346] Seit geraumer Zeit wird er jedoch durch einen zusätzlichen Sendeturm verunstaltet.

Der ganze Berg ist ausgehöhlt. Seine reichen Erzlager wurden schon von den Kelten abgebaut. Hier war eines der wenigen Vorkommen von natürlichem Stahl. Wie metallurgische Untersuchungen ergaben, stammt aus den Erzgruben am Kindelsberg auch der Stahl, aus dem die Heilige Lanze geschmiedet wurde.[347] Sie gehörte im Mittelalter neben Krone, Reichsapfel und Reichsschwert zu den wichtigsten Insignien des deutschen Kaisers. Wie es heißt, soll derjenige Herrscher über das deutsche Reich sein, der im Besitz dieser Lanze ist. Kein Wunder, daß Adolf Hitler sie an sich brachte. Heute befindet sich die Lanze wieder bei den Reichskleinodien in der Wiener Hofburg.

Mit dieser Lanze soll der Legionär Longinus die Seitenwunde des gekreuzigten CHRISTUS geöffnet haben, so daß sich sein Blut mit der Erde verbinden konnte. Durch das Blut, den Träger des „ICH", drangen die CHRISTUS-Kräfte in die Erde und die geheimsten Verstecke der Widersacher ein.

Der Name des Kindelsberges ist schwer zu deuten. Handelt es sich um einen Ort der Verehrung des göttlichen Kindes, das vom Himmel herabstieg? Angeblich war der Berg früher eine Wallfahrtsstätte.[348] Aber was hat es mit dem göttlichen Kind eigentlich auf sich? Geboren wurde Jesus ja in einer Höhle oder in einem Stall, gekreuzigt auf einem Berg. Das ist die exoterische Historie. Esoterisch ist, daß der CHRISTUS aus den höchsten Höhen herunter stieg und die Kreuzigung geschah, als er das tiefste Leidenstal erreicht hatte. Mit der benachbarten Stadt *Kreuztal* – hier schneiden sich tatsächlich zwei Täler im rechten Winkel – haben wir nun dieses, das gesamte Erdenleben von Jesus, dem CHRISTUS-Träger, und das Mysterium von

Golgatha, hier in der Landschaft am Kindelsberg angedeutet!

Das alte Rosenkreuzer-Mantra *„Materia Sankta Nobis Metallorum Omnium Radix Juvenis"* läßt eine weitere Verbindung zu den Christuskräften ahnen. Da heißt es ja „Unsere heilige (Ur-) Materie (mit der wir arbeiten, sind nicht die Metalle, sondern) aller Metalle Wurzel ist der Jüngling, das Jüngste." Das Jüngste, damit ist in den alchemistischen Texten die Christuskraft ICH BIN gemeint, die die Metalle läutert und in Gold verwandelt.[349] Die Metalle im Inneren des Berges...

Der Kindelsberg im Norden des Siegerlandes.

Um den Kindelsberg lassen sich eine ganze Reihe geodätischer Linien finden, die wieder mit einem Pentagramm korrespondieren. Praktisch alle älteren Kirchen der Umgebung hängen an dieser Struktur, ebenso wie die Kirche von Rahrbach, die schon im Sauerland liegt. Sie ist auch ein Punkt im westfälischen Sternbild-Bodenbild-System.

Ferner liegen alle in der Topographischen Karte 1:25000 eingetragenen Naturdenkmäler, die sich innerhalb des Umkreises befinden, auf oder an den Pentagrammlinien. Interessanterweise auch die Hütte des Sauerländer Gebirgsvereins. Verfügt dieser über eingeweihte Geomanten, die die Standorte der Vereinshütten bestimmen? Wohl kaum. Aber vielleicht hatte man eine gute Inspiration!

Die Kirche von Krombach ist die älteste im nördlichen Siegerland und liegt an den alten Handelsstraßen vom Rheinland nach Hessen und von Dortmund nach Frankfurt.[350] Auf dem Kirchhof fanden in der frühen Neuzeit Hexenprozesse statt, in deren Folge die unglücklichen Frauen an Ort und Stelle gehängt wurden. Die Kirche ist energetisch verbunden mit einer alten Heilquelle, welche den Ursprung der Krombacher Brauerei darstellt. Diese Quelle befindet sich im Keller eines Fachwerkhauses südlich der Kirche, wo bis in die 6oer Jahre Wasser für die Brauerei gewonnen wurde.

Die andere wichtige Kirche in dieser Gegend und ein Teil des Chakrensystems ist die von Ferndorf. Sie beherrschte früher die gesamte Gegend im Südwesten, Süden und Südosten des Kindelsberges dadurch, daß sie auf einer *ley-line* liegt, die im Westen die alte Heeser Burg (heute Schloß Junkernhees) und im Osten Hof Schweißfurth und das ehemalige Prämonstratenserinnen-Kloster Stift Keppel schneidet. Die Maria und Johannes dem Evangelisten geweihte Keppeler Kirche liegt im wässrigen Ferndorftal, etwa auf der Hälfte zwischen den feurigen Gipfeln des Kindelsberges und einer Anhöhe über Grund, die die Ginsburg trägt.

Ein weiterer besonderer Punkt ist der Hasenplatz, eine ovale Wiese mit einer Eiche in ihrer Mitte, die über Littfeld am Kindelsberg im Wald verborgen liegt. Hier findet alljährlich zu Pfingsten ein Waldfest statt, zu dem die Bevölkerung der umliegenden Dörfer pilgert. Der Platz ist von einem energetischen Ring umgeben, der sogar zwischen den Stämmen einiger gezwieselter Bäume hindurch zieht. Im Bannkreis der Eiche liegen zudem mehrere Kraftplätze.

Geosophisches Pentagramm um den Kindelsberg im Siegerland

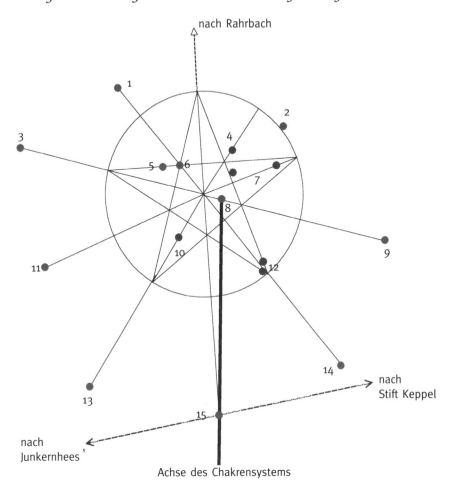

nach Rahrbach

1
2
3
4
5 6
7
8
9
10
11
12
13
14 nach Stift Keppel
15
nach Junkernhees
Achse des Chakrensystems

1 – Kapellenschule Littfeld, 2 – mittelalterliche Bergbausiedlung Altenberg,
3 – Kirche Krombach, 4 – Naturdenkmal, 5 – Hasenplatz, 6 – SGV-Hütte,
7 – Naturdenkmäler, 8 – Kindelsberggipfel mit Wallanlage und Naturdenkmal,
9 – Kirche Müsen, 10 – Naturdenkmal „Dicke Buche" und Klausquelle,
11 – Friedhof Eichen, 12 – Naturdenkmäler, 13 – Kirche Fellinghausen,
14 – evangelisches Krankenhaus Kredenbach, 15 – Kirche Ferndorf

Kreisdurchmesser 3,2 Kilometer

Vor einigen Jahren entdeckte der Heimatforscher R. Grebe, daß zwischen den keltischen Wallburgen im Wittgensteiner Land – es schließt im Osten an das Siegerland an – offenbar ein geometrischer Zusammenhang besteht. Grebe postulierte einen Kreis, dessen Mittelpunkt auf der Bildburg bei Aue liegt und die Wallburgen Hoher Lehnberg, Wilzenberg, Wemlinghausen, Bad Laasphe und Obernau miteinander verbindet.[351]
Aber auch hier befinden wir uns auf den Linien eines Pentagramms, wie die nachfolgende Abbildung zeigt.

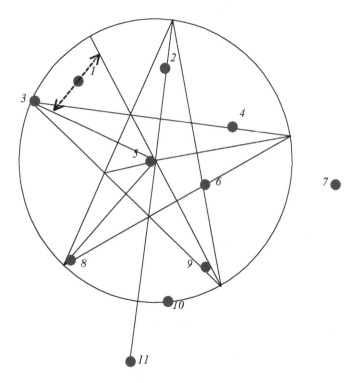

Keltische Wallanlagen in Wittgensteiner Land

1 – Hoher Lemberg (auf der Winkelhalbierenden zwischen den benachbarten Strahlen!), 2 – Wilzenberg, 3 – Meggen, 4 – Wemlinghausen, 5 – Aue, 6 – Dotzlar, 7 – Battenberg (gehört einem anderen System an), 8 – Obernau, 9 – Bad Laasphe, 10 – Hesselbach, 11 - Rittershausen

Begeben wir uns zum Mittelpunkt Deutschlands: Kassel. Die Gesamtanlage von Schloß und Schloßpark Wilhelmshöhe ist ein Kulturdenkmal von europäischem Rang. Zusammen mit den Anlagen in der Karlsaue und der Landschaft westlich der Stadt bieten sie zahlreiche Anregungen für archäo-geodätische und geosophische Studien.[352]

Schon von weitem fällt dem Besucher der *Herkules*, eine neun Meter hohe Kupferfigur auf einem gewaltigen achteckigen Steinsockel (Riesenschloß oder Oktogon) auf dem Kamm des Habichtswaldes auf. Die Abmessungen des Riesenschlosses weisen Verhältnisse im Goldenen Schnitt auf. Doch warum ein Herkules? War die Kraft des antiken Muskelmannes ein Symbol für die Macht des Landgrafen? Eine all zu plumpe Vermutung.

Herkules, der Halbgott der griechisch-römischen Antike, stellt durch seine zwölf Taten die stufenweise spirituelle Weiterentwicklung des Menschen dar. Diese zwölf Stufen finden wir wieder im Tierkreis, in den Tugenden, denen die Ritter nacheiferten, und in den Schritten, die zur Bereitung des „Steins der Weisen" nötig sind.[353]

Das durch Landgraf Karl um 1715 errichtete Herkules-Bauwerk steht genau auf dem Rand eines Basaltvulkans. Es nutzt die durch die geologische Diskontinuität erzeugte energetische Spannung. Von hier ziehen Wasserkaskaden und der „Bergpark" zum Schloß Wilhelmshöhe hinunter. Ursprünglich sollten die Wasserläufe in gerader Linie bis zum Schloß und noch unter diesem hindurch führen, doch das ehrgeizige Projekt scheiterte am immensen finanziellen Aufwand.

Blick vom Riesenschloß
über den Bergpark und
das Schloß Wilhelmshöhe
zur Wilhelmshöher Allee
und der Stadt Kassel.

Läßt man nun einmal den Umstand außer acht, daß die Anlagen den Hintergrund zu einer pompösen, damals allerdings absolut zeitgemäßen, Selbstinszenierung des jeweiligen Herrschers abgeben sollten, ist über deren möglichen weiteren Sinn nichts bekannt. Hinweise finden wir aber, wenn wir die Geschichte der hessischen Landgrafen studieren und wenn wir die Schloßanlagen in Beziehung zu anderen Plätzen in der Umgebung setzen.

Dabei ist es interessant festzustellen, daß die Landgrafen seit Philipp dem Großmütigen (1504-1567) einerseits dem Protestantismus anhingen und andererseits enge Kontakte zum Orden der Rosenkreuzer unterhielten oder sogar Mitglied in einer rosenkreuzerischen Gruppe waren.

Bereits Landgraf Phillip stand den Rosenkreuzern zumindest nahe. Er führte in Hessen die Reformation ein und veranstaltete das berühmte Marburger Religionsgespräch, das leider unglücklich endete und die Spaltung des Protestantismus noch festigte. Ihm folgte Wilhelm IV „der Weise", der sich unter anderem als Alchemist, Pharmazeut, Botaniker und Astronom betätigte. Dessen Nachfolger Landgraf Moritz „der Gelehrte" von Hessen (1572-1632) galt nicht nur als großer Förderer der Rosenkreuzer, sondern nahm vermutlich auch eine führende Rolle in einer rosenkreuzerischen Gesellschaft ein. Hervorzuheben ist sein alchemistisch-paracelsisches Netzwerk, dessen gewonnene Erkenntnisse in der Person des Landgrafen zusammenflossen. Seine Studien sah er als eine allumfassende geistige Hingabe an eine hermetisch-chemische Weltanschauung. 1606 begann er an der Stelle eines ehemaligen Klosters mit dem Bau von Schloß Weißenstein, dem späteren Wilhelmshöhe, und mit dem Riesenschloß, welches das damaligen Einweihungszentrum der Rosenkreuzer gewesen sein soll. Da er aber im für ihn ungünstig verlaufenden Dreißigjährigen Krieg 1627 abdankte, wurde das Einweihungszentrum bald nach Schloß Gottorf in Schleswig verlegt. Einen zweiten Höhepunkt rosenkreuzerischer Aktivitäten erlebte Kassel unter Landgraf Carl (1654-1730), *„einem Mann von musischem Wesen, von hoher Einsicht in seine moralischen Pflichten gegenüber dem Lande und seinen Untertanen"*, wie Sievert bemerkte. Auf ihn gehen die wichtigsten Planungen und Bauten der Kasseler Schloß- und Gartenanlagen zurück und er soll dabei von dem Grafen von St.Germain beraten worden sein. Carl wurde allerdings durch die Vermietung hessischer Regimenter an die englische Krone, auch unrühmlich bekannt.

Ersteigen wir den Herkules, und schauen wir durch das oberste Fenster der Pyramide nach Westen über den Dörnberg. Hinter ihm sehen wir gerade noch die Desenburg aufragen, die sich auf einem Vulkankegel in der Warburger Börde, circa 30 Kilometer westlich von Kassel, erhebt. Beim Dörnberg handelt es sich um einen schon in der Jungsteinzeit besuchten Berg, der in keltischer Zeit befestigt wurde, im frühen Mittelalter eine fränkische Burg trug und noch 1071 als Stützpunkt Kaiser Heinrichs IV gedient haben soll. Das von Basaltdurchbrüchen gekennzeichnete Muschelkalkplateau des Berges weist heute mindestens drei kulturhistorisch bemerkenswerte Punkte auf: die „Helfensteine", in deren Felsspalten einige jungst-einzeitliche Scherben gefunden wurden, die „Wichtelkirche" und auf dem höchsten Teil die Reste der keltischen Wallanlage. Innerhalb dieser liegt der eigentliche Gipfel (579m). Von hier aus lassen sich hervorragend geodätische Linien erkennen und einmessen. Folgende Richtungen ziehen dabei unmittelbar den Blick an:

- Richtung 143°: Oktogon mit Herkules auf dem Habichtswald
- In Richtung 237° erblicken wir Burghasungen mit seiner Kirche und den auf einem Bergplateau liegenden Ruinen des ehemaligen Klosters Hasungen. Die Längsachse der alten Kirche vom Dorf Burghasungen steht im 90° Winkel zur *ley-line*. Steht man an der Tür an der Nordost-Seite, schaut man genau auf den Dörnberg. In diesem Portal läßt sich eine starke Wasserader muten, die hier parallel zur gedachten Ley verläuft. Scheinbar direkt hinter dem Hasunger Berg erhebt sich der tatsächlich aber etwa doppelt so weit entfernte Basaltkegel des 504 Meter hohen Weidelsberges. Er trägt die Weidelsburg. Zwischen Burghasungen und der Weidelsburg läuft die *ley-line* über Istha, welches vom Dörnberg aus unsichtbar hinter dem Hasunger Berg liegt.
- Richtung 327°: In dieser Richtung sieht man den Desenberg, der gerade noch über einem Waldrücken hervorschaut, auf dem unsichtbar die Schartenburg (erbaut vor 1124) liegt und dahinter Niederlistingen. Weit hinter dem Desenberg – er war ein germanischer Kultplatz – erstreckt sich quer von Nord nach Süd das Eggegebirge; die um den Desenberg ausgebreitete Warburger Börde ist nicht sichtbar.

Wir erkennen bei genauerer Betrachtung, daß sich hier ein gleichseitiges Dreieck ergibt, dessen Spitze die Plutogrotte im Bergpark Wilhelmshöhe ist. Sie ist das älteste Bauwerk dort und stammt aus der Zeit des Landgrafen Moritz.

Vom Burghasunger Berg aus gesehen geht die Sonne am Tag der

Die schamanische Landschaft westlich von Kassel

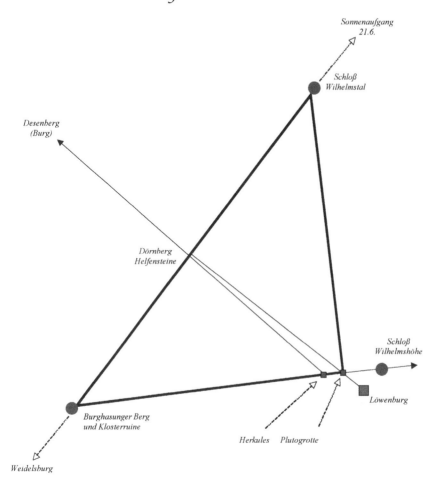

Sommersonnenwende genau zwischen den Helfensteinen auf. In der Verlängerung liegt Schloß Wilhelmsthal. Es wurde mit Steinen vom aufgegebenen Kloster Hasungen erbaut. Die Linie vom Hasunger Berg zum Herkules setzt sich über das Schloß zur Wilhelmshöher Allee fort. Es ist eine schamanische Landschaft, in der kosmische Rhythmen, Geometrie und Kraftorte zu einem Gesamtereignis verschmelzen. Das Ganze ist mehr als die Summe seiner Teile...

Hier hinein wurde der Bergpark Wilhelmshöhe konstruiert, ein großartiger Landschaftspark zwischen Schloß Wilhelmshöhe und dem Herkules. Seine Bauten weisen radiästhetische Besonderheiten auf: Etwas abseits, beim chinesischen Dorf Mulang, steht auf einer Wasserader-Kreuzung eine *Pagode*. Eine der Wasseradern zieht durch die rechte Seite der Eingangstür. Im Inneren erscheinen die Wasseradern umpolarisiert.

Begeben wir uns in den zentralen Bereich des Parks: Der *Apollo-Tempel* (erbaut 1817-18) am Fontänen-Teich steht ebenfalls auf einer Wasseraderkreuzung. Die Wasseradern werden innerhalb des Säulenrings umpolarisiert. Sie laufen durch Tür und Fenster. Der Tempel zeigt uns die energetischen Verhältnisse durch seine Bauweise an.

Das *Grab des Vergil* von 1775 empfängt fünf Kraftströme und strahlt einen aus.

Bergpark Kassel-Wilhelmshöhe: Grab des Vergil, Grundriß mit Reizstreifen.

Die oben bereits genannte *Plutogrotte* steht an der Stelle der ersten Parkbauten (Moritzgrotte von 1616). Kraftströme kommen aus allen Nischen im Inneren und den Nischen der Seitenwand, treffen sich im Zentrum des Innenraumes und fließen dann in der Zentralachse des Parks zum Schloß; auch aus den äußeren zwei Nischen kommen Ströme, die aber weiter vorn im Rasen in den Hauptstrom münden.

Die *Pyramide* im Park empfängt und strahlt ebenfalls Energien aus. Wohin führen diese energetischen Linien? Es ist eine reizvolle und aufschlußreiche Aufgabe, diese Linien einmal durch den Park zu verfolgen! Sie münden zumindest teilweise in die geomantische Zone, die der zentralen Achse der Parkanlagen folgt.

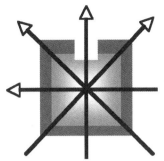

Bergpark Kassel-Wilhelmshöhe: Pyramide
mit Reizstreifen

Die letzte der hier vorgestellten Stationen im Park soll einmal der *Tempel des Sokrates* sein. Er befindet sich am Rand des Bowling Green hinter dem Schloß. Auch er weist sein spezifisches Reizstreifenmuster auf.

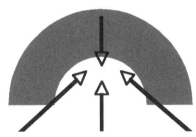

Bergpark Kassel-Wilhelmshöhe:
Tempel des Sokrates mit Reizstreifen

Diese kleinen programmatischen Bauwerke liegen fast alle auf einem Pentagramm, welches den mittleren Teil des Bergparks zwischen Bowling Green und Neptungrotte überspannt. Sie weisen uns zudem auf die griechische Antike hin. Es sind

- der Tempel des Apoll
- die Grotte der Sibylle
- die Eremitage des Sokrates
- die Neptungrotte
- das Felseneck
- die Plutogrotte, in deren Nähe der Mittelpunkt des Pentagramms liegt
- der Tempel des Merkur
- das Grab des Vergil und
- die Halle des Sokrates

Die Pyramide gehört, obwohl sie im betreffenden Bereich liegt, nicht zu diesem System. Sie stammt aus Ägypten, nicht aus Griechenland und liegt vielleicht deshalb auch nicht auf dem Pentagramm!

Der zauberkundige Abt Trithemius von Sponheim hatte einst eine Abhandlung verfaßt, in der er schrieb, daß die Europäer von Rassen und Völkern des Altertums abstammen. Goethe nahm später den Faden in seinen Dichtungen wieder auf. Er war der festen Meinung, daß die germanische Kultur eine Wiederholung der griechischen sei. Er selbst fühlte sich ganz als Grieche. Darin wurde er von Schiller noch bestärkt, der an Goethe schrieb: *„...da ihr griechischer Geist in diese nordische Schöpfung geboren wurde, so blieb Ihnen keine andere Wahl, als entweder selbst zum nordischen Künstler zu werden, oder Ihrer Imagination das, was ihr die Wirklichkeit vorenthielt, durch Nachhilfe der Denkkraft zu ersetzen, und so gleichsam von innen heraus und auf einem rationalen Wege ein Griechenland zu gebären."*[354]

Daß Schiller hier richtig gelegen hatte, wurde später von Rudolf Steiner bestätigt, der Goethe in einer früheren Inkarnation als Künstler im klassischen Griechenland der Antike sah.

Im Bergpark soll es noch immer Bereiche geben, die sich den verschiedenen griechischen Göttern zuordnen lassen. Es sind Plätze mit besonderen energetischen Qualitäten. Etwas von den Gottheiten ist hier anwesend. Der Bergpark ist somit auch der Olymp, der Himmel auf Erden...

Weitere Linien, die sich vom Dörnberg ableiten lassen, seien kurz beschrieben. Man kann sie auf einer geeigneten Landkarte leicht nachvollziehen:

- Richtung 25°: Erdwerk Calden (Fläche rund 14 Hektar, Gräben in den Kalk eingetieft, Zeitstellung: fortgeschrittener Abschnitt der Wartbergkultur (um 3000 v.Chr.), einheitlicher Bauplan und genaue Kontrolle seiner Umsetzung waren erforderlich!); Grebenstein (Burg erbaut 1273, Ort gegründet 1311, Pfarrkirche St.Bartholomäus 1355 vollendet.); Hombressen; Gestüt Beberbeck (eine Gründung von Ldgf. Carl 1724); Gottsbüren (Wallfahrtsort seit 1350)

- Richtung 49°: Hohenkirchen; Holzhausen; Hilwartshausen (ehem. Augustinerinnenkloster an der Werra, gegründet vor 960, Patrozinium St.Stephan)
- Richtung 275° : Bärenberg; Lütersheim; Arolsen (Die Residenzstadt *Arolsen* wurde um 1710 durch Graf Anton Ulrich, Freund des Landgrafen Carl, erbaut. Die Hauptstraße der barocken Stadtanlage verläuft Richtung 98° und ist damit genau auf den Dörnberg ausgerichtet. An ihrem östlichen Ende steht nördlich von ihr die Schloßanlage. An Stelle des Schlosses befand sich im Mittelalter ein Augustinerinnenkloster.)
- Wie oben schon gesagt, zieht eine *ley-line* vom Herkules durch den Bergpark über Schloß Wilhelmshöhe und die Wilhelmshöher Allee durch Kassel. Die ley-line führt knapp hinter dem Orangerieschloß in der Karlsaue vorbei – sie trifft den Bau also nicht !
- Eine weitere *ley-line* scheint vom Herkules aus Richtung 110° über Schloß Schönfeld zur Insel „Siebenbergen", dem südlichen Ende der Karlsaue, und weiter zur Kirche von Kassel-Waldau zu führen.
- In der Gegenrichtung (273°) führt die Linie Herkules - Wilhelmshöher Allee über Ehlen, Burghasungen und Wolfhagen (Burg und Stadt wurden 1226 gegründet; der Turm der St.Annen Kirche aus der zweiten Hälfte des 13. Jahrhunderts ist vom Burghasunger Berg durch einen Geländeeinschnitt gerade noch sichtbar; Hospitalkirche aus dem Jahr 1337.) nach Volkhardinghausen (Augustinerinnenchorfrauenstift, erbaut vor 1221, 1567 aufgehoben, 1624 abgebrannt).
- Eine weitere Linie läuft vom Burghasunger Berg aus Richtung 230° über die Weingartenkapelle und Netze (Zisterzienserin nenkloster seit 1228) nach Waldeck (Burg vom Anfang des 12. Jahrhunderts, Pfarrkirche um 1300).
- Schließlich führt eine *ley-line* von Netze Richtung 343° über Freienhagen, Volkhardinghausen (s.o.) und Braunsen nach Arolsen (s.o.).

Betrachten wir jetzt Netze einmal näher.[355] Im Jahre 1228 ließen hier Zisterzienserinnen aus dem Kloster Kamp am Niederrhein eine Klosterkirche erbauen.

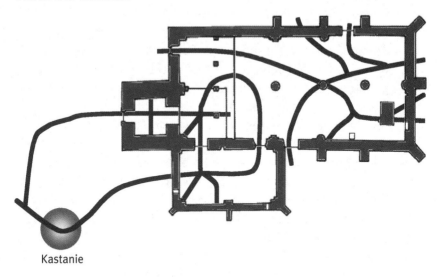

Kastanie

Ehemalige Zisterzienserinnen-Klosterkirche „St.Maria und die 4 gekrönten Märtyrer" in Netze, Grundriß und Wasseradern (Auswahl)

Ausgehend vom radiästhetischen Befund stellt sich die Frage, ob die Kirche nach einem einheitlichen Gesamtkonzept geplant und erbaut wurde. Hierzu ist zunächst zu klären, ob ein einheitliches Grundmaß verwendet wurde. Um relevante Baumaße zu erheben, wurde ein Grundriß der Kirche im Maßstab 1:200 verwendet. Hieraus konnten folgende Strecken und Maßverhältnisse (beziehungsweise deren kleinstes gemeinsames Vielfaches) ermittelt werden:
Die lichte Breite des Schiffs beträgt 6,3 Meter = 2 x 3,15 Meter.
Die Länge über alles beträgt 17,4 Meter = 5,5 x 3,15 Meter.
Die Diagonale beträgt 15,75 Meter = 5 x 3,15 Meter.
Der Grundriß der Gruft der Grafen von Waldeck besteht aus zwei Quadraten und ist 6,3 Meter (= 2 x 3,15) x 3,15 Meter weit.
Die Diagonale durch die Gruft und das Kirchenschiff beträgt 6 x 3,15 = 18,9 Meter.

Demnach liegt der Konstruktion das ungefähre Grundmaß 31,5 Zentimeter zugrunde.

Über die Konstruktionsverfahren, die beim Bau mittelalterlicher Kirchen angewendet wurden, ist kaum etwas bekannt, da aus dieser Zeit nur wenige Grundrißzeichnungen und ähnliches vorhanden sind. Gesichert ist, daß in allen alten Kulturen und auch in der Ordensbaukunst des Mittelalters die Vermessungsarbeiten in den Händen von Priestern lagen. Gearbeitet wurde mit Meßstäben aus Holz (unter anderem meist 10 Fuß langen Meßlatten), Seilen und Wasserwaagen. Dabei konnten vorher festgelegte Sollmaße mit einem möglichen Fehler von nur 1% auf den vorbereiteten Baugrund übertragen werden. Die Gesamtkonstruktion der Netzer Kirche könnte auf einem Kreis von etwa 28 Metern (vielleicht 28,35 Metern = 9 x 3,15!) Durchmesser beruhen, der mit einer gespannten Schnur, die an einem Ende an einem Pflock befestigt war, erzeugt wurde. In diesem Zusammenhang weisen wir darauf hin, daß auch die erste Zisterzienserkirche auf deutschem Boden, die in der zweiten Hälfte des 12. Jahrhunderts an der Stelle einer hölzernen Vorgängerin errichtete Basilika von Kloster Kamp, 28,5 Meter lang war. Eben von diesem Kloster aber kam der erste Netzer Konvent!
Zwei Kreise mit dem Radius des Großkreises von 14 Meter als Durchmesser bilden das Kirchenschiff. Eingeschriebene Sechsecke markieren die Positionen einiger Säulen und Türen. Kleinere Kreise mit dem halben Radius des Grundkreises (also etwa 7 Meter) bilden die Grundlage für Turm, Krypta, Grabkapelle und vielleicht den Altarbereich. (Man beachte hier die Lage der Sakramentsnische und des Wasserbeckens auf diesem Kreis!)
Auffällig ist allerdings, daß die Wände von Kirche, Turm und Grabkapelle nicht parallel zueinander liegen, sondern der Bau im Grundriß eine gewisse „Schiefe" aufweist. Da es auch für einen Baumeister im 13. Jahrhundert kein Problem war, parallele Wände zu errichten, stellt sich die Frage, welcher Zweck damit verfolgt wurde. Hier würde sich eine Erklärung aus der Schwingungslehre anbieten: In Räumen, deren Wandflächen in unterschiedlichen Winkeln zuein-

ander stehen, können sich Schwingungen eher „totlaufen". Versuchte man durch diesen konstruktiven Trick, bestimmte Strahlungen aus dem Gebäude heraus zu halten?

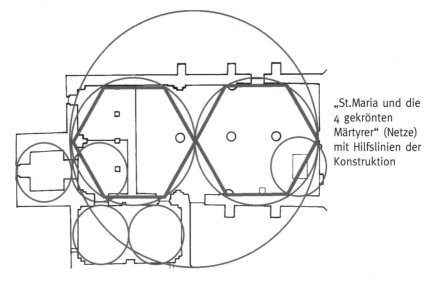

„St.Maria und die 4 gekrönten Märtyrer" (Netze) mit Hilfslinien der Konstruktion

Das Prinzip der ineinander geschachtelten Kreise findet sich aber nicht nur im Grundriß der Netzer Kirche, sondern auch in einem neu-

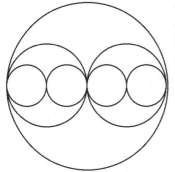

zeitlichen Phänomen, den sogenannten „Kornkreisen". Die Grundidee der Konstruktion von Netze wird aufgegriffen in einem englischen Kornkreis, erschienen bei Stanton Bernards in Wiltshire / England um den 28. Juli 2001. (vgl. Skizze)

Der Grundriß der Kornformation (um einen simplen Kreis handelt es sich ja nicht) ist in obiger Skizze angedeutet. Tatsächlich sind immer kleiner werdende Kreise ineinandergeschachtelt. Insgesamt lassen sich in der Formation sechs Ebenen unterscheiden, die hier aus Gründen der Übersichtlichkeit auf drei reduziert wurden.

Erwähnenswert ist in diesem Zusammenhang, daß es auch in den Feldern um Netze zur Manifestation des Kornkreisphänomens kam und zwar in den Jahren 1991 und 2000. Das Thema der sich harmonisch zueinander verhaltenden Kreise klang besonders in der Formation vom 24. Juni 2000 wieder an.

Daß in Netze der Geist des Ortes sehr lebendig ist, zeigt die wundersame Auffindung eines Gewölbeschlußsteines mit den Wappen der 4 gekrönten Märtyrer durch den Netzer Heimatforscher Karl Kann im Jahre 1994.

Weitere Linien im Gebiet

- Von Korbach (Kilianskirche aus dem 8. Jahrhundert) führt eine *ley-line* Richtung 42° über Twiste (romanische Basilika aus der ersten Hälfte des 12. Jahrhunderts), Arolsen (s.o.), Wormeln (Zisterzienserkloster von 1246) und Warburg (Kirche des Dominikanerklosters aus dem frühen 13. Jahrhundert) nach Borgentreich (Pfarrkirche St.Johannes, Vorläuferbau aus dem 13. Jahrhundert).
- Von Fritzlar (erste Kirche 723 durch Bonifatius erbaut) führt eine *ley-line* Richtung 329° über Züschen, den Heiligenberg, Naumburg (gegründet vor 1170), die Weingarten-Kapelle und die Weidelsburg (s.o.) nach Landau (Kirche wohl vor der Stadtgründung 1290).
- Von Arolsen (s.o.) aus läuft eine Linie Richtung 66° über Volkmarsen (Pfarrkirche um 1260, die Kugelsburg (um 1200), Oberlistingen, Niederlistingen, Hofgeismar (gegründet um 1220, Liebfrauenkirche aus dem 11. Jahrhundert) zur Sababurg (erbaut 1334)
- Eine weitere Linie verbindet Züschen mit dem benachbarten Steinkammergrab, dem Dorf Lohne und dem Wartberg (jungneolithische Höhensiedlung, Wartbergkultur. Irene Kappel wies 1981 darauf hin, daß die Längsachse des Steinkammergrabes auf den Wartberg ausgerichtet ist.

Das dazwischen liegende Lohne übersah sie oder erwähnt es nicht. Lohne ist vom Grab aus nicht sichtbar.[356]

ley-lines östlich vom Dörnberg

- Eine Linie verläuft von Gudensberg Richtung 31° zum Orangerie-Schloß in Kassel. Dahinter schneidet die *ley-line* eine Ecke des ehemaligen Stadtschlosses (Königshof seit 913) und die Brüderkirche (Karmeliterkloster seit 1292). Weiter läuft die *ley-line* ohne markante Stationen zum Kloster Hilwartshausen an der Weser. Beide Orte (Gudensberg und Hilwartshausen) liegen etwa gleich weit von der Karlsaue entfernt - ca. 18 Kilometer. Das ehemalige Stadtschloß liegt sogar exakt in der Mitte zwischen beiden Orten. Der Bereich um das Stadtschloß wurde im Zweiten Weltkrieg völlig zerstört. Verschiedene, historische Ansichten rekonstruierende Gemälde des Eschweger Malers Ernst Metz zeigen jedoch sehr schön das ehemalige Aussehen dieses Teils der Stadt.
- Eine weitere *ley-line* läuft von Fritzlar (s.o.) Richtung 57° über Werkel, Gudensberg (s.o.), Dissen, Grifte und Dörnhagen und dann über den Söhrewald nach Oberkaufungen (Stiftskirche von 1017).
- Schließlich läßt sich eine Linie vom Schloß Wilhelmshöhe Richtung 148° über Fuldabrück und Dörnhagen nach Wollrode ausmachen.

Astronomische Visuren

- Vom Burghasunger Berg aus läuft die Visurlinie des nördlichen Mondextrems, gerechnet für 1800 v.Chr., durch das Erdwerk Calden, die Linie für das südliche Mondextrem durch die Wallanlage bei Baunatal-Großenritte (jungneolithische und hallstatt- bis latènezeitliche Wallanlage). Calden ist etwa 11 Kilometer, die Wallanlage von Großenritte 10,5 Kilometer, also fast genauso weit, vom Burghasunger Berg entfernt!

- Weiter führt eine genau nach Süden zeigenden Linie vom Burghasunger Berg über Kloster Merxhausen (Augustinerchorherren-Doppelstift seit dem 13. Jahrhundert), Lohne und Haddamar nach Fritzlar. Kloster Merxhausen ist ebenfalls ca. 10,5 Kilometer vom Burghasunger Berg entfernt!
- Eine weitere Visurlinie zeigt vom Wartberg aus Richtung 240° und fällt praktisch mit der *ley-line* Züschen-Steinkammergrab-Lohne-Wartberg zusammen. Sie entspricht dem Sonnenuntergang bei einer Deklination der Sonne von -16° in der Nacht zum 1.November, an dem das keltische Samhain-Fest (beziehungsweise das christliche Allerheiligen-Fest) gefeiert wird.

Aus dem eben Dargestellten erkennt man, daß die Bauwerke, die Landgraf Carl errichten ließ, zum größten Teil in ein bestehendes Netz geodätischer Linien eingefügt wurden.

Die Mittelachse der Karlsaue läßt sich, wie oben gezeigt, der Linie Gudensberg - Hilwartshausen zuordnen. Die Parkanlagen der Karlsaue werden als Nachbau des kabbalistischen Lebensbaumes angesehen. Endpunkt ist eine Insel mit dem verdächtigen Namen „Siebenbergen", was eher eine Verbindung mit einem Chakrensystem nahelegt.

Wie eben im Abschnitt über Netze schon angedeutet, muß noch erwähnt werden, daß es in der Gegend westlich von Kassel in den letzten Jahren vermehrt zum Auftreten sogenannter „Kornkreise" gekommen ist. Einige dieser Formationen korrespondieren mit *ley-lines*, doch auch von diesen sind viele von Menschenhand gemachte Fälschungen.

Bleibt zu klären, warum der Richtung zum Sonnenaufgang so eine besondere Bedeutung zu kommt. Hierzu sagte Meister Aïvanhov einmal:

„Ob innerlich oder äußerlich, ich interessiere mich ausschließlich für das Feuer, das göttliche Feuer, dessen originalgetreueste Abbildung

*für uns auf dieser Erde die Sonne ist. Deshalb ist es so wichtig, je-
den Tag die aufgehende Sonne zu betrachten, damit man den Kontakt mit dem himmlischen Feuer wieder herstellt. Die Sonne ist es,
die uns das Geheimnis des Feuers, das Geheimnis des Heiligen Geistes offenbart. Verbindet euch mit ihr mit all eurer Liebe und Intelligenz und geht unermüdlich auf sie zu. Denn die Einweihung ist
der Weg, den man gehen muß, um zu diesem Feuer zu gelangen."*[357]

Frau Holles Reich

Fahren wir von Kassel aus nach Osten. Sagenumwoben ist der Hohe
Meißner, denn auf seinem breiten Plateau soll Frau Holles Reich liegen. Im Laufe der letzten Jahrhunderte konstruierten Heimatforscher
und Sagensammler deshalb alle möglichen Holle-Orte auf und um
den Berg, von denen aber die wenigsten auf alten Überlieferungen
basieren.

Als relativ sichere Plätze eines alten Frau-Holle-Kultes können, einer
neueren unfangreichen Untersuchung des Eschweger Archivars Dr.
Karl Kollmann zufolge, der Frau-Holle-Teich, der Hohlstein bei Kam-
merbach, der Hollstein bei dem gleichnamigen Dorf südwestlich des
Meißners und der Todstein bei Abterode gelten.[358]

Ganz unerwartet treffen wir am Südostabhang des Meißners[359] auf
einem von ihm herabziehenden Rücken auf die ehemalige Prämon-
stratenser-Klosterkirche St.Maria und Walpurga in Germerode. Sie
war eine Stiftung der Grafen von Wigger, die auch Beziehungen zur
Klosterkirche Drübeck am Harz hatten und lag nahe einer alten Fern-
straße, die den Rücken weiter oben querte. Heute befindet sich dort
ein Feldweg.

Die Kirche wurde ab 1145 erbaut und besaß ehemals vier Altäre
(Thomas, Johannes, Katharina und Walpurga). 1533 wurde das nördliche Seitenschiff abgebrochen. Die Kirche gehört trotzdem zu den
bedeutendsten Baudenkmälern im Werra-Meißner Kreis[360] und
kunstgeschichtlich zu der sogenannten Wesergruppe. (dazu zählen

noch Braunschweig, Brakel, Bursfelde (Westbau), Gandersheim, Gehrden, Hardehausen, Hofgeismar, Lübeck, Lügde (St.Kilian), Minden (St.Martin & St.Marien), Oberkaufungen und Segeberg)

Untersuchen wir die Anlage näher.

Die Länge der Klosterkirche über alles beträgt, von Innenwand zu Innenwand, 37,20 Meter. Teilt man diese Strecke durch 12, erhält man 3,1 Meter. Dies entspricht etwa dem alten deutsche Fuß, der um 31 Zentimeter Länge spielte und im frühneuzeitlichen Bergbau einheitlich auf 31,8 cm festgelegt worden war.

Die Höhe des Mittelschiffs der gotischen Kathedrale von Chartres (Frankreich) beträgt etwas mehr als 37 Meter. Die Kathedrale ist also genauso hoch wie die Germeröder Kirche lang ist - dem alten Fuß multipliziert mit 120 kam eine besondere symbolische Bedeutung zu!

Die Breite der Kirche in Germerode beträgt 15,5 Meter. Dies entspricht 5 x 3,1.

Die Längsachse der Kirche wird durch Nonnenempore, Hauptschiff und Chor deutlich gegliedert. Das Verhältnis der Summe der Länge von Hauptschiff und Chor zur Länge der Nonnenempore entspricht dem Goldenen Schnitt. Hier liegt der Schlüssel zur Konstruktion der gesamten Anlage.

Betritt man die Kirche, wie es der Besucher eigentlich immer tun sollte, da der Bau auf diesen Weg der Annäherung hin konstruiert wurde, durch das westliche Hauptportal, kommt man zuerst in eine niedrige Halle, die unter der sogenannten *Nonnenempore* liegt. Hier befinden sich vorchristliche Pferdebegräbnisse.

Der Weg führt zwischen *acht Säulen* hindurch, vier auf jeder Seite, die das Kreuzgratgewölbe tragen. Unser Blick wird hierbei zwischen den Säulenreihen hindurch in die Kirche hinein und zum Altar gelenkt. Fast wirkt es, als würde man durch einen Tunnel schauen, an dessen Ende man ein Licht sieht. Dieser Eindruck muß in der Frühzeit der Kirche, als sie noch nicht durch Umbauten und die Niederlegung des nördlichen Seitenschiffes verändert war, noch wesentlich deutlicher gewesen sein. Dieser Tunnelblick wird sehr häufig von

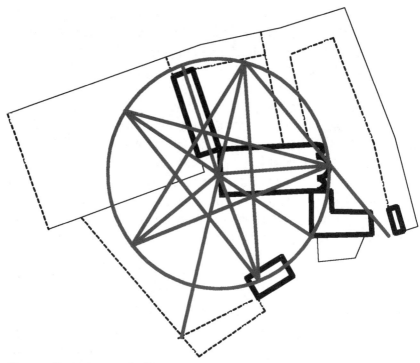

Klostergelände Germerode (die Umrisse der Gebäude sind fett gezeichnet, Umfassungsmauern und verschwundene Gebäude dünner) mit dem Pentagramm als Hilfsmittel für die oberirdische Konstruktion. Rechts vom Mittelpunkt des Pentagramms die Klosterkirche, links oberhalb das Refektorium.

Menschen geschildert, die Nahtodeserfahrungen durchlebt haben.[361] Aber auch Forschungen zur Wirkung halluzinogener Drogen haben ergeben, daß Menschen in einem veränderten Bewußtseinszustand diesen Tunnelblick erleben, bevor sie sich von ihrem Körper trennen und in eine „geistige" Landschaft eintauchen. Dabei kommt es besonders oft zu dem Erlebnis des Fliegens.

Acht gilt als die Zahl der Wiedergeburt, hier wohl zu verstehen als eine spirituelle Neu- oder Wiedergeburt im Licht des sakralen Ortes. Die Säulen tragen verschieden ausgestaltete Kapitelle und Basen. Die jeweils äußeren und inneren diagonal gegenüberliegenden Säulen korrespondieren miteinander und weisen somit auf den Mittelpunkt zwischen den Säulen, was man auch radiästhetisch muten kann. Aber was ist dort zu finden?

Nur ein Säulenkapitell ist besonders reich ausgestaltet. Es zeigt nach der üblichen Deutung an Trauben pickende Vögel. Wir möchten hier den *Phönix* sehen, der an *Datteln* frißt. Dieses Motiv kam durch Kreuzfahrer nach Mitteleuropa. Der Phönix gilt als Symbol von Auferstehung und Unsterblichkeit, von Tod und Wiedergeburt. Er steht aber auch für die Vollendung des „Großen Werkes" der Alchemisten, Sinnbild für die geistige Umwandlung, Erweckung oder Wiedergeburt. Die (Dattel-)Palme symbolisiert im Christentum ebenfalls Unsterblichkeit, aber auch den Sieg über Tod und Sünde und die Auferstehung.[362]

Die gesamte Symbolik der Säulenhalle dreht sich also um die *Wiedergeburt.*

Eine (nur eine!) der Säulen weist außerdem an ihrem Kapitell einen umlaufenden *Zahnschnittfries* (Schachbrettmotiv) auf. So werden Säulen gekennzeichnet, die in ihrem Inneren einen Hohlraum aufweisen, der Reliquien enthält. Reliquien von wem?

Im Kirchenschiff fällt links über dem Aufgang zum Chor ein rechteckiger *Werkstein* auf, aus dem das Gurtband und der Gewölbebogen entspringt, der den Chor vom Schiff trennt. Dieser Stein ist mit 6 Bändern verziert, die senkrecht über ihn empor laufen und in der Mitte jeweils einen Knoten zeigen. Rechnet man die Umrahmung dazu, werden durch diese Bänder sieben Streifen begrenzt. Sie finden sich wieder in einer schmalen siebenstreifigen geomantischen Zone, die unterhalb von diesem Stein das Kirchenschiff im Bereich der zum Chor hinauf führenden Stufen quert.

Ein weiteres interessantes Reliefbild findet sich im Chor über der Tür zum linken (nördlichen) Nebenchor (heute Sakristei). Es stellt das *Agnus Dei*, das Lamm Gottes mit der Fahne dar. Die Darstellung des Lammes erinnert in seinen Proportionen aber eher an ein Pferd. Gnostisch-orphitische Kulte arbeiteten mit ähnlichen Darstellungen.[363]

Angeregt wird der Kirchenbau durch drei Wasseradern, die von der Nordwest-Seite des Geländes kommen und in Schleifen unter der Kirche entlang ziehen. Deren Längsachse liegt auf einer siebenstreifigen geomantischen Zone.

Auch die Planetenlinien „Mond" und „Sonne" verlaufen entlang der Längsachse, beziehungsweise im Südschiff der Kirche, und vereinigen sich am Altar.

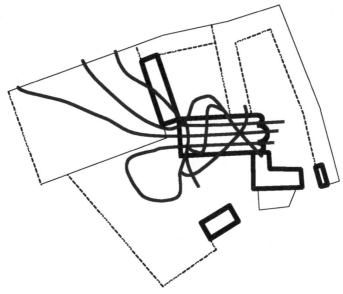

Wasseradern unter dem Klostergelände (Ausschnitt)

Durch das nach Osten zeigende Fenster der Apsis im südlichen Seitenschiff blicken wir geradewegs zum Hülfensberg. (Natürlich auch durch das zentrale Fenster im Hauptchor, nur ist dieses nicht ohne weiteres zu erreichen.) Hinter den im Vordergrund gelagerten Hügeln der zwischen Germerode und Abterode liegenden Feldmark hebt sich die Kuppe dieses „heiligen" Berges noch soweit empor, daß man ihn deutlich erkennen kann. War dies nur Zufall oder hatten die romanischen Bauleute auf diesen (optischen) Effekt Wert gelegt?

Die Kirche schaut zum Hülfensberg mit seinem Franziskanerkloster. Wer kennt die mystische Atmosphäre in der dortigen Kirche mit ihrem romanischen Kruzifix, wenn draußen die Herbststürme toben?

Aber bleiben wir in Germerode. Was spielt sich im Rücken des Betrachters ab? Verlängern wir die Linie Hülfensberg-Germerode nach

222

Westen, kommen wir in den Raum von Fritzlar. Hier soll Bonifatius irgendwo bei Geismar die „Donar-Eiche" gefällt haben - Geismar, ein kleiner Ort etwas nordwestlich von Fritzlar. Doch auch unmittelbar nördlich vom Hülfensberg liegt ein Ort „Geismar". Auf der Linie von Fritzlar aus weiter nach Westen gelangen wir nach Frankenberg an der Eder. Auch dort gibt es eine alte Kirche auf einem Hügel über der Altstadt und einen Ort mit Namen Geismar etwas nordöstlich von Frankenberg.

Drei Orte jeweils mit einem Dorf namens Geismar in ihrer Nachbarschaft liegen also zusammen mit dem ehemaligen Kloster Germerode auf einer relativ geraden, etwa in Richtung 80 Grad verlaufenden Linie. Ist das „Zufall"? Verlängern wie die Linie von Frankenberg aus weiter nach Südwesten, erreicht sie schließlich Stift Keppel bei Hilchenbach im Siegerland. Auch dieses war ein Prämonstratenserinnenkloster. Südwestlich davon liegt Geisweid, heute Teil von Siegen. Untersuchen wir die beschriebene Verbindungslinie Hülfensberg - Germerode - Frankenberg näher, sehen wir, daß wichtige Punkte auf dieser Linie in beinahe regelmäßigen Abständen voneinander liegen. (angegeben sind die Orte und die dazwischen liegenden Strecken in Kilometern):

- Frankenberg - 32 - Büraberg - 13 - Felsberg - 12 - Heiligenberg - 6,2 - Petersrück - 15 - Germerode - 18,2 - Hülfensberg

- Von Frankenberg sind es 12,8 Kilometer nach Südosten zum Kloster Haina. Eine weitere Linie läßt sich von dort unschwer in Richtung auf Fritzlar finden:

  - Kloster Haina - 12,4 - Braunau - 8 - Büraberg - 2,8 - Fritzlar - 12 - Mader Stein - 7,2 - Guxhagen

Bei den eben beschriebenen Strecken spielen Abschnittslängen um etwa 6,2 Kilometer eine besondere Rolle. Dieses Maß erinnert eklatant an die alte deutsche Elle, die um die 60 cm spielte.[364] Und weiter: die Hälfte von 6,2 ist 3,1 und damit fast wieder der alte Fuß und das Maß, mit dem man in Germerode baute.

Weitere Linien

Nehmen wir die oben beschriebene Linie als einen Faktor, der über den Standort der Kirche entschied, stellt sich nun die Frage nach weiteren. Tatsächlich läßt sich eine Linie finden, die sich am Ort der Germeröder Kirche mit dieser schneidet. Diese weitere Linie führt von Germerode aus im Winkel von etwa 42° nach Südosten. Sie zieht über Reichensachsen und die Rabenkuppe bei Weißenborn zur *Creuzburg*. Hier, an der Stelle eines ehemaligen Augustinerklosters gründeten die Landgrafen von Thüringen eine Burg, auf der sich die heilige Elisabeth einige Jahre aufhielt. In der sehenswerten Burg finden wir - wie auch in Germerode - eine stilisierte Lilie, die u.a. das Wappen des Prämonstratenserordens darstellt. War man sich der geodätischen Beziehung zwischen Germerode und der Creuzburg bewußt und wollte diese so andeuten?

Weiter verläuft die Linie nördlich an Eisenach vorbei zum *Hörselberg*. Dieser sagenhafte Berg soll das unterirdische Reich der Frau Venus bergen, wie der Meißner das der Frau Holle. Thannhäuser, bekannt durch den Sängerwettbewerb auf der nahen *Wartburg*, soll in den Hörselberg eingedrungen sein, wie die Sage berichtet.

In der nordwestlichen Gegenrichtung verläuft die Linie über den Meißner nach Oberkaufungen mit seiner mittelalterlichen Stiftskirche. Kurz danach überquert die Linie bei Sandershausen die Fulda, tangiert das Erdwerk von Calden und führt nach Warburg. Auf dieser Linie sind die Creuzburg an der Werra und die Fulda gleich weit von Germerode entfernt, nämlich etwa 28 Kilometer. 28 ist fast genau 9 mal 3,1!

Kloster Germerode und ley-lines

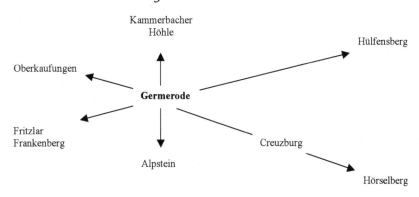

Über Germerode lassen sich jedoch noch zwei weitere Orte spiegeln: Nördlich von Germerode liegt die Kammerbacher Höhle bei Hilgershausen. Sie steht ebenfalls mit dem Frau-Holle-Mythos in Zusammenhang. Zieht man von hier über Germerode eine Linie nach Süden, kommt man in einer Entfernung, die der zur Kammerbacher Höhle fast entspricht, zum Alpstein bei Kirchhosbach. Ein weiblicher Ort in Form der Höhle liegt hier einem männlichen in Form des Felsens gegenüber, dessen an den Alp, ein Gespenst, erinnernder Name ihn als Sitz einer heidnischen Gottheit ausweist. Exakt in derselben Entfernung von Germerode wie die Höhle liegt die Kirche von Kirchhosbach.

Ort	Baujahr	Orden	Zerstörungen	
Ilsenburg	ab 1078	Benediktiner	Nordturm,	nördliches Seitenschiff
Eschwege St. Cyriax	11-13 Jh.		Nordturm	
Lippoldsberg	1100	Hirsauer Benediktiner	Nordturm um 1630	
Paulinzella	1124	Benediktiner	Nordturm 1564	
Veßra	1131	Praemonstratenser		Schiff 1939 (Blitz)
Thalbürgel	1133	Benediktiner	Nordturm	
Cappel (Lippst.)	1139	Praemonstratenser		Seitenschiffe
Bad Hersfeld	1144		Nordturm	
Germerode	*1145*	*Praemonstratenser*	*Nordturm nach 1631*	*Seitenschiffe, Dormitorium 1939 (Feuer)*
Willebadessen	1149	Benediktiner		nördl. Seitenschiff um 1750

Das Bewußtsein, eingewoben zu sein in das intuitiv erahnte Geflecht der heiligen Plätze und deren geheimnisvolle Verbindungslinien, teilzuhaben am Fluß der göttlichen Energie und an der Gemeinschaft der Heiligen, gab den Nonnen die Kraft für ihren hingebungsvollen Dienst. Und wenn sie am Morgen des Ostertages die Empore betraten, mit ihrem Gesang die Halle erfüllten und die rotgoldenen Strahlen der hinter dem Hülfensberg aufgehenden Sonne durch die Fenster des Chores ihre Gesichter trafen, dann wußten sie: dies war die Verheißung des göttlichen Lichtes, denn sie standen schon in dieser Welt am Rand des Paradieses, und sie gehörten wahrlich zu den Auserwählten, deren Seelen die Engel dereinst dort hingeleiten würde.

Heute fehlt der Germeröder Kirche der Nordturm und das nördliche Seitenschiff. Die Zerstörungen an den romanischen Kirchen in der weiteren Umgebung sind ähnlich, wie die folgende Tabelle zeigt.

Welche Kräfte wirken hier durch die Elemente auf die Bauwerke ein und wozu?
Und trotz aller *ley-lines* und Wasseradern: das Geheimnis von Germerode liegt in seinen Kellern verborgen ...

Das Weserbergland

Grasdorf

Kehren wir noch einmal zurück nach Malsch bei Karlsruhe. Es ist geodätisch verbunden mit einem kleinen Ort ganz am nördlichen Rand des niedersächsischen Berglandes an der Autobahn Hannover-Göttingen mit Namen Grasdorf.

Der erste deutsche Kornkreis erschien 1991 am Fuße des Thieberges bei Grasdorf (Was ist Korn anderes als fruchtendes Gras?) gleich nördlich der Autobahn – eigentlich nicht ein einfacher Kreis, sondern eine komplexe Formation.

Die Analyse ihrer Geometrie ergab Erstaunliches!

Grasdorf bildet den Eckpunkt eines Fünfecks über Deutschland mit weiteren Eckpunkten bei Prag, Kufstein, Basel und in der Eifel.[365] Eine Linie des eingeschriebenen Pentagramms verläuft über Heidelberg, Karlsruhe, Malsch und Freiburg nach Dornach in der Schweiz, dort wo Rudolf Steiner einen neuzeitlichen Tempel in Form des Goetheanums errichtete.[366] – Wir sprechen hier vom ersten *Goetheanum*, welches verbrannte und nicht vom zweiten, welches nach Rudolf Steiners Worten ein Mahnmal ist. Warum sich zeitgenössische anthroposophische Architektur an einem Mahnmal orientiert, sei einmal dahingestellt.

Auf den Linien des Pentagramms liegen Orte, an denen Rudolf Steiner wichtige Vortragszyklen hielt. Kurt Jauch gelang es, zusätzlich ein Lebensquadrat zu konstruieren, welches wichtige Punkte im Leben Rudolf Steiners verbindet und sich an das Pentagramm angliedern läßt.[367] Daß sich in Steiners Leben Kreuz (Quadrat) und Pentagramm so vielfältig durchdringen und ergänzen, mag, so Werner Schäfer, für seine Mission im Europa des frühen 20. Jahrhunderts realsymbolisch außerordentlich passend sein.[368] Wir müssen hier ergänzen, daß sich Kreuz und Pentagramm auch im Rosenkreuz begegnen!

Die Linien des Pentagramms, welches in Grasdorf beginnt und seinen linken Fußpunkt in Dornach hat, schneiden auch Orte, die mit dem geheimnisvollen Leben Kaspar Hausers in Verbindung gebracht werden. Dieses Pentagramm ist um 2,5° gegen die Senkrechte nach Westen gekippt. Schwenkt man es um diesen Betrag, so daß die Mittelachse exakt in Nord-Süd Richtung verläuft, dann lassen sich weitere Orte in Hausers Leben, besonders die Leidensstationen Pilsach, Nürnberg und Ansbach, auf den Linien finden. Werner Schäfer schreibt dazu: *„Kaspar Hauser hätte der spirituelle Mittelpunkt Süddeutschlands werden sollen, wenn er als Herzog von Baden hätte regieren können."*[369] Konkreter: dadurch hätten sich Goethes Art zu denken und Schillers Freiheitsimpuls in einer kaum zu überschätzenden Art und Weise weiter entfalten und auf die Geistesentwicklung der Menschheit einwirken können!

Grasdorf mit dem Thieberg (eine alten Versammlungsstätte, ein Ting-Berg?) und dem Idafeld, in dem sich die Kornkreisformation gebildet hatte, liegt in der Gemeinde Holle. Frau Holle, die große Naturgöttin. Welchen Anteil hat sie am Wachstum des Korns, in das sich die höheren Welten einschreiben?
Auf der anderen Seite von Grasdorf treffen wir auf die ehemalige Burg, später Augustinerkloster und Zisterzienserkloster Derneburg. 1805 säkularisiert, wird das Schloß 1815 an den hannöverschen Minister von Münster geschenkt, der es umbaut. Die Kirche wird zum großen Saal.
Im Park finden wir ein „Teehaus" in Form eines griechischen Tempels, errichtet von Laves, dem großen hannöverschen Baumeister des 19. Jahrhunderts.

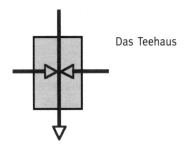

Das Teehaus

Ein Stück weiter folgt eine Begräbnisanlage mit keltischem Kreuz und Pyramide. Es ist das Mausoleum von Graf Ernst zu Münster, das er für sich, seine Ehefrau und seine Töchter 1839 von Laves erbauen ließ. Kernstück ist die elf Meter hohe Nachahmung einer ägyptischen Pyramide. Sie sammelt, ähnlich wie die Pyramide in Kassel-Wilhelmshöhe, Energieströme aus verschiedenen Richtungen und strahlt sie zur Vorderseite ab. Der Energiestrom der Mittelachse läuft anschließend durch das keltische Kreuz des mittleren Grabes.

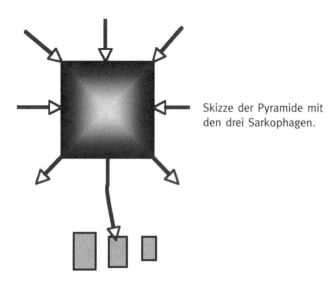

Skizze der Pyramide mit den drei Sarkophagen.

Die Externsteine

Das große Pentagramm über Mitteleuropa, welches sich aus der Analyse des Grasdorfer Kornkreises ergab, scheint die Konstruktion kleinerer Pentagramme zu erlauben, welche an seiner Spitze (Grasdorf) ansetzen und nach Westen gedreht sind.[370]
Der linke Fußpunkt des kleinsten Pentagramms liegt auf den Externsteinen, und hier begeben wir uns auf ein gefährliches Gebiet. Kaum ein Platz in Deutschland wird von so vielen unterschiedlichen Gruppierungen und Geisteshaltungen in Anspruch genommen wie die aus dem gelb-grauen Osning-Sandstein aufgebaute Felsgruppe im Teutoburger Wald. Wir können hier nicht annähernd auf die zahlreichen Theorien um die Externsteine eingehen, wollen aber doch auf einige wichtige Punkte hinweisen.

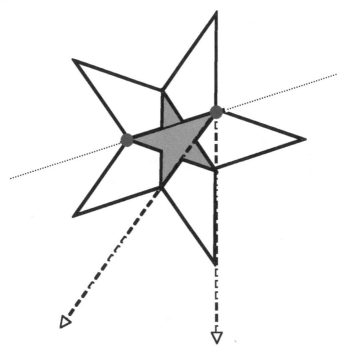

Spitze des Mitteleuropa-Pentagramms (gestrichelt) mit den Externsteinen (Punkt links) und Grasdorf (Punkt rechts). Die vermutliche Verbindung Atlantis – Berlin ist punktiert angedeutet. (nach SCHÄFER 2003:126, verändert)

In der Esoterik gelten die Externsteine als ein Kraftort von internationaler Bedeutung. Rudolf Steiner nannte sie die geistige Mitte Europas, einen *„Punkt, der der Sitz erhabener Geister war, bevor der keltische Volksgeist als keltisches Erzengelwesen in der Hochburg des Grals ein neues Zentrum errichtet hatte."* Und: *„Der Begründer der an den Externsteinen gepflegten Wotans- oder Drottenmysterien war ein hoher Eingeweihter (...) bewahrend dasjenige, was aus dem alten Atlantis herübergebracht werden konnte."*[371]
Neuzeitliche Aussagen, nach denen die Externsteine ein „germanisches (Gestirns-) Heiligtum" gewesen sein sollen, gehen auf Hermann Hamelmann 1564(!) und besonders auf Wilhelm Teudt zurück. Er ist auch Schöpfer der Vorstellung von einem ausgedehnten heiligen Bezirk um die Externsteine (aber auch Rudolf Steiner sprach schon vom großen Inspirationszentrum Asgard![372]), mit der von Schlangen heranführenden „Fürstenallee", dem „Aschenweg", den ehemaligen Kultplätzen „Langelau", „Königslau", „Eckelau", „Linde-

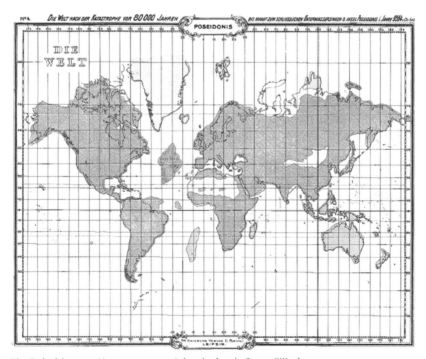

Die Erde bis zum Untergang von Atlantis (nach Scott-Elliot).

lau" und „Gudenslau" nordwestlich Oesterholz und verschiedenen Gräberfeldern.[373]

Auf dem Ständer im *Sazellum*, dem Raum im höchsten der Felsen, der üblicherweise als christlicher Altar gedeutet wird, soll sich nach Teudt ein Schattenwerfer („Gnomon") befunden haben, der zum Anpeilen der Sonne gedient habe und, wie er im Vergleich mit einem babylonischen Relief herausarbeitete, zum Extrahieren der höheren göttlichen Kräfte aus den Sonnenstrahlen, denn: *„...man erlangt diese höheren Gaben nur dann, wenn das Grobsinnliche von den Strahlen abgestreift ist, im Schatten; jedoch auch jetzt nur unter der Voraussetzung, daß der von Menschenhand aufgebaute Schattenwerfer von beauftragten göttlichen Händen gehalten wird. Auf diesem wohlverwahrten Wege werden die Kräfte zu einem Strom, welcher Entfernung, Luft und Materie überwindend auch den heiligen Tisch (den Ständer) durchfließt, auf den ihn berührenden obersten Priester übergeht und auch den an der Hand herangeführten erfüllt."*[374] Vielleicht hatte Teudt Vorträge von Rudolf Steiner gelesen oder selbst gehört. Der Eingeweihte wies schon früher darauf hin, daß ein materieller Körper das Licht, doch nicht den Geist aufhält. Im Schatten drinnen sieht man das Geistige.[375] War dies auch eine Funktion von Steinkreisen? Sollten sie einen bestimmten *Schattenwurf* erzeugen? Liegen deshalb die wichtigsten Großplastiken und die Grotten an den Externsteinen an deren Nordseite, obwohl unsere Vorfahren doch bei Felswänden sonst immer die klimatisch viel günstigere Südseite für ihre Lagerplätze ausgesucht

anpeilbarer Ort	Entfernung	astronom. Ereignis
Fissenknicker Mühle	6,3 Kilometer	NE Mondextrem
Steintischberg	7,5 Kilometer	Mittsommer Sonnenaufgang
Opferstein	4 Kilometer	Mittwinter Sonnenaufgang
Kohlstätter Ruine	6 Kilometer	SW Mondextrem
nördliches Ende der Fürstenallee	6,5 Kilometer	Mittwinter Sonnenuntergang
Kreuzweg	5,5 Kilometer	
Grotenburg	7,3 Kilometer	Mittsommer Sonnenuntergang
Die genau nach Süden laufende Linie führt zur Hohlsteinhöhle (ein Zwergenort).[377]		

hatten? Aber die Externsteine waren eben keine profane Wohnstätte. Die germanischen Baldurpriester schauten im täglich, stündlich, minütlich sich ändernden Schatten das Wirken der geistigen Sonne.[376] Man lese auch einmal nach, was Goethe in seiner „Farbenlehre" über den Schatten gesagt hat!

Bleiben wir noch etwas im Sazellum. Bestimmte Visur- oder „Ortungslinien" führen nach Teudt von dort aus in verschiedene Richtungen, die mit den Extrempositionen von Sonne und Mond verknüpft sind.

Teudts archäo-geodätische Ortungslinien haben wir weiter oben bereits besprochen.

Die Deutung des Sazellums als Sonnen- und Mondbeobachtungsstätte ist tatsächlich zutreffend, obwohl Metallträger unter dem Boden die Kompaßnadel um etwa 4° ablenken. Besonders eindrucksvoll ist das mehrstündige Wandern des Sonnenbildes entlang der Wände am Tag der Sommersonnenwende. Dabei berührt der Lichtfleck einen in den Stein gehauenen Kopf just zu der Stunde, an dem die Sonne an den Tagen der Tag- und Nachtgleichen aufgeht und eine seltsame Vertiefung in der Nordwand der Bogennische in der Stunde des Sonnenaufgangs zur Zeit der Wintersonnenwende.[378] Das Nordfenster im Sazellum weist außerdem auf den Punkt des Sonnenuntergangs zur Zeit der Sommersonnenwende.[379]

In der *Grotte* (errichtet spätestens in keltischer Zeit[380]) finden sich zahlreiche LAW. Hier ist ein Treffpunkt der Planetenlinien „Sonne" und „Mond", die sich von hier ausgehend weit verzweigt über den Teutoburger Wald schlängeln.[381] Die Sonnenlinie verläuft durch die Johanniskirche in Horn, dann am südlichen Rand des Marktplatzes entlang, durch den Renaissance-Erker am ehemaligen Hotel Vialon und anschließemd quer durch das Gebäude, tritt beim Tor an der Hauptstraße aus diesem aus und verläuft dann weiter am südlichen Rand der Hauptstraße Richtung Osten.

An den Externsteinen ist die Sonnenlinien durch dieses Zeichen markiert.

Der Renaissance-Erker am Hotel Vialon in Horn steht direkt auf der Sonnenlinie. Im Hotel waren schon Hermann Löns und Joachim Jünemann zu Gast.

Bei den Steinen finden sich drei *blind springs* mit den Zentren Opferbecken, Kanzel und Wackelstein.[382]

Vor dem Felsen 2 soll sich ein Schacht oder *„Brunnen"* befinden, der bei Ausgrabungen nachgewiesen wurde und als Kultschacht beziehungsweise als Eingang zur Unterwelt (oder Anderwelt, wie auch der Brunnen im Frau-Holle Märchen!) gedeutet wird. Der Brunnen liegt genau auf der Linie, die vom Sazellum zum Sonnenaufgangspunkt zur Zeit der Sommersonnenwende weist.[383]

Der *Sargstein-Felsen* gilt als Einweihungsplatz[384] mit LAW 9,90 (Inkubationsschlaf), LAW 11,15 (Heilschlaf) und LAW 4,10 und 9,50 li für Mumifizierung.[385] Das Felsengrab liegt auf einer Kreuzung des Vermessungs-Gittersystems.[386] Es ist mit seiner Längsachse auf den Punkt des Sonnenaufgangs am Tag der Sommersonnenwende ausgerichtet.[387]

Kultisch-rituelle *Pferdebegräbnisse* finden sich am Durchgang zwischen den Felsen.[388]

„Zeitnischen" sollen im „Frauenloch" des Felsen Nr.9 auftreten. Nördlich von diesem befindet sich eine 100m lange energetische Zone mit einer radiästhetisch nachweisbaren künstlichen Höhle.[389] Eine *„Parabolantenne"* soll am Felsen 10 angebracht worden sein. [390] Diese Hohlform ist aber eher als ein natürlicher Kolk anzusprechen!

Eine *Keltenschanze* und zahlreiche radiästhetisch nachweisbare Hügelgräber liegen 300 Meter nordwestlich der Steine am Schliepsteiner Weg, westlich vom Bärenstein.[391]

Auf einer Lichtung auf dem *„Bärenstein"* befindet sich ein Tanzplatz (im Volksmund „Elfenwiese") mit Hügelgräbern, einer *blind spring* und der Planetenlinie „Mond".[392] Der Bärenstein gilt als Rest einer megalithischen Pyramide oder eines zerstörten Steinkreises.[394]

Machalett postulierte ein Dreieck geodätischer Linien zwischen der Inselgruppe Ilhas Selvagens (Salvage), die vor Afrika im Atlantik liegt, der Cheopspyramide und den Externsteinen. Dessen Basislinie ist der 30. Breitengrad, die Eckwinkel entsprechen dem Böschungswinkel der Cheopspyramide von 51° 51´ und die Spitze der „Pyramide" an den Externsteinen liegt auf 51° 51´ nördlicher Breite – was schon erstaunlich genug ist.

Auf der Linie Externsteine – Cheopspyramide liegen: der Neunzehnberg (Mondzyklus!) bei Königswald (südöstlich Kassel), der Lichtenstein (Pyramiden!), der Staffelstein, der Druidenhain bei Wohlmannsgesäß (wohl natürlich entstanden aber vielleicht künstlich überarbeitet und mit einem *Wackelstein*), Zagreb, der Olymp, und die Insel Delos mit ihrem Apollonheiligtum.

Auf der Linie Salvage – Externsteine liegen: das Rolandsdenkmal am Paß von Roncesvalles, der Wackelstein auf dem Dol des Druides, die Höhle von Lascaux, der Wackelstein bei den Pierres des Jaumatres (Montluçon), Luxemburg (Lichtburg!), der Wackelstein auf den Externsteinen und, verlängert man die Linie weiter nach Nordosten, der Wackelstein im Ith bei Coppenbrügge, die Siebensteinhäuser bei

Bergen in der Lüneburger Heide und Lüneburg (Luna-Burg). Weiter führt diese Linie über zahlreiche kultisch bedeutsame Orte bis nach Uppsala.

Auch in Möllers „geomantischen Großraumlinien" spielen die Externsteine eine wichtige Rolle.

Abschließend möchten wir darauf hinweisen, daß die Externsteine untrennbar mit dem Karfreitagsmysterium, dem Mysterium von Golgatha, verbunden sind.

Um anzudeuten, was es damit auf sich hat, hier zwei Zitate von Rudolf Steiner:

„Was die wenigen Eingeweihten früher in den Initiationstempeln gesehen hatten, das Ruhen während dreieinhalb Tagen in einem todähnlichen Zustande, wodurch sie die Überzeugung gewonnen hatten, daß das Geistige immer das Leibliche überwinden wird, daß das Geistig-Seelische des Menschen einer geistigen Welt angehört, das sollte sich jetzt einmal vor aller Augen abspielen. Eine Initiation, hinausgetragen auf den Plan der Weltgeschichte, ist das Ereignis von Golgatha. Damit ist diese Initiation aber nicht bloß für diejenigen vollzogen, welche damals um dieses Ereignis herumstanden, sondern für die ganze Menschheit. Und was vom Tode am Kreuz ausgeflossen ist, das strömt von da aus in die ganze Menschheit ein. Dasjenige, was das überschüssige Substantielle des Ich ist, das Blut mußte ausfließen. Was damit begonnen hat, als auf dem Ölberge die Schweißtropfen von dem Erlöser wie Blutstropfen herunterrannen, das mußte fortgesetzt werden, indem aus den Wunden des Christus Jesus auf Golgatha das Blut floß. Was damals als Blut geflossen ist, das ist das Zeichen für das, was als das Überschüssige des Egoismus in der Menschennatur hingeopfert werden mußte."

Und weiter: *„Die ganze astrale Atmosphäre der Erde änderte sich in dem Momente, wo Jesus starb, so daß Ereignisse möglich waren, die früher nie möglich gewesen wären. Die plötzliche Initiation – wie bei Paulus – wäre früher nie möglich gewesen. Sie ist dadurch möglich geworden, daß durch das Fließen des Blutes Christi die* *ganze Menschheit zu einem gemeinschaftlichen Selbst geworden ist.*"[396]

Am Felsen links vom Durchgang (von Norden gesehen) befindet sich der *Große Hängende*, eine halbplastische Figur, die den Christus am Kreuz (oder Odin am Weltenbaum) mit geneigtem Kopf und Seitenwunde zeigt.

Das Relief weiter rechts an der Nordseite zeigt die Kreuzabnahme, den Übergang von den vorchristlichen Mysterien in Gestalt des Nikodemus (derjenige, der den Christus vom Kreuz nimmt) zu den neuen christlichen Mysterien, dessen Träger Josef von Arimathäa (links dargestellt) ist.[397] Die Figur des Johannes am rechten Rand deutet schließlich auf den zukünftigen Träger des esoterischen Christentums hin.

Das Relief soll im Mittelalter, vielleicht schon durch den eingeweihten Herrscher Karl den Großen angelegt worden sein. Volker Ritters dagegen glaubt nachweisen zu können, daß es sich bei dem *Kreuzabnahme-Relief* um ein Einweihungsbild der Tempelritter oder um eine Freimaurer-Arbeitstafel handelt, die erst nach 1511 errichtet wurde. Mit Hilfe der von ihm wiederentdeckten „verborgenen Geometrie" in alten Kunstwerken glaubte er sogar den Hersteller des Reliefs dingfest machen zu können. Es soll Lucas Cranach d. Ä. gewesen sein, der sich mit seiner Signatur im Relief verewigt hatte.[398]

Wie auch immer, an den Felsen finden sich eine ganze Reihe weiterer – natürlich umstrittener – Großplastiken, deren Entstehungszeit in die Antike datiert wird. Ihre Schöpfer waren Angehörige des keltischen Kulturkreises, Naturforscher, die diese Felsen und auch andere über lange Zeiträume beobachtet haben, um ihnen dann durch rhythmische Schläge auf wenige ausgewählte Stellen dabei zu helfen, das zum Ausdruck zu bringen, was in ihnen herangereift war.[399]

Rund um den Süntel

Der Süntel ist einer der weniger bekannten Höhenzüge des Weserberglandes. Hermann Löns wollte ihm ein literarisches Denkmal setzen, doch die Skizze blieb zu unserem Bedauern unvollendet. Was

Der Umriß eines Indianerkopfes
erscheint am Felsen, der das
Sazellum trägt. Eine zufällige
Erosionsform, eine
keltisch-germanische Arbeit oder
eine verwitterte toltekische
Großplastik aus atlantischer Zeit?

hätte der Wahrnehmende uns
mitteilen können! Wer sich
heute zu Fuß in das weitläufige Waldgebirge aufmacht, der
wird bald von dem eigentümlichen Reiz dieser mystischen
Landschaft in seinen Bann gezogen.

Der Süntel ist kein Gebirge mit einem ausgeprägten Kamm. Statt
dessen schließt sich hinter den steil vom Wesertal emporstrebenden
Hängen ein sanft nach Osten fallendes Plateau an, das nur an einigen Stellen von tief eingeschnittenen Tälern zergliedert wird.

Berühmt ist das Blutbachtal. Hier soll im Jahr 782 ein fränkisches
Heer von den Sachsen geschlagen worden sein. Am Anfang des Ta-
les, unterhalb der Felsklippen des Hohensteins, befindet sich der
Baxmann-Brunnen, in den Paderborner Mönche einst einen zauber-
kundigen Ratswirt aus Hessisch-Oldendorf gebannt haben sollen.[400]
Über den Süntel führt eine der großen *ley-lines*, die das Weserbergland durchziehen. Lassen wir sie im hessischen *Korbach* beginnen,
in der Stadtkirche St.Kilian, in der am Sakramentshäuschen die Darstellung eines umgedrehten Pentagramms angebracht ist und unter
der es unterirdische Gänge gibt.

Die Linie verläuft von hier aus – wir nennen nur die wesentlichen
Stationen – über *Canstein, Hardehausen, Willebadessen, Dringenberg,* die *Herlingsburg* bei Lügde, Schloß *Schwöbber* und die Stiftskirche *Fischbeck* an der Weser. Dann erreicht sie den *Hohenstein* im
Süntel, jenes wie ein Schiffsbug in das Wesertal vorspringende fel-
sige Plateau, von dem aus man eine wunderbare Sicht in das Wesertal hat. Am Hohenstein werden alte Kultplätze vermutet. Hirsch-

sprung, Grüner Altar und Teufelskanzel sind ihre Namen, und hier fand man eine wieder verschwundene Scherbe mit der Darstellung einer germanischen Gottheit.

Die rätselhafte, heute verschollene Scherbe vom Hohenstein. Teudt will auf ihr die Darstellung der Gottheit Osta sehen. Strack beschrieb sie als: „Abbildung eines Stück Steins, so im Schaumburgischen, an dem gebürge, der Hohenstein genannt, ohnweit dem Sinngrünen Altar oder der Druidenklippe, im XVIten Jahrhundert gefunden worde" (nach STRACK: Wegweiser um Eilsen, Lemgo 1817 in TEUDT 1931, S.118)

Vom Hohenstein führt die Linie über den in jedem Frühjahr von Lerchensporn und Bärlauch wie mit einem grünen Teppich bedeckten Waldboden zum alten Wasserschloß von *Lauenau* (Castrum 1307, Schloß ab 1565). Dort wurde die Ehe zwischen Sophie Dorothea von Celle und Georg Ludwig von Hannover geschieden, da man der Prinzessin eine Affäre mit dem Grafen von Königsmark nachsagte. Über die Klosterkirche von *Wunstorf, Neustadt,* die Stiftskirche *Mariensee* und *Suderbruch* führt die Linie weiter nach *Ahlden.* Das dortige Wasserschloß wurde ab 1579 erbaut. In ihm wurde die unglückliche Sophie Dorothea nach ihrer Scheidung als „Prinzessin von Ahlden" 32 Jahre lang bis an ihr Lebensende wie eine Gefangene gehalten. Königsmark traf es allerdings noch schlechter – er wurde im hannöverschen Leineschloß erstochen und eingemauert.

Die heiligen Linien des Externstein-Forschers Teudt rahmen den Süntel nahezu ein. Seine Linie Nummer 4 kommt von Süden her vom Köterberg bei Höxter. (Dort schneidet sie sich mit einer *ley-line*, die von Kloster Corvey her kommt und weiter zur Herlingsburg und über Barntrup zum Dörenberg bei Dörentrup verläuft.) Vom Köterberg läuft die Linie über das Hünenschloß bei Gellersen zum Hohenstein. Weiter nach Norden verläuft sie ziemlich genau über das einzige Hügelgrab im Süntel und trifft schließlich die Insel Wilhelmstein im Steinhuder Meer.

Die künstliche(!) Insel ließ Graf Wilhelm zu Schaumburg-Lippe 1761-67 als Festungsanlage errichten. Der Wilhelmstein galt trotz seiner geringen Ausdehnung als Mittelpunkt der Grafschaft Schaumburg-Lippe und rettete 1787 sogar das Land. Hessische Truppen scheiterten an der uneinnehmbaren Inselfestung, die lange Zeit eine Militärschule beherbergte.[401]

Teudts Linie Nr.30 verläuft in Ost-West Richtung durch Stift Fischbeck. Es wurde um 950 gegründet, die heutige Kirche um 1150 erbaut. In einem Gewölbe unter der Kirche liegt die Mumie des Jost von Mengersen; man sagt, er strecke immer einen Fuß zum Sarge hinaus. Offenbar ist er ein fleißiger Wanderer, denn sein Geist soll am Weserufer beim Gut Stau umgehen.[402] Und noch ein interessantes Detail: die Fenster am Chor der Kirche ähneln denen der Mathiaskapelle in Kobern an der Mosel.

Die Ost-West Linie Nr.18 von Teudt verläuft durch Hülsede. Das kleine Dorf liegt an der Nordostecke des Süntels, aber an keiner Durchfahrtstraße. Das ist sein Glück, so konnte es sich gewisse Eigenheiten bewahren.

Wer heute Kirche und Schloß besucht, meint beinahe in Alt-England zu sein, wie überhaupt Niedersachsen gewisse Anklänge an England aufweist.

Die Kirche wurde um 1200 begonnen, sie weist bedeutende Gewölbemalereien auf. Unter dem Turm befindet sich keine Wasseraderkreuzung, dafür aber wie üblich in der Nähe des Altares. Die quer verlaufende Wasserader macht einen kleinen Schlenker durch die Tür der Sakristei. Mehrere geomantische Zonen verlaufen durch die Kirche. Eine davon führt zum Schloß, das ein Stück entfernt am Rand des Dorfes liegt.

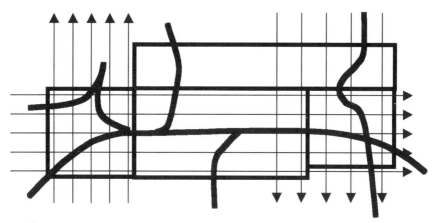

St. Ägidius in Hülsede (links der Turm) mit Wasseradern und den Streifen der geomantischen Zonen.
Die Pfeile zeigen die Flußrichtung bzw. Polarisation an.

Das Weserrenaissance-Schloß von Hülsede (erbaut ab 1529) ist von einem Wassergraben umgeben, dem Kaspol (Kastell-Pool). Es liegt auf einer geomantischen Zone, die durch das Haupttor Richtung Portal verläuft und auf der Schloßbrücke umpolarisiert wird. Im Schloßhof kreuzt sie sich mit einer weiteren.

Der oben genannte Jost von Mengersen, der alte Schloßherr zu Hessisch-Oldendorf an der Weser, soll auch Schloßgeist in Hülsede sein.

Die Schlösser von Hessisch-Oldendorf und Hülsede, aber auch die von Hasperde, Hämelschenburg und Bückeburg sind über geodätische Verbindungen vom Stift Fischbeck abhängig. Auch Schwöbber und Lauenau hängen über die oben beschriebene *ley-line* an Fischbeck. Damit sind alle bedeutenden Schlösser im Gebiet miteinander verbunden!

Geosophisches Pentagramm um den Süntel

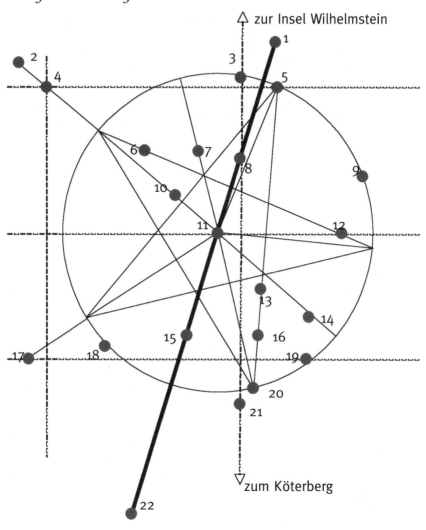

1 – Lauenau, 2 – Schloß Bückeburg, 3 – Gut Nienfeld, 4 – Aussichtsturm Bad Eilsen, 5 – Schloß Hülsede, 6 – Schaumburg, 7 – Wallanlage Amelungsburg, 8 – Hohenstein, 9 – Bad Münder, 10 – Hess.-Oldendorf, 11 – Stift Fischbeck, 12 – Schloß Hasperde, 13 – Hameln, 14 – Hastenbeck, 15 – Schloß Schwöbber, 16 – Ohr, 17 – Dörnberg, 18 – Hohe Asch, 19 – Kirchohsen, 20 – Hämelschenburg, 21 – Hünenschloß, 22 – Herlingsburg

Kreisdurchmesser circa 26 Kilometer; strichliert sind Teudts Linien eingetragen.

Der Harz ist ein untypisches Mittelgebirge. Das isolierte Massiv ist das höchste Gebirge Norddeutschlands und liegt im Schnittpunkt von Niedersachsen, Sachsen-Anhalt und Thüringen.

Bedeckt von dunklen Wäldern und den Spiegeln der Talsperren und Stauseen hat es der Harz wirklich in sich. In dem geologisch äußerst vielfältigen Gebirge wurde über etwa 1000 Jahre Bergbau betrieben, auf Eisen, Kupfer, Zink, Blei und Silber und eine fast unendliche Anzahl weiterer Mineralien.

Der höchste Gipfel des Harzes ist der Brocken mit einer Höhe von 1141 Metern. Die eigentümliche Landschaft in den Hochlagen des Berges läßt uns, besonders bei Nebel, in den zersausten Bäumen und bizarren Felsbildungen allerhand sonderbare Figuren entgegen treten. Im Winter erstarren diese zu Gebilden, die an Kobolde, Trolle, Fabeltiere oder Hexen erinnern, die in den seltsamsten Körperhaltungen in Eis und Schnee gebannt sind.

Bekannt ist der Brocken und der benachbarte Hexentanzplatz, ja, das ganze Harzgebirge für die dort angesiedelten Hexensagen. Der Flug der Hexen zum Blocksberg ist bekanntlich geradezu sprichwörtlich.

Können wir ihn mit unseren Methoden nachvollziehen? Oh ja, denn die Strecke Hexentanzplatz-Brocken gehört zu einem geosophischen Pentagramm.

Geosophisches Pentagramm über dem Hexentanzplatz
bei Thale im Harz

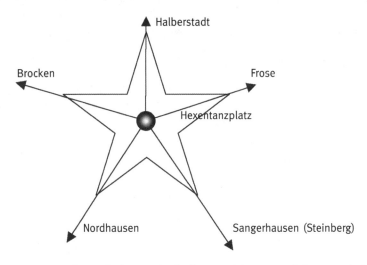

Halberstadt

Brocken

Frose

Hexentanzplatz

Nordhausen

Sangerhausen (Steinberg)

Der Harz ist Teil des Variszischen Gebirges, welches nach Ansicht der Geologen etwa an der Wende vom Unter- zum Oberkarbon quer durch das westliche und mittlere Europa gefaltet und gehoben wurde. In dieses Gebirge drangen heiße Magmen ein, und so entstanden die geologischen Einheiten des Brocken-, Oker- und Ramberg-Granits sowie das Harzburger Gabbromassiv. Besonders in der Kontaktzone zwischen Brockenmassiv und angrenzenden Gesteinen kam es zur Bildung tiefreichender Klüfte, in denen heiße mineralisierte Wässer zirkulierten. Der Geologe Karl August Lossen (1841-1894) – sein Denkmal befindet sich im Drängetal oberhalb von Hasserode – wies darauf hin, daß die Klüfte des Hasseröder Erzgangsystems durch eine spiralige Emporbewegung des Brockenmassivs noch erweitert wurden.[403] Die Spirale als Schöpfungsprinzip ist eng mit dem Pentagramm und dem Goldenen Schnitt verbunden. Hier können wir wirklich einen Blick in die Werkstatt Gottes tun! Manche vermuten, daß der Harz vielleicht sogar jener Berg ist, auf den CHRISTUS kurz vor der Kreuzigung hinwies, als er sagte, daß der Geist Gottes einem Volk „im Land des Mitternachtsberges" gegeben werden würde.[404]

Untersuchen wir also den wichtigsten Berg des Harzes, den sagen-umwobenen Brocken! In etwa gleichem Abstand von 31 Kilometern um ihn herum liegen eine ganze Reihe von Orten, die uns aufhorchen lassen.

Der Brocken und seine Umgebung

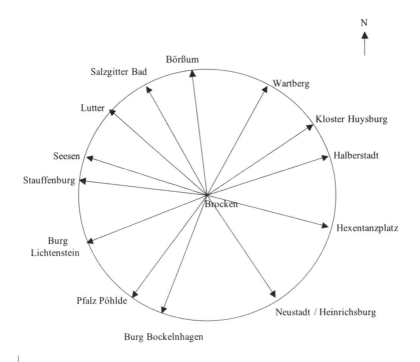

Kreisradius 31 Kilometer

Und noch einen Ort am Harz müssen wir erwähnen: Quedlinburg. Die Stadt allein ist eine Reise wert. – Nicht nur wegen der Stiftskirche, neben der sich ein Sargsteinfelsen befindet und in der Heinrich Himmler seltsame Weihefeiern veranstaltete. Am Rande der Stadt und südwestlich des Burgberges mit der Stiftskirche liegt das ehemalige Wipertikloster. Auch hier wurden im sogenannten „Dritten

Reich" okkulte Rituale durchgeführt. Die schwarzen Schatten gehen noch heute in der Krypta der Kirche um.

Die Schnitzereien der alten Fachwerkhäuser in Quedlinburg und in den Harzstädten – hier ein Beispiel aus Stolberg – zeigen des öfteren okkulte Symbole.

Der hessische Mann

Wir haben in den vorhergehenden Abschnitten verschiedene Orte und Landschaften beschrieben: das Siegerland, die Externsteine, Kassel, den Harz... Kehren wir noch einmal zurück in das Weserbergland, um das sich diese Lokalitäten gruppieren.
Betrachten wir auf einem Atlas die weitere Umgebung, die anschließenden Mittelgebirge, so erkennen wir in ihnen die Figur eines Menschen:
Der Kopf liegt im Bereich des nördlichen Weserberglandes, der rechte Arm wird durch den Harz gebildet, der linke Arm durch das Rothaargebirge, der Leib durch das hessische Bergland, und die Beine durch die Rhön und den Thüringer Wald.
Es sind die Gebiete, in die noch die hessische Eigenart[405] hineinstrahlt. Diese Berge wurden niemals von den Römern erobert – obwohl der Kopfbereich(!) hart umkämpft war – und haben eine ganz andere „Atmosphäre" als die süddeutschen Mittelgebirge.

Die Längsachse dieser Figur wollen wir zwischen Minden (dem Scheitel) und Bamberg (auf dem Niveau der Fußsohlen) verorten. Diese 300 Kilometer lange Strecke enthält mindestens folgende Stationen:

- Minden
- Kloster Möllenbeck
- Fürstenberg
- Karlshafen
- Hannoversch-Münden
- Waldkappel
- Bad Salzungen (wahrscheinlich)
- Meiningen (wahrscheinlich)
- Bamberg

Beide Endpunkte dieser Linie sind stark mit dem deutschen Kaisertum verbunden! Minden wurde bereits durch Kaiser Karl den Großen

gegründet. 1892-96 entstand dann dicht bei Minden an der Porta Westfalica das Kaiser-Wilhelm-Denkmal.[406]
Bamberg verdankt seine Bedeutung Kaiser Heinrich II. und dessen Frau Kunigunde, die im Bamberger Dom begraben liegen. Die ebenfalls im Dom befindliche Skulptur des Bamberger Reiters gilt als symbolischer Inbegriff des hochmittelalterlichen Ritter- und Kaisertums schlechthin.[407]

Wir sagten schon, daß das Pentagramm das Skelett des Ätherleibes ist. Errichten wir ein Pentagramm über der beschriebenen Figur – sein Mittelpunkt liegt am Hohen Meißner –, so werden bestimmte Zusammenhänge vielleicht noch deutlicher.
Harz und Siegerland, jene klassischen Regionen des Erzbergbaus, liegen sich in Form der Arme dieser Figur gegenüber!
Im Siegerland ging der Bergbau bereits in keltischer Zeit um, im Harz seit dem Frühmittelalter. Im Harz gibt es die Bergstadt Wildemann, im Siegerland eine Grube „Wildermann". In beiden Regionen gibt es ein Ilsetal. Kaiser Otto I. förderte den Harzer Bergbau, besonders am Rammelsberg bei Goslar, indem er Bergleute aus dem Siegerland in den Harz holte, und er begründete die Pfalz in Goslar. In der Schlacht führte er die Heilige Lanze, welche aus Siegerländer Stahl geschmiedet worden war.
Die Verbindungsstrecke zwischen Siegerland und Harz wird bei Kassel halbiert. Ist Kassel das Herz dieser Figur? Es scheint ja auf der falschen Seite zu liegen, links, statt rechts. Aber in der spiegelbildlich aufgebauten Astralwelt stimmt die Lage wieder! Das Herz des Menschen empfängt regelmäßig Impulse aus den höheren Welten, die den Pulsschlag steuern. Werden am Herkules über Kassel ähnliche Impulse aufgenommen und weiter über die Landschaft verteilt, als man ahnt?
Ist es weiter nicht auch bemerkenswert, daß die Strecke von den Externsteinen nach Hildesheim an deren Schnittpunkt mit der Weser exakt halbiert wird? Rudolf Steiner bezeichnete Hildesheim übrigens als die Mitte des nördlichen Mitteleuropas, wo einem die Edelstein- und Metallkunst urphänomenal entgegentritt.[408] Am Schnittpunkt

der Linie mit dem Fluß liegt der hübsche Ort Grohnde mit der beschaulichen Weserfähre – und einem Atomkraftwerk. Hier schneidet sich die Linie zudem mit der rechten Flanke der nordwestlichen Pentagrammspitze. Die Mittelachse dieser Pentagrammspitze berührt ein Stück weiter südlich die Weser nahe dem Atomkraftwerk Würgassen und dem Ort Herstelle, eine Gründung Karls des Großen.
Eine weitere Spiegelung sehen wir durch die Tatsache angedeutet, daß sich rechts und links der Mittelachse der Mann-Figur die kleinen Nationalparke „Kellerwald" und „Hainich" befinden. Ihr Zweck ist der Erhalt und die Entwicklung natürlicher Urwälder, die in Mitteleuropa aus Buchenwald bestehen und der Ort in Europa, an dem Buchenwälder in ihrer typischsten Ausprägung anzutreffen sind, ist der Leib unseres Mannes, das kurhessische Bergland! Im hessischen Fachwerk gibt es eine typische, aus mehreren Balken gebildete Figur, die als hessischer Mann bezeichnet wird...

Geosophische Figur des „hessischen Mannes"

(schematisch, eingezeichnet sind die Flüsse Weser, Werra und Fulda)

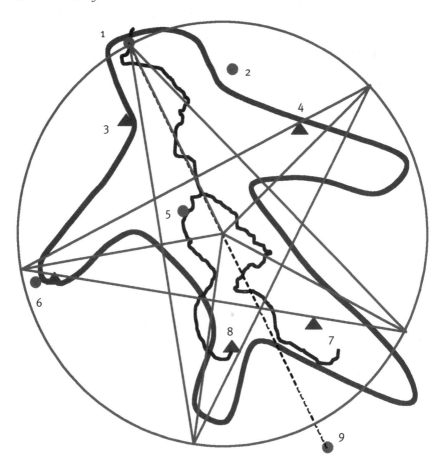

1 – Minden und Porta Westfalica, 2 – Hildesheim, 3 – Externsteine,
4 – Harz mit Brocken, 5 – Kassel, 6 – Siegen und das Siegerland,
7 – Beerberg im Thüringer Wald, 8 – Wasserkuppe in der Rhön,
9 – Bamberg
Strichliert angedeutet ist die verlängerte Richtung der Kasseler Karlsaue
als „Heilige Lanze".

Kreisdurchmesser circa 280 km; Berge sind durch Dreiecke gekennzeichnet

250

Die niedersächsische Landeshauptstadt ist eher bekannt durch ihre Industrie denn durch kulturelle oder gar „esoterische" Besonderheiten.
Der an einer mittelalterlichen Straßenkreuzung und einer Furt durch den Leinefluß auf dem hohen Ufer (Hon-overe) gelegene Marktflekken erhielt 1241 die Stadtrechte und stieg 1636 zur Residenz auf. Der Philosoph Leibniz wirkte hier und auch Georg Friedrich Händel war eine kurze Zeit lang in Hannover tätig. 1714 gelangte Kurfürst Georg Ludwig als Georg I. auf den englischen Thron. Hannover wurde dadurch Nebenschauplatz. Dies änderte sich erst 1837, als die Personalunion der Königreiche Großbritannien und Hannover zu Ende ging und in Hannover König Ernst August das Szepter ergriff. Sein Hofarchitekt Georg Ludwig Friedrich Laves beeinflußte zu jener Zeit die Stadtentwicklung maßgeblich. Laves hatte seine Ausbildung unter anderem in Kassel bei seinem Onkel Heinrich Christoph Jussow[409] genossen.

Die evangelisch-lutherische *Marktkirche* St. Georg und Jacobi ist die älteste der drei Altstadtkirchen Hannovers. Der heute noch weitgehend unveränderte Kirchenbau im Stil der Backsteingotik - die alte Inneneinrichtung wurde mehrfach verändert und die letzte, neugotische, fiel den Bomben des Zweiten Weltkriegs zum Opfer - stammt aus dem 14. Jahrhundert. Er ersetzte einen romanischen Bau aus dem zweiten Viertel des 12. Jahrhunderts.
Die Länge der Kirche (einschließlich Turm) beträgt 61,50 Meter, das sind 20 Fuß à 30,75 Zentimeter.
Betrachten wir zunächst die geologische Situation. Die Marktkirche steht genau auf einer bedeutenden tektonischen Störung, die die jüngeren Gesteine des Lindener Kreideeinbruchs im Norden gegen die älteren des Hauterive und Malm der Kronsbergmulde im Südosten markant absetzt. Zusätzlich eingeschoben ist an dieser Stelle noch eine kleine Linse des Wealden.[410] Die Kirche nutzt zu ihrer An-

regung die Energie, die aus dieser geologischen Diskontinuität stammt!

Ausschnitt aus der geologischen Karte von Hannover mit der Position der Marktkirche.

Der beinahe einhundert Meter hohe Turm der hannöverschen Marktkirche mit seinen okkulten Symbolen.

Neben den obligatorischen Wasseradern unter Turm und Chor lassen sich eine geomantische Zone mit elf Streifen entlang der Längsachse und eine mit sieben Streifen quer zur Längsachse unter dem wuchtigen, fast 97 Meter hohen Turm muten.

Das Oberteil des Turmes soll ein Modell des eigentlich geplanten, noch höheren Spitzturmes sein. An seinen Seiten sehen wir okkulte Symbole in riesenhaften Dimensionen: an der Ostseite ein umgedrehtes Pentagramm, an der Nord- und Südseite je ein Hexagramm. Diese Symbole erregten schon mehrfach Aufmerksamkeit, werden aber als „gängige christliche Symbole" bezeichnet. Das Pentagramm soll ein „Christussymbol mit seinen fünf Wunden" sein.[411] Nun gut, wir weisen noch einmal darauf hin, daß das Pentagramm am Marktkirchenturm mit der Spitze nach *unten* weist! Mit der Spitze nach unten und in Linksrichtung gezeichnet zieht es astrale Wesenheiten an.[412] Der Esoteriker sieht im verkehrt stehenden Pentagramm auch den noch im Irrtum befangenen, nur in der Außenwelt lebenden Menschen. Eine weitere Lesart bezüglich des umgekehrten Pentagramms besagt, es verrate den Magus, der mit den unteren Chakren die Kräfte des Oben aufnimmt.[413]

Es ist unter Rutengängern bekannt, daß sternförmige Symbole, senkrecht oder waagerecht angebracht, die Fähigkeit haben, Veränderungen im radiästhetischen Feld vorzunehmen. Senkrechte Sterne, auf einem Reizstreifen positioniert, löschen die Strahlung hinter sich (bezogen auf die Flußrichtung der Energie im Streifen) aus.[414] Der Marktkirchenturm wäre dann also eine Art Filter für bestimmte radiästhetische Energien, die durch die Stadt fließen. Ganz ähnlich gestaltet ist übrigens der Turm der St. Johanniskirche in Lüneburg.

Nur wenige Meter vom Hauptportal der Marktkirche entfernt ist im Straßenpflaster ein Kreuz eingelassen. Von diesem Punkt sind die Türme der vier alten Pfarrkirchen der Stadt zu sehen: im Westen St. Johannis in der Calenberger Neustadt jenseits der Leine, im Norden die Kreuzkirche, im Süden St. Ägidien und hinter uns der Marktkirchenturm.[415]

Die Marktkirche steht auf einer *ley-line* mit den Stationen:

- Hauptbahnhof – 1843 bis 1847 wurde der erste Bau errichtet. Der heutige Bahnhof geht im wesentlichen auf einen Neubau aus dem Jahr 1879 zurück.
- *Kröpke-Platz* – Hier befindet sich der heutige „Mittelpunkt" von Hannover, berechnet von Herbert Wiese, einem ehemaligen Mitglied der Volkssternwarte auf dem

Lindener Berg, und markiert durch eine Säule im
Untergeschoß des Platzes, von wo aus der Zugang zu den
modernen U-Bahn Stationen erfolgt.

- *Marktkirche*
  Die Länge der Bahnhofstraße vom Bahnhof zum Kröpke
  wurde von Laves konzipiert. Sie verhält sich im Goldenen
  Schnitt zur Strecke Kröpke-Marktkirche!

- *Leineschloß* – Das Schloß entstand ab 1637 an der Stelle
  eines Minoritenklosters aus der Zeit um 1300. Bis 1844 erhielt
  es durch Hofbaumeister Laves sein klassizistisches Aussehen.
  Im zweiten Weltkrieg bis auf die Außenmauern zerstört, ist es
  seit 1962 Sitz des Niedersächsischen Landtages.

- *Waterloosäule* – Die 46,31 Meter hohe Siegessäule wurde
  von 1825 bis 1832 nach einem Entwurf von Laves errichtet.
  Sie erinnert an den Sieg über Napoleon in der Schlacht bei
  Waterloo, an dem auch Hannoversche Truppen beteiligt
  waren. Am Sockel der Säule sind erbeutete Kanonen
  angebracht.

- *Erlöser-Kirche* im Stadtteil Linden-Süd
  Hanomag – Die Hannoversche Maschinenbau Gesellschaft
  entstand ab 1835 und produziert nach wechselvoller
  Geschichte unter dem Namen Komatsu Hanomag GmbH
  Baumaschinen.

- *Michaeliskirche Ronnenberg* - Die auf einer Anhöhe im
  12. Jahrhundert errichtete Kirche ist Nachfolgerin einer
  Bonifatiuskapelle, deren romanisches Portal sich heute in der
  Turmhalle der Kirche befindet. Es zeigt Kundalini-Symbole.

Panorama von Hannover im Jahre 1854. Deutlich zu erkennen ist die Achse
Waterloosäule – Leineschloß – Marktkirche – Hauptbahnhof.

Die eben beschriebene Linie verläuft großräumig betrachtet über
- Paderborn
- Blomberg
- Hameln
- Hannover
- Celle
- Uelzen
- Schwerin.

Nahezu senkrecht zu dieser Linie wird die Marktkirche durch eine
andere geschnitten. Sie verläuft nach Norden entlang der Herrenhäuser Allee an der Nordost-Ecke der Herrenhäuser Gärten vorbei
zum VW-Werk in Hannover- Stöcken. Nach Südosten verläuft die Linie durch die Südstadt, Waldhausen und die Kapelle des Seelhor-
ster Friedhofs zum Messegelände.
Das VW-Werk wurde 1956 in Betrieb genommen. Im selben Jahr entstand der 88 Meter hohe *Hermesturm* als Wahrzeichen des ab 1947
errichteten Messegeländes. Beide Komplexe liegen jeweils acht Kilometer von der Marktkirche entfernt! Eine koordinierte Planung? Warum?

Eine weitere *ley-line* führt vom Stemmer Berg westlich von Hannover über die Kapelle Davenstedt und die Neustädter Kirche über die Marktkirche zur Stadthalle.

Weiter verläuft eine *ley-line* vom neuen Rathaus über die Polizeidirektion und die Waterloosäule. Das pompöse Rathaus (erbaut 1901-1913) wird heute als künstlerischer Ausdruck der wilhelminischen Zeit anerkannt. Vor seiner Errichtung mußten 6026 Buchenpfähle in den sumpfigen Grund gerammt werden, um ein festes Fundament zu schaffen. Im Inneren des Rathauses kann man Modelle besichtigen, die den Zustand der Stadt in verschiedenen Jahrhunderten zeigen.

Im Südwesten der Stadt Hannover liegt der Stadtteil Badenstedt. Über ihn verläuft eine *ley-line* mit den Stationen:

- *Benther Berg* (hier der Gipfel mit einer Höhe von 178 Metern), ein 3,5 Kilometer langer Buntsandstein-Höhenzug westlich von Badenstedt. Der Berg hatte schon früh kultische Bedeutung. Auf seinem Kamm befindet sich eine aus 25 Grabhügeln bestehende bronzezeitliche Nekropole.[416]
- *alte Kapelle Badenstedt* (heute verschwunden)
- *evangelische Kirche Badenstedt*. Sie ist ein in Nord-Südrichtung orientierter Bau aus den 20er Jahren des 20. Jahrhunderts.
- Friedhof auf dem *Lindener Berg*. Dieser ist eine 89 Meter hohe Erhebung und der letzte Ausläufer des südniedersächsischen Berglandes, das hier endgültig in die norddeutsche Tiefebene übergeht. Vom Berg aus kann man bei gutem Wetter den Brocken im Harz erkennen! Früher befanden sich hier Kalksteinbrüche und ein Wachtturm der Landwehr. Heute steht auf dem höchsten Punkt eine Sternwarte. Der Friedhof wurde 1862 angelegt, 1914 wurde der Küchengarten-Pavillon hierhin versetzt – wir kommen auf ihn noch zurück!
- Straßenkreuzung *Schwarzer Bär* in Linden. Der Name „Linden" rührt von einer alten Gerichtsstätte her, die im

Mittelalter etwa am heutigen „Schwarzen Bären" gelegen hat
- von Linden-Bäumen umgeben[417]. Das Wirtshaus
„Schwarzer Bär" lag an einer Fernhandelsstraße, zwei Meilen,
also gut drei Kilometer von den Stadttoren entfernt und war
der Treffpunkt einer gleichnamigen Freimaurerloge.
Früher lagen in gleicher Entfernung an jeder der
Hauptausfallstraßen Hannovers solche Wirtshäuser.
Der „Wilde Mann" an der Marienstraße, das „Neue Haus" am
Schiffgraben und das Wirtshaus „Zum Weißen Kreuz" am
heutigen Weiße-Kreuz-Platz.[418]

- die *Marktkirche* und
- das *Opernhaus*. Es wurde 1845-52 im spätklassizistischen Stil
  durch Laves errichtet und löste das Schloßtheater im
  Leineschloß ab. Bis 1918 diente es als königliches Hoftheater,
  dann als Preußisches Staatstheater und seit 1921 als
  städtische Bühne. Nach den großen Zerstörungen im Zweiten
  Weltkrieg wurde es bis 1950 im historischen Stil wieder
  aufgebaut.

Badenstedt hat aber noch mehr zu bieten!
Das ehemalige Dorf war ursprünglich eine *BETHEN-Stätte*, um die
sich die anderen Orte gruppierten. Südöstlich von Badenstedt liegt
Bornum als Ort der Göttin *Borbeth*; im Süden Empelde als Ort der
Göttin *Ambeth* und im Nordwesten Velber als Ort der Göttin *Wilbeth*.
Der Schlüssel zum Verständnis der Anlage ist der schon erwähnte
markante Lindener Berg. Von Velber peilte man über ihn den Ort des
Mondaufgangs in seinem südlichen Extrem an. Velber ist der Ort der
hellen Mondgöttin Wilbeth.
Von Empelde aus peilte man über den Lindener Berg den Sonnen-
aufgang am Tag der Sommersonnenwende an.
Von Bornum aus peilte man über den Lindener Berg den Ort des
Mondaufgangs in seinem nördlichen Extrem an. Borbeth ist ja die
dunkle Unterweltsgöttin, von deren dunklem Reich (Norden) der
Mond an dieser Stelle nicht mehr weit entfernt schien.
Westlich von Badenstedt, in Richtung des Sonnenuntergangs, lag
das Totenreich, das Hügelgräberfeld auf dem Benther Berg.

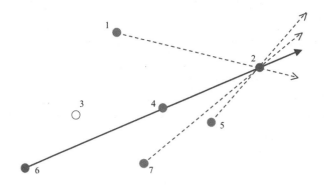

1 – Velber, 2 – der Lindener Berg, 3 – Hügelgräberfeld auf dem Benther Berg,
4 – Badenstedt, 5 – Bornum, 6 – Gipfel des Benther Berges,
7 – Empelde / Eingetragen sind die Visurlinien (gestrichelt) und die Ley-line.

Wichtige Punkte im Westen von
Hannover: Die Kapelle von
Empelde und der Pavillon auf
dem Lindener Berg.

Das Zentrum von Badenstedt lag früher etwas weiter westlich als heute, und die alte Kapelle ist mittlerweile verschwunden (wie übrigens auch die von Bornum). Im Mittelalter gehörte sie zum Archediakonat Pattensen und zur St.Martins-Kirche in Hannover-Linden.[419] Der Pastor von Linden hatte hier an jedem 28. Oktober einen Gottesdienst zu halten. Eine Erinnerung an ein altes vorchristliches Ritual, das an dieser Stelle gefeiert wurde? Das keltische Jahr endet am 31. Oktober mit dem Samhain-Fest...

Nordöstlich vom alten Badenstedt liegt ein Salzlager, das ab 1831 und bis in die Zeit um 1960 durch eine Saline ausgebeutet wurde. Die Straßennamen *Am Soltekampe* (=Am Salzfeld), *Salzweg* und *Salinenstraße* weisen darauf hin.[420]

Die eben genannten Lokalitäten liegen auf den Strahlen eines *Fünfecks*.

Die beste aller möglichen Welten

Die *Herrenhäuser-Gärten*, heute eine der größten Sehenswürdigkeiten von Hannover[421], wurden ab 1666 angelegt. 1696-1710 erweiterte man sie auf die heutige Fläche. Im neu geschaffenen Teil wurde die berühmte Große Fontäne eingebaut, die größte Europas, die ihren Wasserstrahl 82 Meter emporschleudert. Später geschahen nur noch wenige Änderungen – beispielsweise legte man in einer Ecke einen Irrgarten an. Die größte Umgestaltung erlebte der Garten in den unseligen Jahren nach 1933, als so vieles umgedreht und pervertiert wurde. Die Schwanenteiche, einst von sanften Grasböschungen begrenzt, erhielten nun harte Steinfassungen, und ihr glatter Spiegel wurde durch Fontänen zerstört. Dahinter legte man acht kleinere Abteilungen an, die Beispiele für historische Gärten aus verschiedenen Epochen sein sollen[422] und im sogenannten „Parterre" entstand aus einem Teich mit einer einfachen Fontäne der Glockenbrunnen.

Was sagt uns die Symbolik des Gartens? Er enthält ja zahlreiche allegorische und mythologische Figuren, meistens Gestalten aus der Sagenwelt des klassischen Altertums.

Im vorderen Teil des Gartens, rund um die Glockenfontäne (man muß sie von oben betrachten) finden sich vier Figurengruppen, die jeweils die Entführung einer weiblichen Gestalt durch einen Mann zeigen. Man bringt sie mit den vier Jahreszeiten in Verbindung. Aber ist das wirklich so? Ist der Garten ein Gaukelgarten, voller Trugbilder und dekadenter Banalitäten?

Der Glockenbrunnen im Parterre des Große Gartens in Hannover-Herrenhausen.

Bedenken wir, daß der Garten unter Leitung der hoch gebildeten Kurfürstin Sophie angelegt wurde, die dabei von ihrem Freund Gottfried Wilhelm von Leibniz, dem letzten Universalgenie, beraten wurde, dann ist hier sicher nichts dem Zufall überlassen. „Der Garten, das ist mein Leben," soll Sophie einmal gesagt haben.[423]

Sophiens Vater war der unglückliche Winterkönig Friedrich V. von der Pfalz. Er und sein Vater hatten an ihrem Heidelberger Hof einem rosenkreuzerischen Zirkel eine Heimstatt geboten. Aus diesem Kreis ging die Inspiration für den Heidelberger Schloßgarten hervor.

Friedrichs V. Hochzeit mit Elizabeth Stuart, Tochter Jakobs I. von England im Jahre 1613, wurde als ein Symbol für den Zusammenschluß der protestantischen Bewegung in Deutschland mit den Hugenotten, den niederländisch-Reformierten und den Engländern verstanden. Die Ehe des sich in rosenkreuzerischen Kreisen bewegenden Führers der Reformierten mit der gleichnamigen Nachkommin der alten Schutzpatronin aller geistigen und religiösen Reformer in Europa, Königin Elizabeth I. von England, weckte darum weitreichende Hoffnungen. Der englische Staatsmann, Philosoph und Eingeweihte Francis Bacon, der zutiefst mit der Rosenkreuzerströmung verbundene wirkliche Autor der Shakespeareschen Werke, bereitete sogar einen Teil der Hochzeitsfeierlichkeiten vor!

Doch alle Erwartungen zerschlugen sich in den Anfangstagen des Dreißigjährigen Krieges. Am 8. November 1620 wurden Friedrichs Truppen am Weißen Berg bei Prag vernichtend geschlagen, während er selbst in der Stadt an der Tafel saß. Er mußte mit seiner Gemahlin und nur wenigen Gefolgsleuten überstürzt in die Niederlande fliehen. Dort wurde seine bescheidene Hofhaltung zum Treffpunkt und zur Durchgangsstation zahlreicher deutscher Exulanten, Freidenker und Esoteriker. In diesem Umfeld wuchs Sophie auf.[424] Es ist sicher kein Zufall, daß eine ihrer Schwestern sie einmal im Indianerkostüm malte. Hinter Sophie sieht man eine fruchtende Dattelpalme, vor die sie abwehrbereit eine Lanze hält.[425] Sie bürgt damit für den Schutz der „Fruchtbringenden Gesellschaft" oder des „deutschen Palmbaums", wie man diese Sprachgesellschaft nannte, die in ihrem Kern eine rosenkreuzerische Geheimgesellschaft war.[426]

Leibniz selbst war in jungen Jahren in Nürnberg Mitglied einer alchemistischen Gesellschaft geworden. Sein Mentor, der Mainzer Minister Johann Christian von Boineburg, hatte dazu beigetragen. Boineburg war zu jener Zeit Ordensmeister der Hauptloge Indissolubilis, einer der wichtigsten esoterischen Geheimgesellschaften jener Zeit in Deutschland gewesen. Leibniz' Denkungsart wurde von Boineburg und dessen umfangreicher Bibliothek sicher entscheidend geprägt und lassen ihn zumindest in die Nähe der Rosenkreuzer rücken.

Ist der Große Garten also ein hermetischer Garten, dessen Anlage eine von rosenkreuzerischer Philosophie beeinflußte Planung zu Grunde liegt?

Hemerding vermutet denn auch, daß die Frauengestalten der Entführungsgruppen im Großen Parterre viel eher Verkörperungen der menschlichen Seele sind. In der ersten Figur zeigt sich, wie sie der Triebhaftigkeit ausgesetzt ist. In der zweiten sehen wir die autoritäre Inbesitznahme durch andere Menschen angedeutet. In der Dritten zeigt sie, wie sie sich, mit mentalem Vermögen ausgestattet, ein wenig über das allgemeine Niveau erhebt. Die Vierte zeigt uns, wie sie ihr „Ich bin" in der Transzendierung des Selbst erlebt.[427]

Stellt das Große Parterre die materielle Welt dar, so begeben wir uns dahinter in die geistigen Welten. Als letzte Figur im Parterre passiert der Wanderer den Saturn oder Kronos, geflügelt, mit der Sanduhr in der Hand. Er ist der Herr des Schicksals, der dunkle Zerstörer und Auslöser der Wiedergeburt.[428]

An ihm vorbei kommen wir zu den Schwanenteichen, deren spiegelnde Wasserflächen den Wanderer umgeben. Hier sieht er sich selbst, sein Spiegelbild, verwoben mit dem Spiegelbild des Himmels. Sind die Teiche und die dahinter folgenden kleinen Abteilungen Symbole für das Spiegelkabinett der Astralwelt, in dem sich so viele Esoteriker verirren?

Dahinter aber, da kommt die abstrakte Welt des Logos, dem normalen menschlichen Bewußtsein völlig unzugänglich und angedeutet in strengen Formen. *„Geometrie ist die Metaphysik der Natur."* sagte Heraklit, und Novalis sprach noch kürzer: *„Gott geometrisiert."*

Ist der Garten ein Symbol für „Die beste aller *möglichen* Welten",
wie sie Leibniz in seiner Philosophie postuliert hatte? Jener Welt, die
die Engel nach dem Fall Adams aus dem entstandenen Chaos schu-
fen?

Noch eine Überraschung bietet der Große Garten. Hält sich der Besucher am Anfang des Parterre gleich links, findet er hinter Hecken
verborgen das Gartentheater, das älteste Heckentheater der Barok-
kzeit. Es wurde 1689-1693 erbaut. Am Rand der Bühne und neben
dem eigentlichen Theater stehen insgesamt 17 vergoldete Bronzefi-
guren, deren Körperhaltungen verschiedene Posen eines Tanzes zeigen. Es sind Kopien barocker Bleifiguren, von denen es ursprünglich
wohl 27 gab[429] und die aus Holland importiert wurden. Einige der
Figuren, meist sind es weibliche, zeigen mit den Fingern ein Mudra:
Daumen und Mittelfinger bilden einen Ring, die anderen Finger sind
mehr oder weniger abgespreizt. Im Ayurveda steht der Daumen für
das Element Feuer und der Mittelfinger für den Himmel. Das himmlische Feuer, die Kundalini-Kraft, gilt es auf dem Weg zur Einweihung
zu entfalten. Tanz kann ein Weg
sein, der die Kundalini anregt,
der kosmische Tanz des SHIVA.

Eine der Figuren im Heckentheater
des Großen Gartens in Hannover
Herrenhausen. Beide Hände zeigen
ein Mudra!

Der Große Garten ist auch nicht
einfach nur eine simple geometrische Anlage. Dies erkennt man

sofort daran, daß sich die senkrechten und waagerechten Achsen nicht im phantasielosen 90°-Winkel schneiden, sondern es sind immer 2,8° mehr oder weniger.[430] Die Bedeutung dieser Abweichung vom Rechten Winkel ist unbekannt. Sicher erhält der Garten dadurch einen Teil seiner „Atmosphäre". Wollte Leibniz dadurch vielleicht auch auf die Eulersche Zahl 2,718 aufmerksam machen, die als Basis des natürlichen Logarithmus dient und in der Infinitesimalrechnung eine überragende Rolle spielt?

In der Zahlensymbolik des Gartens scheinen außerdem die Zahlen 9 und 33 besonders wichtig.[431] Die 9 ist die erhöhte Zahl der Dreifaltigkeit (3 x 3).

Schauen wir nun hinaus in die Umgebung. Welche Linien bestimmen den Garten?

Was zunächst auffällt, ist ein Dreieck mit den Eckpunkten

- südliches Ende vom ersten (älteren) Garten
- Kapelle Velber
- Krankenhaus Siloah - Die Klinik wurde bereits 1896 in der Falkenstraße 10 auf engstem Raum eingerichtet. 1900 wurde die Klinik in die Hohe Straße verlegt und 1909 an ihren heutigen Standort.[432]

Auf der Linie, die zum Siloah führt, befand sich einst der königliche Küchengarten (heute ist dort eine große Straßenkreuzung) mit seinem um 1745 errichteten Pavillon. Von dessen Obergeschoß hatte man entlang der *ley-line* einen herrlichen Ausblick auf die Herrenhäuser Gärten. Übrigens wirken auch Photos besonders gut, wenn sie entlang von *ley-lines* aufgenommen werden!

Zwischen 1911 und 1914 wurde der Pavillon in den Friedhof auf dem Lindener Berg versetzt. Da steht er nun auf der Basislinie des Dreiecks, der Verbindung zwischen dem Siloah und der Kapelle von Velber, welche weiter zum Linnen-Berg (zwischen Harenberg und Döteberg) führt.

Von Velber läßt sich die westliche Linie des Dreiecks über die Lenther Allee verlängern zum Rittergut Lenthe. Das Dorf Lenthe wurde

1055 erstmals erwähnt. Die Familie von Lenthe ist dort seit mindestens 1225 ansässig.
Ein weiteres geodätisches Dreieck bilden nun Velber, Lenthe und der Linnenberg. Auf diesem befand sich einst die Harenberger Mühle, ein Bau der Herren von Lenthe.

Nördlich des Großen Gartens und in der Verlängerung seiner Hauptachse liegt der sogenannte *Berggarten*. Von 1842 bis 1847 wurde hier nach Plänen von Laves ein Mausoleum für König Ernst August und dessen Frau Friederike erbaut. Die Strecke vom Südende des Großen Gartens zum Mausoleum wird am Standort des ehemaligen Schlosses Herrenhausen im Goldenen Schnitt geteilt.
Auf das ehemalige Schloß Herrenhausen ist auch der von *Altensche Garten* in Linden ausgerichtet. Die Achse ist heute noch in Form der langen geraden Straßenflucht zu erkennen, die aus den Abschnitten Kötner Holzweg, Nieschlagstraße und Brauhofstraße besteht. Die zweite senkrecht dazu stehende Achse des Gartens ist auf die Waterloosäule hin orientiert und weicht um etwa 2,8° von der exakten Senkrechten ab. Damit zeigt sie ihre Verbindung mit dem energetischen System des Großen Gartens!

1714 starb Kurfürstin Sophie. Ihr Sohn gelangte als Georg I. auf den englischen Thron. Die Verbindung England-Hannover trug wesentlich dazu bei, daß das Logensystem der englischen Freimaurer auf dem Kontinent Fuß fassen konnte. Der esoterische Sinngehalt der positiv ausgerichteten Maurerei wurde wohl am besten zu Anfang des 19. Jahrhunderts von Carl Friedrich Krause dargelegt. Im Übrigen gilt Hannover noch heute als die heimliche Hauptstadt der Freimaurerei. Der dem Großen Garten benachbarte *Georgengarten* wurde angelegt durch Feldmarschall Graf von Wallmoden-Gimborn, Sohn von König Georg II von Großbritannien und der Gräfin Yarmouth. Er war Oberbefehlshaber der Hannoverschen Armee 1803-1816 und ließ sich 1780-82 ein Schlößchen an der Stelle eines älteren Lusthauses erbauen. Davor befand sich ein mächtiger Obelisk als Hinweis auf seine Mitgliedschaft im Freimaurerbund.[433] Heute ist in dem Schlößchen das Wilhelm-Busch-Museum untergebracht.

Höchst bemerkenswert ist, was Rudolf Steiner zum Wort *Honover* anzumerken hatte:

„Die Offenbarung geschah bei den Persern in einem Zustande, ähnlich dem unseres tiefen Schlafes. In diesem Zustande hörte der Mensch das Wort. Honover heißt das Wort bei den Persern."[434]

„Es tritt uns in der Zarathustra-Lehre die merkwürdige Mitteilung entgegen, daß Zarathustra eingeweiht wird, um in dem Lichte seinen Ahura Mazdao wahrzunehmen, aber auch noch das göttliche Schöpfungswort, Honover, das herniedersteigen sollte auf die Erde und das zuerst herniedergestiegen ist bei der Johannes-Taufe."[435]

„Wie dem bloßen Ton als höherer Inhalt, als Inneres, Seelenhafteres noch zugrunde liegt das Wort, der Klang oder Sinn, so ist auch mit dem Lebensäther verbunden Sinn, Wort, dasselbe, was man im späteren Persischen «Honover» genannt hat, und was der Johannes-Evangelist den «Logos» nennt, als sinnvollen Ton, der dem Sonnenwesen eigen ist. Zu jenen Begnadeten, die im Laufe der Zeit dieser tönenden Sonne, dieser sprechenden Sonne mit ihren Wesenheiten nicht bloß sozusagen taub gegenüberstanden, gehörte Zarathustra. Und es ist nicht ein Mythos, sondern eine buchstäbliche Wahrheit, daß auch Zarathustra seinen Unterricht empfangen hat durch das Sonnenwort. Er war fähig geworden, dieses Sonnenwort aufzunehmen."[436]

Rudolf Steiners frühe hannöversche Vorträge wurden nicht mitgeschrieben und können daher auf ewig im Äther nachklingen.

Schleswig

Am Nordufer einer als Schlei bezeichneten fjordartigen Bucht, gegenüber der alten Wikingerstadt Haithabu, wurde die Stadt Schleswig gegründet.[437] Nach der Zerstörung Haithabus durch die Slawen im Jahr 1066 begann der Aufstieg Schleswigs zur wichtigsten Handelsstadt an der Ostseeküste. Dieser Aufstieg war jedoch nur von kurzer Dauer, denn Lübeck grub Schleswig den Handel ab, und auch Flensburg begann eine ernsthafte Konkurrenz zu werden. Jedoch hatten die kurzen fetten Jahre gereicht, damit die Schleswiger ihren großartigen St. Petri Dom errichten konnten.[438] Der Bau dauerte etwa von 1200 bis 1408 und war erst im 16. Jahrhundert endgültig vollendet. 1526/27 setzte sich die Reformation durch, 1542 wurde die gesamte Kirche evangelischer Dom. 1888 begann man mit dem Bau des 112 Meter hohen Westturms, der 1894 fertiggestellt wurde. Alte Abbildungen zeigen den Dom daher auch ohne Turm.

Im Dom befinden sich bedeutende Kunstwerke, so der von Hans Brüggemann[439] geschnitzte Bordesholmer Altar – er stand ursprünglich in der Klosterkirche Bordesholm – und eine Christopherus-Figur, ebenfalls von Brüggemann.

Im Langhaus des Domes finden wir sehr regelmäßig angeordnete Wasseradern, die im Mittelschiff jeweils quer zur Längsrichtung von den Säulen links hinüber zu deren Gegenstücken auf der rechten Seite verlaufen. Im Chor verlaufen die Wasseradern dann eher pfeilförmig gegen dessen Ende zu.

Der Dom strahlt ein Bündel von zwölf regelmäßig angeordneten *leylines* ab, die hier tabellarisch angedeutet werden:

Richtung	Orte
10°	Nübel, Eckeberg, Broager, Aarhus
40°	Steinfeld, Petersfeld, Rabenkirche, Stockholm
70°	Goltorf, Petriholz, Archangel, Borshorn, Riga (?), St.Petersburg (?)
100°	Gut Ludwigslust, Heiligenhafen, Stralsund, Kolberg, Allenstein/Ostpr.(?)
130°	Bosau, Kirche Hütten, Königsförde, Frauendamm, Gut Kleinnordsee, Steinfurt, Schwerin
160°	Brekendorf, Hühnengräber, Owschlag, Rendsburg-Schölldorf, Bardowick, Lüneburg
190°	Hohn, Wilster, Himmelpforten, Stiftskirche Bücken, Liebenau, Stolzenau, Externsteine, Worms
220°	Heide, Cuxhafen, Holter Höhe, Hollwege, Hollen, Hengelo, Emmerich, Namur, Reims, Bourges, Grotte de Lascaux (?)
250°	Hollingstedt, St.Peter Ording
280°	Wittdün/Amrum
310°	Steinholz, Eggebeck, Leck, Kirche Buttersbüll, List/Sylt
340°	Idstedter See, Siverstedt, Tingelev, Bergen

Die Schleswiger Bischöfe residierten in einer Burg knapp westlich der Stadt, die aber schon 1268 an die Herzöge von Schleswig fiel. Sie errichteten dort Schloß Gottorf,[440] welches nach der Landesteilung der Herzogtümer Schleswig und Holstein 1544 Residenz der Herzöge von Schleswig-Holstein-Gottorf wurde. 1721, nach dem Großen Nordischen Krieg fielen die Gottorfer Anteile des Herzogtums Schleswig an den dänischen König. Fortan war das Schloß Sitz der Verwaltung für das gesamte Herzogtum. Heute befindet sich dort ein sehenswertes Museum.

Hinter dem Schloß wurde im 17. Jahrhundert ein Garten angelegt, der – wie der Bergpark Wilhelmshöhe in Kassel – das *Herkules-Motiv* aufgreift. Hier befand sich auch der berühmte, von Olearius verfertigte Gottorfer Riesenglobus, dessen Inneres begehbar war. Er wurde später nach St.Petersburg gebracht, das auf einer der oben genannten geosophischen Linien liegt, die vom Schleswiger Dom ausstrahlen!

Im Hintergrund des Gartens, das Neuewerk genannt, fanden in der Amalienburg rosenkreuzerische Einweihungen statt. Im Schloß befand sich außerdem ein alchemistisches Labor.[441] Seit 1779 arbeiteten hier der dänische Statthalter von Schleswig Holstein, Carl von Hessen, und der unsterbliche Graf von Saint Germain. Hier trafen sie bei einem okkulten Gartenfest angeblich auch mit dem Magier und Freimaurer Cagliostro zusammen.[442]

Über das Neuewerk verläuft eine *ley-line*, die nach Osten über den Schleswiger Dom zum Schlößchen Louisenlund und nach Eckernförde führt.

Louisenlund, östlich von Schleswig und am Südufer der Schlei gelegen, ließ Carl von Hessen für seine Frau errichten[443]. Carl war aktiver Freimaurer und schließlich Oberhaupt der meisten Freimaurer in Nordost-Europa. In dem Park von Louisenlund hatte er den sogenannten Alchemistenturm erbauen lassen. In den Gewölben des Turmes experimentierte er zusammen mit dem Grafen von St.Germain, einem der wirklich großen Eingeweihten, die über die Erde wandeln. Er verstarb in Abwesenheit seines Gönners Carl von Hessen angeblich am 27. 2. 1784 in Eckernförde und wurde in der St.Nikolai Kirche begraben, wie das dortige Kirchenbuch vermerkt. Das Gestühl der Kirche war 1578 von der Familie Rantzau gestiftet worden[444], die den Rosenkreuzern nahe stand. Carl ließ nach seiner Rückkehr die Gruft öffnen, doch diese war leer! St.Germain aber sprach ein Jahr später auf dem Freimaurerkongreß in Wilhelmsbad und wurde auch in Wien gesehen. 1788 traf Carl von Hessen mit ihm auf dem Markusplatz in Venedig zusammen. 1795 soll er dann wieder einmal zu Kassel verstorben sein, doch 1836 sah man ihn hinter dem Leichenzug Carls als Trauernden in veralteter Tracht hergehen.[445] Gegen Ende des 19. Jahrhunderts sprach der Theosoph C. W. Leadbeater mit ihm in Italien und gab eine ziemlich gute Beschreibung des geheimnisvollen Grafen.[446]

Wer für die Strecke von Schleswig nach Eckernförde den Weg über die Missunder Fähre benutzt, der kann, nachdem er in Missunde gelandet ist, kurz hinter der Anlegestelle linker Hand einen Dolmen, eigentlich ein enterdetes Hügelgrab, besichtigen. In ihm treffen sich vier Wasseradern, und zwar aus den ungefähren Richtungen 40°, 120°, 175° und 330° kommend. Es ist beeindruckend zu sehen, wie sie kurz vor den Steinen in die Längs- und Querachse der Grabanlage einschwenken. Auch der ehemalige Hügelrand läßt sich muten – es ist ein Bannkreis oder magischer Kreis.

Brandenburgs schwarze Berge

Geosophisches Pentagramm über Beeskow in Brandenburg

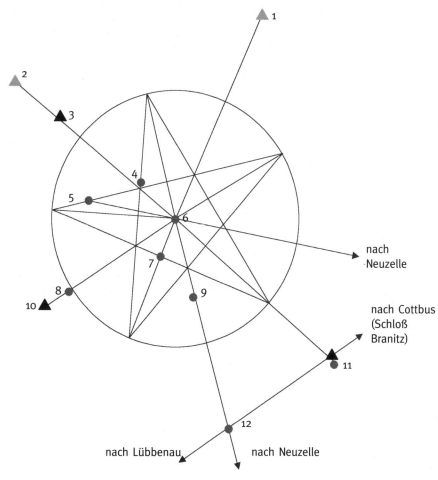

1 – Hirschberg, 2 – Markgrafensteine, 3 – Schwarzer Berg, 4 – Schloß Groß Rietz,
5 – Lindenberg, 6 – Beeskow, 7 – Kummerow, 8 – Schloß Kossenblatt,
9 – Schloß Friedland, 10 – Schwarzer Berg,
11 – Schwarzer Berg und Reicherskreuz, 12 - Lieberose

Den Spreewald, südöstlich von Berlin, den kennt man. Weniger bekannt ist seine Umgebung, die Niederlausitz, doch hat auch sie ihre Reize. So finden wir im Norden der Niederlausitz, in der Umgebung der Stadt Beeskow, eine Reihe kleiner Schlösser, deren Standorte in die energetische Struktur der Landschaft eingepaßt wurden und gleichzeitig Beziehungen zu anderen energetisch ausgezeichneten Orten andeuten. Da sind am augenfälligsten die drei Schwarzen Berge, die alle an Beeskow hängen. Besprechen wir diese Strukturen also einmal näher:

Im Nordwesten der Niederlausitz liegen die Rauenschen Berge, bekannt vor allem für die *Markgrafensteine*. Es handelt sich dabei um große Granitblöcke, die durch die Gletscher der Eiszeit aus Skandinavien hierher verfrachtet worden sein sollen. Bemerkenswert ist, daß die vor dem Alten Museum im Lustgarten in Berlin-Mitte stehende Granitschale aus einer 1827 abgetrennten Scheibe des Großen Markgrafensteins gefertigt wurde.

Über die Markgrafensteine gelangen wir über einen der schwarzen Berge nach *Beeskow*. Es gilt als das „Tor der Niederlausitz". Im Mittelalter gehörte die Stadt zum Bistum Meißen; die Stadtpfarrei stand unter dem Patronat des Klosters Neuzelle. Ab etwa 1600 war Beeskow ein Teil Brandenburgs. Hervorzuheben sind die im Zweiten Weltkrieg bis auf die Grundmauern zerstörte Stadtkirche St.Marien und die 1780 erbaute Superintendentur.447

In *Lindenberg* ist die Kirche erwähnenswert – einer der wenigen Zentralbauten des Barock in der Mark Brandenburg. Errichtet wurde sie 1667-69. Das jüngere Schloß erhebt sich über mittelalterlichen Fundamenten.448

Beachtenswert ist ferner das Schloß *Kossenblatt* mit seinen markant gegliederten Fassaden. Es wurde 1699-1712 für den preußischen Feldmarschall von Barfuß an der Stelle einer älteren Wasserburg errichtet.449

Friedland verdankt seine Gründung wie Beeskow den Markgrafen von Meißen, vermutlich im Zusammenhang mit der Gründung von Fürstenberg oder des Klosters Neuzelle. Das leider nur rudimentär erhaltene Schloß steht ebenfalls über den Resten einer Wasserburg und wurde 1623 erbaut.[450]

Südlich von Beeskow, zwischen Spreewald, Schwielochsee und Schlaubetal liegt eine von Wäldern und Heiden bedeckte sanft gewellte Landschaft, die als Lieberoser Hochfläche bezeichnet wird. Namensgeber ist der 120 Kilometer von Berlin entfernte Ort *Liebero-se*. Er entstand an der Kreuzung mittelalterlicher Handelswege und kam bereits im 10. Jahrhundert an das deutsche Reich. Um 1750 errichteten die in vielen preußischen Militärämtern aktiven Grafen von der Schulenburg hier ein vierflügeliges Schloß, das besonders durch seine Stuckdecken beeindruckt.[451]

Bei Lieberose wurden im sogenannten „Dritten Reich" ein Truppenübungsplatz und ein Außenlager des Lagers Sachsenhausen angelegt. Die SS forderte Graf Albrecht von der Schulenburg auf, Wald und Schloß abzuliefern, was dieser aber bis 1945 erfolgreich verhindern konnte. Dann wurde er von den Sowjets enteignet.

Das bei den Kämpfen im zweiten Weltkrieg teilweise zerstörte Schloß wurde nun für kurze Zeit als Steinbruch genutzt. 1975 stürzte auch noch der Turm ein. 1999 verkaufte die Gemeinde das Schloß an die Brandenburgische Schlösser und Bauherren Betriebsgesellschaft mbH für 1,00 DM - durch den unvorteilhaften Verkauf beraubte sich die Stadt einer weiteren Nutzung, wie es entwaffnend ehrlich auf der Netzseite von Lieberose heißt.[452]

Über den Schwarzen Berg bei Reicherskreuz ist Lieberose mit dem Kloster *Neuzelle* verbunden. Neuzelle (Nova Cella) war eine im 13. Jahrhundert gegründete Niederlassung der Zisterzienser. Abt Bernardus ließ die Anlage zwischen 1655 und 1658 von italienischen Künstlern mit Fresken und Stukkaturen versehen. Sein Nachfolger ließ die Klosteranlage dann konsequent weiter im alptraumhaften Stil des süddeutschen Barocks umgestalten.

Die Besitztümer wurden während der Säkularisierung 1817 an das preußisch-staatliche Stift Neuzelle überführt. Das Stift bestand bis 1955 und wurde 1996 als öffentlich rechtliche Stiftung des Landes Brandenburg wiedergegründet.

Das kleine Dorf *Reicherskreuz* besteht aus einem geschlossenen Ensemble von Waldarbeiterhäusern, die überwiegend aus Feldsteinen gebaut worden sind und steht unter Denkmalschutz. Rund um das Dorf befand sich ein sowjetischer Truppenübungsplatz, und das Heide-Gebiet ist durch die jahrelange militärische Nutzung munitionsverseucht, weshalb man die befestigten Wege nicht verlassen sollte! Schließlich kommen wir von Beeskow über Lieberose nach Cottbus und zum *Schloß Branitz* mit seinem Fürst-Pückler-Park.

Er gelangte bereits 1696 in den Besitz der Pücklerschen Grafenfamilie. 1845 ließ Hermann von Pückler-Muskau (1785-1871) dort einen Landschaftspark nach englischem Vorbild anlegen. Pückler-Muskau verfaßte außerdem ein lesenswertes Buch über Gartengestaltung.453 Erwähnenswert sind im Park von Branitz zwei Pyramiden, deren eine sich im Wasser eines Sees spiegelt. In ihrem Inneren befindet sich das Grab des Fürsten und seiner Frau.

Aber noch ein weiterer Adelssitz in diesem Gebiet ist für uns von Interesse! Fünf Kilometer nordwestlich von Beeskow treffen wir auf *Groß Rietz*, dessen Schloß zu den schönsten Beispielen der Schloßbaukunst in der Mark Brandenburg gehört. Die Obelisken am Parkeingang gelten als ein Zeichen der Freimaurer. Verweilen wir hier etwas länger!

Das kleine Schloß wurde zwischen 1693 und 1700 für Hans Georg von der Marwitz nach Plänen von Cornelius Ryckwaert erbaut. 1790 verkaufte Marwitz' Enkel das Anwesen an den preußischen Staatsminister Johann Christoph von Wöllner (1732-1800), eine der schillerndsten Gestalten im Preußen seiner Zeit. Nachdem er in Halle Theologie studiert hatte, wurde er Pastor in Groß Behnitz bei Berlin und Hauslehrer bei General Friedrich von Itzenplitz. Nach dessen Tode pachtete er das Itzenplitzsche Gut und heiratete die einzige Tochter des Generals. Diese nicht standesgemäße Ehe (Wöllner war Bürgerlicher!) erregte das Mißfallen von König Friedrich II, der Frau von Itzenplitz quasi enteignen ließ und Wöllner in der Folge als einen *„hinterlistigen und intriganten Pfaffen"* bezeichnete.

Wöllner strebte jedoch durchaus nach Höherem. 1765 trat er dem Freimaurerorden bei. Die Bekanntschaft mit Johann Rudolph von Bischofswerder bewog ihn 1780 dazu, sich der Geheimgesellschaft der Gold- und Rosenkreuzer anzuschließen. Bischofswerder führte Wöllner auch bald bei Hofe ein. Nach der Aufnahme des Kronprinzen Friedrich Wilhelm in den Rosenkreuzerorden am 8. August 1781 wurde Wöllner dessen geistlicher Begleiter und von 1783 bis 1786 wirkte er als Unterweiser des Prinzen in allen Fragen des Staatslebens, vornehmlich aber in den Bereichen der Ökonomie, Staatsverwaltung und Finanzwesen. Als Friedrich Wilhelm 1786 König wurde, ernannte er Wöllner umgehend zum Geheimen Oberfinanzrat und erhob ihn in den Adelsstand. Am 3. Juli 1788 erfolgte Wöllners Ernennung zum wirklichen Geheimen Staatsrat und Justizminister, und zugleich bekam er die Leitung des Geistlichen Departements des Generaldirektoriums. Sechs Tage später erließ Wöllner das berüchtigte *„Edict, die Religions-Verfassung in den preußischen Staaten betreffend".* Da die zuständige Kommission inzwischen mit Mitgliedern der Rosenkreuzerloge besetzt war, unterlagen nun theologische, philosophische, historische und politische Publikationen deren Zensur. Der sich daraufhin von allen Seiten erhebende Proteststurm blieb wirkungslos, da sich Wöllner der Rückendeckung des Königs sicher war.

Der lebenslustige Friedrich Wilhelm II., im Volksmund als „der dick Lüderjahn" bezeichnet, verstarb aber schon 1797. Von seinem Nachfolger wurde Wöllner kurz nach dessen Thronbesteigung in Ungnade und ohne Pension entlassen und zog sich nach Groß Rietz zurück, um sich fortan geheimen Studien hinzugeben. Wie es heißt, soll Wöllner von dem echten Grafen von St.Germain den Stein der Weisen erhalten haben. Sein Buch *„Der Signatstern"* ist ein Standartwerk zur Ritualistik und Esoterik der Logen des späten 18. Jahrhunderts.

Heute gilt Wöllner gemeinhin als Totengräber des alten preußischen Staates – ein Prototyp des Weltverschwörers, der mit seiner Clique

Meister und Schüler: Graf St.Germain (Mitte) mit Hans Rudolf von Bischofswerder (links) und Johann Christoph von Wöllner (rechts).

die Kontrolle über König und Verwaltung an sich gebracht hatte.

Wir sind jedoch der Auffassung, daß Wöllner und seine Freunde aus esoterischer Menschenerkenntnis heraus eine anti-aufklärerische Politik betrieben und damit einer Entspiritualisierung der Welt entgegen treten wollten, deren verheerende Folgen wir heute überall erleben können.454

1861 gelangten Gut und Schloß Groß Rietz wieder in den Besitz der Familie von der Marwitz, wo sie bis zur Enteignung 1945 verblieben. Das ursprüngliche Ensemble von Schloß, Park, Wirtschaftsgebäuden, Kirche und Friedhof ist auch heute noch vorhanden. Schloß und Kirche sind – wie in solchen Fällen üblich – energetisch miteinander verbunden. Im Inneren des Schlosses beeindrucken besonders die dreiarmige Treppenanlage und die Stuckdecken. Sowohl der Schloßpark als auch der Schloßhof wurden entsprechend dem Zustand um 1850 saniert.

Seit 2005 ist ein hervorragend restauriertes Porträt Wöllners in der Burg von Beeskow zu besichtigen. Bereits Theodor Fontane hatte dieses bei seinen Wanderungen durch die Mark Brandenburg wie folgt beschrieben: *„...das Wöllnerbild aus seiner Ministerzeit. Er trägt auf demselben gepudertes Haar, einen roten Uniformrock und einen blauen mit Silber gestickten Kragen. Ebensolche Rabatten und Aufschläge. Die Nase dicklich, die Lippen wulstig, die Augen*

groß und hervortretend. Alles in allem entschlossen und charakter-
voll, aber ohne Wohlwollen."

Bevor wir Groß Rietz verlassen, noch einmal Fontane: *„...hielt ich*
mich jetzt auf die Mitte des Kirchhofs zu, wo von einer Gruppe von
Ahornplatanen umstellt, ein großer Granit, ein Doppelgrabstein lag,
auf dem einfach die Namen standen: »J. C. v. Wöllner u. C. A. C. v.
Wöllner, geb. von Itzenplitz.« Sonst nichts, weder Spruch, noch In-
schrift. Um die Stätte her war braunes Laub hoch zusammengefegt
und predigte wie der Stein selber von der Vergänglichkeit irdischer
Dinge."

Weimar

Was wäre Deutschland ohne Thüringen? Hier liegt der Ursprung von
großen Teilen dessen, was als deutsche Kultur weltweit Anerkennung gefunden hat.
Und was wäre Thüringen ohne Weimar[455], jene Stadt, in der die
Deutsche Klassik kulminierte und von hier aus die Welt befruchtete.
Herder, Goethe, Schiller, Wieland, um nur die wichtigsten dieser Gei-
stesgrößen zu nennen, lebten hier.
Doch diese Epoche Weimars hatte auch ihre Vorgeschichte. Am 24.
August 1617 wurde auf Schloß Hornstein, dem heutigen Stadtschloß, durch Fürst Ludwig I. von Anhalt-Köthen, die Herzöge Friedrich von Sachsen-Weimar, Johann Ernst d. J. von Sachsen-Weimar,
Wilhelm IV. von Sachsen-Weimar und Freiherr Christoph von Krosigk
die *Fruchtbringende Gesellschaft* gegründet. Deren Zweck war offi-
ziell die Reinhaltung der deutschen Sprache. Doch in der Gesellschaft finden wir zu viele Pansophen, Alchemisten und Rosenkreuzer, um dies zu glauben. In Wirklichkeit war sie zumindest in ihrem
inneren Kreis eine esoterische Geheimgesellschaft, deren anderer
Name nach ihrem Emblem „Palmenorden" oder „Palmbaum" lautete.[456] Ist es Zufall, daß die spätere Kurfürstin von Hannover und

Tochter des Rosenkreuzers Friedrich V. von der Pfalz sich einmal im Indianer-Kostüm vor einer Palme porträtieren ließ? Die Fruchtbringende Gesellschaft konnte jedoch durch den Dreißigjährigen Krieg kaum ihre Wirksamkeit entfalten. Später aber blühte Weimar auf. Die Mutter des Herzogs und Goethe-Mäzens Carl August, Herzogin Anna Amalia, legte mit der Berufung Wielands zum Prinzenerzieher den Grundstein für einen literarischen Kreis, von dessen Glanz die Stadt bis heute zehrt. Schließlich zog Carl August Goethe an seinen Hof.

Goethe! Er hatte in seiner Jugend eine rosenkreuzerische Einweihung erhalten, wurde von dem paracelsischen Arzt Dr. Metz, der später von einem Unbekannten ermordet wurde[457], von einem lebensbedrohlichen Leiden geheilt und beschäftigte sich anschließend mit alchemistischen und esoterischen Schriften, besonders mit dem geheimnisvollen *„Opus mago-caballisticum etc."* Georg von Wellings – wir kennen ihn aus Karlsruhe.[458] Ohne diesen Impuls, der in das Leben des jungen Goethe trat, wäre eine Dichtung wie der „Faust" sicher nicht entstanden.

Fast hundert Jahre nach der Goethezeit finden wir eine weitere überragende Gestalt in Weimar: Rudolf Steiner. 1890 übernahm er am Weimarer Goethe-Archiv die fünfbändige, mit profunden Erläuterungen von seiner Hand versehene Edition der Naturwissenschaftlichen Schriften Goethes für die so genannte „Sophien-Ausgabe" von Goethes Werken. 1894 veröffentlichte Steiner sein epochales erkenntnismethodologisches Grundlagenwerk *„Die Philosophie der Freiheit - Seelische Beobachtungsresultate nach naturwissenschaftlicher Methode"*, dessen begeisterte Rezeption in der philosophischen Fachwelt abrupt abbrach, als Steiner 1902 in Berlin die Leitung der deutschen Sektion der „Theosophischen Gesellschaft" übernahm und sich damit als Esoteriker zu erkennen gab.

Wie es scheint, wird Weimar wird von einem geosophischen Achteck überlagert, an dem die meisten der energetisch bedeutsamen Strukturen in der Umgebung hängen. Goethe folgte einer guten Inspiration, als er in sein Gartenhaus zog!

Wir wollen hier aber an erster Stelle den *Ettersberg* erwähnen, einen 477 Meter hohen Inselberg nördlich von Weimar. Am nordöstlichen Rand des Berges liegen Schloß und Park Ettersburg. Das Schloß wurde 1706 bis 1712 als herzogliches Jagdschloß angelegt, doch seine Blüte erlangte es unter Anna Amalia und dem Kreis um Goethe und Schiller, die hier in einem kleinen Naturtheater ihre Dramen aufführten. Leider entstand gerade in dieser Gegend ein häßliches Geschwür, als die Nationalsozialisten in der Nachbarschaft das KZ Buchenwald anlegten. „Jedem das seine" stand über dem Eingang...459

1781 verlegte Anna Amalia ihren Sommersitz nach Schloß *Tiefurt*. Es wurde für die nächsten zwei Jahrzehnte Treffpunkt von Dichtern, Gelehrten, Theaterleuten und Bildkünstlern. Auch hier fanden in einem Naturtheater Aufführungen statt.460

Das dritte der Schlösser um Weimar ist das Rokokoschloß *Belvedere* im Süden der Stadt. Erbaut von 1724-1732 liegt es am oberen Ende einer Kastanienallee. Ende des 18. Jahrhunderts wurde unter Goethes Einfluß der ursprüngliche Barockgarten in einen Landschaftsgarten umgestaltet.461

Als letztes wollen wir *Kranichfeld* erwähnen, wo ein Renaissanceschloß stand, von dem aber nach einem Großbrand 1934 nur die Außenmauern erhalten blieben.462

Alle Schlösser in der Umgebung von Weimar sind energetisch miteinander verknüpft, wie unsere Skizze zeigt.

Geosophisches Achteck über Weimar

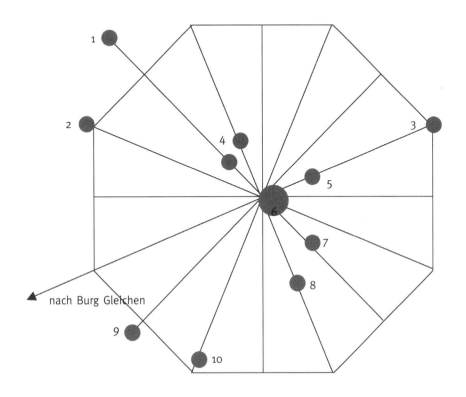

1 – Kranichborner Hügel, 2 – Galgenhügel bei Stotternheim, 3 – Apolda,
4 – Schloß Ettersburg und ehem. KZ Buchenwald, 5 – Schloß Tiefurt,
6 – Weimar mit Stadtschloß (Schloß Hornstein), 7 – Schloß Belvedere,
8 – Burg Buchfart an der Ilm, 9 – Riechheimer Berg, 10 - Kranichfeld

Landschaftstempel Berchtesgadener Land

Das Berchtesgadener Land ist seit jeher, in erster Linie bedingt durch seine Geographie, politisch und kulturell ein in sich geschlossener Raum gewesen. Seine Sagen handeln von den Kräften einer ungezügelten Natur, den Zwergen, dem Spuk auf Almen und in Berghütten und geheimnisvollen Gebirgsbewohnern.[463] Berühmt ist es aber vor allem wegen seiner grandiosen Landschaft – das Land der Frau Bercht (sie entspricht etwa der Frau Holle)[464], deren heiliger Bezirk oder Garten es einmal war.

Die Berchtesgadener Alpen sind auch eine Fundstätte geheimnisvoller Felsbilder - Gravierungen in natürlichen oder vorbereiteten Felsen in der Landschaft. Sie wurden von vielen alten Kulturen zu unterschiedlichen Zwecken angelegt und im Alpenraum bis ins 19. Jahrhundert hinein neu geschaffen. Felsbilder können viele unterschiedliche Symbole enthalten: archaisch-geometrische, christliche und magische Zeichen, Sexualsymbolik oder eine Art Bilderschrift.[465] Vermutlich war schon der Vorgang der Gravierung eine magische Handlung...

Im Bereich der Berchtesgadener, Salzburger und Oberösterreichischen Kalkalpen finden sich stellenweise ganze „Bilderwände". Diese wurden (zumindest zum Teil) an energetisch herausragenden Plätzen geschaffen. Jeder unternehmungslustige und geländegängige Wanderer kann versuchen sie aufzufinden.

Im Berchtesgadener Land wurden viele Felsbilder von der Berchtesgadener Organistin Ebba Wendt entdeckt. Ihr verdanken wir wertvolle Hinweise zu diesem Thema.

Fahren wir also mit dem Touristenschiff über den Königssee nach St.Bartholomä! Hier sollten wir nicht versäumen, einen kleinen Abstecher zur Kapelle St.Peter und Paul zu machen, die bei einer alten Heilquelle im Wald errichtet wurde. Dann aber wandern wir in Richtung auf die Funtenseealm ins Steinerne Meer hinauf. Nach mehreren Wegstunden passieren wir in der Kleinen Saugasse eine Bildwand. Sie liegt etwa 10 Meter rechts des Weges und ist schwer zu finden, aber eindrucksvoll. Der Block mit den Ritzzeichen hängt an seiner Nordseite etwas über. Hier befinden sich an seinem unteren Teil zahlreiche Gravierungen.⁴⁶⁶ Unmittelbar vor der Bildwand befindet sich eine Wasserader-Kreuzung, die den Platz zusätzlich energetisiert!

Heute ist das Berchtesgadener Land eine Ferienregion, bekannt durch den berühmten Königssee, den Alpen- und Nationalpark und das Salzbergwerk.⁴⁶⁷ Einen gewissen Anteil daran hatte eine Frau namens Mauritia „Moritz" Meier, die 1877 nach Berchtesgaden kam und im Ortsteil Obersalzberg eine Pension (den späteren Platterhof) gründete. Sie verstand es erstaunlich gut, Künstler, Wissenschaftler und Prominente für einen Aufenthalt in ihrer Pension zu begeistern. Hier waren Peter Rosegger, Ludwig Ganghofer, Johannes Brahms, Clara Schumann und Prinzregent Luitpold zu Gast.⁴⁶⁸ Der Dichter Ludwig Ganghofer prägte denn auch den Satz: *„Herr, wen Du lieb hast, den läßt Du fallen in dieses Land."*⁴⁶⁹
Die armen Bergbauern, die Holzknechte und Sennerinnen mögen das vielleicht anders gesehen haben. Wie auch immer, auf die Idylle legte sich ein schwarzer Schatten, als zu Beginn der 20er Jahre ein Mann namens Adolf Hitler nach Berchtesgaden kam. Hitler hatte 1919 in München einen seiner wichtigsten Ideengeber und Anhänger kennengelernt, den relativ erfolglosen Journalisten, Dichter und Dramatiker Dietrich Eckart.⁴⁷⁰ Damals traf sich im Münchener Hotel „Vier Jahreszeiten" die Thule-Gesellschaft, die 1918 als politischer Zweig des esoterischen Germanenordens entstanden war. Sie stand unter Leitung des dubiosen Rudolf von Sebottendorf, und zu ihren Mitgliedern zählten Anwälte, Richter, Universitätsprofessoren, Aristokraten aus dem Umfeld der Wittelsbacher, Industrielle, Doktoren, Wissenschaftler und reiche Geschäftsmänner – auch der Besitzer des Hotels. Ferner zählten zu den Sympathisanten Gottfried Feder, Alfred Rosenberg und Rudolf Heß, die alle in der späteren NSDAP eine führende Rolle spielen sollten.⁴⁷¹ Eckart führte Hitler in diese Kreise ein und nahm ihn auch mit nach Berchtesgaden in die Pension auf dem Platterhof. Dort lernte Hitler den Klavierproduzenten

Emil Bechstein kennen, der sein Ferienhaus gleich nebenan hatte.[472] Bechstein finanzierte sogar 1924 Hitlers Mercedes.[473]
Schon 1922 entstand eine Ortsgruppe der Partei in Berchtesgaden, und Hitler hielt ein Jahr später Reden im Hotel Watzmann und im Hotel Krone.
Nach dem Novemberputsch 1923 floh Eckart nach seiner Haftentlassung nach Berchtesgaden, wo er Unterkunft im Sonnenblickhäusl am Lockstein fand, aber schon sechs Tage später verstarb. Hitler kam 1925 wieder nach Berchtesgaden und mietete auf dem Obersalzberg das Haus Wachenfeld, in dem er sein Buch *„Mein Kampf"* fertigstellte.[474]
In den folgenden Jahren lebte Hitler hauptsächlich in München und Berchtesgaden. Nach der „Machtergreifung" begann dann der systematische Ausbau des Obersalzberges zu einer Art Feriendorf für NS-Größen. Auf dem ehemaligen Almgelände entstand nach der zwangsweisen Enteignung der Grundbesitzer die Parteibonzen-Siedlung „Führergebiet Obersalzberg" mit verschiedenen Villen, Wohnanlagen, Kino und SS-Kaserne. Hitler selbst hatte hier sein Landhaus mit einem großen versenkbaren Fenster mit Blick zum Untersberg ausgestattet.[475] Im Berchtesgadener Ortsteil Stanggaß entstand sogar eine kleine Reichskanzlei.
Der eigentliche Herr des Obersalzberges aber war Martin Bormann, der finstere Stellvertreter des „Geführten", der aus dem hoffnungslos depressiven Ort Wegeleben bei Halberstadt stammte und im NS-Regime zielstrebig Karriere machte. Die Planungen der meisten Bauten im „Führergebiet" stammten von ihm. Der ehemalige Landwirt Bormann ließ am Obersalzberg sogar einen Gutshof errichten, der jedoch nur durch die ständige Unterstützung aus Steuermitteln funktionierte.[476]

Gegenüber dem Obersalzberg liegt der sagenumwobene Untersberg. Er soll das Gegengewicht zur positiven Strahlung Salzburgs darstellen. In ihm schläft Kaiser Karl, oder Barbarossa.[477] Er ist ein archetypischer Kraftplatz, hier fand die „Zeitreise" eines Bergsteigers Mitte August 1987 statt.[478] Nördlich des Berges befindet sich das

Walser Feld mit dem Birnbaum, bei dem, einer düsteren Prophezeiung zufolge, dereinst die „letzte Schlacht" geschlagen werden soll.[479]
Der Dalai Lama bezeichnete den Untersberg gar als das Herzchakra Europas.[480]

Einer der Eingänge in die weitläufige Unterwelt des Untersberges.
Blick von Innen nach Außen.
Es gibt auch Eingänge, die so klein sind, daß man sich gerade so hineinquetschen kann.

Bei all diesem ist es kein Wunder, daß sich um die Gegend auch etwas „merkwürdige" Geschichten ranken. So sollen Anfang des 13. Jahrhunderts drei Tempelritter am Fuß des Untersberges von einer Frau (oder eher Göttin) „Isais" instruiert worden sein. Sie bauten dort bei Ettenberg eine Komturei und weiter oben am Berg noch ein zweites Gebäude, das eventuell Zugang zu den Höhlen des Berges hatte. In einer dieser Höhlen soll auch ein „Isais-Tempel" errichtet worden sein. Anfang des 20. Jahrhunderts sollen sich an derselben Stelle verschiedene Personen getroffen haben, die später die Thule-Gesellschaft gründeten, welche, wie oben angedeutet, den esoterischen Hintergrund der nationalsozialistischen Doktrin lieferte. Einem Roman zufolge will man hier im Juni 1997 auf dem Gelände eines Golfplatzes sogar die Reste einer deutschen fliegenden Untertasse

aus dem zweiten Weltkrieg vom Typ „VRIL" gefunden haben, die nach sofortiger Absperrung des Geländes zum US-Stützpunkt am Chiemsee abtransportiert wurden sein soll.[481]
Wahr ist jedenfalls, daß man im Berchtesgadener Land die magische Formel

SATOR
AREPO
TENET
OPERA
ROTAS

kennt.[482] In Frankreich soll sich diese Formel in Stein geschlagen finden in der Burg Gisor und in Rennes-le-Chateau und ferner in Stenay in Belgien. Diese drei Orte bilden das „goldene Dreieck" von Frankreich[483] und sind allen Weltverschwörungstheoretikern spätestens seit dem Buch *„Der Heilige Gral und seine Erben"* bestens bekannt.

Welche geosophischen Geheimnisse lassen sich nun hier im Berchtesgadener Land aufspüren?
Der Schlüssel liegt wieder einmal in einem Pentagramm, welches sich über den Talkessel spannt. Dessen Mittelpunkt liegt am Gollenbach im Bereich des ersten *Salzbergwerks*.[484] Ende des 12. Jahrhunderts, unter Probst Heinrich 1., vielleicht auch schon etwas eher, begann man hier mit dem Abbau des weißen Goldes[485], welches am benachbarten Dürnberg bei Hallein schon von den Kelten gewonnen worden war. Heinrich war ein Günstling von Kaiser Friedrich Barbarossa und erhielt von ihm umfangreiche Rechte bezüglich der Nutzung des Landes.[486] Das Bergwerk ist energetisch verbunden mit der *Stiftskirche*. Jährlich am Dreikönigstag findet die Bergweihe statt, eine katholische Zeremonie, die seit 1528 urkundlich nachweisbar ist, und bei der in den Stollen des Bergwerks kultische Handlungen vorgenommen werden.[487]

Der moderne Salzforscher Peter Ferreira weist übrigens darauf hin, daß das in Berchtesgaden gewonnene Salz mit seinen energetischen Eigenschaften fast an das mittlerweile berühmte händisch abgebaute Kristallsalz aus dem Hunza-Tal im Karakorum heranreicht und eine durchaus bewußtseinserweiternde Qualität haben soll.[488] Ferreira muß es wissen, schließlich stammt er vom Berchtesgadener Salzberg.

In diesem Zusammenhang möchten wir auch auf die Bedeutung des Salzes in der Alchemie hinweisen!

Ende des 17. und Anfang des 18. Jahrhunderts kam es im Berchtesgadener Land zu einer Reihe von Kirchenum- und neubauten. Dazu bemerkte der Heimatkundler Manfred Feulner recht treffend: *„Die Häufung farbenfroher, reich ausgestatteter und bewegt gestalteter Kirchen und Kapellen, alle etwa aus der gleichen Zeit, kommt sicher nicht von ungefähr. Sie ist Ausdruck einer sichtbaren religiösen und seelsorgerischen Anstrengung, die in jenen Jahren von Seiten des Stiftes unternommen wurde als Mittel gegen die protestantische Bewegung in der Bevölkerung. (...) Man kann in diesem Sinne fast von einer sakralen Landschaft sprechen, die geistliche Herrschaft hat dem Lande nun doch noch seinen Stempel aufgedrückt."*[489]

Es entstanden die bekannten Kirchen "Maria Gern" im Ortsteil Gern und „Maria Heimsuchung" in Ettenberg[490], die auf dem Pentagramm liegen. Die dritte dieser Kirchen, „Maria Kunterweg" in der Ramsau, gehört einem anderen System an, über das sie aber mit dem Berchtesgadener Hochthron am *Untersberg* verbunden ist. Diese Linie verläuft über das Zentrum von Bischofswiesen-Winkel. Vom Gipfel des Hochthron kann man eine weitere Linie zum Gipfel des Hohen Göll ziehen. Diese führt fast genau über die Kneifelspitze und über Bormanns Gutshof, der ziemlich genau fünf Kilometer – eine Entfernung, die wir uns merken wollen – vom Göll-Gipfel entfernt ist. Exakt auf der Hälfte zwischen beiden Gipfeln fließt die Berchtesgadener Ache.

Eine weitere Linie führt vom Hochthron nach Westen über den Karkopf und die Vogelspitz im Lattengebirge nach Unterjettenberg an der Saalach.

Auf dem eben genannten Pentagramm liegt auch der *Obersalzberg* – Bormanns Gutshof liegt auf einer Kreuzung der Linien, und von dort erstreckte sich das „Führergebiet" nach Osten. Selbst die damals für NS-Funktionäre errichtete Siedlung Buchenhöhe liegt noch innerhalb des magischen Kreises, der sich durch die Pentagrammspitzen ziehen läßt, und gegenüber im Westen liegen auf demselben Kreis die 1943 erbauten Kasernen im Ortsteil Strub.[491] Die Positionen der NS-Bauten auf dem Obersalzberg scheinen selbst wiederum auf einem kleinen Pentagramm zu basieren.

Hoch über dem Berchtesgadener Tal liegt auf einem Felsgrat, den der Hohe Göll nach Nordwesten entsendet, das Kehlsteinhaus, Hitlers „Teehaus". Es ist ein Eckpunkt auf dem Pentagramm.

Der größte Teil der Anlagen am Obersalzberg wurde in den letzten Kriegstagen am 25.4.1945 durch alliierte Bomber zerstört.[492] Seit jenen Tagen können sich die Touristen wieder ungestört an den unvergleichlichen Naturschönheiten des Berchtesgadener Landes erfreuen.

Das eben beschriebene Pentagramm ist aber nur ein Nebenprodukt einer *ley-line* die als zentraler Bestandteil eines Landschaftstempels von selten schöner Ausgestaltung das Berchtesgadener Land durchquert. Dieses System soll jetzt näher beschrieben werden.

Scheitel-Chakra

Die *ley-line* entspringt an der edlen, pyramidenförmigen Berggestalt der 2653 Meter hohen *Schönfeldspitze*, die sich von Berchtesgaden aus gesehen in blauer Ferne über dem Steinernen Meer, dem mächtigen Gebirge südlich des Königssees, erhebt. Obwohl die Bergspitze ganz am Südrand des Gebirges aufragt und ihre Südwand fast senkrecht in den Salzburger Pinzgau abfällt, ist sie doch nach Berchtesgaden hin orientiert.

Hermann von Barth erfaßte bereits 1874 in seinem zum Klassiker avancierten Buch *„Aus den nördlichen Kalkalpen"* die Bedeutung des Berges, in dem er schrieb: *„Ist's wohl ein unbekannter, selten besuchter Gipfel, der diesen Namen trägt? ist seine Ersteigung ver-*

wehrt durch Hindernisse aussergewöhnlicher Art und den Besten unter den Alpenklimmern allein gestattet? — Unbekannt ist er gewiss nicht; die schlanke Spitzpyramide aus dem Rahmen des Königsseegebirges entfernt — und einen Hauptcharakterzug hätten die Berge Berchtesgadens in ihr verloren, fremd, mangelhaft, würde ihre Gruppe dem künftigen Besucher entgegenblicken. Die Mauerschranke des Königssees wäre ihres Hauptes, das Steinerne Meer seines Gipfels beraubt."

Die *ley-line* verläuft von hier Richtung Norden zum Grünsee. Dabei trennt sie zunächst die beiden markantesten tektonischen Störungen auf der verkarsteten Hochfläche des Gebirges: das Viehkogeltal im Westen und den Höhenrücken zwischen Hochbrunnsulzen und Niederbrunnsulzen im Osten. Beide Strukturen liegen <u>gleich weit</u> von der Linie entfernt.

Stirn-Chakra

Nach fünf Kilometern trifft die Linie in einem tiefen Trichter auf den verträumten *Grünsee*.

Senkrecht zur *ley-line* liegen hier zwei markante Gipfel in der gleichen Entfernung vom Grünsee. Im Osten das Kleine Teufelshorn (2283m) und im Westen der Große Hundstod (2593m), in dem die Hunde des König Watzmann versteinert sein sollen.[493]

Die Linie erreicht auf ihrem weiteren Weg bei der Kastl-Quelle am Simetsberg den Königssee. Entlang der eben beschriebenen Strecke verläuft auch die unterirdische Entwässerung des Steinernen Meeres vom Grünsee durch die auf über neun Kilometer Länge erforschte Salzgrabenhöhle[494] zur Kastl-Quelle. Die Linie scheint überhaupt Leitlinie für die tektonische Bruchfuge zu sein, in der der Königssee angelegt ist.[495]

Der Grünsee ist ein wichtiger energetischer Knotenpunkt im Steinernen Meer (Berchtesgadener Alpen).

Blick vom Steinernen Meer nach Norden über den Königssee in Richtung Berchtesgaden. St.Bartholomä liegt am linken Ufer auf Höhe der Bildmitte.

Hals-Chakra

In fünf Kilometern Entfernung vom Grünsee treffen wir auf die Wallfahrtskirche *St.Bartholomä*. Bereits 1134 wurde hier, hart am Ufer des Sees eine *Basilica Chunigessee* erwähnt.[496] Wir fragen uns, warum hier damals schon eine Kirche war. Sie muß ja unmittelbar nach der Klostergründung in Berchtesgaden und zeitgleich mit den dortigen Bauarbeiten errichtet worden sein! Die Kirche steht auf dem äußersten Punkt des Schuttfächers, der von dem an der Watzmann-Ostwand entspringenden Eisbach in den Königssee geschüttet wird. Der Ort war im Mittelalter praktisch nur mit dem Schiff zu erreichen. Der Eisbach mündete früher auch nahe der Gebäude in den See, doch wurde sein Verlauf im 19. Jahrhundert verlegt.

Die Ansicht der heutigen, 1697 geweihten Kirche mit ihren drei roten Kuppeln, die sich zusammen mit der Watzmann-Ostwand im Königssee spiegeln, ist bekannt. Senkrecht zur *ley-line* treffen wir, von St.Bartholomä ausgehend, im Westen auf den Gipfel des Watzmann (2713m). So hat jeder Tourist, der die weltberühmte Ansicht vom Boot aus fotografiert, diese energetische Verbindung auf seinem Bild!

Im gleichen Abstand im Osten liegt das tief eingekerbte Landtal im Hagengebirge. Landtal und Watzmanngrat verlaufen parallel!

C. W. Leadbeater beschreibt das Hals-Chakra übrigens als von blaugrün-silbriger Farbe,[497] was den Farben von See, Bergwäldern und Kalkstein an dieser Stelle vollkommen entspricht.

Im Norden wird der Berchtesgadener Talkessel durch den Untersberg gegen das Voralpenland abgeschlossen, ein Bergmassiv mit hunderten von Höhlen und sagenhaften unterirdischen Bewohnern. Ursprünglich ist er wohl der heilige Berg und der Wohnort der Frau Bercht / Holle gewesen.[498] Wie uns die Sage berichtet, wandern die Zwerge, die Untersbergmandl, manchmal durch einen unterirdischen Gang zur Kirche von St.Bartholomä, um dort um Mitternacht die Messe zu feiern.[499] Folgen sie der *ley-line*?

Herz-Chakra

Nach wieder fünf Kilometern erreicht die Linie das nördliche Ende des Königssees. Hier liegt kein auf den ersten Blick erkennbarer Kraftort, doch wem geht beim Anblick des Sees nicht das Herz auf? Um die Stimmung voll auf sich wirken zu lassen, sollte man früh morgens oder abends an der *Seelände* sein, wenn hier kein touristischer Hochbetrieb herrscht. Ein Spaziergang zum berühmten Malerwinkel kann das Empfundene nur vertiefen.

An den großen Felsblöcken, die im Ort Königssee verstreut liegen, finden sich alte Felsbilder.[500] Also doch ein ehemaliger Kultplatz? Der *ley-line* folgt jedenfalls die seit dem Jahr 1510 bezeugte Wallfahrt von Maria Alm nach Berchtesgaden, die alljährlich am 24. August (beziehungsweise dem nächstliegenden Wochenende) stattfindet. Die Wallfahrer beginnen morgens um 3 Uhr im österreichischen Pinzgau den Aufstieg ins Gebirge und kommen am frühen Nachmittag in St.Bartholomä an, von wo sie mit dem Boot Richtung Berchtesgaden zum Ort Königssee übersetzen.[501]

Fast hätten wir es vergessen: auf Höhe der halben Strecke zwischen St.Bartholomä und dem Nordufer liegt nahe der *ley-line* der tiefste Punkt des Sees!

Nabel (Solar Plexus) -Chakra

Verfolgen wir die Linie weiter und fällen wir auf ihr das Lot so, daß es das Kehlsteinhaus trifft. Im Chakrensystem befinden wir uns mit dem Lot etwa auf Höhe des Zwerchfells! Von der zentralen Linie ist das Haus etwa 3200 Meter entfernt, und jenseits des Göll-Gipfels treffen wir auf ein Kar mit dem Namen „Wilder Freithof". An der zentralen Linie gespiegelt finden wir im Westen einen Berg mit dem Namen „Toter Mann".

Fünf Kilometer vom Königsseeufer entfernt treffen wir auf die 1122 begonnene *Stiftskirche Berchtesgaden*. Hier, in dem angrenzenden Kloster, befand sich für viele Jahrhunderte die Residenz der Landesherren, den Fürstpröbsten von Berchtesgaden und später die Residenz der Wittelsbacher.[502] Diesem Chakra werden die Funktionen Willen und Kraft zugeordnet[503], was passend zu einem Regierungssitz ist.

Eberwein, der erste Probst, soll vor der Gründung den Berchtesgadener Hochthron am Untersberg besteigen und lange nach einem geeigneten Platz für das Kloster Ausschau gehalten haben.[504] Als Mönch und Funktionsträger war er sicher in einem gewissen Maß hellsichtig und hat die geosophische Situation eingehend analysiert...

Milz-Chakra
Wiederum fünf Kilometer weiter erreicht die Linie die *Wallfahrtskirche Ettenberg*. Vorher zieht sie noch über die Kneifelspitze, jenen bekannten Aussichtspunkt im inneren Berchtesgadener Land mit seiner Gaststätte.[505]
Die Kirche in Ettenberg entstand zu Anfang des 18. Jahrhunderts. Der Annatag (26. Juli; seit 1940 an einem angrenzenden Sonntag) ist der höchste Festtag in Ettenberg[506], der mit einer großen Prozession, Meßfeier und so weiter begangen wird.

Basis-Chakra
Nochmals fünf Kilometer und einige Meter weiter erreicht die Linie die Stelle, wo sich die steilen Hänge rechts und links der Berchtesgadener Ache zum flachen Salzburger Land hin öffnen. Hier gebiert das Land, was es in den Bergen empfangen hat. Ist Salzburg die Frucht seines Leibes?

Schauen wir genauer. Der Landschaftstempel endet am Talausgang, aber die Linie zieht weiter über die Kirche von Sankt Leonhard zum Schloß Hellbrunn bei Salzburg.
Hier nun befinden wir uns auf dem Eckpunkt einer vermuteten größeren Landschaftsfigur, die eine Raute oder einen Drachen darstellt. Die Außenpunkte sind der Goiser Hügel, der Muntigl, der Nockstein, ein angeblich alter Tingstein auf der Oberalm und das Steintheater Hellbrunn. Die durch die Eckpunkte gebildeten Diagonalen schneiden sich in den Salzburger Katakomben.[507]
Hellbrunn ist selbst nach geosophischen Prinzipien angelegt. Die vom Schloß nach Südwesten verlaufende Straße ist auf Schloß Gla-

negg und Fürstenbrunn mit seiner Quellhöhle am Untersberg ausgerichtet. Eine weitere *ley-line* führt entlang der Hellbrunner Allee ins
Zentrum von Salzburg.

Der liebliche Hellbrunner Schloßpark scheint eine künstlerisch auf-
bereitete Abwandlung der zum Zeitpunkt seiner Anlage mehr vermuteten als bekannten Grottenwelt im Inneren des Untersberges zu
sein. So gelangte in diesem frühbarocken Park der Zauber der ent-
schwundenen Naturwelt auf die Bühne des zum mauerumschlosse-
nen fürstlichen Lustgarten gewordenen heiligen Hains der Kelten.[508]
Doch die einstmals nur hellseherisch erahnten Höhlensysteme des
Untersberges wurden inzwischen durch die moderne Höhlenforschung eindrucksvoll nachgewiesen. Der Salzburger Landesverein
für Höhlenkunde hat seinen Sitz in einem der Nebengebäude von
Schloß Hellbrunn und seine Vereinszeitung trägt die Titel *„ATLAN-
TIS"*.

Eine erstaunliche Entdeckung am Rande: Wie wir erst bei den Vorar-
beiten zu diesem Buch sahen, haben wir unser Ferienquartier oft auf
dieser Linie gehabt!

Geosophisches Pentagramm über dem Berchtesgadener Tal

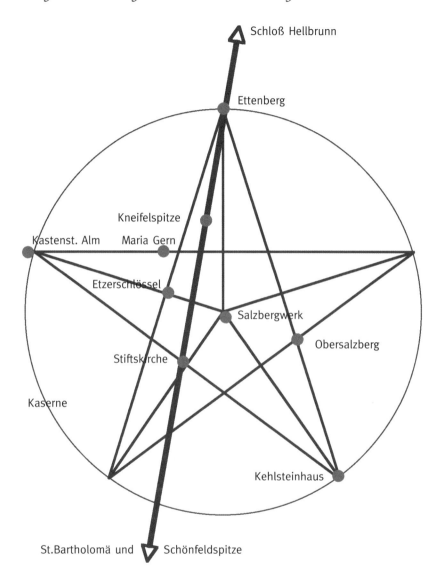

Schloß Hellbrunn

Ettenberg

Kneifelspitze

Kastenst. Alm   Maria Gern

Etzerschlössel

Salzbergwerk

Obersalzberg

Stiftskirche

Kaserne

Kehlsteinhaus

St.Bartholomä und   Schönfeldspitze

England

Staunton Harold Hall

Für Kulturtouristen ist die Grafschaft Leicestershire (Mittelengland) nicht gerade die erste Wahl. Eher auf den zweiten Blick eröffnen sich aber auch hier Studienobjekte in Hülle und Fülle.

Ashby-de-la-Zouch ist eine typische englische Kleinstadt in Nordwest-Leicestershire. Das heute verfallene Schloß soll die Vorlage für die Burg in Scott's Ritterroman „Ivanhoe" gewesen sein. Mehrere englische Könige hielten sich hier auf. Im nahen Leicester war die Familie Montfort ansässig, deren bekanntester Vertreter Simon V. de Montfort den unseeligen Kreuzzug gegen die südfranzösischen Katharer anführte.

Das ehemalige Herrenhaus Staunton Harold Hall liegt an einem in einer Talsenke angestauten See nordöstlich von Ashby. Der erste Herrensitz an dieser Stelle wurde 1324 von William de Staunton errichtet. 1423 ging das Anwesen durch die Hochzeit von Margaret de Staunton mit Sir Ralph Shirley auf die Familie Shirley über. Warum wohl spielte Shakespeare in seinem Stück „The Twelfth Night Or What You Will" auf dessen Nachfahren Sir Robert Shirley an?

1653, inmitten der Wirren des englischen Bürgerkrieges, ließ der überzeugte Royalist Sir Robert Shirley, nicht identisch mit dem eben genannten, dicht bei dem Herrenhaus eine kleine Kirche im gotischen Stil bauen. Cromwell war darüber so verärgert, daß er Robert, den man der Beteiligung an einer Verschwörung zur Wiedereinsetzung der Monarchie verdächtigte, in den Tower von London werfen ließ, wo er kurz darauf im Alter von 28 Jahren starb. Angeblich wurde er vergiftet.

Sein zweiter Sohn Robert Shirley erhielt 1711 den Titel eines Earl Ferrers. Er baute das Herrenhaus um. Staunton Harold war nun eine barocke Schloßanlage mit geometrisch geordneten Wasserflächen und Gärten.

Unmittelbar hinter der Kirche, in der Verlängerung ihrer Längsachse, eine Überraschung aus jener Zeit: der Sarkophag von *„Cathrine Shirley, 3. Tochter von Robert Earl Ferrers und seiner 4. Frau. Sie besaß viele bemerkenswerte Eigenschaften und wurde deshalb auf diesem Kirchhof beerdigt. Gest. im September 1736 im Alter von 56 Jahren."*

Der vierte Earl Ferrers, Laurence Shirley, erlag dem Alkohol und neigte zu brutalen Exzessen gegen Frau und Bedienstete. Als er in seinem Zimmer in Staunton Harold Hall einen Diener erschoß, wurde ihm in London der Prozeß gemacht. Am 5. Mai 1760 wurde er gehängt. Zum Schafott fuhr er in seiner eigenen, mit sechs Pferden bespannten Kutsche.

Der fünfte Earl of Ferrers, Washington Shirley (1722-1778), machte eine Militärkarriere, war Freimaurer und als solcher 1762 bis 1764 Großmeister der Premier Grand Lodge of England. Außerdem war er ein fähiger Amateurastronom. Er erbaute das Herrenhaus in dem gegenwärtigen Stil neu und wandelte die Gärten in einen englischen Landschaftspark um.

Nach dem zweiten Weltkrieg entschloß sich die Familie Shirley den Besitz zu verkaufen. Am Abend des 11. Oktober 1954, dem Tag der Auktion, starb Robert Walter Shirley, 12. Earl Ferrers – wie man sagt, an gebrochenem Herzen.

Mit der 13 beginnt eine neue Ära.

Man erreicht das Anwesen von Westen her entlang einer Eichenallee. Über diese gelangt man zuerst zu den ehemaligen Stallungen und Wirtschaftsgebäuden. Sie liegen in der Verlängerung der Mittelachse des Herrenhauses(!) und beherbergen heute ein Kunsthandwerker-Zentrum. Der viereckige Innenhof ist nach geodätischen Prinzipien angelegt. Hier gibt es einen Laden, der nur Darstellungen vom „Grünen Mann" verkauft. Der *Grüne Mann* ist ein Symbol für denjenigen, der sich auf dem Weg der Einweihung befindet. Der göttliche Funke in ihm hat sich entfaltet und grüne Blätter hervorgebracht. Es fehlen aber noch die Früchte und die Blätter haben noch nicht jene goldene Herbstfarbe angenommen, die die Vollendung anzeigt.[509]

Von Osten führt ein weiterer Weg von benachbarten Hügeln hinab auf das Anwesen zu. Er trifft vor dem See auf ein von Robert Shirley, 1. Earl Ferrers, erbautes Tor, das den Namen „Golden Gate" trägt. Durch das Tor verläuft eine geomantische Zone, die dahinter noch vor der Hälfte der Brücke in den See abbiegt.

In dem Tor liegt außerdem ein quer verlaufender Energiestreifen, der eventuell der energetischen Reinigung der Besucher dienen soll. Gekrönt wird der linke Torpfeiler von einem Hund und der rechte von einem Hirsch. Links ist die weibliche Seite und der Hund gilt als ein der Mondensphäre zugehöriges Symbol. Er ist Wächter an der Grenze zwischen dieser Welt und dem Jenseits. Der Hirsch auf der rechten, männlichen Seite ist ein Sonnensymbol. Er steht für Erneuerung, Schöpfung, (spirituelles) Feuer, aber auch Reinheit des Lebens, Einsamkeit und Frömmigkeit und die Seele, die nach Gott verlangt. Die Figuren sind die Wappentiere des Schloßherren gewesen und emblematisches Programm. Sie zeigen uns, was der Besitzer des Anwesens dort zum Ausdruck bringen will.

Das mächtige, fast quadratische, in einem warmen Rot gehaltene Herrenhaus wird über seinem Haupteingang im Osten von drei Statuen gekrönt. Es sind Minerva, Apollon und Ceres.

Minerva, die Schutzgöttin der Handwerker, Lehrer und Ärzte, aber auch in der Nachfolge der Athene die Kriegs- und Friedensgöttin, die Göttin der Weisheit, Symbol der Überlegenheit des Geistes über die rohe Kraft.

Apollon, der Herr der Kulte und Orakelstätten, der Licht- und Sonnengott, der Ordnung und Maß in alles bringt, auch in die schönen Künste.

Ceres, die Fruchtbarkeitsgöttin, eine Symbolgestalt der „Mutter Erde".

An der Südseite sieht man einen Löwen auf dem Dach – ein solares Symbol, welches das feurige Prinzip, die Mittagssonne, Majestät, Stärke, Mut, Tapferkeit, Recht und Gerechtigkeit verkündet.[510]

Die Südfassade des Herrenhauses von Staunten Harold.
Im Hintergrund die Kirche.

Die Kirche, der Ort der Erleuchtung, der die Gräber der Vorfahren birgt, und das Herrenhaus, das Wohnhaus der Familie, sind in ein Geflecht von Energielinien eingebettet.

Wir erkennen, daß das Herrenhaus auf einem regelmäßigen Muster von sechs dieser Linien aufbaut. Ein weiterer Streifen entspringt einer Tür an der Nordseite des Hauses. Was mag dahinter verborgen sein?

Alle Streifen an der Ostseite des Hauses sind mit der Kirche verbunden. — Von Osten kommt das Licht!

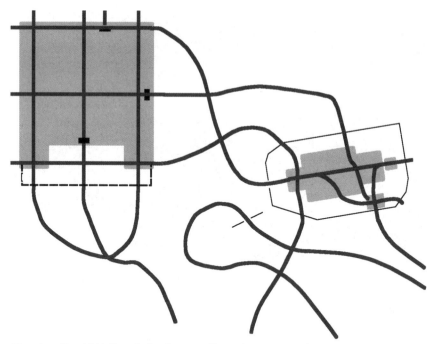

Staunton Harold Hall und die darunter liegenden Wasseradern.
Links das Herrenhaus mit neun Wasseraderkreuzungen.
Rechts die Kirche mit Grabmal, Mausoleum und Umfassungsmauer.

Breedon-on-the-Hill

Einige Kilometer nordöstlich von Staunton Harold liegt auf einem
vereinzelten Kalkberg, der sich hoch über der flachwelligen Landschaft emporwölbt, die *St.Mary-und-St.Hardulph-Kirche*. Sie ist eine
der ältesten von England und ist umgeben von einem eisenzeitlichen Wall, der inzwischen durch einen Steinbruch zur Hälfte zerstört ist. Wahrscheinlich war sie früher das religiöse Zentrum des
Königreichs Mercia.
Die Kirche enthält hervorragende Steinmetzarbeiten aus sächsischer
Zeit und die älteste Engelsdarstellung in England (ca. 800 n.Chr.).
Dieser Engel zeigt uns das Prithivi-Mudra, in dem er Daumen und
Ringfinger der rechten Hand zusammenbringt. Das Mudra wirkt be-

sonders auf das Wurzelchakra und hilft, mentale Stärke zu entwik-keln. Die ersten Christen in dieser Gegend konnten das sicher ge-brauchen.

In der Kirche befand sich die Grablege der Familie Shirley – noch heute sind dort einige Grabmäler zu sehen –, bevor diese in die Kir-che von Staunton-Harold verlegt wurde.

Zwei sich kreuzende jeweils fünfstreifige geomantische Zonen defi-nieren den Standort der Kirche. Die von Südosten kommende ist an der alten Umfassungsmauer des Bergplateaus durch Fundamente ei-nes ehemaligen Denkmals markiert! Das neue Denkmal, errichtet zum 50jährigen Krönungsjubiläum von Elisabeth II., steht links da-von und auf keiner besonderen Stelle. Diese Zone verläuft an einer mächtigen Eibe vorbei und durchquert das Kirchenschiff in seinem mittleren und östlichen Teil.

Die zweite Zone durchzieht die Kirche entlang ihrer Längsrichtung. Ihr mittlerer Streifen tritt durch die westliche Pforte der Kirchhofs-mauer in den Kirchhof ein.

Das südliche Seitenschiff der Kirche von Breedon-on-the-Hill. Hier stehen einige der ältesten christlichen Steinbildwerke Englands. Der Stuhl links neben dem Altar ist immer besetzt, auch wenn keine Person sichtbar ist.

Die Michael- und Mary-Strömung

Eine *ley-line* erstreckt sich quer durch Südengland, ausgerichtet auf den Punkt des Sonnenaufgangs am 1. Mai – den Sonnenaufgang nach der Walpurgisnacht - Beltane.
Wir sehen sie am westlichsten Zipfel von Cornwall beginnen, von wo sie Richtung Nordost durch das Land zieht bis zur Nordseeküste bei Hopton. Wie die Schlangen um den Merkurstab winden sich zwei Energieströme um diese Linie, die man als Michael- und Mary-Strömung bezeichnet, benannt nach den Heiligen der Kirchen, die von diesen Linien berührt werden.

Michael-Strömung	Mary-Strömung
Carn Lês Boel	
Penlee	Alsia Holy Well
	Boscawen-un
	Penzance
St. Michael's Mount	
Leedstown	Germoe
Truro	Old Kea
	St. Michael Penkevil
Resugga Castle	
St. Austell	Roche Rock
Lostwithiel	
Ley	St. Cleer
St. Neot	Trethevy Quoit
Hurlers / Cheesewring	
	Milton Abbot
Brentor	
Lydford	Mary Tavy
Yes Tor	Throwleigh
Ninestones	Gidleigh
Belstone Tor	Spinster's Rock
Hittisleigh	Prestonbury Castle
	Dunsford
	Tedburn St. Mary

Crediton	
Cadbury Castle	Holcombe Rogus
Tiverton	Trull
Wellington Monument	
Corfe	
Creech St. Michael	
North Newton	
Burrow Mump	
Othery	
Street	
Glastonbury	
Pilton	Small Knoll Down
Shepton Mallet	
Stoke St. Michael	
Devil's Bed and Bolster	
Trowbridge	
Bowerhill	
Oliver's Castle	
Windmill Hill	
	Winterbourne Monkton
Avebury	
West Kennet Stone Avenue	Silbury Hill
	Swallowhead Spring
	West Kennet Long Barrow
The Sanctuary	
Ogbourne St. Andrew	
The Mound at Ogbourne St. George	
Aldbourne	Ogbourne St. George, Kirche
	Uffington
	East Lockinge
	East Hendred
Sinodun Hill	
Cuddesdon	Dorchester
Dinton	Chinnor

Aylesbury	*Whipsnade*
Mentmore	
Dunstable	
Luton (Waulud's Bank)	
Baldock	
Roystone	
Ickleton	*Wandlebury Ring*
	Kirtling
Bury St. Edmunds	
Woolpit	*Stowlangtoft*
Eye	*Ditchingham*
Hoxne	
Beccles	
Somerleyton	
St. Margaret's, Hopton	

Irgendwann war der englischen Rutengänger Hamish Miller auf die Idee gekommen, diese Energieströme durch das Land zu verfolgen. Was er fand, zeigt die folgende Tabelle. Aufgelistet sind die Orte, die von den Strömen berührt werden.[511] Die Liste beginnt ganz im Westen nahe der äußersten Spitze von Cornwall. Kreuzungspunkte sind jeweils grau hinterlegt.

Mit Hilfe einer der ausgezeichneten englischen *Ordnance Survey* Karten sind die meisten dieser Orte problemlos zu finden. Jeder von ihnen wäre eine Abhandlung wert und kann zu interessanten Erfahrungen führen. Wir wollen uns hier auf wenige beschränken.

Ein kleiner Teller, bemalt mit einem ägyptischen Ankh, aus der St.Neot Church in Cornwall. Die Kirche liegt auf der Michael-Strömung und das Symbol auf dem Teller zeigt an, daß man an bestimmten Orten für esoterische Traditionen durchaus offen ist.

Avalons rote und weiße Quelle

Chalice Well ist eine heilige Quelle, sagt man. Sie entspringt auf halber Höhe eines Hügels. Daneben erhebt sich noch ein höherer, der Tor Hill. Er wird als magischer Berg bezeichnet, der Glasberg der Feen, eine spiralige Festung, die Grals-Burg, das Land des Todes, der Hades, Einweihungszentrum der Druiden, eine Bergfestung König Arthurs, ein magnetischer Kraftort, ein Kreuzungspunkt von *leylines*, ein Anbetungsort der Göttin der Fruchtbarkeit, eine Markierung für Ufos...[512], der Berg des keltischen Gottes Gwynn ap Nudd.[513]

Rundum wirft sich das Land zu flachen Wellen auf, und dazwischen liegt das Städtchen *Glastonbury*. Alles liegt in einer weiten Ebene, die sich von den Hügelketten der südenglischen Grafschaft Somerset viele Meilen weit bis zum Meer erstreckt.

Kommt man von Osten nach Glastonbury, sieht man von den letzten Höhen aus den von einem alten Kirchturm gekrönten Tor Hill als das Zentrum der Landschaft in der dunstigen Ferne vor sich liegen. Früher, bevor die Mönche ins Land kamen, reichte das Marschland von der Küste bis zu den Hügeln von Glastonbury und verwandelte alljährlich zur Zeit der Winterstürme die Ebene in sumpfige und überschwemmte Flächen, aus denen sich nur der Tor und seine kleineren Nachbarn als Inseln heraushoben. Man sagt heute, dies war *Ynys Witrin*, die gläserne Insel, oder das *Avalon* der Kelten, wo König Arthur als der letzte Held der Tage der Altvorderen seine Ruhe fand.

Doch schon vor den Kelten lebten hier Menschen. Sie gruben Terrassen in die steilen grasigen Flanken des Tor, vielleicht schon zu einer Zeit, als viele Meilen entfernt andere die großen Steinkreise von Stonehenge und Avebury, den künstlichen Berg Silbury Hill und die anderen Wunder erbauten.

Dann kamen die Christen, oder die, die sich dafür hielten. Erst Joseph von Arimathäa, der auf Wearyall Hill seinen aus dem heiligen Land mitgebrachten Stab pflanzte, der Wurzeln schlug und einen Dornbusch hervorbrachte. Joseph versteckte irgendwo in der Nähe den heiligen Gral. Jahrhunderte später erschienen iroschottische

Mönche und zuletzt die Benediktiner. Sie vertrieben den freien Geist, legten die Sümpfe trocken und Roms Macht auf das Land – Nebel fiel auf Avalon.

Die neue Abtei wurde unter St.Dunstan die reichste im Land. 1184 brannte sie nieder. König Edward II. ließ sie durch die Mönche wieder aufbauen. Sie stand nun noch größer, noch prächtiger und dem Himmel noch ein Stück näher da.

Im Chor der *Abteikirche* kreuzen sich die Mary- und Michael-Strömung auf der Höhe des vorletzten Säulenpaares (in Richtung Osten gesehen). Die Mary-Strömung fließt die gesamte Hauptachse der Kirche entlang. Der Altar in der Krypta der *St.Mary-Kapelle* gilt als einer der heiligsten Plätze in Glastonbury.[514] Die St.Mary-Kapelle ist nach den Proportionen der Vesica Piscis konstruiert.[515]

Die Hauptachse der Kirche zeigt fast genau nach Stonehenge, und die Abmessungen der Kapelle sind identisch mit denen von Stonehenge[516] und Wormbach.[517] Energetisch ist die Abtei durch die Michael- und Mary-Strömung mit dem Tor verbunden.[518] Die Abteikirche liegt auch über einer astrologischen Tafel.[519]

Anfang des 20. Jahrhunderts entdeckte der Amateurarchäologe Bligh Bond unter der Kirche einen eiförmigen Fels, der vielleicht ein heidnischer Kultstein war. Dieser verschwand später, ist aber wahrscheinlich identisch mit einem außen an der Südwestwand des Küchengebäudes lehnenden, etwa kniehohen Stein.[520] Bond entdeckte auch den Gebrauch okkulter Zahlenkunde in der Klosterarchitektur.[521] Niemand glaubte ihm, besonders nicht die Fachleute.

Blick entlang der St.Michael-Strömung nach Westen zum Tor Hill.
Um den Turm auf seinem Gipfel drehen sich die Michael- und Mary-Strömung in Schleifen und Bögen und zeichnen eine labyrinthische Energiestruktur auf den Hügel.

Im 16. Jahrhundert kam Heinrich VIII. Er jagte die katholische Kirche aus dem Land. Den letzten Abt von Glastonbury, der das Geld der Abtei lieber dem Papst als dem König geben wollte, hängte er an den einsamen Turm auf dem Tor Hill. Als die Seele den Körper verlassen hatte, ließ er diesen in Stücke hacken und in den Städten des Landes zum Entsetzen der Bürger und zur Belustigung des Pöbels herumzeigen. Mit seinen Frauen verfuhr Heinrich auf ähnliche Weise. Noch heute sieht man an manchen Tagen in den Gallerien von Hampton Court Jane Seymours weißen Geist umgehen, während das Echo der Schreie von Catherine Howard durch die Gänge hallt.

Die kahlen grünen Hänge des Tor Hill werden durch ein schmales Tal vom Chalice Hill getrennt. Bäume und Büsche wachsen dort. Auf dem Chalice Hill weiden Schafe. Wo der steilere obere Teil des Hügels in die sanften Abhänge übergeht, die bis zu den Ruinen der Abtei hinabziehen, entspringt *Chalice Well*. Für die Menschen war dies schon immer ein heiliger Ort. Manche sagen, daß das Schwert *Excalibur* von Arthur in dem Quellpfuhl versenkt wurde.

Aus der Quelle sprudelt das Blut der Erde, denn rot ist das Wasser und sein Geschmack ist der von Blut. Das macht das Eisen, das vom Wasser auf seinem Weg durch die Erde herausgewaschen wurde. Unberührt von dem Schmutz der Oberfläche kommt es aus den Tiefen der Mendip Hills oder gar von den Black Hills weit im Norden. Es fließt stetig, unter den Höhlen von *Wookey Hole* und unter der *Kathedrale von Wells* hindurch, immer in einer Menge von 25000 Gallonen am Tag, immer mit einer Temperatur um 11 Grad Celsius. Uralte Eiben säumen den Weg zur Quelle, den schon die Druiden gingen. Wellesley Tudor-Pole, der Mystiker, der im zweiten Weltkrieg die tägliche Schweigeminute in Großbritannien einführte, die Hitler als Englands geheime Waffe bezeichnete, erwarb das Land um die Quelle, legte einen Garten an und gründete den Chalice Well Trust, der heute die Quelle und den Garten betreut.

Die Fassung der Quelle liegt im oberen Bereich von Chalice Well Gardens. Ihre Abdeckung zeigt die *Vesica Piscis*, das mächtige Symbol der Schöpfung und Erzeugung geometrischer Formen in der Natur. Photos, in der Umgebung der Quelle aufgenommen, zeigen manchmal seltsame Lichtphänomene.

Eine graue mit Efeu bewachsene Mauer bildet den östlichen Rand des Gartens. Dahinter zieht die kleine Well House Lane in das Tal zwischen Chalice Hill und Tor Hill hinauf. Am Rande der Straße schaut aus der Mauer ein Rohr, aus dem das Wasser des Chalice Well plätschert. Wanderer und Pilger können sich hier mit dem wundertätigen Naß versorgen, auch wenn der Garten verschlossen ist. Gegenüber ragt ein früher recht düsteres Gebäude auf – inzwischen ist es renoviert. Ein kleiner Platz davor ist mit Tropfsteingebilden dekoriert und aus einer Leitung rieselt das Wasser über die Tuffsteinstufen, die es sich durch die Ausscheidung seiner Mineralien selbst erschaffen hat. Dies ist die *Weiße Quelle*. Vielen bekannt wurde sie erst 1870, als die Cholera wiederholt ausbrach. Man wollte eine sichere Trinkwasserversorgung schaffen. Der Quellbereich wurde gefaßt und davor ein Wasserbehälter angelegt.

Als 1872 der Bau des Wasserreservoirs begann, gab es heftige Proteste heimatverbundener Menschen wegen der Zerstörung einer Stätte, die reich an historischem und mythologischem Gehalt schien. Sie sprachen von noch sichtbaren Steinfundamenten an einer Seite der Mulde, in der die Quelle lag. Reste uralter Mönchszellen wären es. Und sie sprachen davon, daß Gegenstände, die in das Wasser getaucht würden, sich nach einiger Zeit mit einer dicken weißen mineralischen Ablagerung überziehen würden. Deshalb wurde diese Quelle von alters her als „White Spring" bekannt.

Photographien vom Zustand der Quelle vor den Baumaßnahmen gibt es nicht - die Heimatforscher hatten protestiert aber nicht dokumentiert. Aufgrund von Beschreibungen und dem heutigen Zustand können wir davon ausgehen, daß die Quellmulde steil nach Norden und Osten anstieg und sich nach Südwesten öffnete. Eine Aufwölbung des blauen Lias Steines liegt hier dicht unter der Oberfläche, war aber durch die reiche Vegetation aus Bäumen, Farnen, Moosen, Blumen und Gräsern verdeckt.

Die Quelle entsprang einer Öffnung etwa auf halber Höhe der Mulde, die etwa 90 Fuß von der heutigen Straße entfernt und 20 Fuß über ihr lag. Vielleicht war die Öffnung in früheren Zeiten sogar noch größer; das Portal einer Quellhöhle. Nun lag sie unter Schutt verborgen.

Die Sagen von Glastonbury berichten darüber, daß Tunnel von hier in den Tor Hill führen sollen und sie erzählen vom unglücklichen Schicksal derjenigen, die versucht hatten, hier in den Berg einzudringen. Düster klingt die Geschichte der 30 Mönche vor denen sich plötzlich der Boden öffnete. Ihren Choral singend folgten sie dem dort beginnenden Gang in Richtung auf den Tor. Über das, was ihnen anschließend begegnet sein muß, gibt es keinen Bericht: nur drei kehrten zurück, davon war einer taub und stumm und die beiden anderen verrückt geworden.

Um den Wasserzulauf zu verbessern, wurde die Quellkammer ausgegraben, ein mit Ziegelsteinen gemauerter Tunnel angelegt und entlang der wasserführenden Kluft weiter in den Berg getrieben. Etwa 100 Fuß von der ursprünglichen Quellöffnung entfernt endete der Tunnel in einer natürlichen *Höhle*. Sie liegt im blau-grauen Liaskalk. Ein Dutzend Leute konnten sich in ihr sammeln. Heute kann man wegen der mittlerweile verbruchgefährdeten Decke nicht mehr in die Höhle vordringen. Zu Anfang des 20. Jahrhunderts soll das aber noch möglich gewesen sein, denn zwei junge Männer hatten das gewagt. Sie erlitten das selbe Schicksal wie die Mönche.

Nachdem der Tunnel bis zur Höhle fertig war, wurde eine Sammelkammer für das aus den Spalten dringende Wasser gebaut, der Wasserbehälter wurde fertiggestellt und über ihm ein Pumpenhaus errichtet, um den für die Versorgung der Stadt notwendigen Wasserdruck zu erzeugen. Untersuchungen der Sammelkammer ergaben, daß die Erbauer außer der Hauptquelle noch andere Wasserzubringer angeschnitten hatten. Einer von ihnen weist einen besonders hohen Eisengehalt auf. Es ist ein Zustrom von Chalice Well, der unter der Well House Lane hindurch führt. Dieser Zustrom fließt langsam und mit wechselnder Schüttung und lagert viele Eisenmineralien ab. Die White Spring nimmt so teil an der Heiligkeit von Chalice Well.

Zwei weitere Zuflüsse liefern Grundwasser aus dem Bereich direkt unter dem Tor. Andere kleine Quellen in der Umgebung werden lediglich vom Regenwasser gespeist.

Die Wässer der Weiße Quelle haben einen hohen Gehalt an Kalziumcarbonat. Sie lösen ihn aus dem Kalkstein, der die Landschaft unterlagert. Der Tor Hill selbst wird aus Sandstein aufgebaut, so daß die aufsteigenden Wässer zur Seite gedrängt werden und am Fuß des Tors im anstehenden Kalk zu Tage treten müssen. Die Schüttungsmenge schwankt beträchtlich. Sie liegt bei 4500 Gallonen im Minimum und kann bis zu 70000 Gallonen im Maximum erreichen. Im Durchschnitt liegt sie bei etwa 10000 Gallonen täglich.[522]

Die Weiße Quelle liefert klares Wasser, das nicht unangenehm im Geschmack ist. Es teilt mit Chalice Well seinen tiefen aber doch völlig andersartigen unterirdischen Ursprung. Während das Wasser von Chalice Well seine Farbe beim Durchfließen alter, stark mit Eisenablagerungen angereicherter Kalksteinschichten erhält, nimmt das Wasser der White Spring den Kalk selbst auf. Ungewöhnlich ist aber insbesondere, daß hier dicht nebeneinander zwei artesische Quellen mehrere 100 Fuß über der umgebenden Ebene entspringen. Das Land liegt über einer geologischen Formation, die Wasser speichern und unter Druck transportieren kann, um sich dann im Herzen von Avalon an mehreren Stellen, über verschiedenen Klüften und Brüchen zu öffnen und die Wässer zu entlassen.

Es ist zu erwarten, daß es in einer solchen Gegend auch heiße Quellen geben müßte, und tatsächlich findet man diese, für England sehr seltenen, etwa 20 Meilen entfernt in Bath.

Die heißen *Quellen von Bath* waren ebenfalls Zentren heidnischer Verehrung, aber es ist die einzigartige Situation in Avalon, die zu der Vorstellung führte, hier in die reichen Tiefen einer geomythischen Weltschau hinabsteigen zu können.

Die Wässer von Glastonbury stammen aus einem unterirdischen Reich, in dem auch der Zugang zu spirituellen Dimensionen liegt. Und obwohl man ähnliche Legenden in den Mendip Hills am Eingang der Wookey Hole Höhle findet, wo ein Zugang zum unterirdischen Reich der steinzeitlichen Muttergöttin sein soll, so ist doch nichts so ungewöhnlich wie die zwei emporquellenden artesischen Brunnen, einer rot und einer weiß gefärbt.

Der Heilige Collen soll an der White Spring einen Exorzismus der unterirdischen Mächte veranstaltete haben. Die Erbauung der St.Michaels-Kirche auf dem Tor war ein weiterer Versuch, die chtonischen Unterweltkräfte – Spiegel der unbewußten Kräfte der menschlichen Seele – zu unterdrücken, anstatt sie zu integrieren.

Lag Collens Behausung direkt bei der Quelle? Dies lassen die sehr alten Mauerreste vermuten, die dort bis 1872 zu sehen waren. Vielleicht stammen sie aber auch von einer der Heiligen Brigit geweihten Kapelle oder aber von einer mittelalterlichen Brunnenstube, an der die zahlreichen Pilger Wasser schöpfen konnten.

Die Umgebung der Weißen Quelle hat sich verändert. Nicht nur durch den Wasserbehälter. Die stark frequentierte Straße, die von Shepton Mallet her kommt und in den Ort führt, verläuft dicht unterhalb der Quelle. Mitte der 1980er Jahre wurden der Wasserbehälter und das Pumpenhaus klammheimlich an einen privaten Investor verkauft, ohne daß die Wasserbehörde sich dazu verpflichtet fühlte, den ursprünglichen Zustand der Quelle wieder herzustellen. Der neue Eigentümer eröffnete in dem umgebauten Wasserbehälter ein Café, durch das das Wasser der Quelle in einem offenen Kanal floß. In den Sommermonaten suchten dort zahlreiche Esoterik-Touristen die Erleuchtung im Rauch ihrer Haschischzigaretten. Nun hat sich der Chalice Well Trust der Quelle angenommen.

Auch zum Chalice Well kommen die Touristen. Und immer noch die Pilger. Die Mary-Strömung verläuft, von der Abtei her kommend, durch den Garten, zwischen den beiden Eiben hindurch, weiter durch Arthur's Courtyard und den Löwenkopf-Wasserspeier zur Quelle; von dort zieht sie dann weiter in spiralig gewundenen Schwüngen zum Tor hinauf.

Chalice Well ist eine heilige Quelle.

Im Auge des Drachens - Avebury

Der winzige Ort Avebury in Wiltshire ist durch zwei teilweise erhaltene prähistorische *Steinkreise* im Inneren eines fast runden Erdwalls mit circa 329 Metern Durchmesser weltberühmt. Teile der Ortschaft liegen innerhalb des Erdwalls.

1648, zur Zeit des alchemistisch interessierten Königs Charles II., erschien die erste Schrift über Avebury von John Aubrey und 1748 das erste Buch von Druidenforscher William Stukeley.[523] Er war Freimaurer und verfaßte auch eine berühmte Abhandlung über Stonehenge. Die Basiskonstruktion der megalithischen Anlage beruht auf einem pythagoräischen Dreieck mit den Seitenlängen 75, 100 und 125 megalithischen Ellen. Die Verbindungslinie zwischen den beiden inneren Steinkreismittelpunkten zielt auf den Untergangsort des Sterns Deneb im Sternbild Schwan.[524]

Das Innere der Anlage soll von der erdmagnetischen und der kosmischen Strahlung abgeschirmt sein.[525] Der große Steinkreis ist über einer astrologischen Tafel errichtet worden.[526]

Avebury ist ein Treffpunkt der Michael- und Mary-Strömung, die sich auch westlich davon am Windmill Hill, bekannt durch seine Kornkreise, und östlich davon am „Sanctuary" treffen.[527] Die Verbindungslinie Avebury – Sanctuary, markiert durch eine prähistorische Steinallee,[528] schneidet den Breitengrad im Winkel von 51°51', dem Böschungswinkel der Cheops-Pyramide.[529]

Die Kirche (der fünfte Bau an dieser Stelle!) liegt westlich knapp außerhalb des Ringwalls. In den Kreis hinein hatten sich die Kirchenbauer scheinbar doch nicht getraut. In der Mitte der Vierung schneiden sich zwei Wasseradern; diejenige entlang der Längsachse wird im Altarraum von der Planetenlinie „Merkur" geschnitten.[530]

Avebury ist durch weitere Linien einer „heiligen Geometrie" verbunden mit Rybury Camp, Martinsell Hill Fort, Milk Hill, Silbury Hill und dem berühmtesten aller neolithischen Denkmäler, Stonehenge.[531] Erwähnenswert ist auch, daß es im Umkreis um die eben genannten Orte immer wieder zur Manifestation des Kornkreisphänomens kommt.

Avebury ist ferner mit dem Sternbild Draco (Drache) verbunden, worauf auch die Drachendarstellung auf dem Taufstein der Kirche hinweist![532]

Hier deutet sich Mysterienweisheit an. Der berühmteste aller Könige des englischen Frühmittelalters, Artus, dessen Name „Bär" bedeutet, hatte einen Vater mit Namen Uther Pendragon - „Drachenhaupt". Die seit Urzeiten herrschende Kultur des Drachen war eine Kultur des Blutes, die durch Jagd und Fleischverzehr, Raubzüge und blutige Opfer gekennzeichnet war. Artus und die Ritter der Tafelrunde setzten dagegen mit Waffengewalt eine blutige Ordnung durch. Der gezähmte, den Ordnungskräften unterworfene Drache, in der Sage versinnbildlicht durch den Ritter Orilus, mußte von nun an dem Bären dienen, wie sich auch der Himmelspol nicht mehr im Sternbild Drache sondern im Kleinen Bären nahe dem Polarstern befindet. Aber erst die diesen Kämpfen nachfolgenden Gralsritter waren im Besitz des dritten, gereinigten und innerlich verwandelten Blutes, das an das Mysterium von Golgatha anknüpft![533]

Winterbourne Monkton

Touristen, die nach Avebury kommen, belassen es meistens bei der Besichtigung der dortigen Steinkreise. Dabei haben die umliegenden Orte auch etwas zu bieten. Der kleine Ort Winterbourne Monkton zum Beispiel liegt unmittelbar nördlich von Avebury. Genau entlang der Längsachse der kleinen St.Mary- und Magdalena-Kirche (die erste Kapelle wurde 1133 erbaut) verläuft die Mary-Strömung. Das gleiche gilt übrigens für die Kirche von Bishops Cannings, ein Stück westlich von Avebury.

Winterbourne Monkton hat jedoch noch eine Besonderheit. Wie genau die Mary-Strömung mit den Gegebenheiten der einzelnen Orte, die sie berührt, korrespondiert, zeigt sich hier im Inneren der Kirche. Bemerkenswerterweise macht die Strömung nämlich im westlichen Teil der Kirche einen kleinen Schlenker nach Süden, um *direkt* durch das Taufbecken zu verlaufen. Dann schwenkt sie sofort wieder in den Mittelgang der Kirche zurück. Am Taufbecken finden sich wenig fromme Darstellungen von Fruchtbarkeitssymbolen (eine Figur mit Penis und eine Vagina).

Taufbecken haben es ohnehin in sich. In dem von Lostwithiel (Cornwall) zum Beispiel kreuzen sich die Michael- und Mary-Strömung.

Das Taufbecken in der Kirche von Winterbourne Monkton.

Die St.Marys-Church in Bishops Cannings. Sie soll eine der schönsten in der Grafschaft Wiltshire sein.

Marlborough und Merlin's Mound

Über die High Street der kleinen Stadt Marlborough in Wiltshire verläuft eine geomantische Zone, die die beiden Kirchen miteinander verbindet.

Am westlichen Rand des Zentrums liegt auf einem Schulgelände der Merlin's Mound, wie Silbury Hill ein künstlicher Hügel mit gestuften Flanken. Er ist Treffpunkt zahlreicher *ley-lines* und korrespondiert mit der benachbarten Kirche.[534] Sein Name deutet an, daß er der Begräbnisort des Zauberers Merlin gewesen sein soll. Merlin war kein jedoch Name, sondern eher ein Titel in einer bestimmten esoterischen Schule. DER Merlin soll auf dem Glastonbury Tor begraben liegen.

Ein dritter prähistorischer Hügel lag südlich von hier bei einer Furt über den kleinen Fluß Kennet, doch ist er schon lange verschwunden.

Was tun?

Da kommen sie, die Geomanten, die Erdheiler, die selbsternannten neuen Druiden. Sie fuchteln mit Rute und Pendel, zeichnen Symbole in die Luft, begradigen *ley-lines* oder errichten Steinsetzungen. Eine Steinsetzung soll nach den Vorschriften des Ordens von Melchisedek geschehen, heißt es. In der biblischen Geschichte von Jakob wird das angedeutet. Jakob kam auf seiner Wanderung eines Abends an einen Ort, wo er zur Nachtruhe seinen Kopf auf einen Stein legte. Nachdem er in der Nacht den berühmten Traum von der Himmelsleiter, auf der die Engel auf und ab stiegen, geträumt hatte, reinigte er am nächsten Morgen den Platz, stellte den Stein auf, schmückte ihn mit Blumen und ölte den Stein. Welcher Erdheiler macht das so?

Aber lassen wir erst einmal alles esoterische Tun: vielleicht hat es schon etwas mit Erdheilung zu tun, wenn wir im Bioladen Produkte kaufen, bei deren Herstellung Boden, Pflanze, Tier und Mensch nicht gequält und ausgebeutet wurden, oder wenn wir uns im Naturschutz engagieren.
Die Menschen finden ihre Würde, wenn sie für die Natur tatsächlich etwas tun, doch die Beziehung der meisten Menschen zur Natur ist zerstört, weil es bestimmten Wesen so gefallen hat, diese Beziehung zu zerstören.

Die Alten haben uns aber einen guten Ratschlag überlassen.
Drei Dinge, so sagten sie, führen zur Weisheit:
1. das Gebet,
2. das Studium der Heiligen Schrift(en) und
3. das Lesen im Buch der Natur

Das Lesen im Buch der Natur kann auch etwas mit Geosophie zu tun haben! Können wir aber trotz globaler Umweltzerstörung noch in diesem Buch lesen? Ja, das können wir und verwundert stellen wir sodann fest, daß viele Orte der Kraft in der Landschaft heute in Naturschutzgebieten liegen. Dies ist vielleicht die moderne offizielle und dadurch sanktionierte Form, mit diesen Orten umzugehen. Aber ist es dem Geosophen dann erlaubt, das Gebiet außerhalb der Wege zu betreten? Wir haben beobachtet, daß im Druidenhain bei Wohlmannsgesäß von besonders Eifrigen das gesamte alte Laub um die Felsen herum weggekehrt wurde. Was sagen dazu die Vögel, die Lebewesen im Boden, die Elementarwesen?

Wollen wir eine Seite im Buch der Natur aufschlagen, einen Kraftort verstehen lernen, vielleicht Kontakt zu seinen Bewohnern aufnehmen, den sichtbaren und den unsichtbaren, dann müssen wir ihn besuchen bei Sonnenschein, bei Regen, bei Nebel, bei Sturm und bei Schnee.
Zur Zeit des Sonnenaufgangs und zur Zeit ihres Untergangs.
Am hellen Tag und in der Nacht, was aber manchmal unangenehm sein kann – besonders in den zwölf Nächten nach Heiligabend. Dann bleibe man dem Ort besser fern! Aber ist es dort nachts schön, dann sollte man dort auch einmal schlafen – ohne Zelt, denn sonst sieht man keine Sterne.
Im Frühling, im Sommer, im Herbst und im Winter soll man den Ort besuchen.
Man schaue auch auf die Kräuter, Sträucher und Bäume die dort wachsen. Wie wachsen sie?
Wo ist Moos, wo sind Algenschleier an alten Mauern?
Wen trifft man dort an?
Es ist immer gut, viel Zeit bei einem solchen Ort zu verbringen. Man kann sich in einiger Entfernung setzen und den Ort betrachten – tagelang!
Eine weitere Form der Annäherung ist die Kunst. Der Photograph schaut anders als der normale Besucher und der Zeichner oder Maler schaut anders als der Photograph.
Auch kann es nützlich sein, die entsprechende heimatkundliche Literatur zu studieren.
Welche Sagen ranken sich um den Ort?

Welche Geschichten werden da erzählt?
Ist an dem gewählten Ort eine Kirche? Wem ist sie geweiht?
Welche Heiligen werden dort noch verehrt? Wodurch zeichnen sie
sich aus? An welchen Tagen sind ihre Festtage?
Wir sollten den Ort auch besuchen an den Tagen der Sonnenwenden
und an den Tagen der Tag- und Nachtgleichen. Dann schauen wir,
wie Licht und Schatten verteilt sind zum Zeitpunkt des Sonnenaufgangs und am Mittag.

Warum spielen bestimmte Daten überhaupt eine Rolle?
Ein oberstes Gesetz beherrscht die Natur, das ist der Rhythmus! In
allen rhythmischen Tätigkeiten kommt der Mensch mit den Lebens-
kräften in Kontakt. Die Kelten säten das Korn, indem sie in einer bestimmten rhythmischen Schrittfolge über den Acker gingen. Die
rhythmische Gliederung einer Fassade, nennen wir hier als hervorra-
gendes Beispiel das Zisterzienserkloster Fontenay in Frankreich oder
die Fassaden barocker Schlösser, knüpft ebenfalls an dieses Gesetz
an.
Rhythmus ist Leben![535]
Nun heißt es weiter, daß sich im Kosmos Schönheit ausdrückt, in
der Erde Stärke. Der rhythmische Mensch läßt fortwährend das Kosmische nach dem Irdischen hinunter und das Irdische zum Kosmischen hinaufpendeln. So wird im Menschen ein Band gewoben zwischen dem Kosmischen, der Schönheit, und der Erde, der Stärke.
Dieses Band, das da gewoben wird, ist im wesentlichen geistig-see-
lischer Art und wird seit alten Zeiten „Weisheit" genannt.
Das rhythmische Pendeln geschieht durch den Blutkreislauf mit dem
Umweg über die Atmung. Deshalb wurde in den alten Yoga-Syste-
men soviel Wert auf die Atmung gelegt! Das Verfahren des Adepten
zur Befreiung des Astralleibes, zum Reisen in der Merkaba, besteht
nun darin, daß er die Gefühle und Gedanken pflegt, die schon durch
sich selbst einen bestimmten, dem physischen Körper mitteilbaren
Rhythmus besitzen, und auf der anderen Seite alle diejenigen Gedanken und Gefühle vermeidet, die Unordnung und Zerrüttung in
ihn hineinbringen, wie zum Beispiel extreme Freude oder Schmerz-

gefühle. Der Adept kann dann über den Körper verfügen, ihm einen neuen Rhythmus geben und Ermüdungserscheinungen aufheben.

Der Grund-Rhythmus des Leibes vollzieht sich in 10 mal 28 Tagen, das ist der Zeitraum, der zwischen Empfängnis und Geburt liegt!

Seit etwa 1850 ist das Gefühl für Rhythmus aber in großem Ausmaß verlorengegangen. Der Mensch kam hinein in die industrialisierte Welt mit ihren künstlichen Abläufen, die nicht mehr an den Rhythmen der Natur orientiert sind. Das fängt an mit der künstlichen Beleuchtung, die die Nacht zum Tag macht und endet noch lange nicht mit den Maschinenrhythmen, die sich in der modernen Musik wiederfinden...

Wollen wir uns spirituell entwickeln, müssen wir wieder natürliche Rhythmen in unser Leben hineinlassen. Wir können beispielsweise versuchen, immer zur selben Tageszeit einen bestimmten Platz in der Natur aufzusuchen, um dort am Rhythmus der Natur, am Rhythmus der Jahreszeiten, teilzuhaben. In den alteuropäischen Kulturen gab es dazu acht hohe Festtage, die mit dem Stand der Sonne und damit mit den Jahreszeiten und den Naturzyklen verbunden waren,[536] und an denen die Menschen dieses bewußt tun konnten. Symbol dieses Zyklus ist das Rad mit acht Speichen, das Sonnenrad, das Lebensrad. In Verbindung hiermit steht vielleicht auch der keltische Gott „Mogon". Die Stadt Mainz (früherer Mogontiacum), deren Wappen das Rad ist, steht an der Stelle eines früheren keltischen Sonnenheiligtums![537]

Die Feste wurden im frühen Mittelalter von der katholischen Kirche übernommen und mit neuen Inhalten gefüllt. Dies war zum Teil ein schwarzmagischer Akt, aber die Höheren Welten wirken tatsächlich in bestimmten Rhythmen und Zyklen. Also soll auch unser Tun im Gleichklang mit dem kosmischen Rhythmus erfolgen. Jahresfeste sind daher immer noch Orientierungspunkte, an welchen wir uns über Ziel und Richtung unseres Strebens besinnen können.[538]

Das Rad der hohen Sonnenfeste im Jahreslauf

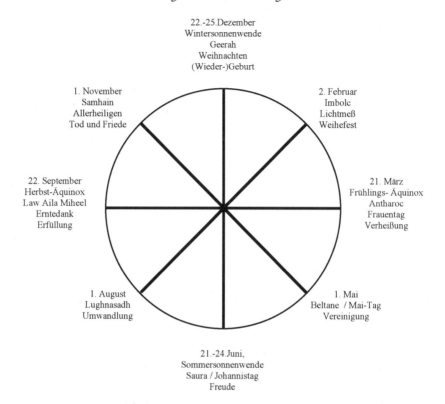

22.-25.Dezember
Wintersonnenwende
Geerah
Weihnachten
(Wieder-)Geburt

1. November
Samhain
Allerheiligen
Tod und Friede

2. Februar
Imbolc
Lichtmeß
Weihefest

22. September
Herbst-Äquinox
Law Aila Miheel
Erntedank
Erfüllung

21. März
Frühlings- Äquinox
Antharoc
Frauentag
Verheißung

1. August
Lughnasadh
Umwandlung

1. Mai
Beltane / Mai-Tag
Vereinigung

21.-24.Juni,
Sommersonnenwende
Saura / Johannistag
Freude

Wenn wir in der freien Natur den Sonnenaufgang bewußt beobachten, dann stellen wir fest, daß sich in dem Moment, in dem sich die Sonnenscheibe über den Horizont erhebt, etwas in der Atmosphäre verändert. Die ganze Umgebung, in der wir uns befinden, bekommt dann eine andere energetische Qualität. Betrachten wir den Sonnenaufgang häufig und bewußt, dann können wir irgendwann diesen Moment erspüren, ohne mit unseren physischen Augen zum Horizont schauen zu müssen. An den genannten Festtagen ist diese energetische Qualität dann nochmals gesteigert.

Eine relativ ungestörte Natur und Orte der Kraft sind auch Plätze, an denen sich viele Elementarwesen aufhalten, die Wesen, die für die Naturprozesse zuständig sind.[539]

Paracelsus gab ihnen die noch heute gültige Einteilung:

- Salamander – Feuerwesen
- Sylphen – Luftwesen
- Undinen – Wasserwesen
- Gnome – Erdwesen

Können wir Kontakt zu ihnen aufnehmen?

Welling gab den Rat, daß, wer die Elementarwesen sehen will, stets wachsam und emsig, *ungemein gottesfürchtig*, in der Kabbala erfahren, unerschrocken und an einem einsamen Ort sein muß.[540]

Wer also ruhig und mit einer bestimmten geistigen Haltung in der Natur unterwegs ist, der kann sehr wohl etwas von ihnen bemerken. Vielleicht äußern sie sich in einem unerwarteten Knacken in einem Baum. Auch im Haus können sie sich so melden... Diese Wesen mögen keine elektrischen Geräte, keine stinkenden Maschinen, aber sie werden angelockt durch Räucherwerk oder geistig hochstehende, bedeutende Musik.[541] Wenn beispielsweise ein Chor ein Werk wie die h-moll Messe von Johann Sebastian Bach in einem entsprechenden Raum aufführt, manifestieren sich mächtige lichtvolle Wesen.

Die Wald- und Baumgeister kann man am besten Morgens oder um die Mittagsstunde sehen, wenn der Mensch schläfrig mit halb geschlossenen Augen unter einem Baum mitten im Walde sitzt.

Eine alte Anleitung sagt dazu: *„Nach den üblichen Reinigungen gehe frühmorgens in den Wald und suche einen Ort, wo die Bäume dicht genug sind, um den Himmel völlig zu verdecken. Setz Dich nieder, halte die Augenlider halb geschlossen, aber den Blick fest und rufe die Sylvains, die Geister des Waldes, in Gedanken an. Du wirst sie sicher erscheinen sehen, besonders, wenn Du ihnen Wasser oder Kornfrucht anbietest und wenn Du während mehrerer Tage damit fortfährst.*

Nach Agrippas viertem Buch soll am Ort der Beschwörung ein mit

reinem Linnen gedeckter Tisch stehen, mit frischem Brot und kla-
rem Wasser oder Milch in neuen irdenen Gefäßen, und neue Messer
dabei. Ringsherum müssen Sitze für die Geister sein, welche man
eingeladen hat.
Sie sind es, welche die alten Rosenkreuzer zu ihren Wunderkuren
benutzten, denn sie sind Diener und gehorchen ganz naturgemäß
den Befehlen des vergeistigten Menschen. Ihre Macht auf der ma-
teriellen Ebene ist ziemlich groß, weil sie die Grenzen dieser Ebene
und der astralen bewohnen. Sie können Heilungen und erstaunli-
che Visionen hervorbringen."[542]
Es sei noch einmal darauf hingewiesen: die Rede ist vom vergeistigten Menschen, denn: *„Das Gute wird durch den unreinen Weg ver-*
hindert." sagte Basilius Valentinus.

Der Mensch nimmt durch seine Sinneswahrnehmungen ohnehin
ständig Elementarwesen auf, die in gewisser Weise in den Gegen-
ständen „verzaubert" sind und durch die Betrachtung befreit werden. Anders ausgedrückt: Für die Ent- oder Verzauberung der Naturgeister ist entscheidend die Einsicht oder Stumpfheit des Menschen
im Denken, seine Tatkraft oder Trägheit im Wollen, sein Heiter- oder
Mißmutigsein im Fühlen und seine materialistische oder spirituelle
Lebensweise.[543] Wenn der Mensch im Laufe seines Lebens seine Gedanken nicht „spiritualisiert", so werden diese Wesen an die Erde
gebunden und kehren in der nächsten Inkarnation dieses Mensch zu
ihm zurück. Die Auseinandersetzung mit den jetzt lästigen Wesen
wird in alten Mythen als Drachenkampf beschrieben.[544]
Bei der Arbeit mit Elementarwesen sollten wir ferner darauf achten,
nicht zu sehr in der schamanistischen Ebene verhaftet zu bleiben.
Der *Schamanismus* ist zwar im Prinzip nicht verkehrt, aber seit Jahr-
tausenden gewissermaßen überholt. Er operiert, betrachten wir die
höheren Welten, auf einer sehr niedrigen Ebene.
Wir müssen uns auch fragen, ob wir Lecherantenne, Wünschelrute,
Pendel, Bovismeter und all die anderen Spielzeuge brauchen. Wenn
wir muten, messen, zeichnen, Frequenzen und Boviseinheiten be-

stimmen, dann bewegen wir uns doch immer nur im rein technischen Bereich. Sicher, diese Geräte, Krücken zur Kompensation unserer Unzulänglichkeiten, können uns viele interessante Informationen liefern. Aber wir kommen bei unserem Tun schlußendlich doch ganz dicht an die höheren Welten heran, auch wenn viele Rutengänger das vielleicht gar nicht merken oder wollen. Gewöhnen wir uns also zunächst daran, daß es so ist.

Nun aber eine andere Frage: Glauben wir im Ernst, die Götter halten sich nur an dem Kraftort auf und nicht auch fünf Meter weiter links oder rechts, vorne oder hinten? Was wären das für Götter?

Trotzdem: es ist Mode geworden, Plätze zu reinigen, zu aktivieren, zu öffnen, zu harmonisieren oder wie man es nennen mag. Einige Wochen später kommt dann vielleicht die nächste Gruppe von Erdheilern und stellt fest, daß dieser Platz ein „schlechter" Platz ist, der verschlossen werden muß. Was passiert da? Was tun die erschaffenen Elementarwesen? Da werden Kriege in die geistige Welt hineingetragen![545] Haben also die Erdheiler die Geheimlehre studiert und an sich gearbeitet? Während einiger Wochenendseminare oder über Jahrzehnte? Können sie in die geistigen Welten schauen und wenn ja, fallen sie dann den Trugbildern astraler Wesenheiten zum Opfer? Weder die Prophezeiungen von Celestine, eine Bestellung beim Universum, irgendwelche Channel-Botschaften[546] oder Engel-Seminare bringen uns wirklich weiter!

Ja, der Mensch ist so innig mit dem Höchsten verbunden, daß er nicht der Engel Hilfe bedarf, um zum Höchsten zu kommen!

Erinnern wir uns an Merlin. Walter Johannes Stein schrieb über ihn: *„Seine Liebe zum Naturwesen hält ihn durch einen Zauberbann in der materiellen Welt gefangen. Aber es gibt noch eine „zweite Natur" – eine Natur, die in der Gegenwart noch nicht existiert, die der Mensch aber im Laufe seiner zukünftigen Entwicklung hervorbringen kann. Diese „zweite Natur" ist die soziale Welt. Die ursprüngliche Natur wurde von göttlichen Mächten geschaffen und durchgeistigt. Diese zweite Welt wird vom Menschen hervorgebracht, in welchem die göttlich-geistige Welt, nachdem sie einmal in einem*

Menschen Fleisch geworden ist, immer stärker zur Verwirklichung und individueller schöpferischer Aktivität kommt."[547]

Aus sozialer Verantwortung für die Menschheit heraus ökologisch handeln, das ist der Weg, den wir finden müssen. Wir brauchen keine Geomantie, sondern eine Geosophie, um mit der Weisheit der Natur, um mit den Göttern wieder zusammenarbeiten zu können, so wie es früher einmal möglich war, aber mit den entwickelten Geisteskräften, über die der Mensch mittlerweile verfügen kann. Durch die Tat des CHRISTUS ist es ja erst möglich geworden, daß sich der Mensch aus den Fesseln der Materie, in die er gefallen war, befreien kann.

Schauen wir also lieber nicht so viel auf den Boden und dafür mehr zum Himmel!

„Denn wo zwei oder drei versammlet sind in meinem Namen, da bin ich mitten unter ihnen." (Mt 18,20)

Ist es also verkehrt, die Götter um Hilfe und Inspiration zu bitten? Die himmlischen Welten kommen uns ja entgegen, wenn wir uns nur trauen und einen ganz kleinen Schritt auf sie zu machen!

Die Gottheit, die wir bei einfacheren Arbeiten in der Natur anrufen können und die unter anderem auch dem gesamten Schamanismus vorsteht, ist jene, die im Hinduismus als GANEESHA verehrt wird. GANEESHA ist der Sohn des SHIVA, jenem Gott, der mit seinem Dreizack und seinen feurigen Energien für die Zerstörung alles Unguten und für jegliche Transformation steht. Wir alle wissen, daß wir uns in dem großen Umbruch vom Fische-Zeitalter in das Wassermann-Zeitalter befinden.

Der Wassermann wird oft mit dem Dreizack in der Hand dargestellt, und Feuer und Wasser sind nur zwei Ausdrucksformen, zwei gegensätzliche Pole der selben Sache![548]

Wir verstehen nun, daß SHIVA an diesem Umbruch ganz entscheidend beteiligt ist und seine feurigen Kräfte werden in Zukunft bei vielen Menschen das anstoßen, was die Kelten *Vouivre*, die Templer das *Pfingstfeuer* und die Inder die *Kundalini*-Kraft nennen![549]

322

Wenn wir bereits unsere Fähigkeit zur Imagination im Sinne der Einweihungswissenschaft[550] ausgebildet haben – und das ist für den Geosophen unerläßlich, um überhaupt arbeiten zu können –, können wir tatsächlich in Landschaften und an Orten der Kraft erkennen, wie es um sie steht. Wir werden wahrnehmen, daß viele Orte der Kraft im Laufe der Zeit scharzer Magie zum Opfer gefallen und tatsächlich in ihrer Funktion beeinträchtigt sind. Dazu wurde der Hüter des Ortes in Fesseln gelegt und ihm manchmal ein Glaubenssatz eingeprägt wie etwa: „Wenn Du aus Deinem Gefängnis entweichst, mußt Du sterben." Die Transformationsarbeit, die hier geleistet werden muß, kann nicht von Elementarwesen oder Engeln erbracht werden, die damit gewissermaßen überfordert sind. In den Himmeln müssen wir uns an Gottheiten auf der Ebene des SHIVA oder darüber wenden, zum Beispiel an MAHA-BRAHM. Nur wenige können so weit hinaufschauen!

Zu Beginn einer Arbeit können wir getrost einen Kreis bilden, uns dabei an den Händen fassen und eine Gottheit einladen, die wir um Schutz und Hilfe bitten. Das kann CHRISTUS sein, oder SHIVA oder eine andere Gottheit, vielleicht auch die, die mit dem speziellen Ort verbunden ist. So erflehen wir den Schutz der höheren Welten auf uns herab und bilden einen Kreis, aus dem die unguten Kräfte herausgedrängt werden.

In der keltischen Tradition wurde tanzend und singend in rhythmischen Reimen gelernt. Der Mensch erfuhr Techniken der geistigen Entwicklung am eigenen Leib. Was von Mund zu Ohr ging, hatte einen viel höheren Wert als das, was geschrieben wurde. Tanzen im Kreis, ein Kreistanz, ein Reigen kann immer noch gut sein. Peter Dawkins empfiehlt dafür die von dem bulgarischen Meister Peter Deunov gegebene Paneurhythmie. Vielleicht kann jemand auch anthroposophische Eurythmiefiguren tanzen. Schließlich können wir Gebete, Mantren sprechen oder singen. Mantren erzeugen Schwingungen des Wortes, die mit den Schwingungen des Gedankens in der Akasha-Materie übereinstimmen.[551]

Wir können die Gottheit dann bitten, Veränderungen zu bewirken, die zu unserer Weiterentwicklung und zur Manifestation des Reiches Gottes (was auf dasselbe hinaus läuft!) notwendig sind. Die Götter können das besser als wir, die wir nach unserem begrenzten menschlichen Ermessen handeln.

Echte Kornkreise gelten als eine Art Erd-Akkupunktur. Da sehen wir also, wie die höheren Welten tatsächlich Erdheilung betreiben!

Alte geomantische Konzepte, die nur auf Bewußtseinskontrolle und irdische Macht abzielen, sind genauso überholt wie die alte Astrologie, die vor 5000 Jahren entstanden ist. Diese Techniken sollten dem Menschen konkrete Hilfen bei der Entwicklung eines irdischen Persönlichkeitsbewußtseins geben und so seinen Weg vom Himmel auf die Erde hinab unterstützten. Darum geht es aber längst nicht mehr. Die Menschheit ist die nächste heranwachsende Göttergeneration.

„Stehet nicht geschrieben in eurem Gesetz: Ich habe gesagt ihr seid Götter?" (Joh 10,34)

Jetzt muß jeder lernen, mit den himmlischen Welten, mit den Göttern gemeinsam für das Reich Gottes zu arbeiten und ein guter freier Schöpfer zu werden! Wir müssen lernen, unsere Taten in schöpferischer Freiheit so einzurichten, daß sie nicht der Willkür, sondern den Gesetzen des Kosmos entsprechen.

Aber um gemeinsam mit den Göttern arbeiten zu können muß der Mensch sich reinigen, seine Gedanken ordnen, sich daran erinnern, wie es einmal war, vor dem Fall Adams und – er muß bereit sein, den Willen Gottes zu tun.

Die Devise des Templerordens lautete: *„Non nobis Domine, non nobis, sed nomini tuo da gloriam!"* – „Nicht uns Herr, nicht uns, Deinen Namen bringe zu Ehren!"

Meister Aivanhov hinterließ uns dazu die folgenden Worte:

„Die Arbeit des Schülers besteht also darin, das himmlische Feuer anzuziehen. Er weiß, daß dieses Feuer sich nur an einem ihm geweihten Ort niederlassen wird. Der Schüler arbeitet unermüdlich an

diesem Ort, der sich natürlich in ihm selbst befindet, um ihn zu reinigen und zu heiligen. Mit Hilfe von Meditation, Gebet und dem täglichen Umsetzen aller Tugenden errichtet er eine Wohnstätte aus reiner und lichtvoller Materie, in welcher das Feuer seine eigene Quintessenz wiedererkennt. Deshalb fühlt es sich angezogen. In der christlichen Tradition wird dieses himmlische Feuer Heiliger Geist genannt."[552]

Anmerkungen

1 PEUKERT 1941:165
2 WERNER 1994:183
3 NETTESHEIM 1997:590
4 Obwohl man heute eher zu der Bezeichnung „Rute" neigt, bleiben wir hier bei dem tradierten Begriff „Wünschelrute", wobei das „wünschen" eher auf das mentale Muten abzielt als auf eine Bestellung beim Universum!
5 PRUMBACH 1995
6 TEMPLE 1977:139ff
7 STEINER 1992 / Im folgenden werden wir mehrfach auf Rudolf Steiner und sein unglaublich umfangreiches Werk hinweisen. Neben den Schriften des Meisters Omraam Michaël AÏVANHOV stellt es die reinste esoterische Quelle des zwanzigsten Jahrhunderts dar.
8 DEVEREUX 2001:18ff u.a.
9 Den Verein gibt es heute noch: http://www.woolhopeclub.org.uk/
10 zu Watkins vgl. auch: http://philipcarrgomm. wordpress.com/2008/01/28/alfred-watkins-the-old-straight-track-club/
11 WÜST, Joseph (1979): Physikalische und chemische Untersuchungen mit einem Rutengänger als Indikator, Sonderheft des Forschungskreises für Geobiologie e.V., Eberbach am Neckar
12 RICHARDI 1983:31ff
13 RICHARDI 1983:36 und 264, Anm.49
14 RICHARDI 1983:260, Anm.20
15 RICHARDI 1983:36 & 40f. Der Begriff Konzentrationslager ist allerdings keine deutsche Erfndung. Er wurde bereits um 1901 von den Engländer im südafrikanischen Burenkrieg verwendet.
16 GOODRICK-CLARKE 1997, TAUTZ 1976, vgl. a. RAVENSCROFT 1973, siehe auch die Kritik daran in GOODRICK-CLARKE 1997:190f, wo abschließend festgestellt wird: „... daß wir mehr Indizien dafür besitzen, daß Winston Churchill in okkulte Gesellschaften eingeweiht war, als wir sie für Hitler haben."
17 SIGEL, Robert (1988): Heilkräuterkulturen im KZ Die Plantage in Dachau – in: Dachauer Hefte, 1988/4, S. 164-173
18 Zur Wirksamkeit der Runen vgl. SIPPEL 1990. Wer heute mit Runen arbeitet sei darauf hingewiesen, daß die in der geistigen Welt hinter den Runen stehenden Wesenheiten im sog. III. Reich schwarzmagisch manipuliert wurden!

19 KATER 1974

20 KATER 1974:71

21 KATER 1974:55, vgl. auch den Abschnitt über Teudt im Kapitel „Heilige Linien"

22 HÜSER 1997, zu den folgenden Ausführungen zur Baugeschichte der Burg vgl. dort bes. S.292 und 296

23 Der Katalog der Wewelsburgbibliothek liegt in der Murrhardtschen Bibliothek in Kassel.

24 KATER 1974:222

25 RICHARDI 1983:270, Anm.28 und 286, Anm.149

26 KATER 1974:213

27 TAUTZ 1976

28 MÖLLER 1995:404

29 HÜRLIMANN 2001; das Buch weist allerdings gewisse Schwächen auf, da die Autorin offenbar nicht zwischen Eingeweihten und Schwarzmagiern unterscheiden kann.

30 LÜDELING 1996, HEINSCH 2001; hingewiesen werden soll auch auf PURNER, Jörg: Im Zeichen der Wandlung, Novalis-Verlag, Schaffhausen 2000

31 über Feng Shui und Vastu gibt es inzwischen eine ganze Reihe deutschsprachiger Bücher, zum Fudo vgl. WATSUJI 1992

32 zum Umgang mit der Lecherantenne vgl. an erster Stelle: SCHNEIDER, Reinhard: Leitfaden der Ruten- und Pendelkunst Teil 1 und 2 – Bezug über: Geobionic, Adlerweg 1, 69429 Waldbrunn-Waldkatzenbach

33 POLIVKA 2006

34 PREISS 2001:197ff, dort Skizze; PREISS 1999:42ff

35 MERTZ 1995:36 und andere

36 LÜDELING 1996:145, HENSCH 2001:133

37 HENSCH 1999

38 LÜDELING 1996

39 SCHMITT TREIBER 2000

40 SCHNEIDER und PIETSCH 1997:13

41 SCHNEIDER und PIETSCH 1997:13, GRABOWSKI 1998, LÜDELING 1996:141

42 HENSCH 2001:111 und 253

43 eigener Versuch am 15.4.2004

44 JOHN 1997

45 GRABOWSKI 1998

46 GRABOWSKI 1998 , LÜDELING 1996:141
47 BONGART 1998:37
48 zu Wasseradern siehe auch HENSCH 2001:298f;
   zu Heilwässern Wetter-Boden-Mensch 5/2001, S. 18ff
49 GRABOWSKI 1998
50 PREISS 1989
51 SUßNER 1998
52 Mutung des Autors und ENGELSING 2006
53 SCHILDT 1997
54 SUßNER 1998:27
55 GRABOWSKI 1998:36
56 JÜNEMANN 1994:19
57 LÜDELING 1996:157f
58 nach R. SCHNEIDER – in: Editorial: Reinhard Schneider –
   Wetter-Boden-Mensch 4+5/2007, Geobiologischer Forschungskreis
   Dr. Hartmann e.V. (Hrsg.), Waldbrunn-Waldkatzenbach
59 BONGART 2000
60 GYSIN 1997
61 BONGART 2006
62 AUER 1998
63 MAGIN 1996:56
64 MAGIN 1996:51ff
65 MÜLLER 1970: hier bes. S.120 & Abb. 67 – MÜLLER hatte bereits
   1936 eine Arbeit mit dem Titel „Himmelskundliche Ortung auf
   nordisch-germanischem Boden" veröffentlicht (Curtz Kabitsch
   Verlag, Leipzig) und war sicher stark von TEUDTs Ideen beeinflußt
   worden. Vgl. auch MAGIN 1996:68ff
66 TEUDT 1933, MAGIN 1996:23ff
67 FESTER 1981, hier bes. S. 225 ff
68 KAMINSKI 1997
69 HENSCH 2001:16,24f und 73
70 MAGIN 1996:108ff
71 HAMEL und VENNEMANN 2002
72 Vortrag von Reinhard Schneider auf der Tagung des
   Geobiologischen Forschungskreises Dr.Hartmann e.V. 1999 in
   Eberbach; vgl. auch GRABOWSKI 1998
73 Abb. in ROOB 1996:193
74 PENNICK ohne Jahr:9
75 DEVEREUX 2001:127ff; bekannt ist der Totenweg von Soest nach
   Wormbach.

76 GRABOWSKI 1998:39 und HAMM 2003
77 PENNICK 1998:14; dazu auch DEVERAUX 2001:20ff&44
78 DEVERAUX 2001:43
79 JENNINGS 1996:149, MICHELL 2000:35
80 MAGIN 1996, TEUDT 1923, PÖRTNER 1997:398ff
81 Die stichwortartige Beschreibung Teudts ist für diese Linie und die folgenden etwas verkürzt wiedergegeben.
82 Wir wollen hier Mond und Sonne als Planeten im astrologischen Sinne werten, wie auch bei der Besprechung der Planetenlinien weiter unten.
83 STEINER 1983:14
84 TEMPLE 1977:139ff und 168ff; ZETTEL 1996:229f
85 MILLER & BROADHURST 1998
86 LÜDELING 1996:116
87 ENGELSING 2006a, dort auch über die Yin-Yang Qualitäten der Planetenlinien
88 JÜNEMANN 2002:60f, 73, 151
89 Näheres dazu in KORTZ 1999, vgl. dazu aber auch ENGELHARDT 1999:40 und 68f
90 BAUVAL und GILBERT 1996
91 HUF 2002:100
92 vgl. dazu auch PAGANINI 2008:211
93 FULS 2003:52
94 KRUPP 1980:179
95 MORTON und THOMAS 1998:162ff
96 STEINER GA 124:236
97 KRUPP 1980:180ff; zur astronomischen Orientierung von Teothiuacan vgl. auch TOMPKINS: Die Wiege der Sonne. Der Autor sieht in den Abmessungen der Pyramidenstadt die Maße des ganzen Sonnensystems mit seinen Planeten verschlüsselt.
98 MÜLLER 1970:38ff
99 SEIFERT 2000:49
100 KAMINSKI 1997:180
101 SEIFERT 2000
102 MICHELL 2000:117
103 ZÜRN 2007
104 KAMINSKI 1997:82; es ist schon eine Leistung auf diese Rechnung zu kommen!
105 BONGART 2000

106 JAUCH: Kosmisches Maß und Heiligtum, 17ff

107 vgl. auch den Vortrag Rudolf Steiners: Kultbauten auf Grund der Himmelsmaße und Menschenmaße. – in: STEINER, Rudolf: Okkulte Geschichte Esoterische Betrachtungen karmischer Zusammenhänge von Persönlichkeiten und Ereignissen der Weltgeschichte, Sechs Vorträge, Stuttgart 27. bis 31. Dezember 1910, 1. Januar 1911 (Zyklus 16), Band 126 der Rudolf Steiner Gesamtausgabe, Dornach, Schweiz

108 vgl. JÜNEMANN 1997:154 und 176, JÜNEMANN 1994:27 und JÜNEMANN 1992:28

109 JAUCH 1997:23ff

110 DEVERAUX 2001:55ff

111 DEVERAUX 2001:82

112 TOMPKINS 224ff

113 http://de.wikipedia.org/wiki/Teotihuacan_Measurement_Unit, Zugriff am 2.7.2008

114 WIMMER und SCHAEFER 1999

115 HINTERKEUSER 1999, Anm.9

116 LEIBUNDGUT 2003

117 SHIN 2006

118 SHIN 2006 und HASSENKAMP 2006

119 HENSCH 2001:58ff

120 DAWKINS 1995:71

121 nach AÏVANHOV 2002a:227:15 und STEINER 1986:213

122 COOPER 1986:44

123 GRABOWSKI 1998

124 Die Übersicht basiert auf verschiedenen Angaben von Rudolf Steiner. Kursiv gesetzten Angaben wurden von Meister Peter Deunov gemacht. Die gleichen Vorstellungen finden sich bereits bei Welling: „Opus Mago-Caballisticum Et Theosophicum etc." Leipzig 1784, bei Thomas von Aquin in: „Summa Theologiae prima pars qu.108", vereinfacht bei Paulus: Epheserbrief 1.21 und bei Dionysios (Pseudo-) Areopagita in: „Tres ourania hierarchias"; vgl. auch AÏVANHOV 2004

125 zum Themenkreis Biodynamisches Feld, Reaktionsabstand usw. vgl. an erster Stelle: HARTMANN, Ernst: Über Konstitutionen Yin Yang und Reaktionstypen, Band 1 und 2 – Bezug über: Geobionic, Adlerweg 1, 69429 Waldbrunn-Waldkatzenbach

126 auch getrunkener Tee ändert das Feld, so BRÜLL 1988.

127 zitiert nach HAGEMANN 1973:170

128 KRISS 1986:213

129 KORTZ 1999

130 HARTMANN 1988

131 vgl. auch STEINER, Rudolf: Eine okkulte Physiologie Neun Vorträge, Prag 20. bis 28. März 1911, mit einem Sondervortrag vom 28. März 1911, Rudolf Steiner Gesamtausgabe, Band 128, Dornach, Schweiz

132 ANDREAS, Peter 1978:131ff

133 vgl. insbesondere STEINER, Rudolf: Wiederverkörperung und Karma und ihre Bedeutung für die Kultur der Gegenwart Fünf Vorträge in Berlin und Stuttgart zwischen 23. Januar und 5. März 1912, Rudolf Steiner Gesamtausgabe, Band 135, Dornach, Schweiz, weiter Rudolf Steiners Karma-Vorträge in den Bänden 235, 236, 237, 238 und 240 der Rudolf Steiner Gesamtausgabe

134 PEUCKERT 1978:73

135 PEUCKERT 1978:79

136 STEIN 1984:115f

137 Das „Liber de nymphis" ist Teil der „Philosophia adepta..." des Paracelsus

138 vgl. dazu auch BENZ, Ernst (1972): Geist und Landschaft – Klett Verlag, Stuttgart; SCHAMA, Simon (1996): Der Traum von der Wildnis – Kindler, München

139 http://staff-www.uni-marburg.de/~braemer/welcome.html, Zugriff am 12.6.2006, verändert

140 PÖRTNER 1997:398

141 OSTERAUER 2001

142 STEINER GA 278:51f

143 vgl. HAGEMANN 1973:12, 43 und 50, überhaupt ein sehr wichtiges Buch für Geomanten!; zum Äther vgl. auch MÖLLER 2007:151ff

144 HAGEMANN 1973:53f; vgl. auch WACHSMUTH, G.: Erde und Mensch Ihre Bildekräfte Rhythmen und Lebensprozesse, Philosophisch-Anthroposophischer Verlag am Goetheanum, Dornach, Schweiz; ferner HARTMANN, Otto J.: Erde und Kosmos Im Leben des Menschen der Naturreiche, Jahreszeiten und Elemente Eine kosmologische Biologie, 3. Aufl., Vittorio Klostermann, Frankfurt a.M. 195

145 nach HAGEMANN 1973:117

146 STEINER GA 229:42f

147 STEINER GA 213:85ff

148 JORDAN 1999
149 AÏVANHOV 2002b:66ff
150 NETTESHEIM 1967:147f; Lanz gilt im übrigen als Wegbereiter einer völkisch-nationalen Weltanschauung und ist als einer der Ideengeber der nationalsozialistischen Ideologie durchaus mit Vorsicht zu genießen! Zu Lanz vgl. insbes. GOODRICK-CLARKE 1997.
151 NETTESHEIM 1967
152 COON 1990:15
153 STEINER GA 159:164
154 nach einer privaten Mitschrift eines Vortrages von FRA GERMANUS im Frühjahr 1985
155 HETMANN 1988:50
156 vgl. auch HOERNER, E.-M. (1985): Die geheime Offenbarung der Bäume, Urachhaus, Stuttgart
157 STEIN 1984:115
158 SIMONIS 1991:205
159 SIMONIS 1991:209
160 SIMONIS 1991:11ff
161 DEVERAUX 2001:146ff
162 in BELYJ, Andrej: Geheime Aufzeichnungen, S.108ff, 2. Aufl., Verlag am Goetheanum, Dornach, Schweiz, 2002
163 MANIA 2004
164 STEINER GA 104:217
165 DEVERAUX 2001:122, dazu auch CLOTTES und WILLIAMS 1997:14f,109f
166 DEVERAUX 2001:213
167 DEVERAUX 2001:198
168 DEVERAUX 2001:185f
169 STEINER GA 109:33 und 69
170 GRUBERT 2002
171 WEBER 2004:142
172 JÜNEMANN 1994:61
173 PENNICK o.J.:8
174 KOBERG 1991:119ff
175 BOTHEROYD 1996:180ff
176 JÜNEMANN 1998:34f
177 diese Angaben von SEITZ 1962:25-27 und JÜNEMANN 1998:34
178 JÜNEMANN 2002:61; s.a.: LAUTENBACH, Fritz (1991): Der keltische Kessel. Wandlung und Wiedergeburt in der Mythologie der Kelten - Urachhaus, Stuttgart

179 MÖLLER 2007:267

180 FUCHS o.J.:63

181 KESTERMANN 2001:179f

182 FESTER 1981:225ff

183 RESCH-RAUTER 1994:26off; vgl. dazu auch FESTER 1981:173 ff, der etwas andere Zuordnungen vornimmt.

184 HAID 1992:158

185 BAILLIEU 2005; der Ostersee ist eine Ergänzung unsererseits. Zu den Bethen-Stätten, Schlehdorf und den Oster-Orten vgl. bes. FESTER 1981:173ff

186 STEINER GA 213:201f

187 THIELE und KNORR 2003:329; auch manche besonders verzierte Säulen können mit Reliquien gefüllte Hohlräume enthalten!

188 HORST 1976:64f, FISCHER-WOLPERT 1985:79ff

189 JÜNEMANN 1997:176

190 LAMMER u. BOUDJADA 2003

191 SCHRÖDTER 1954:85

192 LAIDLER1998:336f

193 KNIGHT & LOMAS 1997:391ff

194 STEIN 1984:151f

195 HENSCH 1999; HENSCH 2001:255, 266 & 273

196 HENSCH 2001:33 und 48f

197 MARBY 2003

198 SIPPEL 1996:248

199 SIPPEL 1996:251

200 WEST 2000:38f

201 STERNEDER 1971:67ff

202 STEINER GA 98:245

203 GEBELEIN 1996:261

204 WERNER 1994:284

205 STRACKE 1993:78

206 GEBELEIN 1996:258

207 Die Kathedrale von Chartres gilt überhaupt als Höhepunkt der Gotik. Zur Orientierung mag dienen CHARPENTIER 1977; MERTZ 1995; weiter TEICHMANN, Frank: Der Mensch und sein Tempel Chartres – 308 S., Verlag Urachhaus; LADWEIN, Michael: Chartres – 230 S., Verlag Urachhaus

208 GEBELEIN 1996:256

209 WEST 2002:206

210 SIPPEL 1996:251

211 LOTZE 1987:283

212 LORBER Verlag, 74321 Bietigheim

213 über die Symbolik im Grundriß vgl. auch JENNINGS 1996:107

214 DAWKINS 1995:48 und SÖHMISCH 2005

215 BAIGENT und LEIGH 1997:224ff

216 JENNINGS 1996:1/148

217 HENSCH 2001:154

218 PAGANINI 2008:93

219 KOBERG 1991:44; Joachim JÜNEMANN beschreibt und deutet solche Kratzspuren (z. B. in Goslar) ausführlich unter „Rillen u. Näpfchen auf sakralen Denkmalen – Steinpulver als Arzneimittel" – in: Beiträgen zur Geschichte der Pharmazie Nr. 4 (1977) u. Nr. 7 (1980).

220 KOBERG 1991:44

221 HENSCH 2001:32

222 JÜNEMANN 1994:20

223 JÜNEMANN 1994:15+17

224 nach einer privaten Mitschrift eines Vortrages von SHIN am 25.9.2004 in Wartaweil am Ammersee

225 GEBELEIN 1996:31ff; vgl. auch Wetter-Boden-Mensch 3/2007:42ff

226 PAUWELS und BERGIER 1965:145&148; das selbe Zitat auch in GEBELEIN 1996:32

227 Was Einweihung ist und wie diese geschieht vgl. an erster Stelle MÖLLER 2007; weiter LEADBEATER 2003:93ff

228 WIELAND 1995

229 GEISE 1994

230 nach JÜNEMANN

231 JÜNEMANN 2002:42f; siehe auch EBNER 1998; JÜNEMANN 1997:75ff &200ff ; JÜNEMANN 1994:29ff; siehe dazu auch die Versuche des Freiherren von Pohl in POHL 1932

232 JÜNEMANN 2002:44

233 NETTESHEIM 1997:125f

234 HENSCH 1999; dazu auch HENSCH 2001:271

235 JÜNEMANN 1992:102

236 LANDSPURG 1994:180ff

237 PATURI 1995:115

238 STACKHOUSE 1806 in 293:4ff

239 De SÉDE 1962:109; WILCKE nennt in seiner „Geschichte des Ordens der Tempelherren", Halle 1860, 3. Buch, erstes Kapitel „Von den Besitzungen des Ordens." überwiegend andere Namen! Zur Alchemie im Templerorden ebenda S.456ff.

240 BILLER 1993:47

241 JÜNEMANN 2002:236

242 HENSCH 2001:52

243 ROSER 1992

244 BÖKEMEIER1997:44; vgl. auch www.roemerfreunde-weser.de

245 www.logistik-des-varus.de

246 BÖKEMEIER 1997:24; auch beim Atomkraftwerk Hamm-Uentrop wird ein Römerlager vermutet! (BÖKEMEIER 1997:46)

247 LEISE 1990:72

248 HORN 1987:598; LEISE 1990:33ff

249 HORN 1987:392f

250 LAMMER und BOUDJADA 2003:39f

251 TAUTZ 1989:181ff

252 LAIDLER 1998:59

253 STEIN 1984:146, vgl. auch STEIN 2003:85ff; ferner FULCANELLI (2004): Mysterium der Kathedralen, 245 S., Edition Oriflamme, Basel, Schweiz

254 MÖLLER 2007:305

255 BOEHEIM 1890:148ff und EMBLETON und HOWE 1994/2006:51

256 MAGIN 1996:126ff Die dortige Kartendarstellung der Umgebung von Hildesheim ist falsch - Elze ist viel weiter von Hildesheim entfernt als es die Zeichnung suggerieren will.

257 BENEVOLO 1993:105ff

258 GLEICH 1969:20

259 HUNT 2002:112ff; zu radiästhetischen Aspekten von Teotihuacán siehe WESSELBORG und HINZE: Die mexikanischen Pyramiden-Areale von Tenochtitlan und Teotihuacan ... – Wetter-Boden-Mensch 2/1993, S.18-38, Geobiologischer Forschungskreis e.V., Waldbrunn-Waldkatzenbach

260 MORTON und THOMAS 1998:171ff

261 Stadtplan nach http://archaeology.la.asu.edu/teo/intro/citymp1.htm, Zugriff am 30.6.2008, verändert

262 COOPER 1986:62

263 Dr.KLINGSOR 1967:225 – eine finstere Quelle!

264 BISCHOFF 1920:205

265 MORSON 1999:267f
266 BÜHLER 2001; vgl. auch BARAVALLE, Herman von (1950):
Die Geometrie des Pentagramms und der Goldene Schnitt,
Mellinger Verlag, Stuttgart
267 WEST 2000:88
268 HENSCH 2001:227
269 WEST 2000:88
270 BÜHLER 2001:335
271 näheres dazu bei BÜHLER 2001
272 SCHÄFER 2003:24
273 nach AÏVANHOV 2003; betrachtet dazu das große Pentagramm im
Saal von Meister Aivanhovs Zentrum „Le Bonfin" in Südfrankreich!
274 SCHÄFER 2003:46f
275 ROSSIG 2007:18
276 MERZ 1989:2574ff
277 SCHÄFER 2003:38 und 42f; vgl. auch SCHMUTZ, U.:
Die Tetraederstruktur der Erde, Verlag Freies Geistesleben 1986
278 DÄNIKEN 1997:206f
279 SCHÄFER 2003:38
280 AÏVANHOV 2003:65ff
281 LAMMER u. BOUDJADA 2003:81ff
282 SCHÄFER 2003:24
283 MÖLLER 2007:146f
284 SCHÄFER 2003:24
285 MÖLLER 2007:131
286 vgl. dazu verschiedene Hinweise Rudolf Steiners, z.B. GA 104:95f
und 97:293f
287 JÜNEMANN 1997, hier besonders 117ff
288 A.A. 1973:102f
289 JÜNEMANN 1997:102ff
290 zu den weißen Pferden in England vergl. ALEXANDER & DOUGLAS
1999; ferner A.A. 1973 und PAYNE 2001
291 PAYNE 2001
292 KRAUSE-ZIMMER 2001:214ff
293 viele weitere Beispiele bei KRAUSE-ZIMMER 2001
294 STEIN 1984:185ff
295 HAMMERBACHER 1968:259f und 272f
296 MÜLLER 1970:136
297 PEUCKERT 1973:151

298 THIELE und KNORR 2003:132
299 PAPUS 2004:268ff
300 CHARPENTIER 1977:26
301 nach STEINER in BÜHLER 1983:178f
302 BAUVAL & GILBERT 1996
303 VIDLER 1999
304 Hinweis von SHIN während eines Vortrages in Bieberkor am Starnbergersee am 1. Oktober 2006 (nach einer privaten Mitschrift)
305 BONGART 1998:36ff
306 NETTESHEIM 1997:71
307 Hierzu und zu den folgenden Ausführungen vgl. BÜHLER 1983
308 AÏVANHOV 2002b:34
309 STEINER GA 352.78ff
310 JÜNEMANN 1992; LANDSPURG 1994; auch GYSIN 1997
311 STEIN 2003; vgl. auch MEYER, Thomas: Helmut von Moltke, Bd. II, Perseus 1993 und MAUSER, Th.: Die heilige Odilie, Geering 1982
312 PUTZGER: Historischer Weltatlas, 97. Aufl., Cornelsen-Velhagen & Klasing, Berlin 1974 (hier S.85)
313 MÖLLER 1995
314 JUNGMAYER 1990
315 Vorbach 2003
316 Jens Martin MÖLLERs Werk ist hauptsächlich ein Konglomerat aus TWARDOWSKI, Peter (1980): Kaspar Hauser oder das Ringen um den Geist, Philosophisch-Anthroposophischer Verlag am Goetheanum, Dornach Schweiz; SCHNEIDER, Franz (1932): Die Anfänge von Schloss und Stadt Karlsruhe und WEGENER, Wolfgang (1958): Die okkulte Mission des Kaspar Hauser, vervielfältigtes maschinenschriftl. Manuskript, Rosenkreuzer Meditation, Berlin
317 zum Beispiel in JUNGMAYER 1990
318 PAGANINI 2008:30
319 Nach Angaben Steiners war der 3. April 33 der eigentliche Karfreitag. Das Fenster im Bau ist ausgerichtet auf den Sonnenstand am Ostertag.
320 ZIMMER 1973
321 MÖLLER: Geomantie Mitteleuropas, S.168, 178 und 192-194
322 www.pimath.de
323 in Anlehnung an TWARDOWSKI 1980
324 NIKITSCH 1998 und ZERLING 2001:137ff

325 zu Hildegard von Bingen vgl. KERNER 1998

326 PETRI 1997, dort 4 Abb.!

327 STEINER GA 96:324f

328 ZERLING 2001:51ff

329 THIELE und KNORR 2003

330 HENSCH 2001:246

331 THIELE und KNORR 2003:322ff

332 zu den Kubacher Höhlen siehe auch BÖHM et al. 1985

333 SCHRÖDTER 1956:87

334 BÖHM et al. 1985, WEBER 1985 und TERBERGER 1990

335 GRUBERT 2000

336 GRUBERT 1998a

337 GRUBERT & HÜLSMANN 1998

338 FINKE und GRUBERT 2000

339 FINKE 1998, FINKE 2000

340 GRUBERT 1998b

341 SIEBEL, Gustav (1963): Die Nassau-Siegener Landhecken Eine Untersuchung der Kölnischen Hecke und gleichartiger Wehranlagen bei Siegen – Siegerländer Beiträge zur Geschichte und Landeskunde, Heft 12, 98 S., Siegerländer Heimatverein, Siegen

342 BUSCH 1997:59ff

343 vgl. STEINER GA 105:168f

344 EBERHARDT 1996

345 THIEMANN 1967

346 100 Jahre Kindelsbergturm, Festschrift zum Jubiläum am 17. Mai 2007, SGV-Bezirk Siegerland (Hrsg.), Vorländer Druck, Siegen; und KRÄMER 2006

347 BUSCH 1997:24; zur Heiligen Lanze vgl. insbes. RAVENSCROFT 1973

348 KRÄMER 2006

349 vgl. MÖLLER 2007:266; Peter Möller sei für die Veröffentlichung dieses Mantras und dessen Deutung ausdrücklich gedankt!

350 STÜWE o.J. (ca. 2002)

351 AA (howe) (2007): Das Vermessungssystem der Kelten Dotzlarer Rüdiger Grebe machte eine sensationelle Entdeckung: Von den Wallburgen ging 600 v. Chr. ein Geometrie-Kult aus. – in: Siegener Zeitung vom 3. September 2007, S.9

352 zu diesem Kapitel vgl. GRUBERT 2001, dort finden sich auch die weiterführenden Literaturhinweise

353 vgl. dazu v.a. Hans STERNEDER: „Tierkreisgeheimnis und Menschenleben" und Alice A. BAILEY: „Die Arbeiten des Herkules", weiter den entsprechenden Abschnitt in RAHN: „Kreuzzug gegen den Gral"! Näheres auch bei MÖLLER 2007

354 STEIN 1984:79-81

355 zu dem Abschnitt über Netze vgl. GRUBERT 2003, dort finden sich auch die weiterführenden Literaturhinweise

356 Die Angabe in HERMANN, F.R. und JOCKENHÖVEL, A. (Hrsg.) (1990): Die Vorgeschichte Hessens, Konrad Theiss Verlag, Stuttgart, hier Seite 377, wonach das Grab auf den Hasenberg bei Lohne ausgerichtet ist, ist falsch.

357 AÏVANHOV 2002b:180

358 KOLLMANN 2005

359 weiter oben am Berg liegt das letzte Haus der alten Bergmannssiedlung Schwalbenthal, in dessen Garten von Mitarbeitern einer Hagia Chora Ausbildungsgruppe ab 1999 ein kleiner Landschafstempel angelegt wurde.

360 SEIB 1990, SCHILLING1994

361 zuerst beschrieben in ZELEKI: Nahtoderfahrungen; vgl. auch http://de.wikipedia.org/wiki/Nahtoderfahrungen

362 COOPER 1986:134 und 140f

363 LAMMER u. BOUDJADA 2003

364 SIEFERT, Kurt (2000): Alte Maße und Gewichte ? 2. Erw. Aufl., 119 S., im Selbstverlag des Autors (Unt. Erbsenbach 9, 64743 Beerfelden)

365 SCHÄFER 2003:36

366 Schäfer 2003:22

367 JAUCH 1998:118

368 SCHÄFER 2003:46ff

369 SCHÄFER 2003:51f

370 näheres bei SCHÄFER 2003:126

371 FUCHS o.J.:45f

372 FUCHS o.J.:44

373 MAGIN 1996:25ff ; TEUDT 1933:besonders 129ff; auch FUCHS o.J.:55

374 TEUDT 1933:27; das darauf beruhende Zitat in PÖRTNER 1997: 379 ist verfälscht!

375 STEINER GA 99:47 und 350:267

376 STEIN 1984:93

377 FUCHS o.J.:53

378 SPECKNER und STAMM 2001:88

379 SPECKNER und STAMM 2001; zur astronomischen Orientierung des Sazellums siehe auch MÜLLER 1970:88ff
380 SPECKNER und STAMM 2001:178ff; die Datierung ist neuerdings wieder umstritten!
381 JÜNEMANN 1998:34f, 38
382 JÜNEMANN 1998:36
383 FUCHS o.J.:67; KESTERMANN 2001:140
384 FUCHS o.J.:63
385 JÜNEMANN 1998:52
386 BONGART 2000
387 SPECKNER und STAMM 2001:115ff
388 JÜNEMANN 1998:65
389 JÜNEMANN 1998:67
390 JÜNEMANN 1998:70
391 JÜNEMANN 1998:78ff
392 JÜNEMANN 1998:94f
393 HAUG 2000
394 TEUDT 1933:167
395 STEINER GA 114:219f
396 STEINER GA 97:75f
397 SPECKNER und STAMM 2001:128ff
398 GEISE 2002
399 Vortrag von SHIN am 1. Mai 2003 in der Villa Schaaffhausen (Bad Honnef)
400 http://www.hoefingen.net/suentel/baxmann.htm, Zugriff am 15.4.2008
401 BIEGER 1981
402 SCHUMACHER 1925:119f
403 SCHLEIFENBAUM 1894
404 WEBER 2004:56
405 wir meinen hier das alte Kurhessen
406 GROßMANN 1992:12ff
407 DETTELBACHER 1993:212ff
408 SCHÄFER 2003:29
409 http://de.wikipedia.org/wiki/Georg_Ludwig_Friedrich_Laves, Zugriff am 7.4.2008
410 DIETZ 1959:Tafel 2
411 DRUZYNSKI von BOETTICHER 2004:110ff
412 MORSON 1999:267f

413 SPIESBERGER 1976:47

414 POLIVKA 2007

415 http://www.kirche-hannover.de/marktkirche/

416 COSACK 1981

417 http://www.hannover.de/ nananet/lindenlimmer/ wissenswertes/ Geschichte/spaziergang/zuwanderung/index.html, Zugriff am 23.7.2007

418 http://www.hannover-oststadt.de, Zugriff am 14.1.2008

419 http://www.hannover.de/ nananet/ ahbada/ Stadtteile/ Badenstedt/ PaulGerhard75/index.html, Zugriff am 9.4.2008

420 zu Badenstadt vgl.: Ein Dorf wird Stadtteil Geschichte und Geschichten aus Badenstedt, Kulturgemeinschaft Hannover-West e.V. (Hrsg.), Hannover 2008

421 GROßMANN 1995:36ff

422 GROßMANN 1995:36ff

423 zur Kurfürstin Sophie vgl. bes. FEUERSTEIN-PRAßER, K.: Sophie von Hannover, 264 S., Verlag Friedrich Pustet, Regensburg 2004

424 zur exoterischen Geschichte der Rosenkreuzer vgl. insbesondere SIEVERT 1996

425 das Bild befindet sich in Anholt im Museum Wasserburg und ist im Besitz der Solm-Solmschen Verwaltung

426 SIEVERT 1996:38f und viele andere Stellen in diesem bemerkenswerten Band

427 HEMERDING 1988:24f; vgl. auch HORTI 1985

428 ZERLING 2001:129

429 HABER, HEIMLER u. GROTE 2005

430 HEMERDING 1988:22

431 HEMERDING 1988:36+38

432 http://www.klinikum-hannover.de/sil/his/1start.htm, Zugriff am 11.4.2008

433 Abb. in: PLATH, Helmut (1959): Hannover im Bild der Jahrhunderte, S.14-15, Madsack, Hannover

434 STEINER GA 93a:229

435 STEINER GA 114:158

436 STEINER GA 123:238

437 RUMLER 1997:46ff

438 RUMLER 1997:48ff

439 RUMLER 1997:51

440 RUMLER 1997:41ff

441 SIEVERT 1996:72f
442 TETZLAFF 1996
443 RUMLER 1997:92; vgl. auch HERRMANN, Alf (2002): Ein Spaziergang durch den Park von Louisenlund. Auf den Spuren Carl von Hessens, Wachholtz Verlag
444 RUMLER 1997:95ff
445 nach SCHRÖDTER 1956:65, TEZLAFF 1996 und COOPER-OAKLEY 1912
446 LEADBEATER 2003:15 und 36
447 BADSTÜBNER 1995:269f
448 BADSTÜBNER 1995:272f
449 BADSTÜBNER 1995:272
450 BADSTÜBNER 1995:273f
451 BADSTÜBNER 1995:274f
452 http://www.stadt-lieberose.de/Historie/schloss/index.html, Zugriff am 17.4.2008
453 PÜCKLER-MUSKAU 1996
454 zu Wöllner vgl.: SIEVERT 1996; SCHUSTER, Georg: Geheime Gesellschaften, Verbindungen und Orden - Wiesbaden 1997 (Originalausg. 1905); FRICK, Karl R.: Die Erleuchteten, Marix Verlag, Wiesbaden 2005 und den Artikel auf www.bautz.de
455 MÜLLER 1994:137ff
456 vgl. SIEVERT 1996
457 SCHRÖDTER 2003
458 FRICK 2005:428
459 MÜLLER 1990:159f
460 MÜLLER 1990:159
461 MÜLLER 1990:158f
462 MÜLLER 1990:183
463 SCHINZEL-PENTH 1982
464 STEINER 1993:207ff; dazu auch SCHINZEL-PENTH 1982:52
465 LAMEZAN 2003
466 WOLLENIK 1982:52f; vgl. auch H.ADLER, F.MANDL & R.VOGELTANZ (1991): Zeichen auf dem Fels ? Kniepass-Schriften Heimatkundliche Zeitschrift des Museumsvereins „Festung Kniepaß" A-5090 Lofer
467 ECKERT 1992
468 GEIß 1993:10ff
469 GEIß 1993:18
470 FEULNER 1989:210

471 GOODRICKE-CLARKE 1997:132

472 FEULNER 1989:210

473 http://de.wikipedia.org/wiki/Edwin_Bechstein, Zugriff am 4.4.2008

474 FEULNER 1989:211

475 GEIß 1993; 303:37 und http://www.wfg-gk.de/mystik21c.html, Zugriff am 17.7.2004

476 GEIß 1993:24ff

477 SCHINZEL-PENTH 1982:57

478 FENZEL 2002:103ff

479 PLETICHA und MÜLLER 2000:161

480 „Untersberg als Herzchakra Europas" – in: Freilassinger Anzeiger vom 5. Juli 2006, http://www.uweb21.de/presse/p2006/ fra60705-untersberg-herz-chakra-europas-schmatzberger.htm

481 Diese und ähnliche Geschichten werden in verschiedenen zeitgenössischen Romanen kolportiert, z.B. HOLEY 1998:57

482 KRISS 1986:214, die Formel auch schon bei FRANCK: Die Kabbala, Leipzig 1844

483 TERHART 2001:17

484 ECKERT 1992:32

485 FEULNER 1989:42; über das Salzbergwerk s.a. GANSS 1979:96ff

486 FEULNER 1989:36

487 KRISS 1986:80

488 „Bei dem Salzbergwerk Berchtesgaden, wie auch bei dem Salzstollen im Gebiet des Hunza Tals im Karakorum (Himalaja), handelt es sich nicht nur um Salzvorkommen im Allgemeinen, sondern um Orte bei denen durch die geometrische Konstellation der Erdgitternetzlinien Frequenzmuster vorkommen, die unser Bewusstsein entscheidend beinflussen können.", zitiert nach www.comedweb.de/DE/page.php?pageID=206, vgl. dazu auch HENDEL, B. und FERREIRA, P. (o.J., 2001?): Wasser und Salz – Ina Verlag, Baar, Schweiz (hier S. 104)

489 FEULNER 1989:1/9

490 FEULNER 1989:175ff

491 ECKERT 1992:136

492 GEIß 1993:57f

493 SCHINZEL-PENTH 1982:18

494 GRUBERT 2005b

495 GANSS 1979:117

496 ECKERT 1992:117; KRISS 1986:144

497 Leadbeater 1986:10

498 STEINER 1993:212

499 SCHINZEL-PENTH 1982:117f

500 WOLLINEK 1982:24ff&131ff

501 KRISS 1986:144f; eine ähnliche Wallfahrt in der Nähe ist die vom Pinzgau über das Hochtor nach Heiligenblut in Kärnten, die jeweils Ende Juni stattfindet.

502 ECKERT 1992:15ff&89ff

503 JUDITH 1994:166

504 SCHINZEL-PENTH 1982:50f

505 ECKERT 1992:99f

506 KRISS 1986:143

507 MAGIN 1996:71

508 STEINER 1993:222ff

509 Die Grünen Männer in der Elisabeth-Kirche in Marburg tragen tatsächlich goldene Blätter!

510 COOPER 1986

511 vgl. MILLER und BROADHURST 1998

512 HOWARD-GORDON 1997:9

513 PENNICK 1998:31

514 MILLER und BROADHURST 1998:95, 158, 160

515 JONES 1996:10f

516 HOWARD-GORDON 1997:50

517 THIELE und KNORR 2003

518 HOWARD-GORDON 1997:40

519 BONGART 1998:40

520 HOWARD-GORDON 1997:42

521 PENNICK (o.J.):11

522 Eine englische Gallone entspricht 8 Pints oder 4,54 Liter.

523 PENNICK (o.J.):10 und MICHELL 2000:102

524 MÜLLER 1970:71ff

525 ZETTEL 1996:133

526 BONGART 1998:39

527 MILLER und BROADHURST 1998:115,199,203

528 vgl. neben o.g. Quellen auch PENNICK 1998:2

529 VIDLER 1999:292

530 LÜDELING 1996:89

531 VIDLER 1999:152ff

532 VIDLER 1999:146ff

533 STEIN 1984:173ff

534 eine alte Abb. in COGHLAN 1995:182

535 zum Stichwort Rhythmus vgl. Rudolf Steiners Angaben in:
Anthroposophie Die Geisteswissenschaft Rudolf Steiners -
Lexikon in 14 Bänden ediert und illustriert von Urs SCHWENDENER,
Verlegt durch: Freunde geisteswissenschaftlicher Studien

536 DAWKINS 1995:22

537 GRUBERT 2005:15

538 insbes. zum Osterfest vgl. STEINER GA 109:92ff; vgl. ferner
PROKOFIEFF, Sergej O.: Der Jahreskreislauf als Einweihungsweg zum
Erleben der Christus-Wesenheit Eine esoterische Betrachtung der
Jahresfeste, Verlag Freies Geistesleben, 2. Aufl., Stuttgart 1989

539 zu den Elementarwesen und ihren Aufgaben vgl. bes. die
grundlegenden Aussagen Rudolf Steiners in: STEINER, Rudolf:
Die Welt der Elementarwesen Ausgewählte Texte, herausgegeben
und kommentiert von Almut Bockemühl, Rudolf Steiner Verlag,
Dornach 2005 und STEINER, Rudolf: Geistige Wesen in der Natur,
ausgewählt und herausgegeben von Wolf-Ulrich Klünker,
Verlag Freies Geistesleben, Stutgart 1992

540 WELLING 1784:484

541 Wir meinen hier nicht die auf Keyboards und Synthesizern erzeugte
zeitgenössische Entspannungs- und Meditationsmusik des New Age
und der Pseudo-Esoterik!

542 SCHRÖDTER 1949:270f; Schriftliche Anleitungen zu diesem Thema
sind aber nur unzureichend! Es ist gut, das Sehen der
Elementarwesen bei einem Könner zu erlernen.

543 vgl. STEINER, Rudolf: Naturgeister – Archiati Verlag, Bad Liebenzell

544 HAGEMANN 1973:150ff

545 SHIN 2006

546 vgl. dazu MÖLLER 2007, hier besonders S.45 ff

547 STEIN 1984:120

548 AÏVANHOV 2002b

549 SHIN 2006

550 Imagination wie zum Beispiel von Rudolf Steiner gemeint und
beschrieben; vgl. dazu STEINER, Rudolf: Die Stufen der höheren
Erkenntnis (1905-1908) – 7. Aufl., 1993, Taschenbuch Tb 641,
Rudolf Steiner Verlag, Dornach, Schweiz. / Der Inhalt dieser Schrift
schließt an die Ausführungen in «Wie erlangt man Erkenntnisse der
höheren Welten» (Band 10 der Rudolf Steiner Gesamtausgabe) an

und führt diese für die höheren Erkenntnisgebiete der Imagination, Inspiration und Intuition weiter. Die Taschenbuchausgabe enthält noch zwei weitere Schriften zum esoterischen Schulungsweg: «Drei Schritte der Anthroposophie: Kosmologie, Religion und Philosophie» und «Vom Seelenleben».

551 STEINER GA 264.214
552 AÏVANHOV 2002b:176

Schrifttum

A.A. (1973): Folklore, Myths and Legends of Britain –
Readers Digest, London

AÏVANHOV, Omraam Michaël (2002a): Alchemie und Magie der Ernährung –
Prosveta Verlag, Frejus, Frankreich

AÏVANHOV, Omraam Michaël (2002b): Feuer und Wasser –
Reihe Izvor, Band 232, Prosveta Verlag, Fréjus, Cedex, Frankreich

AÏVANHOV, Omraam Michaël (2003): Die geometrischen Figuren und ihre
Sprache – Reihe Izvor, Band 218, Prosveta Verlag, Fréjus, Cedex, Frankreich

AÏVANHOV, Omraam Michaël (2004): Weisheit aus der Kabbala
Der lebendige Strom zwischen Gott und Mensch – Reihe Izvor, Band 236,
Prosveta Verlag, Rottweil

ALEXANDER, Steve & DOUGLAS, Karen (1999): Crop Circle Year Book
1999 – 24 S., zahlr. Abb., Temporary Temple Press, Gosport, Hants., UK

ANDREAS, Peter (1971): Jenseits von Einstein – 228 S.,
Econ Verlag, Düsseldorf

AUER, Werner (1998): Bauen Wohnen Sakralbauten im Einklang mit der
Natur Geomantie und Feng Shui in der Architektur Resonanzfelder –
Wetter-Boden-Mensch 3/1998, S. 13-38, 10 Abb.,
Forschungskreis für Geobiologie Dr. Hartmann e.V. (Hrsg.),
Waldbrunn-Waldkatzenbach

BADSTÜBNER, Ernst (1995): Brandenburg – DuMont Kunst-Reiseführer,
DuMont Buchverlag, Köln

BAIGENT, Michael & LEIGH, R. (1997): Verschlußsache Magie – 496 S.,
einige Abb., Droemer-Knauer

BAILLIEU, E. (2005): Auf den Spuren der drei Bethen im Pfaffenwinkel –
Freundeskreis Geomantie 03/2005

BAUVAL, Robert & GILBERT, Adrian (1996): Das Geheimnis des Orion –
Knauer TB 77210, München

BENEVOLO, Leonardo (1993): Die Stadt in der europäischen Geschichte –
316 S., Verlag C.H.Beck, München

BIEGER, C. (1981): Wilhelmstein – in: Führer zu vor- und frühgeschichtlichen
Denkmälern Band 49 Hannover-Nienburg-Hildesheim-Alfeld,
Teil 2, S.130-131, Verlag Philipp von Zabern, Mainz

BILLER, Thomas (1993): Die Adelsburg in Deutschland –
Deutscher Kunstverlag München 1993

BISCHOFF, Erich (1920): Die Mystik und Magie der Zahlen – 248 S.,
Berlin (Nachdruck im Ansata Verlag Schwarzenbrug 1977)

BOEHEIM,Wendelin (1890): Handbuch der Waffenkunde –
694 S., Seemann, Leipzig

BONGART, Ferdinand (1998): Kultstätten Was sie uns verraten –
96 S., 40 Abb., Omega Verlag, Düsseldorf

BONGART, Ferdinand (2000): Die Cheops-Pyramide, Entstehungsort des
Hartmann-Gitters und anderer Gitter - Wetter Boden Mensch 2/2000,
S.12-21, 7 Abb., Forschungskreis für Geobiologie Dr. Hartmann e.V. (Hrsg.),
Waldbrunn-Waldkatzenbach

BONGART, Ferdinand (2006): Was sind Leylines und wie entstehen sie? –
Wetter-Boden-Mensch 4+5/2006, S.31-33, Forschungskreis für Geobiologie
Dr. Hartmann e.V. (Hrsg.), Waldbrunn-Waldkatzenbach

BOTHEROYD, Sylvia & Paul (1996): Lexikon der keltischen Mythologie –
4.Aufl., 378 S., Eugen Diederichs Verlag, München

BÖHM, Ronald et al. (1985): Karst und Höhlen in der Lahnmulde – in:
Karst und Höhle 1984/85, S. 115-125, München

BÖKEMEIER, Rolf (1997): Varus und der Weserlimes –
Kult-Ur-Institut, Bettendorf

BRÜLL, Wilhelm (1988): Manipulierbare Änderungen des
Reaktionsabstandes Eine Versuchsreihe mit Kräutertees – in:
Wetter-Boden-Mensch 23/1988, S.2285-2296, Forschungskreis für
Geobiologie e.V. (Hrsg.), München

BÜHLER, Walther (1983): Der Stern von Bethlehem –
Verlag freies Geistesleben, Stuttgart

BÜHLER, Walther (2001): Das Pentagramm und der Goldene Schnitt als
Schöpfungsprinzip – Verlag freies Geistesleben

BUSCH, Friedrich Wilhelm (1997): Von der Waldschmiede zur Eisenindustrie
Zweieinhalb Jahrtausende Eisenerzeugung und Eisenverarbeitung im
Siegerland – Verlag Die Wielandschmiede, Kreuztal

CHARPENTIER, Louis (1977): Die Geheimnisse der Kathedrale von
Chartres – 5. Aufl., 183 S., Gaia Verlag, Köln

COGHLAN, Roger (1995): The Illustrated Encyclopaedia of Arthurian Legend
– 256 S., Element Books, Shaftesbury, UK

COON, Robert (1990): Glastonbury and the planetary new Jerusalem –
Excalibur Press, ISBN 0 9509422 1 9

COOPER (1986): Lexikon der traditionellen Symbole –
Drei Lilien Verlag, Leipzig

COOPER-OAKLEY, I. (1912): The Comte de St. Germain – Ars Regia, Milan

348

COSACK, E. (1981): Das Hügelgräberfeld auf dem Benther Berg – in:
Führer zu vor- und frühgeschichtlichen Denkmälern Band 49
Hannover-Nienburg-Hildesheim-Alfeld, Teil 2, S.173-175,
Verlag Philipp von Zabern, Mainz
DAWKINS, Peter (1995): Zoence - An Introduction to The Basic Principles
and Practices of Zoence – 1.Aufl., 90 S.,
Wigmore Publications LtD, London
DÄNIKEN, Erich von (1979): Prophet der Vergangenheit – 297 S.,
zahlr. Abb., Econ, Düsseldorf
De SÉDE, Gerard (1962): Die Templer sind unter uns – 252 S., 16 Taf.,
13 Abb., Ullstein, Berlin-Frankfurt-Wien
DETTELBACHER, Werner (1993): Franken – DuMont Kunst-Reiseführer,
488 S., DuMont Buchverlag, Köln
DEVEREUX, Paul (2001): Schamanische Traumpfade – 240 S., zahlr. Abb.,
AT Verlag, Aarau, Schweiz
DIETZ, Curt (1959): Erläuterungen zur geologischen Karte von
Niedersachsen 1:25000 Blatt Hannover Nr.3624,
Nieders. Landesamt f. Bodenforschung, Hannover
Dr. KLINGSOR (1967): Experimental-Magie – 347 S.,
Verlag Hermann Bauer, Freiburg i.B.
DRUZYNSKI von BOETTICHER, Alexandra (2004): Die hannoversche
Marktkirche und ihr Turm – Hannoversche Schriften zur Regional- und
Lokalgeschichte, Bd. 18, Verlag für Regionalgeschichte, Bielefeld
EBERHARDT, Herrmann (1996): Die Nikolaikirche zu Siegen –
Verländer Druck, Siegen
EBNER, Frank J. (1998): Megalithkultur und keltische Viereckschanzen –
Wetter-Boden-Mensch 5/1998, S. 29-42, 5 Abb, Forschungskreis für
Geobiologie Dr. Hartmann e.V. (Hrsg.), Waldbrunn-Waldkatzenbach
ECKERT, U. & W. (1992): Das Berchtesgadener Land,
DuMont Landschaftsführer, DuMont Buchverlag, Köln
EMBLETON und HOWE (2006): Söldnerleben im Mittelalter – 144 S.,
Motorbuch Verlag, Stuttgart 1994/2006
ENGELHARDT, Günther (1999): Suche nach dem in früheren Schriften
erwähnten Brunnen auf dem Gelände des Schlosses Rauschenberg in der
Nähe von Marburg – Wetter-Boden-Mensch 3-4/1999, S. 9-13, 8 Abb.,
Forschungskreis für Geobiologie Dr. Hartmann e.V. (Hrsg.),
Waldbrunn-Waldkatzenbach
ENGELSING, Gertraud (2006a): Planetenlinien und Planetenqualitäten –
Wetter Boden Mensch 2/2006, S. 58-63, Forschungskreis für Geobiologie
Dr. Hartmann e.V. (Hrsg.), Waldbrunn-Waldkatzenbach

ENGELSING, Gertraud (2006b): Beobachtungen an Giternetzen während der partiellen Sonnenfinsternis am 29.03.2006 – Wetter Boden Mensch 6/2006, S.12-13, Forschungskreis für Geobiologie Dr. Hartmann e.V. (Hrsg.), Waldbrunn-Waldkatzenbach

FENZL, Fritz (2002): Wunderwege in Bayern – 144 S., Nymphenburger, München

FESTER, Richard (1981): Die Steinzeit liegt vor deiner Tür – 259 S., einige Abb., Kösel Verlag, München

FEULNER, Manfred (1985): Berchtesgaden Geschichte des Landes und seiner Bewohner, 3.Aufl., Berchtesgadener Anzeiger, Berchtesgaden

FINKE, Markus (1998): Die Butterfaßdoline und das Ratz-Fatz-Loch – Speleogruppe'86 und Speläologische Arbeitsgemeinschaft Hessen, Jahresbericht 1997, S. 8-14, Wiesbaden

FINKE, Markus (2000): Ratz-Fatz-Loch '99 – Speleogruppe'86 und Speläologische Arbeitsgemeinschaft Hessen, Jahresbericht 1999, S. 45-46, Wiesbaden

FINKE, Markus & GRUBERT, Christian (2000): Erdbachhöhle und Schwinde C zum Erdbachhöhlensystem verbunden ? Mitteilungen des Verbandes der deutschen Höhlen- und Karstforscher e.V. München, 46, Nr.4, S.166-167, 1 Höhlenplan, München

FISCHER-WOLPERT, Rudolf (1985): Lexikon der Päpste – 321 S., Verlag Friedrich Pustet, Regensburg

FRICK, Karl R. (2005): Die Erleuchteten – 635 S., Marix Verlag, Wiesbaden

FUCHS, Theodor (o.J.): Arminius und die Externsteine – 198 S., 8 Abb., 19 Ktn., Verlag Urachhaus, Stuttgart

FULS, Andreas (2003): Das Rätsel des Mayakalenders – Spektrum der Wissenschaft, Januar 2004, S.52-59, Spektrum Akademischer Verlag, Heidelberg

GANSS, Sepp (1979): Geologie der Berchtesgadener und Reichenhaller Alpen – 3. Aufl., Druckerei A. Plenk, Berchtesgaden

GEBELEIN, Helmut (1996): Alchemie – 2.Aufl., 496 S., zahlr. Abb., Eugen Diederichs Verlag, München

GEISE, Gernot (1994): Der Schloßplatz bei Petershausen Gelände Begehung des EFODON e.V. 1994 – (www.efodon.de)

GEISE, Gernot (2002): Die Externsteine Kein Sakralort sondern eine Nachrichtenstation – Efodon-Synesis Nr.1/2002 (www.efodon.de)

GEIß, Josef (1993): Obersalzberg – 3.Aufl., Verlag Plenk KG, Berchtesgaden

GLEICH, Sigismund von (1969): Siebentausend Jahre Urgeschichte der Menschheit – 39 S., Mellinger Verlag, Stuttgart

GOODRICK-CLARKE, Nicholas (1997): Die okkulten Wurzeln des Nationalsozialismus – 261 S., Stocker Verlag, Graz und Stuttgart (engl. Originalausg. 1982)

GRABOWSKI, Siegfried (1998): Radiästhetische Analyse eines Anrufungsortes. – Wetter-Boden-Mensch 2/1998, S. 35-43 , 2 Abb., Forschungskreis für Geobiologie Dr. Hartmann e.V. (Hrsg.), Waldbrunn-Waldkatzenbach

GROßMANN, G. Ulrich (1992): Östliches Westfalen – 5. Aufl., DuMont Kunst-Reiseführer, DuMont Buchverlag, Köln

GROßMANN, G. U. (1995): Hannover und das südliche Niedersachsen, 5. Aufl., DuMont Kunst-Reiseführer, DuMont Buchverlag, Köln

GRUBERT, C. (1998a): Karst und Höhlen um Erdbach Ein kleiner naturkundlicher Wanderführer – 24 S., 2 Abb., 1 Kte., 2 erw. u. aktualisierte Aufl., Naturschutzhaus e.V. Wiesbaden und Speläologische Arbeitsgemeinschaft Hessen e.V.

GRUBERT, Christian (1998b): Die Kelten in Erdbach – Speleogruppe ´86 und Speläologische Arbeitsgemeinschaft Hessen e.V. - Jahresbericht 1997, S. 22-30, 3 Tab., Hannover und Wiesbaden

GRUBERT, Christian und HÜLSMANN, Thomas (1998): Das Herbstlabyrinth-Adventhöhle-System bei Breitscheid (Lahn-Dill-Kreis)/ Rheinisches Schiefergebirge – Jahrbuch des Nassauischen Vereins für Naturkunde 119, S. 39-54, 3 Abb., Wiesbaden

GRUBERT, Christian (2000): Wer wird uns diesen Zauberberg einmal aufschließen ? Erdbach und seine Höhlen in alten Schriften – Speläologische Arbeitsgemeinschaft Hessen e.V. (Hrsg.)

GRUBERT, Christian (2001): Bemerkungen zu „geomantischen" Strukturen in und um Kassel – Wetter-Boden-Mensch 1/2001, S.76-83, Forschungskreis für Geobiologie Dr. Hartmann e.V. (Hrsg.), Waldbrunn-Waldkatzenbach

GRUBERT, Christian (2002): Radiästhetische und geomantische Untersuchungen an einigen nordhessischen Kornkreisen – Wetter-Boden-Mensch 2/2002, S.14-15, Forschungskreis für Geobiologie Dr. Hartmann e.V. (Hrsg.), Waldbrunn-Waldkatzenbach

GRUBERT, Christian (2003): Geomantische Untersuchungen an der Kirche von Netze (Kreis Waldeck-Frankenberg, Hessen) – in: Wetter-Boden-Mensch 4/2003, S.7-10, Forschungskreis für Geobiologie Dr. Hartmann e.V. (Hrsg.), Waldbrunn-Waldkatzenbach

GRUBERT, Christian (2005a): Rheingau, Taunus und Gebück Zur Geschichte von Landschaft und Landwehr in Zeit und Raum – Studienreihe des Kult-Ur-Instituts IMAGO MUNDI Bd.14, 315 S., Bettendorf

GRUBERT, Christian (2005b): Die Salzgrabenhöhle (1331/29) im Simetsberg, Steinernes Meer – in: Karst und Höhle 2004/05, S. 102-117, Verband der deutschen Höhlen- und Karstforscher e.v., München

GYSIN, Hermann (1997): Bestätigung des „Triangle Sacralé" vom Sankt Odilienberg, dem heiligen Berg des Elsass. –Boden Mensch 5/1997, S. 43-48 , 6 Abb., Forschungskreis für Geobiologie Dr. Hartmann e.V. (Hrsg.), Waldbrunn-Waldkatzenbach

HABER, G., HEIMLER, M. und GROTE, R.-J. (2005): Aktuelle Restaurierungsmaßnahmen an den barocken Bleiplastiken des Heckentheaters in Hannover-Herrenhausen. Ein Zwischenbericht. – in: Berichte zur Denkmalpflege in Niedersachsen 2/2005, S. 45.

HAGEMANN, Ernst (1973): Weltenäther-Elementarwesen-Naturreiche – Verlag Die Kommenden, Freiburg i.Br.

HAID, Hans (1992): Mythos und Kult in den Alpen – 2. Aufl. 1992, Rosenheimer Verlagshaus, Rosenheim

HASSENKAMP, Birgit (2006): Kundalini Erwachen – Spirit Rainbow Verlag, Aachen

HAUG, Walter (2000): Pyramiden auch in Deutschland – Efodon-Synesis Nr.2/2002 (www.efodon.de)

HAMEL, Elisabeth & VENNEMANN, Theo (2002): Die Ursprache der Alteuropäer – Spektrum der Wissenschaft Mai 2002, S.32-40, Heidelberg

HAMM, Günter (2003): Zwei nicht alltägliche Fälle aus der geobiologischen Praxis – Wetter-Boden-Mensch 5/2003, S. 55-56, Forschungskreis für Geobiologie Dr. Hartmann e.V. (Hrsg.), Waldbrunn-Waldkatzenbach

HARTMANN, Ernst (1988): Das Yin- und Yang-Prinzip, Wirkung von Gesten, Symbolen, Amuletten und Arzneien – in: Wetter-Boden-Mensch 23/1988, S.2264-2284, Forschungskreis für Geobiologie e.V., München

HEMERDING, Siegfried (1988): Das Geheimnis des Königsgartens in Hannover – 5. Aufl., Rocamar Verlag, Siegen

HENSCH, Eike (1999): Biokybernetik und Radiästhesie – Hagia Chora 3/1999

HENSCH, Eike (2001): Geomantische Reisen Eine Wahrnehmungsschule – 1. Aufl., 449 S., zahlr. Abb., Verlag Eike Hensch, Neue Str. 20, 31582 Nienburg

HETMANN, Friedrich (1988): Baum und Zauber – Goldmann TB, München

HINTERKEUSER, G. (1999): Von der Maison de plaisance zum Palais royal – in: Sophie Charlotte und ihr Schloß, Katalogbuch zur Ausstellung im Schloß Charlottenburg, Berlin – Prestel, München

HOLEY, Jan Udo (1998): Die Innere Welt – Roman, Ama-Deus Verlag, Fichtenau

HORN, H.G. (1987): Die Römer in Nordrhein-Westfalen –
Theiss-Verlag, Stuttgart

HORST, Eberhard (1976): Friedrich der Staufer – 406 S.,
Deutscher Bücherbund, München

HORTI, Eugen (1985): Der Herrenhäuser Garten und seine Statuen:
Bedeutung - Symbolik – Leibniz Bücherwarte, Bad Münder

HÖHNE, Heinz (1997): Der Orden unter dem Totenkopf – 600 S.,
Weltbild Verlag GmbH, Augsburg

HOWARD-GORDON, Frances (1997): Glastonbury Maker of Myths –
126 S., Gothic Image Publications, Glastonbury

HUF, Hans-Christian (2002): Sphinx 6 – Wilhelm Heyne Verlag, München

HUNT, Norman Bancroft (2002): Die Welt der indianischen Kulturen –
Tosa Verlag, Wien

HÜRLIMANN, Gertrud I. (2005): Rute und Pendel – 381 S., Oesch Verlag,
Zürich, Schweiz

HÜSER, Karl (1987): Wewelsburg 1933 bis 1945 Kult- und Weihestätte der
SS – Verlag Bonifatius-Druckerei, Paderborn

JAUCH, Kurt (1997): Horizontale Kräftezonen und Heiligtümer -
Die Entdeckung einer kosmischen Kulturgeometrie – Wetter-Bodden-
Mensch 4/1997, S. 53, Forschungskreis für Geobiologie Dr. Hartmann e.V.
(Hrsg.), Waldbrunn-Waldkatzenbach

JAUCH, Kurt (1998): Kosmische Geometrie im Leben Rudolf Steiners –
Oratio-Verlag, Schweiz 1998

JENNINGS, H. (1996): Magie und Mystik der Rosenkreuzer – 2 Bd. in einem
Bd., Verlag Richard Schikowski, Berlin (englische Originalausgabe ca. 1886)

JOHN, Erich (1997): Erfolge mit der Wünschelrute – Wetter-Boden-Mensch
2/1997, S. 23-26, Forschungskreis für Geobiologie Dr. Hartmann e.V.
(Hrsg.), Waldbrunn-Waldkatzenbach

JONES, Kathy (1996): The Goddess In Glastonbury – 54 S., zahlr. Abb.,
Ariadne Publications, Glastonbury

JORDAN, Harald (1999): Orte heilen – 240 S., Hermann-Bauer-Verlag,
Freiburg i. Br.

JUDITH, Anodea (1994): Wheels of Life, Llewellyn Publications, St.Paul,
Minnesota, USA

JÜNEMANN, Joachim (1992): Die Kapellen der heiligen Odilia im Kraftfeld
der Geomantie – 253 S., zahlr. Abb., im Selbstverlag des Autors, Dransfeld

JÜNEMANN, Joachim (1994): Das Kloster Bursfelde im Spiegel der
Kultstätten des Bramwaldes und des Sollings – 86 S., zahlr. Abb.,
im Selbstverlag des Autors, Dransfeld

JÜNEMANN, Joachim (1997): Das Pferd im heidnischen Kult und christlichen Brauchtum – 225 S., zahlr. Abb., im Selbstverlag des Autors, Dransfeld

JÜNEMANN, Joachim (1998): Die Externsteine im Licht der Geomantie – 108 S., zahlr. Abb., im Selbstverlag des Autors, Dransfeld

JÜNEMANN, Joachim (2002): Mit Lecherantenne und Peilstab bis in die schriftlose Zeit...Schoningen im Solling – 283 S., zahlr. Abb., im Selbstverlag des Autors, Dransfeld

JUNGMAYER, Petra (1990): Georg von Welling Studien zu Leben und Werk – 196 S., Franz Steiner Verlag, Stuttgart

KAMINSKI, Heinz (1997): Von Stonehenge nach Atlantis Sternenstraßen der Vorzeit – 351S., zahlr. Abb., Weltbild Verlag, Augsburg

KATER, Michael (1974): Das „Ahnenerbe" der SS 1935-1945 – 522 S., Deutsche Verlagsanstalt, Stuttgart

KERNER, Charlotte (1998): Alle Schönheit des Himmels – 7.Aufl., Beltz und Gelberg, Weinheim und Basel

KESTERMANN, Dieter (2001): 3000 Jahre Externsteine – 186 S., zahlr. Abb., Bochum

KNIGHT, Christopher & LOMAS, Robert (1997): The Hiram Key – 496 S., 31 Taf., einige Abb., Arrow Books Ltd., Random House UK Ltd, 20 Vauxhall Bridge Road, London (zuerst 1996 bei Century Books, London)

KOBERG, Heinz (1991): Kirchen-Klöster-Kapellen im Landkreis Hannover – 210 S., zahlr. Abb., Landkreis Hannover (Hrsg.)

KOLLMANN, Karl (2005): Frau Holle und das Meißnerland – Hrsg. Historische Gesellschaft des Werralandes und Werratalverein, Eschwege

KORTZ, Manfred (1999): Wirkungsnachweis von Bach Blüten und Mineralien mit Hilfe des Reaktions Abstandes – Wetter-Boden-Mensch 5/99 , S. 23-25, Forschungskreis für Geobiologie Dr. Hartmann e.V. (Hrsg.), Waldbrunn-Waldkatzenbach

KRAUSE-ZIMMER, Helga (2001): Die zwei Jesusknaben in der bildenden Kunst – 4. Aufl., 328 S., 144 Abb., Verlag freies Geistesleben, Stuttgart

KRÄMER, Erhard (2006): Der Kindelsberg - Bergmassiv und Wallburg – in: Siegerland Blätter des Siegerländer Heimat- und Geschichtsvereins e.V., Bd. 83, Heft 1, Siegen

KRISS, Rudolf (1986): Sitte und Brauch im Berchtesgadener Land – 3. Aufl., ergänzt durch Franz RASP, Verlag Berchtesgadener Anzeiger, Berchtesgaden

KRUPP, Edwin C. (Hrsg) (1980): Astronomen, Priester, Pyramiden – 309 S., zahlr. Abb., C.H.Beck Verlag, München

LAIDLER, Keith (1998): The Head of God – 438 S., Orion Paperback, London

LAMEZAN, Renate von (2003): Felsritzungen - Bildsprache der Frühzeit – in: Forum Albert-Schweitzer-Haus Nr.4/2003, 12-17, zahlr. Abb., Verein Albert-Schweitzer-Haus e.V., Beethovenallee 16, 53173 Bonn - Bad Godesberg

LAMMER, Helmut & BOUDJADA, Mohammed Y. (2003): Steinerne Rätsel – 303 S., zahlr. Abb., Langen Müller, München

LANDSPURG, Adolphe (1994): Orte der Kraft Schwarzwald und Vogesen – 245 S., Edition DNA, Straßburg

LARGE, David Clay (1998): Hitlers München – 1. Aufl., 514 S., einige Abb., Verlag C.H.Beck, München

LEADBEATER, Charles Webster (1986): Die Chakras – 6.Aufl., Verlag Hermann Bauer KG, Freiburg im Breisgau

LEADBEATER, Charles Webster (2003): Die Meister und der Pfad – Edition Adyar im Aquamarin Verlag, Grafing

LEIBUNDGUT, Paul (2003): Menschliche „Proportionen" im Städtebau – Freundeskreis Geomantie 03/2003, 5 S., 7 Abb.

LEISE, Wilhelm (1990): Wo Arminius die Römer schlug – 247 S., Piper, München

LORBER, Jakob (2001): Die Heilkraft des Sonnenlichtes – 7.Aufl., Lorber Verlag, Bietigheim

LOTZE, Siegfried (1987): Technik und Künste im Umfeld der Klöster im Oberweserraum – Zeitschr. d. Vereins für Hessische Geschichte und Landeskunde, Bd. 92, S. 281-298, Kassel

LÜDELING, Hartmut (1996): Handbuch der Radiästhesie – 2.Aufl., 171 S., zahlr. Abb., Erfahrungswissenschaftlicher Verlag Eike Hensch, Nienburg

MAGIN, Ulrich (1996): Geheimwissenschaft Geomantie – 1.Aufl., 176 S., C.H.Beck Verlag, München

MANIA, Dietrich (2004): Die Urmenschen von Thüringen – in: Spektrum der Wissenschaft, Oktober 2004, S. 38-50, Spektrum Akademischer Verlag, Heidelberg

MARBY, Friedrich Bernhard (2003): Die verschiedenen Turmformen und ihre Erklärung – Freundeskreis Geomantie 4/2003, einige Abb.

MERTZ, Blanche (1995): Orte der Kraft – 6. Aufl., 217 S., Eigenverlag des Institut des Recherches en Geobiologie, Chardonne, Schweiz

MERZ, B. (1989): Beziehung zwischen Ort und Raum – Wetter-Boden-Mensch, 25/1989, S. 2574-2590, Forschungskreis für Geobiologie, München

MICHELL, John (2000): Heiliges England – 384 S., Zweitausendeins, Frankfurt a.M.

MILLER, Hamish und BROADHURST, Paul (1998): The Sun And The Serpent – 4th Edition, Pendragon Press, Cornwall, UK

MÖLLER, Jens Martin (1995): Mythos einer Sonnenstadt Karlsruhe - Spuren deutscher Geschichte – edition helios, Dingfelder Verlag, Andechs

MÖLLER, Peter (2007): Einweihungswege in die Mysterien – 377 S., Argo-Verlag, Marktoberdorf

MORSON, Det (1999): Praxis der weißen und schwarzen Magie – 4. Aufl., 407 S., Esoterischer Verlag Paul Hartmann, Bürstadt

MORTON, Chris & THOMAS, Ceri Louise (1998): Tränen der Götter – 430 S., 51 Tafn., Scherz Verlag, München

MÜLLER, Rolf (1970): Der Himmel über dem Menschen der Steinzeit – Verständliche Wissenschaft Bd. 106, 153 S., 79 Abb., Springer-Verlag, Berlin-Heidelberg-New York

MÜLLER, Hans (1994): Thüringen Reisen durch eine deutsche Kulturlandschaft – 5. Aufl., DuMont Buchverlag, Köln

NETTESHEIM, Agrippa v. (1967): De Occulta Philosophia – Hrsg. v. W. SCHRÖDTER, Otto Reichel Verlag, Remagen (enthält vom Herausgeber kommentierte Auszüge aus dem berühmten Buch des Nettesheimers)

NETTESHEIM, Heinrich Cornelius Agrippa von (1997): Die magischen Werke – Fourier-Verlag, Wiesbaden

NIKITSCH, Eberhard J. (1998): Kloster Disibodenberg – 63 S., Schell und Steiner, Regensburg

PAGANINI, R. (2008): Giza Vermächtnis – 245 S., zahlr. Abb., Argo Verlag, Marktoberdorf

PAPUS (2004): Die Kabbala – Marix Verlag, Wiesbaden

PATURI, Felix R. (1995): Geister, Götter und Symbole – 3.Aufl., 307 S., Frederking und Thaler, München

PAUWELS, Louis & BERGIER, Jaques (1965): Aufbruch ins dritte Jahrtausend – Deutsche Buch-Gemeinschaft Berlin-Darmstadt-Wien

PAYNE, Crystal (2001): The White Horses of Wiltshire – The Spiral, Nr.60, S.8-9, März 2001

PENNICK, Nigel (o.J.): Geomantie – in: Geomantie oder die alte Kunst, Energiezentren auf der Erdoberfläche auszumachen, sowie die künstliche Veränderung der Landschaft, um ihre geometrische Verbindung – Der Grüne Zweig 46, Werner Pieper Verlag, 6941 Lörrach

PENNICK, Nigel (1998): Heilige Linien und Kraftorte – 39 S., zahlr. Abb., VPM Verlagsunion Pabel Moewig, Rastatt

PETRI, W. (1997): Kraftfelder im Lebensraum des Menschen, Orte der Kraft - „wie oben so unten" – Wetter-Boden-Mensch 6/1997, S. 38-49,

Forschungskreis für Geobiologie Dr. Hartmann e.V. (Hrsg.),
Waldbrunn-Waldkatzenbach

PEUKERT, Will-Erich (1941): Paracelsus Die Geheimnisse – Dieterich´sche
Verlagsbuchhandlung, Leipzig

PEUCKERT, Will-Erich (1973): Das Rosenkreutz – 2. Aufl., 408 S.,
Erich Schmidt Verlag, Berlin

PEUCKERT, Will-Erich (1978): Deutscher Volksglaube im Spätmittelalter –
222 S., Georg Olms Verlag, Hildesheim und New York

PLETICHA, Heinrich & MÜLLER, Wolfgang (2000): Höhlen, Wunder,
Heiligtümer – 179 S., zahlr. Abb., Verlagshaus Würzburg, Würzburg

PÖRTNER, Rudolf (1997): Bevor die Römer kamen –
Weltbild Verlag, Augsburg

POLIVKA, J.P. (2007): Feldveränderung mittels Symbolen – Wetter-Boden-
Mensch 4+5/2007, S. 31-37, Forschungskreis für Geobiologie
Dr. Hartmann e.V. (Hrsg.), Waldbrunn-Waldkatzenbach

POHL, Gustav Freiherr von (1932): Erdstrahlen als Krankheitserreger
Forschungen auf Neuland – Verlag Jos. C. Hubers Verlag,
Diessen vor München

PREISS, H. F. (1989): Das Globalnetzgitter nach HARTMANN in Nordeuropa
– Wetter-Boden-Mensch, Heft 25, S. 2637-2650, Forschungskreis für
Geobiologie e.V., München

PREISS, Horst F. (1999): Geomantie und historisches Geschehen – 145 S.,
zahlr. Abb., Geobionic, Waldbrunn-Waldkatzenbach

PREISS, Hans Frithjov (2001): Orte der Kraft in Deutschland – 264 S.,
zahlr. Abb.und Skizzen, AT Verlag, Aarau, Schweiz

PRUMBACH, Siegfried (1995): Geomantie - die Weisheit der Erde erkennen
– Gesünder Wohnen 29/1995, S.60-65, 15 Abb.

PÜCKLER-MUSKAU, Hermann von (1996): Andeutungen über
Landschaftsgärtnerei – 373 S., Insel Verlag, Frankfurt a.M.

RAVENSCROFT, Trevor (1973): The Spear of Destiny – Samuel Weiser, Inc.,
York Beach, Maine, USA

RESCH-RAUTER, Inge (1994): Unser keltisches Erbe – 2. Aufl., 483 S.,
Teletool Edition, Wien

RICHARDI, Hans-Günter (1983): Schule der Gewalt -
Das Konzentrationslager Dachau 1933-1934 – 331 S., 31 Abb., 1 Plan,
Verlag C.H.Beck, München

ROOB, Alexander (1996): Alchemie und Mystk - das hermetische Museum –
703 S., Taschen Verlag, Köln

ROSER, Wolfgang L. (1992): Die Burgen der Rheingrafen und ihrer Lehnsleute zur Zeit der Salier im Rheingau und im Wispertal – Nassauische Annalen, Jahrbuch des Vereins für Nassauische Altertumskunde und Geschichtsforschung, Bd. 103, S. 1-26, 10 Abb., Wiesbaden

ROSSIG, L. (2007): Die feinstofflichen Energiefelder von Orten der Kraft und ihre geomantischen Strukturen am Beispiel des Schloßareals Haigerloch – Wetter-Boden-Mensch 2/2007, S. 10-18, Forschungskreis für Geobiologie Dr. Hartmann e.V. (Hrsg.), Waldbrunn-Waldkatzenbach

RUMLER, Andreas (1997): Schleswig-Holstein: Kultur, Geschichte und Landschaft zwischen Nord- und Ostsee, Elbe und Flensburger Förde – DuMont Kunstreiseführer, DuMont Buchverlag, Köln

SCHÄFER, Werner (2003): Kornkreise, eine Mysterium unserer Zeit – Novalis Verlag, Schafhausen

SCHILDT, Joseph (1997): Erdbeben und Erdstrahlenveränderung – Wetter Boden Mensch 6/1997, 60-62, 1 Abb., Forschungskreis für Geobiologie Dr. Hartmann e.V. (Hrsg.), Waldbrunn-Waldkatzenbach

SCHILLING, Johannes (Hrsg.) (1994): Kloster Germerode – 248 S., Monographia Hassiae Schriftenreihe der evangelischen Kirche Waldeck Bd. 16, Kassel

SCHINZEL-PENTH, Gisela (1982): Sagen und Legenden um das Berchtesgadener Land – 229 S., Ambro Lacus Buch- und Bildverlag, Frieding

SCHLEIFENBAUM (1894): Der auflässige Gangbergbau der Kupfer- und Kobalterz-Bergwerke bei Hasserode im Harz, Grafschaft Wernigerode. – Schriften des Naturwissenschaftlichen Vereins des Harzes in Wernigerode 9, S. 12-101, Wernigerode

SCHMITT-TREIBER, Helmut (2000): Erdstrahlen? – Wetter-Boden-Mensch 1/2000, S. 13-22, Forschungskreis für Geobiologie Dr. Hartmann e.V. (Hrsg.), Waldbrunn-Waldkatzenbach

SCHNEIDER, R. & PIETSCH, W. (1997): Wassersuche mit der Grifflängentechnik – Wetter-Boden-Mensch 2/1997, S. 7-22, 11 Abb. u. zahlr. Tab., Forschungskreis für Geobiologie Dr. Hartmann e.V. (Hrsg.), Waldbrunn-Waldkatzenbach

SCHRÖDTER, Willi (1949): Streifzug ins Ungewohnte, 337 S., Spiegel-Verlag Hermann Bauer, Freiburg i.Br.

SCHRÖDTER, Willi (1954): Die Geheimkünste der Rosenkreuzer – 2.Aufl., 253 S., Baumgartner Verlag, Warpke-Billerbeck, Hannover

SCHRÖDTER, Willi (1956): Geschichte und Lehren der Rosenkreuzer – 175 S., einige Abb., Verlag Moritz Stadler GmbH, Villach, Austria

SCHRÖDTER, Willi (2003): Okkulte Historietten – 357 S.,
Reichel Verlag, St.Goar

SCHUMACHER, G. (1925): Die Weser in Geschichte und Sage – 142 S.,
2. neubearbeitete Aufl. 1988, Karen Beume Buchhandlung,
Hannoversch-Münden

SEIB, Gerhard (1990): Kirchliche Bauten des Mittelalters – in: Land an
Werra und Meißner - ein Heimatbuch, 3.Aufl., S.124-129, Eschwege

SEIFERT, Helmut (2000): Heilige Maße – Hagia Chora, Nr. 7 Herbst/Winter
2000/2001, S.46-49, Human Touch Medienproduktion GmbH,
Klein Jasedow

SEITZ, Ferdinand (1962): Rätsel um die Externsteine; 4.Aufl., 56 S.,
einige Abb., Verlag Hohe Warte Fanz von Bebenburg-Pähl / Obb.

SHIN (2006): Kundalini, Vortrag vom 8. Mai 2006, 3 CDs,
Ganga Verlag, Walzenhausen, Schweiz

SIEVERT, Hans H. (1996): Im Zeichen von Kreuz und Rose –
Verlag Clemens Zerling, Berlin

SIMONIS, W. C. (1991): Heilpflanzen und Mysterienpflanzen – 906 S.,
VMA-Verlag, Wiesbaden

SIPPEL, G. (1990): Runen und Radiästhesie – Wetter-Boden-Mensch 1/1990,
22-25, Forschungskreis für Geobiologie e.V. (Hrsg.),
Waldbrunn-Waldkatzenbach

SIPPEL, Hartwig (1996): Die Templer – 351 S., einige Abb.,
Amalthea Verlag, Wien und München

SÖHMISCH, Rainer (2005): Innenräume der Chakren –
Freundeskreis Geomantie 1/2005

SPECKNER, Rolf & STAMM, Christian (2001): Das Geheimnis der
Externsteine – 192 S., zahlr. SW Abb., Verlag Urachhaus, Stuttgart

SPIESBERGER, Karl (1976): Magische Praxis – 2. Aufl.,
Verlag Richard Schikowski, Berlin

STEIN, Walter Johannes (1984): Der Tod Merlins – 252 S.,
Philosophisch-Anthroposophischer Verlag am Goetheanum,
Dornach, Schwelz

STEIN, Walter Johannes (2003): Weltgeschichte im Lichte des Heiligen Gral
– Das neunte Jahrhundert – 5. Aufl., 475 S., Mellinger Verlag, Stuttgart

STEINER, Gertraud (1993): Wunderkammer Hohe Tauern Über Mythen und
Sagen Innergebirg, Otto Müller Verlag, Salzburg-Wien

STEINER, Rudolf (1983): Die Sendung Michaels –
Rudolf Steiner Verlag, Dornach, Schweiz

STEINER, Rudolf (1986): Aus der Akasha-Chronik – Rudolf Steiner Gesamtausgabe Bd. 11, Rudolf Steiner Verlag, Dornach, Schweiz
STEINER, Rudolf (1992): Wie erlangt man Erkenntnisse der höheren Welten? – Rudolf Steiner Verlag, Dornach, Schweiz
STEINER, GA: Rudolf Steiner Gesamtausgabe (angegeben sind Band und Seite), zitiert nach: Anthroposophie Die Geisteswissenschaft Rudolf Steiners - Lexikon in 14 Bänden, ediert und illustriert von Urs SCHWENDENER, Verlegt durch: Freunde geisteswissenschaftlicher Studien
STENGEL-RUTKOWSKI, Wittigo (2004): Von Bächen, Quellen, Thermen und Stollen – in: Streifzüge durch die Natur von Wiesbaden und Umgebung, S.59-70, Nassauischer Verein für Naturkunde (Hrsg.), Wiesbaden
STERNEDER, Hans (1971): Also sprach die Cheops-Pyramide – 173 S., Verlag Hermann Bauer KG, Freiburg
STRACKE, Viktor (1993): Das Geistgebäude der Rosenkreuzer – 275 S., zahlr. Abb, Verlag am Goetheanum, Dornach, Schweiz
STÜWE, Rainer (o.J.): Evangelische Kirche zu Krombach (Kirchenführer)
SUßNER, Erich (1998): Ein Versuch, die Fortpflanzungsgeschwindigkeit der Hartmannstrahlung zu messen – Wetter-Boden-Mensch 2/1998, S. 27-30, Forschungskreis für Geobiologie Dr. Hartmann e.V. (Hrsg.), Waldbrunn-Waldkatzenbach
TAUTZ, Johannes (1976): Der Eingriff des Widersachers Fragen zum okkulten Aspekt des Nationalsozialismus – 76 S., Verlag Die Kommenden, Freiburg i.Br.
TAUTZ, J. (1989): W.J.Stein - Eine Biographie – 293 S., einige Abb., Philosophisch-Anthroposophischer Verlag am Goetheanum, Dornach, Schweiz
TEMPLE, Robert K.G. (1977): Das Sirius Rätsel – 387 S., zahlr. Abb., Umschau Verlag, Frankfurt a.M.
TERBERGER, Karin (1990): Das Lahntalpaläolithikum – Inaugural-Dissertation zur Erlangung des Doktorgrades der Philosophischen Fakultät der Universität Köln, Mainz
TETZLAFF, Irene (1996): Der Graf von St.Germain – 2.Aufl., 368 S., Mellinger Verlag, Stuttgart
TERHART, Franjo (2001): Die Wächter des Heiligen Gral – Bastei-Lübbe TB Bd.70182, Bergisch-Gladbach
TEUDT, Wilhelm (1933): Germanische Heiligtümer – 3. Aufl., 302 S., 81 Abb., 1 Kte., Eugen Diederichs Verlag, Jena

THIELE, Wolfgang & KNORR, Herbert (2003): Der Himmel ist unter uns –
600 S., zahlr. Abb., Verlag Henselowsky und Boschmann, Bottrop
THIEMANN, Walter (1967): Aus der Geschichte des evangelischen
Siegerlandes – in: THIEMANN, W. (Hrsg.): Unter dem Wort Katalog zu der
Ausstellung Das evangelische Siegerland in Vergangenheit und Gegenwart,
Selbstverlag Kirchenkreis Siegen, Siegen
TOMPKINS, Peter (1977): Die Wiege der Sonne – Scherz Verlag
VIDLER, Mark (1999): The Star Mirror – 337 S., zahlr. Abb.,
Thorsons, Hammersmith, London
VORBACH, Andreas (2003): Die Pyramide Das Grab auf dem Marktplatz
in Karlsruhe – Nachrichtenbl. bad. Denkmalpfl. 3/2003
WATSUJI, Tetsuro (1992): Fudo - Wind und Erde: der Zusammenhang
zwischen Klima und Kultur – Wiss. Buchges., Darmstadt
WEBER, Eckhard (2004): Der Kornkreis-Code – 412 S., zahlr. Abb.,
Argo-Verlag, Marktoberdorf
WEBER, Gesine (1985): Die Höhlen Wildscheuer und Wildhaus bei
Steeden an der Lahn – in: Karst und Höhle 1984/85, S. 249-254, München
WELLING, Georg von (1784): Opus mago-cabbalisticum et theosophicum –
Fleischersche Buchhandlung, Frankfurt und Leipzig
WERNER, Helmut (1994): Mikrokosmos und Makrokosmos
Okkulte Schriften von Paracelsus – 330 S., Fourier, Wiesbaden
WEST, John Anthony (2000): Die Schlange am Firmament – 1. Aufl., 333 S.,
Verlag Zweitausendeins, Frankfurt
WIELAND, Günther (1995): Die spätkeltischen Viereckschanzen in
Süddeutschland - Kultanlagen oder Rechteckhöfe? – in: Heiligtümer und
Opferkulte der Kelten (hrsg. v. A. HAFFNER), S. 85-99,
Konrad Theiss Verlag, Stuttgart
WIMMER, C. A. und SCHAEFER, M. (1999): Die Bedeutung Simon Godeaus
für die deutsche Gartenkunst – in: Sophie Charlotte und ihr Schloß,
Katalogbuch zur Ausstellung im Schloß Charlottenburg, Berlin – Prestel,
München
WOLLENIK, Franz (1982): Abwehrhand und Drudenfuß – 175 S.,
Burgfried-Verlag, Hallein, Österreich
ZERLING, Clemens (2001): Götter-, Götzen und Gralstempel Kultpläze in
Deutschland Ein Führer zu magisch-mystischen Orten – 269 S.,
AT Verlag, Aarau, Schweiz
ZETTEL, Christa (1996): Die Macht der Mondin – 351 S.,
Wilhelm Heyne Verlag, München

ZIMMER, Erich (1973): Der Modellbau von Malsch und das erste Goetheanum – Verlag Freies Geistesleben, Stuttgart
ZÜRN, Hanns (2007): Stonehenge und die Gesetzmäßigkeiten der Schöpfung – Wetter-Boden-Mensch 3/2007, S.25, Forschungskreis für Geobiologie Dr. Hartmann e.V. (Hrsg.), Waldbrunn-Waldkatzenbach.

Johannes Jürgenson

Die lukrativen Lügen der Wissenschaft

Unsinnige Ideen und ihr Mißbrauch für Profit und Politik

Neu überarbeitete und aktualisierte Ausgabe. Ist es denkbar, daß Wissenschaftler lügen? Daß allgemein akzeptierte Theorien grundsätzlich falsch sind? Etwa auch die „Klima-Katastrophe", das „Ozonloch", „AIDS" bis hin zu Krebs und Chemotherapie, mit fatalen Folgen für uns alle? Das Buch beschreibt, was viele irgendwie ahnen: Wir werden von Wissenschaftlern und Medien in wichtigen Fragen belogen! Dem Autor gelingt es, die Zusammenhänge mit dem Blick für das Wesentliche und in klaren Worten so zu erläutern, daß sie jeder leicht versteht. Die Erkenntnisse dieses Buches sind reiner Sprengstoff für diejenigen, die durch Desinformation der Öffentlichkeit zu Macht und Ansehen gekommen sind. Doch sie sind befreiend für uns alle, denen man Angst eingeredet hat vor Klimawandel, AIDS, UV-Strahlen, Krebs usw., denn es werden auch die Lösungen gezeigt, die man uns sonst verschweigt. Trotz der wissenschaftlichen Themen liest sich das Buch leicht und mit Vergnügen, da sich der Autor – respektlos und leicht verständlich – gelegentliche ironische Seitenhiebe nicht verkneifen kann. Es war selten so spannend und faszinierend wie in diesem Buch, mehr über die Hintergründe von Wissenschaft und Politik zu erfahren.

24,90 EUR · Hardcover, 510 Seiten · ISBN: 978-3-937987-37-8

Bestellen im Internet: www.magazin2000plus.de

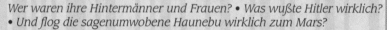